موسوعة

التراث العلمي العربي

مصادر التراث العلمي العربي والدراسات الإنسانية والعلم الرياضي

موسوعة

التراث العلمي العربي

مصادر التراث العلمي العربي والدراسات الإنسانية والعلم الرياضي

د.ياسين خليل

دراسة وتحقيق وتعليق
الدكتور حسن مجيد العبيدي

دار جامعة حمد بن خليفة للنشر
HAMAD BIN KHALIFA UNIVERSITY PRESS

دار جامعة حمد بن خليفة للنشر
صندوق بريد 5825
الدوحة، دولة قطر

www.hbkupress.com

الطبعة العربية الأولى عام 2021

الترقيم الدولي: 9789927151750

تمت الطباعة في-بيروت، لبنان.

مكتبة قطر الوطنية بيانات الفهرسة – أثناء – النشر (فان)

خليل، ياسين، مؤلف

موسوعة التراث العلمي العربي /د. ياسين خليل ؛ دراسة وتحقيق وتعليق الدكتور حسن مجيد العبيدي. – الطبعة العربية الأولى. - الدوحة،قطر: دار جامعة حمد بن خليفة للنشر، 2021.

صفحة ؛ سم

تدمك: 0-175-715-992-978 (v. 1)

تدمك: 1-178-715-992-978 (v. 2)

تدمك: 7-176-715-992-978 (v. 3)

تدمك: 4-177-715-992-978 (v. 4)

يتضمن مراجع ببليوجرافية.

المحتويات: الجزء 1. مصادر التراث العلمي العربي والدراسات الإنسانية والعلم الرياضي -- الجزء 2. العلوم الطبيعية عند العرب -- الجزء 3. الطب والصيدلة عند العرب -- الجزء 4. دراسات في التراث العلمي العربي.

1. العلوم -- الإمبراطورية الإسلامية -- تاريخ 2. المخطوطات العربية -- تاريخ. أ. العبيدي، حسن مجيد، محقق. ب. العنوان.

Q127.I74 K43 2020

509.17671 – dc23 202028020984

الإهداء

إلى روح أستاذي الفيلسوف الدكتور ياسين خليل الذي غرس في عقلي ووجداني ونفسي حب العلم والمعرفة، وطريقة التفلسف فيهما، وهذا جزءٌ من الوفاء له، ومن علمني حرفًا فقد صيرني حرًّا.

المحقق

بسم الله الرحمن الرحيم

﴿يُؤْتِي الْحِكْمَةَ مَنْ يَشَاءُ وَمَنْ يُؤْتَ الْحِكْمَةَ فَقَدْ أُوتِيَ خَيْرًا كَثِيرًا﴾

صدق الله العظيم

البقرة/ 269

«إِذَا مَاتَ ابنُ آدم انْقَطَعَ عَنْهُ عَمَلُهُ إِلَّا مِنْ ثَلَاثٍ:
صَدَقَةٍ جَارِيَةٍ، أو عِلْمٍ يُنْتَفَعُ بِهِ، أَوْ وَلَدٍ صَالِحٍ يَدْعُو لَهُ»

حديث شريف

المحتويات

مقدمة المحقق

السيرة والإنجاز العلمي والحضور الفكري

تمهيد

في البدء لا بد أن أذكر الدواعي العلمية والفكرية التي دعتني إلى العمل بهذا المشروع الفكري الكبير لأحد أبرز الفلاسفة في العراق المعاصر والعالَم العربي، وهو الفيلسوف الدكتور **ياسين خليل**[1]. إذ تنصب هذه الدواعي من ضمن ما تنصبّ في إحياء مشروعه الفكري والفلسفي والتراثي، وذلك من خلال تعريف القارئ والمثقف والمتخصص في العالم العربي والدوائر الاستشراقية المهتمة بالتراث العربي به. ذلك أن الكثير من الدارسين والمثقفين في العالم العربي لربما يجهلون دوره الفلسفي والعلمي لأسباب عدة. منها: ما يتصل بطبيعة النشر العلمي له خارج حدود وطنه العراق، أو لأن معظم نتاجه انحصر في الدوائر الأكاديمية الجامعية، أو لأن طبعات كتبه في التراث العلمي بخاصة لم يتم إعادة طبعها وتحقيقها ونشرها من جديد.

فضلًا عن ذلك كله، ومساهمة مني في الوفاء لفلاسفتنا وعلمائنا في العراق الذين علمونا العلم على أصوله عندما كنا نطلبه العلم على أيديهم، وذلك بِردِّ الجميل لهم والوفاء، من خلال إحياء تراثهم الفكري والفلسفي والعلمي بصورة محققة قائمة على منهج علمي متكامل يظهر الشخصية المدروسة كما كانت هي تريد لنفسها أن تفعل ذلك.

كما راودني هذا المشروع عندما وجدت أن الفيلسوف **ياسين خليل** لم يحظ باهتمام الدارسين والباحثين سواء في العراق أم خارجه بالعناية الكافية لإبراز دوره كاملًا. أو بنشر

---

(1) سوف يُشار إلى الدكتور ياسين خليل لاحقًا، بعبارة الفيلسوف ياسين خليل، مع حفظ الألقاب العلمية له. ذلك لأن لفظ الفيلسوف في نظري أشمل وأكبر من أي لقب أكاديمي.

تراثه العلمي والفلسفي بصورة محققة، تكون بين أيدي الباحثين والدارسين ناهيك عن المتخصصين في حقل الفلسفة والعلم والتراث العلمي العربي وغير ذلك من الموضوعات والأبحاث التي ألف فيها هذا الفيلسوف.

أقول: تعود صلتي **بياسين خليل** إلى عام 1978م، كوني أحد طلبته في مرحلة الطلب العلمي والفلسفي بقسم الفلسفة كلية الآداب جامعة بغداد. وذلك عندما دخل علينا بهيبته المعروفة وصرامته العلمية الحادة وحضوره الشخصي في داخل قاعة الدرس. فضلًا عن منهجه المُحكَم في توصيل المادة العلمية لطلبته. إذ كان يومها عنوان المادة الدراسية (مشكلات فلسفية)، فأخذ بأصول الموضوع وكيفية دراسته من مصادره الأصلية عن طريق تاريخ الفلسفة ومذاهبها وشخصياتها ومفاهيمها الكبرى. فوقع منهجه هذا مني موقعًا كبيرًا، وطُبع في نفسي وعقلي هذا المنهج إلى اليوم، وأنا أدرس هذه المادة وغيرها في الجامعات العراقية. وقد تطورت هذه العلاقة بشكل شخصي بيني وبينه على مدى سنوات عدة وإلى يوم وفاته. على ما سأفصل ذلك لاحقًا في سيرته.

المبحث الأول: السيرة الشخصية والعلمية

أولًا- مرحلة الطلب: ولد الفيلسوف **ياسين خليل عبد الله، في** (محلة الفَضْل)، أحد أبرز محلات بغداد القديمة[1]، يوم 29 يوليو (تموز) عام 1934م، من أسرة متوسطة الحال في معيشتها، ومن أبوين عراقيين، ودرس في مدارس هذه المحلة في مرحلة الابتدائية، (مدرسة الفضّل)، ثم انتقل للدراسة في المدرسة الغربية المتوسطة، وهي من المدارس البغدادية الرصينة جدًا التي تخرج منها الكثير من أعلام العراق المعاصر وسياسييه فضلًا عن أُدبائه

(1) تقع محلة الفَضْل في الجانب الشرقي من مدينة بغداد، وهي محلة بغدادية قديمة، تنسب إلى جامع أنشئ بالقرب من قبر الفضْل بن سهل بن بشر الشافعي الواعظ البغدادي المتوفى سنة 548هـ، ويسكنها خليط من الناس ومن كافة القوميات والأعراق، ويخترقها شارع في وسطها يسمى قديمًا شارع الملك غازي، وحديثًا بشارع الكفاح، وهي ترتبط من جهة الشمال بباب المعظم ومن جهة الجنوب بمنطقة الشيخ عبد القادر الكيلاني والباب الشرقي. وقد خرجت هذه المدينة شخصيات علمية وطبية وأدبية وشعرية وفلسفية عديدة، منهم: المرحوم الأستاذ نوري حمودي القيسي عميد كلية الآداب بجامعة بغداد. والسيد الأستاذ سلمان يعقوب العبيدي، الباحث الباراسيكلوجي المعروف، وغيرهم مما لا يسع المجال لذكرهم هنا.

ومثقفيه. بعدها انتقل لإكمال دراسته الثانوية في الإعدادية المركزية وتخرج فيها عام 1952-1953. وبتفوق عالٍ جدًا أهله للدخول للجامعة وإكمال مشواره العلمي. وقد أُصيب في هذا العمر بمرض التهاب اللوزتين الحاد الذي رافقه طيلة حياته وولَدَ معه مرض روماتيزم القلب فقضى نحبه بسبب هذا المرض وهو ما يزال في قمة عطائه العلمي[1].

في عام 1953، قُبِل طالبًا في قسم الفلسفة والاجتماع بكلية الآداب جامعة بغداد[2]، وكان إلى جانبه مجموعة من الطلبة الذين سيكون لهم شأن فيما بعد في الفلسفة العراقية المعاصرة منهم: الدكتور **ناجي التكريتي**[3]، صاحب المؤلفات الأخلاقية في الفلسفة الإسلامية، وأستاذ مادة الأخلاق والسياسة بجامعة بغداد، فضلًا عن اهتماماته الأدبية والروائية الأخرى.

ومن محاسن الصدف بل ومن ضروراتها، أن كان من أساتذة الفلسفة الذين درّسوا **ياسين خليل**، وهم: المرحوم الدكتور **علي سامي النشار** (ت1981)[4].

---

(1) لقد عانى المرحوم الدكتور ياسين خليل من هذا المرض كثيرًا، وقد أصيب به وهو ما يزال في طفولته، ولقلة الحيل الطبية في زمانه استفحل هذا المرض وتطور إلى روماتيزم القلب الذي كان يعاني منه كثيرًا في حياته العلمية عندما كنا برفقته ونشاهد عن قرب كيف كان هذا المرض يأكل جسده ويضعفه إلى أن أهلكه. وقد أسرّ لي يومًا أن إحدى اللجان الطبية في الولايات المتحدة الأميركية قد عرضت عليه أن تُعالجه من مرضه مقابل أن يترك العراق ويعيش في الولايات المتحدة فأبى حبًا ببلده وأهله، وهذا جزءٌ من تكوينه الفكري والعقيدي يعرفه من كان قريبًا منه.

(2) أُسس قسم الفلسفة بجامعة بغداد عام 1949م، وكان أحد أبرز الأقسام العلمية في هذه الكلية، وبقي هذا القسم وحيدًا بالجامعات العراقية إلى مطلع التسعينيات من القرن المنصرم، وبعد ذلك فُتحت أقسام للفلسفة بمعظم الجامعات العراقية منها: الجامعة المستنصرية وجامعة الكوفة وجامعة الموصل وجامعة البصرة وجامعة واسط وغيرها. وما زالت هذه الأقسام تُدرس الفلسفة وفيها أساتذة أكفاء باختصاصاتهم.

(3) يعمل الآن أستاذًا متفرغًا بمركز إحياء التراث العلمي العربي، بجامعة بغداد. ومن مؤلفاته، الفلسفة الأخلاقية الأفلاطونية عند مفكري الإسلام، وتحقيق كتاب يحي بن عدي الموسوم تهذيب الأخلاق، وتحقيق كتاب ابن أبي الربيع، سلوك المالك في تدبير الممالك، وغيرها، ومن رواياته الأدبية مزمار نوار، ورسائل من أميركا، وأبو زيد القهرماني ونورا.

(4) الدكتور علي سامي النشار، فيلسوف مصري معاصر، ترك لنا جملة من المؤلفات الفلسفية الرصينة ولا سيما في الفلسفة الإسلامية، من أبرزها كتابه نشأة الفكر الفلسفي في الإسلام (في ثلاثة أجزاء)، وترجمته لمحاورات أفلاطون المأدبة، وفيدون، وكتاباه عن الفيلسوفين اليونانيين ديمقريطس وهيراقليطس فضلًا عن مؤلفات أخرى في المنطق مما لا يسع المجال لذكرها.

والدكتور **ألبير نصري نادر**[1]. والدكتور **علي الوردي** عالم الاجتماع العراقي المعروف[2] (ت1995، والدكتور **عبد الجليل الطاهر**[3] (ت1971م)، والدكتور **شاكر مصطفى سليم**[4] (ت1985م).

تخرّج **ياسين خليل** في قسم الفلسفة، بجامعة بغداد، وبتقدير امتياز وذلك عام 1957[5]. وهذا التقدير أهله أن يكمل مشروعه العلمي والفلسفي في الدراسات العليا خارج بلده العراق، بعد أن حصل من خلال هيئة التبادل الثقافي في بغداد على منحة الهيئة الألمانية للتبادل الثقافي.

وفي العام ذاته (1957م)، شدّ الطالب **ياسين خليل** رحاله إلى إحدى الجامعات الألمانية الغربية لدراسة الفلسفة، في جامعة مونستر. ليطلب التخصص لدرجة علمية أعلى هي الدكتوراه، وقد أثمرت فعلًا هذه الرحلة بحصوله على هذه الدرجة وذلك عن أطروحته الموسومة بـ«مبادئ عامة في التحليل البنيوي للغة»[6]. وعنوانها الأصلي بالألمانية (Prinzipien zur Strukturellen Sprachanalyse)، أما عنوانها الفرعي فهو (Anwendung Logisch

---

(1) فيلسوف لبناني معاصر، له مؤلفات في المنطق والميتافيزيقا وعلم الكلام فضلًا عن تحقيقاته للتراث الفلسفي الإسلامي، منها كتابه الفلسفة العامة (الميتافيزيقا)، وكتابه فلسفة المعتزلة في جزأين وهي أطروحته للدكتوراه من السوربون، وكتابه المنطق الصوري، وتحقيقه لكتاب أراء أهل المدينة الفاضلة للفارابي وغيرها.

(2) من مؤلفاته، لمحات اجتماعية من تاريخ العراق الحديث، ومهزلة العقل البشري، وأسطورة الأدب الرفيع، ومنطق ابن خلدون، ودراسة في طبيعة المجتمع العراقي.

(3) عالم اجتماع عراقي معروف، من مؤلفاته، مسيرة المجتمع، وأصنام المجتمع، والقوقعة والقلق في الشخصية العراقية، والبدو والعشائر في البلاد العربية، والعشائر العراقية،

(4) عالم اجتماع عراقي معروف، من مؤلفاته، الجبايش، الإعصار الأحمر، نضال وحبال، من مذكرات قومي متآمر.

(5) عثرت في ملفّه الشخصي على توصيات علمية من قبل الأساتذة الدكتور علي سامي النشار والدكتور علي الوردي، والدكتور كمال نادر، تشهد للدكتور ياسين خليل بنبوغه العلمي وذكائه المفرط وتوصي بقبوله في الدراسات العليا في إحدى الجامعات الألمانية. ويُراجع، للتفصيلات، مشهد سعدي العلاف، الدكتور ياسين خليل سيرته وفلسفته وأعماله العلمية، بغداد 1988. ص63.

(6) يُراجع، مقالنا الموسوم، الدكتور ياسين خليل، في ذكرى رحيله الأولى، جريدة العراق البغدادية، 15/ 4/ 1987. ويُراجع، كتاب مشهد سعدي، الدكتور ياسين خليل سيرته وفلسفته، ص26. أما الدكتور جواد كاظم سماري، فيترجم عنوان الأطروحة كما يلي: مبادئ لتحليل اللغة تركيبًا، يُراجع الوضعية المنطقية في الفكر العربي المعاصر، رسالة ماجستير، مخطوط، قسم الفلسفة، جامعة بغداد 1990، ص101.

(Positivstischer Sprachanalyse –)، وهي أطروحة تبحث في الفلسفة الوضعية المنطقية[1]. إذ نال بها هذه الدرجة عام 1961م بامتياز. وكانت بإشراف الفيلسوف الدكتور **بيتر هارتمان**.

يهدف الفيلسوف **ياسين خليل** في أطروحته هذه إلى خلق نظرية شاملة موجزة في مجال بناء الجملة، أي في صيغة تطبيق علم اللغة المنطقي والوضعي على مشاكل النحو اللغوية، لغرض الحصول على مبادئ جديدة في البحث اللغوي، ولتكوين فائدة في التحليل المنطقي للغة، وتُستخدم من خلال ذلك النظرية اللغوية الشكلية الحديثة، وذلك بأن تأتي البحوث في بناء الجملة ضمن علم المنطق وعلم اللغة معًا. ويظهر من خلال أطروحته تأثره الواضح بفلاسفة المنطق على وجه العموم وأصحاب الوضعية المنطقية على وجه الخصوص من أمثال: **تشارلز موريس ورودولف كارناب**[2].

وعلى الرغم من ذلك فقد بقيت هذه الأطروحة إلى اليوم أسيرة اللغة الألمانية التي كتبت فيها ولم تنقل إلى العربية لا من قِبله ولا حتى من الذين يعلمون أصول هذه اللغة من العراقيين ناهيك عن العرب. وبدوري أدعو المختصين في اللغة الألمانية وفي الفلسفة، إلى الإسهام الفاعل بنقلها إلى العربية لما تشكل من فائدة تذكر، وتكشف عن وجه آخر لهذا الفيلسوف العراقي المعاصر.

تقع أطروحة ياسين خليل هذه في قسمين وتحتوي سبعة فصول، فضلًا عن مقدمة وخاتمة وقائمة مصادر وفهارس للأسماء والمصطلحات.

يبحث الفصل الأول في الصيغ المنطقية واللغوية في تحليل اللغة، وجماعة فينا والتحليل المنطقي للغة، ومنهج وهدف جماعة فينا، والبناء المنطقي للغة، أما الفصل الثاني فيدرس

---

(1) يُعَد الدكتور ياسين خليل أحد أبرز المتأثرين من الفلاسفة العرب المعاصرين العرب بهذه الفلسفة التي ظهرت في أوربا الغربية بداية القرن العشرين إلى جانب الفيلسوف الدكتور زكي نجيب محمود من مصر، الذي اقترن اسم الفلسفة الوضعية المنطقية في الوطن العربي به أكثر من الدكتور ياسين خليل، ومن مؤلفات زكي نجيب محمود في الفلسفة الوضعية المنطقية الكتب: نحو فلسفة علمية، وخرافة الميتافيزيقا والمنطق الوضعي في جزأين وغيرهم كثير، ولكن بينا ذلك عن الدكتور ياسين خليل في حواشينا وتعليقاتنا على الكتاب الأول والثاني من هذا المجلد.

(2) يُراجع، د. جواد كاظم سماري، الوضعية المنطقية في الفكر العربي المعاصر، مرجع سبق ذكره، ص101.

فيه تعامل علم اللغة مع اللغة والتطور التاريخي لعلم اللغة وعلمية علم اللغة، وهدف علم اللغة الحديث، في حين يدرس الفصل الثالث الأساليب التحليلية اللغوية لعلم اللغة وعلم المنطق الحديث والاستقراء والاستنتاج ومدرسة التحليل البنيوي والبنيوية وعلم المنطق والسيميوطيقا، وجاء الفصل الرابع ليدرس مبادئ ومشروع نظرية جديدة في اللغة، ونظرية الإشارة واللغة الموضوعية واللغة الميتافيزيقية ومبادئ التركيب (مبدأ البساطة ومبدأ التحليل ومبدأ الاختصار ومبدأ الاشتقاق)، وقام الفصل الخامس على البحث المصطلحات الأساسية النظرية والمبادئ الأساسية للمذهب اللغوي، ونظرية علم الكميات الأساسية والصيغة في علم اللغة وعلم المنطق، والنظرية النسبية في علم الكميات، ويبحث الفصل السادس القياسات الاشتقاقية لبناء المقطع وميكانيكية التحليل اللغوي والنظرية النسبية للوحدات النموذجية واللزوم اللغوي والمتغيرات والثوابت، أما الفصل السابع وهو الأخير فيدرس القياسات العامة وقياس التصنيف القواعدي والقواعد البنائية والشكلية للغة ونظرية التحليل والبنية وعلم اللغة، أما المصادر التي اعتمدها في رسالته فإن الكثير منها يمثّل مؤلفات أصحاب الوضعية المنطقية أو ما يتصل بفلسفتهم[1].

يقول ياسين خليل عن أطروحته: استخدمت الطريقة المنطقية في اشتقاق الأفكار ونظرية الفئات المنطقية ونظرية السنتاكس في بناء المبادئ العامة الرئيسية لتحليل اللغات[2].

ومما يُلاحظ على هذه الأطروحة أن الفيلسوف **ياسين خليل** تأثر بجمع من الفلاسفة ولا سيما أصحاب التحليل اللغوي والمنطقي كـ (**هلمسليف وتشالس موريس وبلومفيلد وكارناب** وهذا الأخير يُعدّ أحد أقطاب الوضعية المنطقية الكبار)[3] في القرن العشرين. وستنال الفلسفة الوضعية المنطقية اهتمامنا عند الحديث عن فلسفته في فقرة لاحقة.

ثانيًا- الإنجاز الفلسفي والعلمي (مرحلة العطاء والإبداع): بعد نيله للدكتوراه التحق الفيلسوف **ياسين خليل** في عام 1961 تدريسيًا بقسم الفلسفة جامعة بغداد، ليقوم بتدريس

(1) يُراجع، د. جواد كاظم سماري، الوضعية المنطقية في الفكر العربي المعاصر، ص109 وما بعدها.

(2) يُراجع، منطق المعرفة العلمية، ج1، من نظرية العلم، بيروت 1971، ص111.

(3) يُراجع، جواد كاظم سماري، الوضعية المنطقية، ص112.

المنطق وفلسفة العلوم والفلسفة المعاصرة، ومنذ ذلك التاريخ وهو يرِفد المكتبة الفلسفية والمنطقية والعلمية والتراثية العراقية منها والعربية بمؤلفاته الرصينة، ناهيك عن أبحاثه الأصيلة والمعمّقة في مجال اختصاصه، تمثل هوية فلسفية خاصة به، يمكن أن نطلق عليها مدرسة (**الفلسفة العلمية والتحليل المنطقي**) في العراق المعاصر[1].

إنّ ما أنجزه في هذا المجال سنقدمه أولًا بحسب تواريخ ظهور مؤلفاته وأبحاثه، ثم نتلو ذلك بأن نضع هذا الإنجاز ضمن حقول التصنيف الفلسفي والعلمي له من أجل متابعة مراحل التأليف لديه وكيفية التعامل مع المشكلات الفلسفية والعلمية والتراثية المطروحة زمانه[2]. وعلى وفق الآتي:

أ. المؤلفات والأبحاث بحسب تواريخ إنجازها

1. منطق اللغة (نظرية عامة في التحليل اللغوي)، بحث، مجلة كلية الآداب، بغداد، عدد 5، 1962.
2. نظرية التعريف والدراسة العلمية، بحث، مجلة كلية الآداب، بغداد، العدد 6، 1963.

---

(1) يذكر الدكتور عبد الستار الراوي في بحثه الموسوم خارطة الفكر الفلسفي العراقي المعاصر، ضمن كتاب الفكر الفلسفي العربي المعاصر اتجاهات ومذاهب ومناهج وشخصيات، ط1، بيت الحكمة، بغداد 1999، ص34 وما بعدها ما نصه: ياسين خليل وضع الفلسفة أمام خيارين لا ثالث لهما إما أن تصبح علمًا أي تسير مع العلم جنبًا إلى جنب في كشف حقائق العالم المادي، أو أن تجد لنفسها حقلًا حديثًا وطريقة جديدة لكي تثبت جدارتها في تقديم معرفة موثوقة. وآثر ياسين خليل الطريق الثاني، بعد ان أيقن أن للفلسفة حقولًا جديدة وطريقة تبدأ بها كشف الحقائق الأساسية في هذه الحقول، أما الطريقة التي يراها فهي التحليل المنطقي، وأما الحقول فهي لغات العلوم المختلفة، وأما الغاية فهي توحيد هذه العلوم في دائرة معرفية متجانسة. أما الدكتور علي الجابري، فيرى في بحثه الموسوم، المشهد الفلسفي الأكاديمي العراقي في القرن العشرين، ضمن كتاب الفلسفة في الوطن العربي في مائة عام، ط1، مركز دراسات الوحدة العربية، بيروت 2002، ص581 وما بعدها ما نصه: ويمكن عدّ أربعة اتجاهات فكرية فلسفية في هذا السياق: أولها: العلمي المنطقي وأنموذجه الدكتور ياسين خليل. يُراجع كذلك، مشهد العلاف، الدكتور ياسين خليل سيرته وفلسفته، مصدر سبق ذكره، ص69 وما بعدها.

(2) اعتمدنا في هذا التصنيف لمؤلفاته وأبحاثه، على مقالنا المنشور، في جريدة العراق البغدادية، 15/ 4/ 1987. فضلًا عن كتاب، د. مشهد العلاف، ياسين خليل سيرته وفلسفته، ص42 وما بعدها.

3. المنطق والرياضيات، بحث، مجلة المجمع العلمي العراقي، مج 10، 1963. ومج 11، 1963.

4. الشباب والتيارات الفكرية، محاضرة، جمعية المؤلفين والكتاب العراقيين، بغداد 1963.

5. نظرية **أرسطو** المنطقية[1]، كتاب، بغداد 1964.

6. نظرية **جوتلوب فريجة** المنطقية، بحث في ثلاث حلقات، مجلة كلية الآداب، بغداد، (المنطق واللغة) عدد 7، 1964، (الطريقة في المنطق) عدد 9، 1966، (الأفكار الأولية في المنطق) عدد 10، 1967.

7. القومية والاشتراكية، كتاب، بغداد 1964.

8. المفاهيم القومية والاشتراكية، بحث، مؤتمر الأدباء العرب الخامس، بغداد، 1965.

9. الأساس السيموطيقي لعلم اللغة، بحث، بالألمانية، 1965.

10. المثالية الرياضية، بحث، مجلة كلية الآداب، 1966.

11. الذاتية الانتخابية، بحث، مجلة الأقلام البغدادية، عدد 2، 1966.

12. الصيرورة والطبيعة، بحث، مجلة كلية الآداب، 1966.

13. الأيدلوجية العربية، كتاب، بغداد 1966.

14. الذرية المنطقية (**برتراند رسل**)، بحث، مجلة المجمع العلمي العراقي، مج 15، 1967.

15. **آرنست ماخ** والوضعية المنطقية، بحث، مجلة الفكر الجديد، قسم الفلسفة، جامعة بغداد، العدد 2، 1967.

---

(1) يُعدّ هذا الكتاب من أدق الكتب المنطقية التي كتبت عن منطق أرسطو، وكان معتمدًا في الكثير من أقسام الفلسفة في العالم العربي لأهميته في ذلك، إذ حول الفيلسوف ياسين خليل، منطق أرسطو كله إلى مجموعة من الرموز الرياضية الدقيقة تسهل على الطالب فهم هذا المنطق بشكل علمي دقيق. ولم تظهر له أية طبعة ثانية إلى الآن.

16. مقدمة في الفلسفة المعاصرة، دراسة تحليلية للاتجاهات العلمية في فلسفة القرن العشرين، كتاب[1]، ط1، بيروت 1970.

17. منطق المعرفة العلمية، (الجزء الأول من نظرية العلم)، كتاب، ط1، بيروت 1971.

18. منطق البحث العلمي، (الجزء الثاني من نظرية العلم)، ط1، بيروت 1974. وكان من المفترض أن ينجز الفيلسوف الدكتور **ياسين خليل** الجزء الثالث من نظرية العلم بعنوان منطق العلم. ولكن المنية وافته قبل ذلك.

19. المعرفة الإنسانية، بحث، مجلة آفاق عربية البغدادية، 3، سنة 1، 1975.

20. دور الجامعة في الدول النامية، بحث، مجلة آفاق عربية البغدادية، عدد1، السنة 1، 1975.

21. نظرة الإنسان الشاملة للكون، بحث، مجلة آفاق عربية البغدادية، عدد 5، سنة 1، 1976.

22. المفهوم الحضاري للتراث العربي، بحث، مجلة آفاق عربية البغدادية، عدد8، السنة 1، 1976.

23. الطريقة البديهية في المنطق والرياضيات والفيزياء النظرية، بحث، مجلة كلية الآداب، عدد 21، 1977.

24. منطق **الخوارزمي** في الجبر والمقابلة، بحث، مجلة التراث العلمي العربي، جامعة بغداد، العدد 2، السنة 1، 1978، وأعيد نشره في مجلة آفاق عربية البغدادية، عدد 5، السنة 4، 1979.

25. التراث العلمي العربي، كتاب، مطبعة جامعة بغداد، بغداد 1978. وهو موضوع تحقيقنا هنا، الذي يشكِّل الكتاب الأول من المجلد الأول في التراث العلمي العربي.

26. منطق الحل، بحث، مجلة آفاق عربية البغدادية، عدد 6، السنة 7، 1979.

27. مقدمة في علم المنطق، كتاب، مطبعة جامعة بغداد، بغداد 1979.

---

(1) لم تظهر لهذا الكتاب طبعة ثانية إلى الآن، على الرغم من أهمية الموضوعات الذي ناقشها فيه.

28. الطب والصيدلة عند العرب، كتاب، مطبعة جامعة بغداد، بغداد 1979، الذي يشكل الكتاب الثالث من المجلد الأول في التراث العلمي العربي، وينتظر إنجاز تحقيقه من قبلنا.

29. العلوم الطبيعية عند العرب، مطبعة جامعة بغداد، بغداد 1980. والذي يشكّل الكتاب الثاني من المجلد الأول، في التراث العلمي العربي، وقد أنجزنا تحقيقه وبانتظار نشره.

30. الطريقة العلمية في العلوم الطبيعية، بحث، مجلة دراسات للأجيال البغدادية، العدد 2، السنة 1، 1980. وقد أعاد نشره في كتابه العلوم الطبيعية عند العرب. بغداد 1980. الفصل الثاني، وأشرنا إلى ذلك في موضعه عند تحقيقنا للكتاب.

31. العلوم على مذهب العرب، بحث، مجلة المجمع العلمي العراقي، ج3، مج 31، 1980.

32. الموضوعية ووحدة الحقيقة، بحث، مجلة المجمع العلمي العراقي، مج 31، 1980.

33. نظرية القياس المنطقية، كتاب، مطبعة جامعة بغداد، بغداد 1981.

34. منطق **الحراني** في التحليل والتركيب، بحث، مجلة المجمع العلمي العراقي، مج 33، الجزءان الثاني والثالث، 1982.

35. اللغة والوجود القومي، بحث، ندوة اللغة العربية والوعي القومي، بغداد 1983.

36. تعريب التعليم العالي، بحث، مجلة آفاق عربية البغدادية، عدد5، السنة 8، 1983.

37. مسؤولية الجامعات في العالم الإسلامي في القرن الخامس عشر الهجري، بحث، مجلة معهد البحوث والدراسات العربية، العدد 11، بغداد 1982، وأعيد نشره في مجلة دراسات للأجيال البغدادية، عدد 4-5، السنة 5، 1983.

38. العلوم الصرفة، بحث، ضمن كتاب موسوعة حضارة العراق، ج8، بغداد 1985.

39. العلوم الطبيعية عند العرب، بحث، ضمن كتاب موسوعة حضارة العراق، الجزء الخاص بالفلسفة والعلوم، بغداد 1986.

40. التجربة المختبرية في التراث العلمي العربي، بحث، مجلة المجمع العلمي العراقي، مج 37، 1986.

41. مجموعة مقالات صحفية نشرت في الصحف العراقية بين عامي 1985 و1986. بعنوان كيف نفهم التاريخ؟

42. الفيلسوف والتفلسف، كتاب، مخطوط، وهو مجموعة محاضرات ألقاها الفيلسوف **ياسين خليل**، على طلبة للدراسات العليا، قسم الفلسفة، عام 1982، وكنت أنا أحدهم، وبصحبتي الزملاء الدكاترة، **عبد الجليل كاظم والي، ومشهد سعدي، ومجيد مخلف طراد**. وما زال الكتاب مخطوطًا عندي وينتظر التحقيق والنشر. وهذا الموضوع (الفيلسوف والتفلسف) كان من الموضوعات الأثيرة لدى الفيلسوف الدكتور **ياسين خليل**، لما يحمل من أهمية في إيجاد نوع من الصلة بين الفيلسوف وطريقة إنشائه المنظومة الفلسفية الخاصة به.

43. أبعاد الفلسفة العلمية، كتاب، مخطوط، وهو كما يشير الدكتور **مشهد سعدي**، عبارة عن مشروع كتاب يحتوي مقدمة وأربعة فصول هي: المشكلات، التحليلات، التركيبات، المنطقيات. ولكن الفيلسوف **ياسين خليل** لم يكتب منه سوى فصلين، أي المشكلات والتحليلات، ومما كتبه في هذين الفصلين يمثل إضافة وتنظيمًا لمجموعة محاضرات كان يلقيها على طلبة البكالوريوس تحت عنوان الفلسفة العلمية، ويشير الدكتور **مشهد سعدي** إلى أنه قد نظَّمها على أمل نشرها[1]، لكنه لم يفعل ذلك إلى يومنا هذا. كما لا نملك عنه أية صورة. ومن جهة أخرى، نشر الدكتور عبد الأمير موسى الشمري، أستاذ الفلسفة المعاصرة بالجامعة المستنصرية، نص محاضرات الفيلسوف ياسين خليل، بكتاب وسمه بالفلسفة العلمية، صدر عن مطبعة دار الصنوبر، بغداد 2008، ويضم مقدمة للمحقق

---

(1) يُراجع، مشهد سعدي، الدكتور ياسين خليل، سيرته، ص48. كما توجد نسخة مصورة من المخطوط لدى الدكتور جواد كاظم سماري، وسنحاول الحصول عليها.

الشمري، ونص المحاضرات المؤلفة من ثمانية فصول، الأول: الحقول الفلسفية، الثاني: حقول الفلسفة العلمية، الثالث: طبيعة العالم الخارجي، الرابع: الرياضيات والواقع الفيزياوي، الخامس: مبدأ السببية، السادس: تحليل المفاهيم العلمية، السابع: تحليل القوانين العلمية، الثامن: تحليل النظرية العلمية. مع ملاحظة أن الدكتور الشمري لم يشر إلى تاريخ إلقاء هذه المحاضرات، وعلى أي مستوى من الطلبة ألقيت عليهم. كما يبدو أن نص كتاب الفيلسوف ياسين خليل بحسب نشرة الشمري تختلف نوعًا ما عما أشار إليه مشهد العلاف في بداية كلامه عن كتاب الفلسفة العلمية الذي رآه في مكتبة المرحوم ياسين خليل.

44. مفهوم التراث العلمي عند العرب، بحث، ويشير أيضًا الدكتور **مشهد سعدي**، إلى أنه قد رأى هذا البحث مخطوطًا لكنه غير متكامل وغير منتظم، وقد رتبها الدكتور **مشهد سعدي** بحيث يجعلها صالحة للنشر[1]. وقد نشر هذا البحث فيما بعد في مجلة المورد التراثية البغدادية، مج 18، عدد 3، 1989.

45. مشروع لدراسة الفلسفة العلمية عند العرب، بحث، بحدود 40 صفحة، ويقول الدكتور **مشهد سعدي**: أخبرني المرحوم الفيلسوف **ياسين خليل** أنه سيكتب بحثًا مختصرًا في حدود أربعين صفحة بعنوان (مشروع لدراسة الفلسفة العلمية عند العرب)، يرد فيه على المستشرقين القائلين بأن ليس للعرب فلسفة، فقال لي: سأُثبت فيه أن للعرب فلسفة وأنها فلسفة علمية وقال لي: إن البحث بعد أن يكتمل ستجد فيه الموضوعات مثبتة والمصادر مؤشرة فما عليك إلا أن تأخذه بمصادره وتوسّعه فتجعله كتابًا في الفلسفة العلمية عند العرب، ويقول الدكتور **مشهد سعدي**: إنه قد طلب مني أن أستعير له كتاب معيار العلم للغزالي لحاجته إليه في ذلك البحث، ولكن المنية عاجلته فلم يكمله، وقد رأيت في مسوداته بضع صفحات بدون عنوان يبدو أنها كانت بداية لذلك البحث[2]. وهذا البحث المؤمل أن يصبح كتابًا لم ير النور هو الآخر إلى يومنا هذا. وقد نُشر هذا البحث

(1) المرجع السابق، ص48.

(2) المرجع السابق، ص48.

فيما بعد في مجلة آفاق عربية البغدادية، بعنوان: هل كان للعرب فلسفة علمية، عدد12، 1989.

46. محاضرات في المنطق الرياضي، كتاب، ط1، جامعة بغداد، بغداد 1990. وهذا الكتاب هو مجموعة محاضرات أعدّها للنشر ونسّقها وأشرف عليها الدكتور **مشهد سعدي**، كما قدم لها المرحوم الدكتور **نوري حمودي القيسي** عميد كلية الآداب بجامعة بغداد، وهو آخر إنجاز فلسفي وعلمي للفيلسوف **ياسين خليل** قبيل وفاته، وأصل هذا الكتاب الذي يتألف من ثلاثة أجزاء هو تفرغ علمي مُنح له من جامعة بغداد عام 1985، يتضمن الجزء الأول التدوين الرمزي ويتألف من خمسة فصول، أما الجزء الثاني فهو عن المنطق الرياضي أنظمة وبراهين، ويقع في ثلاثة فصول، في حين يحمل الجزء الثالث عنوان المنطق الرياضي نشأته وتطوره، ويقع هو الآخر في ثلاثة فصول. ولكن الدكتور **مشهد سعدي** يشير في مقدمته للكتاب إلى أن الفيلسوف **ياسين خليل** عزم على أن يكون الكتاب في أربعة أجزاء، أما الجزء الرابع فهو عن المنطق الرياضي، المدارس المنطقية المعاصرة. ولكن هذا الجزء غير متضمن في هذا الكتاب، لأن المرحوم لم ينجزه بسبب المرض الذي ألم به[1].

47. وهناك مجموعة محاضرات كان يلقيها الفيلسوف **ياسين خليل** على طلبته طيلة مدة التدريس التي استمرت قرابة ربع قرن من حياته العلمية، وهي ما زالت مخطوطة في كشاكيل لدى الطلبة، نرجو ونأمل منهم أن يزودونا بها كي تكون ضمن هذا المشروع الكبير عن أعماله الكاملة، ولكي يكون لدينا ولدى الدارسين والباحثين والمهتمين بالدرس الفلسفي في العراق المعاصر تصور كامل عن الإنجاز الفلسفي والعلمي والفكري والاجتماعي والسياسي عن هذه الشخصية الفلسفية العراقية الكبيرة.

ب. المؤلفات والأبحاث بحسب التصنيف العلمي لها-

بعد أن أحصينا مؤلفات وأبحاث الفيلسوف **ياسين خليل** بحسب إنتاج النص وتاريخ

---

(1) المرجع السابق، ص9-12.

ظهوره لأول مرة، نعود هنا في هذه النقطة لتصنيف هذه المؤلفات والأبحاث على وفق التصنيفات العلمية للمعارف الإنسانية وعلى الوجه الآتي:

أولًا: في الفلسفة

الكتب

1. مقدمة في الفلسفة المعاصرة (دراسة تحليلية للاتجاهات العلمية في فلسفة القرن العشرين)[1].
2. منطق المعرفة العلمية، الجزء الأول من نظرية العلم. (تحليل منطقي للأفكار والقضايا والأنظمة في المعرفة التجريبية والبرهانية).
3. منطق البحث العلمي، الجزء الثاني من نظرية العلم.
4. الفيلسوف والتفلسف. مخطوط لدى المحقق وينتظر التحقيق والنشر.
5. أبعاد الفلسفة العلمية. مخطوط.
6. الفلسفة العلمية. نشرة الدكتور عبد الأمير الشمري

الأبحاث والمقالات

1. المثالية الرياضية.
2. الذاتية الانتخابية.
3. الصيرورة والطبيعة.
4. **آرنست ماخ** والفلسفة الوضعية.
5. الذرية المنطقية، (**برتراند رسل**).
6. المعرفة الإنسانية.
7. نظرة الإنسان الشاملة إلى الكون.
8. المشكلة والطريقة.

---

(1) تُراجع المعطيات العلمية عن هذه الكتب والأبحاث في الفقرة السابقة، نمرة (أ). كما أن هذا التصنيف اعتمدناه بالرجوع إلى مقالنا عن الدكتور ياسين خليل المنشور في جريدة العراق البغدادية، 15/ 4/ 1987، فضلًا عن كتاب الدكتور مشهد سعدي، عن ياسين خليل سيرته وفلسفته.

9. هل كان للعرب فلسفة علمية، وسنعاود الإشارة إليه في حقل التراث العلمي العربي.

ثانيًا: في الدراسات المنطقية

الكتب

1. التحليل البنيوي لمنطق اللغة. وهي أطروحته بالألمانية. وما تزال مخطوطة تنتظر الترجمة والنشر.
2. نظرية **أرسطو** المنطقية.
3. مقدمة في علم المنطق.
4. نظرية القياس المنطقية.
5. محاضرات في المنطق الرياضي.

الأبحاث والمقالات

1. الأساس السيمويطيقي لعلم اللغة، بالألمانية.
2. منطق اللغة، (نظرية عامة في التحليل اللغوي).
3. نظرية التعريف والدراسة العلمية.
4. المنطق والرياضيات.
5. نظرية **جوتلوب فريجة** المنطقية. في حلقات ثلاث.
6. الطريقة البديهية في المنطق والرياضيات والفيزياء النظرية.
7. منطق الحل.
8. منطق **الخوارزمي** في الجبر والمقابلة. وسنعاود الإشارة إليه في أبحاث التراث العلمي عند العرب.
9. منطق **الحرّاني** في التحليل والتركيب. وسنعاود الإشارة إليه في أبحاث التراث العلمي عند العرب.

ثالثًا: في التراث العلمي العربي

الكتب

1. التراث العلمي العربي، وهو الكتاب الأول، موضوع تحقيقنا في هذا المجلد من أعماله الكاملة.
2. العلوم الطبيعية عند العرب، وهو الكتاب الثاني، موضوع تحقيقنا في هذا المجلد من أعماله الكاملة.
3. الطب والصيدلة عند العرب، وهو الكتاب الثالث، موضوع تحقيقنا في هذا المجلد من أعماله الكاملة.

الأبحاث والمقالات:

إن هذه الأبحاث تشكل مجتمعة كتابًا مستقلًا وهو الكتاب الرابع من هذا المجلد موضوع تحقيقنا. وقد عنوناه بدراسات في التراث العلمي العربي وهي:

1. المفهوم الحضاري للتراث العربي.
2. منطق **الخوارزمي** في الجبر والمقابلة.
3. العلوم على مذهب العرب.
4. الموضوعية ووحدة الحقيقة.
5. الطريقة العلمية في العلوم الطبيعية.
6. منطق الحرّاني في التحليل والتركيب.
7. التجربة المختبرية في التراث العلمي العربي.
8. العلوم الصِّرفة.
9. مفهوم التراث العلمي العربي.
10. هل كان للعرب فلسفة علمية؟

رابعًا: في الأيدلوجية والسياسة والاجتماع -

الكتب

1. القومية والاشتراكية.
2. الأيدلوجية العربية.

الأبحاث والمقالات

1. الشباب والتيارات الفكرية.
2. المفاهيم القومية والاشتراكية.
3. الإسلام وجود ومنطلق.
4. مفهوم التطبيق الاشتراكي.
5. دور الجامعة في الدول النامية.
6. مسؤولية الجامعات في العالم الإسلامي في القرن الخامس عشر الهجري.
7. تعريب التعليم الجامعي في العراق.
8. اللغة والوجود القومي.
9. كيف نفهم التاريخ؟ والمؤامرة الكبرى، مجموعة مقالات نشرت في الصحف والجرائد اليومية العراقية[1].

المبحث الثاني: التدريس والمهام والمسؤوليات التي أُنيط بها مع الإشارة لزملائه وطلبته

أولًا- التدريس والمهام والمسؤوليات التي أنيط بها: تولى الفيلسوف **ياسين خليل** فضلًا عن التدريس في الجامعة عدة مسؤوليات إدارية وعلمية في زمانه وحتى وفاته في يوم 3/ 5/ 1986. ووفقًا للآتي[2]:

---

(1) على الرغم من أن الفيلسوف ياسين خليل قد كتب هذه الكتب والمؤلفات والأبحاث في شتى صنوف المعرفة الإنسانية، فإننا نجده قد أغفل عن عمد التأليف في موضوعات فلسفة الأخلاق وفلسفة الفن والميتافيزيقا وغيرها من الموضوعات، التي لا يمكن التحقق من صدق مقولاتها وفرضياتها تجريبيًا وهو ما تقول به الوضعية المنطقية عمومًا. ولهذا نجد أن نتاجه الفلسفي والعلمي وحتى التراثي يتساوق مع مقولات الفلسفة الوضعية المنطقية بكل قوة وإحكام. ومصداق ذلك أنه لم يكتب أيّ كتاب في الفلسفة الإسلامية أو اليونانية أو الحديثة أو المعاصرة ولا سيما في الفلسفات ذات الطابع الميتافيزيقي المهيمن عليها، في حين توجه تفكيره نحو التراث العلمي العربي فقط، وقد أوضحنا ذلك في تعليقاتنا على كتابه هذا وكتابه العلوم الطبيعية عند العرب. فليُراجع هناك في مواضعها.

(2) رجعنا في توثيق ذلك إلى ملفّه المحفوظ في كلية الآداب جامعة بغداد، ورجعنا كذلك إلى كتاب الدكتور مشهد سعدي، عن ياسين خليل سيرته وفلسفته.

1. دَرّس في جامعة مونستر، ألمانيا، معهد اللغة لمدة ستة أشهر من عام 1961.
2. عمل مدرسًا للفلسفة والمنطق الرياضي في قسم الفلسفة جامعة بغداد عام 1961.
3. رُقِّي إلى مرتبة أستاذ مساعد 1965.
4. في عام 1965، عمل رئيسًا لتحرير جريدة الثورة العربية واختير رئيسًا للجنة المؤتمر السياسي الأفرو آسيوي في باندونج.
5. من عام 1966 ولغاية عام 1967، أصبح وزيرًا لرعاية الشباب.
6. في عام 1967، شغل منصب الأمين العام لجامعة بغداد.
7. عمل مرة أخرى وزيرًا للشباب في عام 1967 ولغاية عام 1968.
8. عمل أستاذًا محاضرًا في ليبيا من عام 1969 ولغاية 1971.
9. رُقِّي إلى مرتبة أستاذ عام 1972.
10. في عام 1973، طرح مشروعه العلمي لإنشاء مركز إحياء التراث العلمي العربي وقد تحقق المشروع عام 1977، وأُنشئ المركز في بغداد وكان هو أول رئيس للمركز.
11. في عام 1982، عُيّن مرة أخرى رئيسًا لمركز إحياء التراث العلمي العربي.
12. كان أستاذًا للدراسات العليا بقسم الفلسفة جامعة بغداد منذ فتحها في هذا القسم أواسط السبعينيات من القرن العشرين وحتى وفاته.

ثانيًا- زملاؤه: لقد زامل الفيلسوف **ياسين خليل** خلال مسيرته العلمية التي امتدت على مساحة ربع قرن من الزمن بجامعة بغداد، جيلًا من الفلاسفة العراقيين المعروفين بنتاجاتهم الفلسفية والعلمية الكبيرة، ومنهم: الدكتور **حسام محي الدين الألوسي (ت2013)**، الفيلسوف العراقي المعروف وأستاذ الفلسفة بجامعة بغداد، وصاحب المؤلفات المعروفة ومنها: حوار بين الفلاسفة والمتكلمين، ومن الميثولوجيا إلى الفلسفة، والزمان في الفكر الديني والفلسفي القديم، ودراسات في الفكر الفلسفي العربي الإسلامي وغيرها كثير، ومنهم: المرحوم الفيلسوف الدكتور **كامل مصطفى الشيبي** (ت2006)، أستاذ التصوف والفكر الكلامي بجامعة بغداد والعديد من الجامعات العربية، وصاحب المؤلفات المعروفة في التصوف والتشيع، وتحقيق ديوان **الحلاج** وشرحه، وديوان **السهروردي الحلبي** وغيرها،

والدكتور **عرفان عبد الحميد فتاح** (ت2006)، أستاذ التصوف وعلم الكلام بجامعة بغداد وصاحب المؤلفات الكلامية والصوفية ومنها دراسات في الفرق والعقائد ودراسات في الفلسفة الإسلامية وتاريخ التصوف الإسلامي وغيرها، والدكتور **جعفر آل ياسين** (ت2008م)، أستاذ الفلسفة بجامعة بغداد وجامعة قطر وصاحب المؤلفات المتخصصة بالفكر السينوي والفلسفة الإسلامية وتحقيق النصوص الفلسفية للفارابي، والدكتور **كريم متّى** أستاذ الفلسفة الحديثة والمعاصرة وصاحب المؤلفات في الفلسفة اليونانية والمنطق والفلسفة الحديثة، والأستاذ الأديب **مدني صالح** (ت2007)، أستاذ الفلسفة بجامعة بغداد، وصاحب المؤلفات بالفلسفة الإسلامية ولا سيما في فلسفة **ابن طفيل** فضلًا عن ترويجه للفلسفة في المقالة الصحفية والرواية الأدبية. والأستاذ **حازم مشتاق (ت2017)**، أستاذ الفلسفة اليونانية بجامعة بغداد وحاليًا يعمل بجامعة فيلادلفيا في الأردن، و**الدكتور ناجي عباس التكريتي**، أستاذ فلسفة الأخلاق والسياسة بجامعة بغداد، والأستاذة **سهيلة جواد علي** أستاذة الفلسفة الحديثة بجامعة بغداد، والأستاذة **فاتنة جميل حمدي** أستاذة الفلسفة الحديثة بجامعة بغداد، والدكتور **نمير العاني**، أستاذ الفلسفة الحديثة بجامعة بغداد، الذي ترك التدريس بالجامعة في نهاية السبعينيات من القرن المنصرم لأسباب سياسية، والدكتور عبد الأمير الأعسم (ت2019) صاحب المؤلفات المعروفة في الفلسفة الإسلامية ومنها كتابه المصطلح الفلسفي عند العرب.

ثالثًا- تلامذته: منذ أن دخل إلى عالم الفلسفة أستاذًا لها وإلى يوم وفاته تخرجّ بين يدي الفيلسوف **ياسين خليل** عدد كبير من الطلبة والدارسين العراقيين والعرب، فمن هؤلاء من أكمل المشوار وأصبح فيما بعد مدرّسًا بالجامعات العراقية والعربية، ومنهم من انتمى إلى عالم الفكر والثقافة باحثًا وكاتبًا ومؤلفًا. ولأن هذه الفقرة لا تحصي كل هؤلاء الطلبة والدارسين على يديه، لكن لا بد من ذكر بعضهم من كان له شأن يذكر في عالم التأليف والكتابة والتدريس سواء في العراق أم خارجه، ومنهم: الأستاذ الدكتور **عبد الستار الراوي**، أستاذ الفلسفة وعلم الكلام بجامعة بغداد، والأستاذ الدكتور **علي حسين الجابري**، أستاذ فلسفة الحضارة والفكر العربي بالجامعة المستنصرية، والأستاذ الدكتور **قيس هادي أحمد**، أستاذ الفلسفة المعاصرة بجامعة بغداد، والدكتور **عامر عبود النفاخ**، أستاذ الفلسفة بجامعة بغداد. والسيدة **أميمة الشواف**، مدرسة الفلسفة بجامعة بغداد، والدكتور **جعفر حسن الشكرجي**، الذي يُعدّ أول طالب ماجستير

يتخرج على يدي الفيلسوف الدكتور **ياسين خليل** عام 1974عن رسالته أثر الرياضيات في فلسفة **أفلاطون**. والدكتور **محمد جلوب فرحان،** الذي عمل هو الآخر طالبًا للماجستير عام 1976 تحت إشراف الفيلسوف **ياسين خليل** عن رسالته تحليل أرسطو للعلم البرهاني، والدكتور عبد الأمير موسى الشمري، الذي أنجز رسالته للماجستير بالفلسفة عام 1983، تحت إشراف الفيلسوف ياسين خليل، والموسومة بالفكرة والعمل في فلسفة جون ديوي، والدكتورة **فضيلة عباس مطلك،** أستاذة الفلسفة الإسلامية بجامعة بغداد، والدكتورة **نظلة أحمد نائل الجبوري** أستاذة التصوف بجامعة بغداد، والدكتورة **سهام شيت حميد،** أستاذة الفلسفة المعاصرة بجامعة بغداد، التي أشرف على رسالتها للماجستير عام 1984، بعنوان نظرية المعرفة عند **جون لوك** وأصولها الفكرية. والدكتور ثامر مهدي، أستاذ الجماليات بجامعة الكوفة، والدكتور **مشهد سعدي العلاف،** وهو آخر طالب للماجستير أُجيز على يدي المرحوم الفيلسوف الدكتور **ياسين خليل** قبل وفاته، عن رسالته الإجرائية في فلسفة **برجمان،** ومنهم: كذلك الدكتور **عبد الجليل كاظم والي،** والدكتور **مجيد مخلف طراد،** أستاذ الفلسفة الأخلاقية بجامعة بغداد، والدكتور **حسن فاضل جواد** أستاذ الفكر العربي المعاصر بجامعة بغداد، والدكتور **محمد محمود الكبيسي،** أستاذ المنطق والفلسفة الإسلامية بالجامعة المستنصرية. والدكتور **ناجي حسين جودة** أستاذ التصوف بالجامعة المستنصرية. والدكتور **حميد خلف علي** أستاذ الفلسفة الإسلامية بجامعة بغداد، والدكتور **عبد الكريم سلمان الشمري** أستاذ فلسفة الأخلاق بجامعة بغداد، والدكتور جواد كاظم سماري أستاذ الفلسفة الحديثة بجامعة الكوفة، والدكتور **محمد حسين النجم** أستاذ الفلسفة اليونانية بالجامعة المستنصرية، والدكتورة **باسمة جاسم الشمري** أستاذة الفلسفة الإسلامية بجامعة الكوفة، والدكتور **عبد القادر موسى المحمدي،** أستاذ التصوف وعلم الكلام بجامعة بغداد، والشهيد الدكتور **يحي محمود المشهداني (2006م)،** أستاذ علم الكلام بالجامعة المستنصرية، والدكتور **حازم سليمان ناصر،** أستاذ الأدب الفلسفي بجامعة بغداد، والسيد **حسون فندي السراي،** أستاذ الفلسفة الحديثة بالجامعة المستنصرية، والدكتور **مهدي طه مكي،** أستاذ الفلسفة الإسلامية بجامعة بابل، والدكتور **رسول محمد رسول،** مدرس الفلسفة في إحدى الجامعات العربية والدكتور **كيورك مرزينا آل قابو (ت2019)،** أستاذ الفلسفة بجامعة الموصل، والصحفي اللامع الدكتور **طه جزاع،** أستاذ الفلسفة اليونانية بجامعة بغداد،

والدكتور **علي حاكم**، أستاذ الفلسفة في إحدى الجامعات الغربية وصاحب الترجمات لبعض كتب الفلسفة الغربية المعاصرة، والأستاذة **شيرمين النفطجي**، مدرسة الفلسفة الوسيطية بالجامعة المستنصرية، والدكتور **أياد كريم الصلاحي**، والسيد **أحمد راضي** طالب الدكتوراه في إحدى الجامعات الأميركية، وغيرهم مما لا يسع المجال لذكرهم. فضلًا عن **كاتب هذه السطور** الذي يعمل أستاذًا للفلسفة الإسلامية وتاريخها بالجامعة المستنصرية، وقد كانت تربطه بالمرحوم رابطة علمية وأبوية وفلسفية كبيرة، تعلم منها الكثير مما كان يجهله عن عالم الفلسفة وهو ما زال طالبًا فيها، كما وتعلم منه الكثير من المسائل الأخلاقية في كيفية علاقة الأستاذ بطلبته وكيفية احتضانهم ورعايتهم والأخذ بأيديهم نحو الكمال والصواب وطلب الحقيقة.

كما تخرج من بين يديه بعض من الطلبة العرب ومن كافة أقطار العالم العربي ولا سيما من المغرب العربي وتونس والجزائر والسودان وليبيا التي درّس فيها كأستاذ متفرغ، وقد أصبح لأولئك شأن يذكر في بلادهم وجامعاتهم. فضلًا عن اليمن والإمارات.

المبحث الثالث: حضور الفيلسوف ياسين خليل في الفكرين العربي والعالمي

أولًا: في الفكر العربي

1. المقالات: تُعد مقالتنا الصحفية التي نُشرت عن الفيلسوف الدكتور **ياسين خليل** هي أول مقالة عراقية كتبت بمناسبة مرور عام على وفاته، وقد نُشرت هذه المقالة في جريدة العراق البغدادية، وعلى صفحتها الثقافية وذلك يوم 15/ 4/ 1987. عرّفنا في هذه المقالة بشكل أولي بنتاجه الفلسفي والعلمي والتراثي مع وقفة موجزة عن سيرته العلمية والشخصية. وكان هذا المقال فاتحة خير لكل من كتب عن الفيلسوف **ياسين خليل** فيما بعد. إذ نال المقال استحسان الكثير من أساتذة الفلسفة في العراق فضلًا عن طلابه. ثم أعيد نشر هذه المقالة في مجلة الشباب العراقي، بعددها الثاني عام 2009، بعنوان المنطقي ياسين خليل.

2. المؤتمرات: تناول فلسفة الفيلسوف ياسين خليل جملة من الباحثين عربًا وعراقيين، نخص منهم:

أ. الباحث الأردني الدكتور **أحمد ماضي** في بحثه الموسوم الوضعية المحدثة والتحليل

المنطقي في الفكر الفلسفي العربي المعاصر، وقد قدمه إلى المؤتمر الفلسفي العربي الأول الذي نظمته الجامعة الأردنية[1]، فلسفة الفيلسوف **ياسين خليل**، من ضمن من درسهم من أصحاب هذا الاتجاه، من أمثال الفيلسوف المصري الدكتور **زكي نجيب محمود**، والفيلسوف اللبناني الدكتور **محمد عبد الرحمن مرحبا**، وغيرهم. وينقل الدكتور **أحمد ماضي** بعض النصوص الفلسفية من مؤلفات الفيلسوف **ياسين خليل** يتبين من خلالها اهتمامه بهذه الفلسفة ومن هذه النصوص: «أن الفلسفة أخذت تقترب أكثر فأكثر من العلوم حتى أصبحت عند رودولف كارناب ليست إلا منطقًا للعلوم انتمائه إليها، أو بتعبير آخر هي منطق العلم»[2]. كما يشير الدكتور **أحمد ماضي** إلى نص يبين ارتباط الفيلسوف **ياسين خليل** بهذه الفلسفة الوضعية المنطقية «إن الوضعية المنطقية تبغي في اتجاهها الفلسفي هدفًا عظيمًا هو جعل الفلسفة علمية». ولكن لا يعني أن الفيلسوف **ياسين خليل** لم يوجه نقده لهذه الفلسفة على الرغم من **سيما في** كتابه منطق المعرفة العلمية بحسب الدكتور **أحمد ماضي**. ولكن هذا الأخير يعترض أيضًا على بعض الأطروحات التي قال بها الفيلسوف **ياسين خليل** ولا سيما في موقفه من الميتافيزيقا ونقده لها. بقوله «إن ما أراد أن يخلص إليه **ياسين خليل** هو باختصار شديد ما يلي: أن الوضعية المنطقية هدمت ميتافيزيقا لتقيم مكانها ميتافيزيقا منطقية، وهنا لا بد من القول إن **ياسين خليل** يؤكد أن الفلسفة إما ميتافيزيقية الاتجاه أو مادية الهوية والتفسير، واستنادًا إلى هذا التصنيف للفلسفات نجد أن الوضعية المنطقية ميتافيزيقية الاتجاه»[3].

ب. الباحث العراقي الدكتور عبد الستار الراوي: في بحثه الموسوم خارطة الفكر الفلسفي العراقي المعاصر تأملات أولى، الذي ألقاه في ندوة بيت الحكمة ببغداد عام 1998، وظهر ضمن محور الفكر الفلسفي العربي في كتاب عن بيت الحكمة ببغداد عام 1999، تناول الدكتور عبد الستار الراوي المشاريع الفلسفية في العراق المعاصر. وتحدّث عن أحد

---

(1) نُشر هذا البحث ضمن كتاب الفلسفة في الوطن العربي المعاصر، ط1، مركز دراسات الوحدة العربية، بيروت 1985، ص171 وما بعدها. وكان الدكتور أحمد ماضي في حينها يرأس الجمعية الفلسفية العربية وقرها عَمان/ الأردن.

(2) يُراجع، ياسين خليل، مقدمة في الفلسفة المعاصرة، بيروت 1970، الصفحات 16، 18، 24، 25، 262، 271.

(3) يُراجع، أحمد ماضي، الوضعية المحدثة، مرجع سبق ذكره، ص182.

هذه المشاريع المتمثلة بالفيلسوف **ياسين خليل**، وقد أسمى مشروعه مشروع نظرية العلم. وقد توصل الراوي إلى جملة من الأحكام بصدد فلسفة الفيلسوف ياسين خليل وهي: أن الفيلسوف **ياسين خليل** قدم اعتماداته الفلسفية في مجال فلسفة العلم، والفلسفة العلمية[1]، وعلاقة العلم بالفلسفة، وعلاقة المنطق بالمعرفة العلمية عمومًا، وكباحث أصيل اتجه بعلمه وخبرته نحو دراسة التراث العلمي العربي، فأظهر إبداعات العلماء والفلاسفة العرب من النواحي العلمية، وبرهن على إسهاماتهم في إغناء الحضارة الإنسانية. ولعل نظرية العلم واحدة من أبرز مشاريعه العلمية التي حظيت بالتقويم الإيجابي والاعتراف الأكاديمي في الوطن العربي، فضلًا عن الدوائر الأكاديمية المختصة في العالم[2].

إنّ هذا الموقف للفيلسوف ياسين خليل على حدّ تعبير الدكتور عبد الستار الراوي وضع الفلسفة أمام خيارين لا ثالث لهما كما يرى الدكتور الراوي، الأول: أن تصبح الفلسفة علمًا أي تسير مع العلم جنبًا إلى جنب في كشف حقائق العالم المادي، والثاني: أن تجد الفلسفة لنفسها حقلًا حديثًا وطريقة جديدة لكي تثبت جدارتها في تقديم معرفة موثوقة. وقد **اختار** الفيلسوف ياسين خليل الطريق الثاني، بعد أن أيقن أن أمام الفلسفة حقولًا جديدة وطريقة تبدأ بها كشف الحقائق الأساسية في هذه الحقول، وبعد أن استطاعت الفلسفة فعلًا في القرن العشرين أن تجد لنفسها طرقًا وحقولًا جديدة[3]. ولم يعد ممكنًا الحديث لدى الفيلسوف **ياسين خليل** عن فلسفة تأملية أو ضربًا من الأحلام الذاتية، ذلك أن الفلسفة ليست علمًا

---

(1) يوجد فرق أساسي بين فلسفة العلم والفلسفة العلمية، ففلسفة العلم Philosophy of Science، هي مبحث نقدي في مبادئ العلوم وفي الأصول المنطقية لهذه المبادئ، أي أن فلسفة العلم لا تستهدف فرض المناهج على العلماء، بل تنصبّ دراستها على فحص المناهج التي يستخدمها العلماء بالفعل، كذلك تعني فلسفة العلم بالبحث عن أهداف العلوم وحدودها وعلاقتها بعضها بالبعض وبالقوانين التي تحكم تطورها، وهي (أي فلسفة العلم) ليست سوى شكل من أشكال المنطق قوامه منهج تحليلي نقدي ينصبّ على العلم منذ نشأته، أما الفلسفة العلمية Scientific Philosophy، فهي مذهب فلسفي يقرر الاكتفاء بالعلم من حيث قدرته على الذهاب إلى المسائل القصوى الدائرة على المعرفة البشرية، وتمثل الفلسفة العلمية جملة اتجاهات فلسفية معاصرة ترفض الميتافيزيقا، ومنها الفلسفة الوضعية المنطقية والفلسفة البراغماتية والماركسية وغيرها. يُراجع، د. حسن مجيد العبيدي، فلسفة العلم ومناهج البحث، مخطوط.

(2) يُراجع، د. عبد الستار الراوي، خارطة الفكر الفلسفي العراقي المعاصر، مرجع سبق ذكره، ص 34-35.

(3) المرجع السابق، ص35.

في مستوى العلوم الطبيعية والرياضية، وأنها لا تُعير اهتمامًا للحقائق الجزئية التي يدرسها عالم الطبيعة[1].

ج. الباحث العراقي الدكتور علي حسين الجابري: في بحثه الموسوم المشهد الفلسفي الأكاديمي العراقي في القرن العشرين، دراسة أولية، الذي ألقاه في أعمال الندوة الفلسفية الثانية عشرة للجمعية الفلسفية المصرية بجامعة القاهرة، بالتعاون مع مركز دراسات الوحدة العربية، في عام 2000، وظهر فيما بعد كتابًا عن المركز ذاته في بيروت عام 2002، يقول الباحث الدكتور علي حسين الجابري عن الفيلسوف ياسين خليل، ما نصه: باحث فلسفي مدقق، ...، اتجه إلى دراسة المنطق والرياضيات والفيزياء عند فلاسفة الوضعية المنطقية، واتجه درسه الفلسفي نحو وجهتين: الأولى غربية منطقية معاصرة، والثانية تراثية علمية متأصلة، ذلك أن فلسفة الفيلسوف ياسين خليل إنما نشأت خلال تتلمذه على الاتجاه العلمي في المدة 1957-1961 في ألمانيا، المتأثرة باتجاهات الوضعية المنطقية العلمية، وهو ما تجسد لا في أطروحته عن فريجة أو في كتابه منطق اللغة بل في حديثه عن نظرية التعريف، والدراسة العلمية لموضوعات مختلفة، فضلًا عن أطروحته للدكتوراه وعنوانها مبادئ تحليل اللغة تركيبًا، وكان في الوقت نفسه حريصًا على فحص التراث العلمي العربي بما يعكس تطور وعيه المعرفي والروحي، في سياق بحثه عن القيم العلمية والعقلانية فيه.

إنّ هذا التوجه نحو الوضعية المنطقية للفيلسوف ياسين خليل قد أزاح الطريق نحو ممارسة نقد الميتافيزيقا وتأكيد أهمية الاستقراء والطريقة التجريبية والرياضية البديهية وفلسفة العلوم، ومكنه من توجيه النقد إلى فلسفة هيجل لكونها فلسفة مثالية ميتافيزيقية، كما يرى الدكتور الجابري. وهنا ينصف الفيلسوف ياسين خليل إنصافًا علميًا وفلسفيًا، إذ يبعد عنه التبعية المطلقة للفلسفة الوضعية المنطقية الغربية، مؤكدًا أنه قد اتجه إلى المنطق الرياضي والفلسفة العلمية في إطارها التراثي العربي والإنساني المعاصر، وإن كان قد هاجم الميتافيزيقا قاصدًا القضايا التي يصعب البرهنة عليها، ما دام هدف الفلسفة عند الفيلسوف ياسين خليل هو توضيح الأفكار منطقيًا، فضلًا عن ذلك، يرى الدكتور

(1) المرجع السابق، ص35.

الجابري أن العمل الفلسفي عند الفيلسوف ياسين خليل ينطوي جوهريًا على توضيحات وتفسيرات يشهد على ذلك أفكاره في نظرية العلم والقائل بوحدة العلم التي توجب الابتعاد عن الفرضيات الميتافزيقية والمقولات الفلسفية، وإن كان يرفض الفيلسوف ياسين خليل مبدأ التحقق التجريبي الوضعي ويقبل بمبدأ التكذيب عند كارل بوبر، ناهيك عن توجهات الفيلسوف ياسين خليل الدينية الإسلامية التي تحرره من تهمة تقليد الوضعية المنطقية، وهو أمر قد لا يعرفه الكثيرون ممن درس فلسفة الفيلسوف ياسين خليل على حد تعبير الدكتور الجابري[1].

3. **الرسائل والأطروحات الجامعية**: بدءًا نقول إن ما كُتب عن الفيلسوف **ياسين خليل** من رسائل وأطروحات جامعية، إنما انحصر في العراق، سواء لباحثين عراقيين أو عرب، ولا نملك معلومات أخرى عما كُتب عنه من رسائل وأطروحات خارج هذا البلد. وعلى وفق الآتي:

أ. الدكتور **جواد كاظم سماري**: الوضعية المنطقية في الفكر العربي المعاصر، رسالة ماجستير، مخطوطة، قسم الفلسفة، كلية الآداب، جامعة بغداد، 1990، بإشراف الأستاذ الدكتور **قيس هادي أحمد**. تعتبر هذه الرسالة أول رسالة جامعية عراقية تتخصص بدراسة الفلسفة الوضعية المنطقية في الفكر العربي، وتخصص أحد فصولها وهو الفصل الثالث، لدراسة الفيلسوف **ياسين خليل**، وقد احتل هذا الفصل الصفحات (99-142)، وقد انقسم هذا الفصل على مبحثين رئيسيين هما، الأول: في سيرته ونظرة عامة في فكره، وقد درس فيه الباحث حياة الفيلسوف **ياسين خليل** ومؤلفاته وموقفه من الفلسفة الوضعية المنطقية، ودراساته في التراث العلمي العربي، أما المبحث الثاني فقد خصه لدراسة جوانب من

---

(1) يُراجع، الفلسفة في الوطن العربي في مائة عام، أعمال الندوة الفلسفية للجمعية الفلسفية المصرية، ط1، بيروت 2002، ص586-587. ونحن نتفق مع ما ذهب إليه الدكتور علي حسين الجابري في استنتاجه الأخير حول توجهات الفيلسوف ياسين خليل الإسلامية غير المؤدلجة بأيّ أيدلوجية إسلامية معروفة في الوسط الفكري والسياسي العربي المعاصر، بل توجهات إسلامية ذات طابع تراثي علمي يحاول من خلالها إثبات أصالة العلم والفكر العلمي العربي الإسلامي بإزاء العلم الإنساني بعامة ولا سيما اليوناني القديم والأوربي الغربي الحديث. وهو ما سنلمسه منه خلال هذا المجلد الذي نحن بصدد تحقيقه والخاص بالتراث العلمي العربي بكل أنواعه.

تأثيرات الوضعية المنطقية في فكر الفيلسوف **ياسين خليل**. ولا سيما في موضوعات المنطق والتحليل المنطقي وصلة المنطق بالعلوم والتحليل المنطقي للعلوم ومنطق اللغة ونظرية التعريف. وقد توصل الباحث إلى جملة من النتائج بصدد فلسفة الفيلسوف **ياسين خليل** ويمكن إجمالها بالآتي:

أولًا. يرى الفيلسوف **ياسين خليل** أن هدف الفلسفة هي التوضيح المنطقي للأفكار وأن العمل الفلسفي يحتوي جوهريًا على توضيحات، وذلك يتم من خلال التعريفات وتحديد المعاني.

ثانيًا. إن الفلسفة عند الفيلسوف **ياسين خليل** تتحدد من حيث الطريقة والغاية فأما الطريقة فهي التحليل المنطقي وأما الحقول فهي لغات العلوم المختلفة، وأما الغاية فهي توحيد هذه العلوم في معرفة علمية متجانسة. وهذا ما جاءت به الوضعية المنطقية[1].

ثالثًا. يتبلور اتجاه الفيلسوف **ياسين خليل** في فلسفة صورية اصطلاحية، وهي فلسفة تؤكد الربط بين الاتجاه الصوري في المعرفة العلمية من جهة وبين الاتجاه الاصطلاحي في تحليل المفاهيم والصيغ العلمية من جهة أخرى[2].

رابعًا. إن من الأمور المسلّم بها في الفلسفة عند الفيلسوف **ياسين خليل** هي أنها (أي الفلسفة) لا تقتصر على الميتافيزيقا وعلم الأخلاق[3].

خامسًا. يؤمن الفيلسوف **ياسين خليل** بالابتعاد كليًا عن الفرضيات والمقولات الميتافيزيقية.

سادسًا. إن الفلسفة كما يرى الفيلسوف **ياسين خليل** ما هي إلا نتاج فكري لفرد أو لأفراد في مجتمع وفي زمان ومكان معينين. وبالتالي فإن المذاهب الفلسفية

---

(1) يُراجع، الوضعية المنطقية، رسالة ماجستير، ص114.

(2) المرجع السابق، ص114.

(3) المرجع السابق، ص115. وهذا الرأي صحيح بالنسبة لما تركه لنا الدكتور ياسين خليل من مؤلفات في الفلسفة أنها جاءت خلوًا من أيّ مبحث في الميتافيزيقا والأخلاق وعلم الجمال وفلسفة الفن وغيرها من الموضوعات ذات الطابع الميتافيزيقي الذي يرى في مقولاته أنها جوفاء فارغة لا يمكن التحقق من صدق أقوالها وفروضها.

الاجتماعية لا يمكن أن تكون عالمية في مفهومها وتطبيقها[1].

سابعًا. ظلّ الفيلسوف **ياسين خليل** مخلصًا للوضعية المنطقية حتى في المراحل التالية على حقبة الستينيات التي كان يدافع فيها عن هذه الفلسفة، على الرغم من أنه يأبى التصريح بجدوى هذه الفلسفة[2].

ثامنًا. إن اهتمام الفيلسوف **ياسين خليل** بالتراث العربي، إنما انحصر بكشف المضامين والمساهمات العلمية التي أبدعها العلماء العرب، وقد أصدر في هذا الميدان عدة كتب وأبحاث، وتهدف دراسته للتراث العلمي العربي عنده إلى الكشف عن الإنجازات والإبداعات التي حقق بها الأسلاف تقدمًا كبيرًا في المعرفة العلمية، وكشف الإضافات العلمية التي أسهموا فيها، فكانت الأساس المتين للتقدم العلمي، وجدوى دراسة التراث العلمي عنده تتحقق في الكشف عن الإنجازات العربية في مجال العلوم، وكشف الأساليب العلمية التي ابتدعها العلماء العرب في الرياضيات والعلوم الطبيعية وغيرها، وطرق معالجة الموضوعات العلمية والنتائج التي توصلوا إليها، كما أن بعث التراث العلمي العربي يزودنا بتجربة عربية في تعريب العلوم وما تنطوي عليه من ألفاظ ومصطلحات فنية. ويختار الفيلسوف **ياسين خليل** السبيل الأفضل عنده في دراسة التراث العربي بأن يتناول بالبحث العناصر الذاتية الأصيلة للفكر العربي من الإيمان بالعقلانية والعلمية والتجريبية الباحثة عن الحقيقة لإدراك ما للعلم من أهمية لمعرفة أسرار الكون والنفس الإنسانية. ولهذا يعني التراث عنده: مجموعة تجارب الأمة العربي في العطاء والمساهمة والقدرة على الإفادة والانطلاق نحو المستقبل، أي يجعل للتراث بعدًا مستقبليًا تتحقق قيمته في المعاصرة[3].

---

(1) المرجع السابق، ص113.

(2) المرجع السابق، ص117، 182.

(3) المرجع السابق، ص 117-119.

ب. الدكتور **صباح حمودي نصيف**: نظرية المعرفة في الفكر الفلسفي العربي المعاصر (مصر والعراق)، أطروحة دكتوراه، قسم الفلسفة، كلية الآداب، جامعة بغداد 2007. بإشراف الأستاذ الدكتور **حسام محي الدين الألوسي**. إذ خصص **الباحث** الفصل الخامس من أطروحته للدكتوراه للحديث عن نظرية المعرفة عند **الفيلسوف ياسين خليل**، وقد توصل إلى جملة نتائج منها:

أولًا. إن الاتجاه العلمي للفيلسوف **ياسين خليل** إنما نشأ من خلال تلمذته في المدة 1953-1961، أي منذ دخوله الجامعة حتى حصوله على شهادة الدكتوراه[1].

ثانيًا. إن حياة الفيلسوف **ياسين خليل** العلمية كانت حافلة بالإنجازات الفكرية التي تناولت المفاهيم والمقولات الرئيسية للوضعية المنطقية، على الرغم من أنه انتقد هذه الوضعية في وقت لاحق من مسيرته الفكرية فإنه لا يُخفي إعجابه بها ولم يستطع التخلص من آثارها تمامًا[2].

ثالثًا. أعطى **الفيلسوف ياسين** خليل للفهم الوضعي المنطقي إمكانية ممارسة نقد الميتافيزيقا، وتأكيد أهمية الاستقراء والطريقة التجريبية والرياضية البديهية فضلًا عن فلسفة العلوم، وكذلك فإن فلسفة العلم عنده يقتصر بحثها على الجوانب النظرية، لأن الفلسفة ذات صلة بالأفكار والنظريات العلمية[3].

رابعًا. أعطى الفيلسوف **ياسين خليل** للمعرفة العلمية أهمية كبيرة لما تشكِّله من طريقة جديرة في معرفة العالم الخارجي، ووصفه بأنه مادة خصبة للدراسة والبحث الفلسفي. فالعلم وحده كفيل بإعطائنا صورة علمية واضحة للعالم الخارجي وصلته بالفكر البشري[4].

---

(1) يُراجع، صباح حمودي نصيف، نظرية المعرفة في الفكر الفلسفي العربي المعاصر، أطروحة دكتوراه، مخطوط، ص188.

(2) المرجع السابق، ص189.

(3) المرجع السابق، ص189.

(4) المرجع السابق، ص191.

خامسًا. إن وظيفة الفلسفة عند الفيلسوف **ياسين خليل** لا تنحصر في التأمل، بل تتحدد في مجال العمل، وأنها فعالية، وأن هذه الفعالية هي طريقة منطقية بحيث تستخدم المنطق في مجال التعريف، لأن التعريف بمثابة توضيح للمفاهيم والأفكار والحدود[1]. وفي هذا المجال يمكن الإشادة هنا بتأثير ثلاثة فلاسفة هم: **فتنجشتين** (ت1951م)، الذي يرى أن الفلسفة فاعلية، وأن مهمتها التوضيح المنطقي للأفكار، و**رامزي** (ت1967م) الذي يرى أن الفلسفة في جوهرها نظام تعريفات، فضلًا عن **كارناب** (ت1970م)، الذي يرى أن الفلسفة هي منطق العلم، لأنها تقوم بالتحليل المنطقي للعلوم.

سادسًا. يرى الفيلسوف **ياسين خليل** أن الفلسفة ليست علمًا في مستوى العلوم الطبيعية، لأنها لا تهتم بحقائق العلوم الجزئية ذاتها، بل بطريقة توزيع الحقائق الجزئية في صورة، وليس من واجب الفلسفة إضافة حقائق جديدة في العلوم، بل تتجلى غايتها في الطريقة العلمية التي استخدمها العالم وإمكانية تطويرها وإزالة معوقاتها[2].

سابعًا. لقد حاول الفيلسوف **ياسين خليل** أن يبرز الاتجاه الصوري في المعرفة، والنظريات العلمية والجوانب الاستدلالية في المعرفة العلمية، ويؤكد من جهة أخرى الاتجاه الاصطلاحي في مجال تحليل المفاهيم والصيغ والنظريات العلمية[3].

ثامنًا. إن بناء المعرفة العلمية في نظر الفيلسوف **ياسين خليل** يستوجب التمييز بين المعرفة الاعتيادية والمعرفة العلمية، ويقصد بالمعرفة الاعتيادية مجموعة من المفاهيم والأفكار والتصورات والقضايا التي يكوِّنها الإنسان في حياته اليومية في العالم الخارجي بما يحتويه من موجودات وظواهر وحركات، أما المعرفة العلمية فيعني بها مجموعة المفاهيم والمبادئ والقضايا والنظريات

(1) المرجع السابق، ص194.

(2) المرجع السابق، ص194.

(3) المرجع السابق، ص196.

التي يتوصل إليها العلماء لتعليل أو شرح الحوادث في الطبيعة والتنبؤ في حالات تقع في المستقبل[1].

تاسعًا. إن المعرفة الإنسانية تمثل التجربة الإنسانية في مراحلها المختلفة واتجاهها وحركتها لتعرف العالم المحيط بالإنسان وما يتحكم فيه وفي مصيره.

ج. الدكتور **أحمد خضير**: المنطق في الفكر الفلسفي العراقي المعاصر، أطروحة دكتوراه، مخطوط، قسم الفلسفة، كلية الآداب، الجامعة المستنصرية، بإشراف الأستاذ الدكتور حسن مجيد العبيدي، 2008.

تناول الباحث في أحد فصول أطروحته وهو الفصل الثاني المنطق عند الفيلسوف ياسين خليل، وقد قسمه على ثلاثة مباحث رئيسية، تخللتها مقاصد فرعية. تناول في التمهيد لهذا الفصل حياة الفيلسوف ياسين خليل ومؤلفاته، ثم عرضًا عامًا لمذهبه الفلسفي، في حين اختص المبحث الأول بدراسة أنواع المنطق كما ذكرها الفيلسوف ياسين خليل، من خلال تناوله للمنطق البحت والمنطق التطبيقي، ثم الاستدلال والاستقراء، وختم هذا المبحث في منطق الحل، وهو أحد أهم البحوث الفلسفية المنطقية في المنطق العراقي المعاصر، واختص الباحث بدراسة الطرق المنطقية عند الفيلسوف ياسين خليل وهو ما تناوله في المبحث الثاني، إذ قسمه على طريقة التحليل والتركيب، والطريقة الاستدلالية الافتراضية وطريقة الترتيب والتصنيف، والطريقة البديهية وطريقة التحليل المنطقي، ويشكِّل هذا المبحث العمود الرئيس في فلسفة ياسين خليل المنطقية، في حين قام المبحث الثالث بدراسة دور المنطق في العلوم، وهو ما يسمى تطبيق أدوات المنطق ومنهجه على العلوم الإنسانية، سواء ما كان منها في العلوم الطبيعية التي تعتمد المنهج الاستقرائي أو العلوم الرياضية التي تعتمد المنهج الاستدلالي أو غيرها من العلوم الإنسانية،، فقسم هذا المبحث على دراسة دور المنطق في العلوم التجريبية، ودوره كذلك في العلوم البرهانية والعلوم الإنسانية، مع تطبيقات لدور المنطق في العلوم.

وقد توصل الباحث أحمد خضير إلى جملة من النتائج الرئيسية في فلسفة ياسين خليل المنطقية يمكن إجمالها بالآتي:

---

(1) المرجع السابق، ص204.

أولًا. بنى الفيلسوف ياسين خليل، مذهبه الفلسفي على أساس علمي ومنهج منطقي، فالمعرفة العلمية تشكل مادة للدراسة والبحث العلمي لأن الموقف الفلسفي من الكون لا بد من الركون إلى معطيات العلم لرسم فلسفية للعالم، فهو يضع للفلسفة طريقًا متفردًا وموضوعًا جديدًا لكي تثبت نفسها في تقديم معرفة موثوقة، ويرى الفيلسوف ياسين خليل في التحليل المنطقي طريقًا، وفي العلم موضوعًا وفي وحدة العلم غاية، وصولًا إلى التفاعل المتبادل بين الفلسفة والعلم[1].

ثانيًا. نجد المذهب الفلسفي لياسين خليل متضمنًا في كتابيه منطق المعرفة والعلمية ومنطق البحث العلمي، مستفيدًا من جميع الدراسات المنطقية والفيزيائية التي تناولت بالبحث تحليل المفاهيم والقضايا والنظريات العلمية، وهذا المذهب يجمع بين الاتجاه الاصطلاحي والاتجاه الصوري، مما يطلق عليه بالمذهب الاصطلاحي الصوري[2]. إذ يؤكد الفيلسوف ياسين خليل أن الاتجاه الصوري يخدم النظرية العلمية في حين يخدم الاتجاه الاصطلاحي تحليل المفاهيم والصيغ والنظريات العلمية.

ثالثًا. إن كتابات الفيلسوف ياسين خليل تعبر عن دراية تامة في المنطق وتاريخه وتطوراته، كما تُعدّ في الوقت عينه مرجعًا علميًا لا غنى عنه لكل من يبحث في المنطق والفلسفة واللغة، إذ كتب هذا الفيلسوف فصلًا عن نظرية القياس المنطقية، ونظرية أرسطو المنطقية، في المنطق الرياضي ولا سيما فيما يتعلق بإسهامات فريجة ورسل ووايتهد، وكتب في منطق اللغة وفي أساسها السيموطيقي ومبادئ تحليل اللغة بنيويًا[3].

رابعًا. يؤشر الباحث أحمد خضير أن الفيلسوف ياسين خليل كان متابعًا في بدايات كتاباته المنطقية للمدرسة الوضعية المنطقية المعاصرة في الفلسفة، إذ يُعَدّه

(1) يُراجع، الدكتور أحمد خضير، المنطق في الفكر الفلسفي العراقي المعاصر، أطروحة دكتوراه، مخطوط، قسم الفلسفة، الجامعة المستنصرية، بغداد 2008، ص92.

(2) المرجع السابق، ص92.

(3) المرجع السابق، ص93.

استمرارًا لفكر ثلاثة من الفلاسفة التحليلين المعاصرين وهم فتجنشتين ورامزي وكارناب، فضلًا عن المتابع الثاني لهؤلاء الفلاسفة الغربيين في الفلسفة العربية المعاصرة الفيلسوف زكي نجيب محمود[1].

خامسًا. استنتج الباحث أحمد خضير أن الفيلسوف ياسين خليل يتهم من يقول باستقلالية المنطق التجريبي عن المنطق الاستدلالي، على أساس أن طبيعة الأول ذات صلة بالعلوم التجريبية في حين تكون طبيعة الثاني ذات طبيعة برهانية، فيُعَدّ الفيلسوف ياسين خليل أن هذا الفصل فيه تعسف ونظرة ضيقة، لأن النظرية العلمية ليست مشتقة من التجربة بواسطة الاستقراء وأن الاستدلال التجريبي يفتقر إلى أساليب المنطق في عملية الانتقال من النظرية العلمية أو الفرضية إلى القضايا المشتقة منها[2].

سادسًا. يوجه الفيلسوف ياسين خليل نقدًا للاستقراء ويقدم اعتراضًا عليه، معتبرًا أن الذين يؤكدون على صياغة النظريات والقوانين من خلال الاستقراء ما هم إلا أصحاب تفكير ميتافيزيقي لاهوتي، لاعتقاد المدافعين عن الاستقراء بوجود قوانين طبيعية عامة في الكون تتحكم في حدوث الظواهر، بحيث لا يمكن أن يحدث أي شيء في الطبيعة اعتباطيًا أو عشوائيًا[3].

سابعًا. يعتقد الفيلسوف ياسين خليل أنه من الخطأ الاعتقاد أن العلم قد توصل إلى صياغات نهائية للطرق الجديدة في البحث العلمي، لأن مثل هذا الاعتقاد من شأنه أن يعرقل تطور الطريقة ويشُلّ البحث العلمي[4].

ثامنًا. أما في مجال التحليل والتركيب، فيستنتج الباحث أحمد خضير أن الفيلسوف ياسين خليل يؤكد أن أيّ فيلسوف حينما يريد أن يتخذ أيّ موضوع بحث معين في مجال اختصاصه التعرف على مكونات وخصائص وعلاقات

---

(1) المرجع السابق، ص93.

(2) المرجع السابق، ص98.

(3) المرجع السابق، ص101.

(4) المرجع السابق، ص109-110.

أجزائه، فإن الطريقة في ذلك هي طريقة التحليل بمعنى التقسيم، أي تقسيم مادة البحث تبعًا لمبدأ معين في القسمة والتجزئة، وإذا ارتبط التحليل والتركيب فإن على المرء اختيار مبدأ القسمة بصورة تخدم أغراضه في إعادة بناء أو تركيب الأجزاء التي أدى إليها التحليل[1].

تاسعًا. يؤكد الفيلسوف ياسين خليل أننا لو ربطنا بين التحليل المنطقي وبين الطريقتين التحليلية والتركيبية، فإنه يكون على عالِم المنطق واجب العمل باتجاهين متكاملين هما: تحليل المعرفة العلمية وتحديد المفاهيم بدقة، والبحث في مستويات التجريد للمفاهيم والنظريات، وإعادة بناء المعرفة العلمية من جديد، بعد أن يكون قد تخلص من الآثار غير العلمية والميتافيزيقية، وبذلك تصبح المعرفة العلمية متينة من حيث الأساس، ويكون بناؤها الداخلي مترابط الأجزاء بعلاقات واضحة وضرورية، تتوفر فيه البساطة والدقة وعدم التناقض، هذا من جهة، ومن جهة أخرى، توصل الفيلسوف ياسين خليل إلى أن هذه الطريقة هي إضافة علمية تعود إلى التراث العلمي العربي الإسلامي، وبالتحديد تعود إلى إبراهيم بن سنان الحرّاني في كتابه أو رسالته في التحليل والتركيب. وهي الرسالة التي حللها الفيلسوف ياسين خليل ببحث مطول نشره في مجلة المجمع العلمي العراقي، عام 1982[2].

عاشرًا. إن نظرة الفيلسوف ياسين خليل لدور المنطق في العلوم فيها مقاربة واضحة مع أرسطو، من جهة الطريقة التحليلية للعلوم المعروفة في عصره، إلا أنه يعود فيؤكد أن نظرته هذه تختلف عن أرسطو في ناحية التركيب وإعادة البناء، إذ ينظر الفيلسوف ياسين خليل نظرة خاصة إلى أهمية المنطق ودوره في العلم، لأنه لا يقصر أهمية المنطق في مجال الطريقة فحسب، بل يرى فيه فضلًا عن ذلك علمًا يزود العلوم بأدوات وأفكار ضرورية[3].

(1) المرجع السابق، ص120.

(2) المرجع السابق، ص127.

(3) المرجع السابق، ص152.

حادي عشر. يشير الفيلسوف ياسين خليل إلى أنه ليس للمنطق علاقة بمادة بحث العلوم التجريبية، وأن على العالِم مهمة استحداث الأفكار والمبادئ والنظريات الضرورية لبحث الموضوع أو المجال الخاص بدراسته، ولكن للمنطق علاقة في فحص الأفكار والمبادئ والنظريات، فيقوم عالِم المنطق بفحص التعريفات للتأكد من كونها خاضعة لاعتبارات أو شروط التعريف، وفي فحص وظائف الأفكار العلمية عن طريق تثبيت أدوار الفكرة وصلاتها بالأفكار الأخرى[(1)].

ثاني عشر. يطبق الفيلسوف ياسين خليل ما توصل إليه من دراسات في فلسفة المنطق ومناهجه على العلوم الإنسانية الأخرى، ولا سيما العلوم الإنسانية من تاريخ وفيزياء ورياضيات، وهذه قدرة فلسفية عالية من قبله على تطبيق أدوات المنطق على هذه العلوم النظرية والتجريبية، فمثلًا يدخل المنطق في التاريخ لأن طبيعة الظواهر التاريخية هي التي تجعل الباحث في مجال التاريخ معتمدًا على هاتين العمليتين (التحليل والتركيب) اعتمادًا كاملًا، أما في الفيزياء فإنه يؤكد أهمية القواعد العامة والخاصة في الوصول إلى نتائج علمية دقيقة في هذا العلم، أما في الرياضيات فإنه يستعمل منهج التحليل والتركيب في الرياضة، وقضاياها كلها تحصيل حاصل، وهي لا تنبئ بشيء جديد عن العالَم، لذا كانت قضاياها تحليلية[(2)].

ثالث عشر. يختتم الباحث أحمد خضير بحثه عن الفيلسوف ياسين خليل بقوله: إن الجوانب المنطقية التي عالجها هذا الفيلسوف تعتبر إضافة نوعية جديدة في الكتابات المنطقية العربية المعاصرة، ولا سيما ما يتعلق منها بالطريقة البديهية ومنطق الحل، وغيرها، وهو بذلك قد أسهم مع الدكتور زكي نجيب محمود في توسيع دائرة المنطق والدراسات فيه ضمن الفلسفة

---

(1) المرجع السابق، ص160.

(2) المرجع السابق، ص164-168.

العربية المعاصرة. ذلك أن مشروع الفيلسوف ياسين خليل لم يقف عند حدّ عرض منطق أرسطو رمزيًا، بل وأسهم في الكتابة عن نظرية القياس المنطقية والمنطق الرياضي ولا سيما ما يتعلق بإسهامات فريجة ورسل ووايتهد. فحوّل الفيلسوف ياسين خليل مباحث أرسطو المنطقية إلى منطق رمزي رياضي من خلال تأثره بالمدرسة التحليلية المنطقية، مما جعله في عمله هذا أحد أهم المناطقة ليس العراقيين فحسب بل والعرب[1].

5. **البيلوغرافيا**: كما اهتمت الفهارس العامة (الببلوغرافيا) بالإشارة إلى مؤلفات وأبحاث الفيلسوف **ياسين خليل**، وأحصتها، ومنها:

أ. كوريكس عواد، معجم المؤلفين العراقيين، المجمع العلمي العراقي.

ب. عبد الجبار عبد الرحمن، فهرس المطبوعات العراقية، ج1، بغداد 1978،

ت. الدكتور صباح نوري المرزوك، معجم المؤلفين والكتاب العراقيين، ج8، بغداد 2002، ص 372ـ373.

6. **الكتب**: تعدّ دراسة الدكتور **مشهد سعدي العلاف**، أوسع دراسة ظهرت في كتاب يتحدث عن سيرة وفلسفة وأعمال الفيلسوف **ياسين خليل**، وقد سدّت هذه الدراسة في حينها حاجة علمية وأكاديمية عن هذا الفيلسوف، وعرفت به في الأوساط الفكرية والأكاديمية العراقية والعربية، وما زالت هذه الدراسة تعد مرجعًا علميًا لمن يريد أن يدرس هذا الفيلسوف[2]، ويحتوي الكتاب على مقدمة وأربعة أقسام رئيسية، مع خلوه من البحث في الجانب الأيدلوجي والسياسي والاجتماعي الذي كتب فيه وألف الفيلسوف ياسين خليل. فضلًا عن الخاتمة وقائمة بالمصادر والمراجع.

تحدث المؤلف في القسم الأول عن السيرة العلمية والفلسفية للفيلسوف ياسين **خليل** بشكل تفصيلي. وعرض لصور ونماذج من أطروحته للدكتوراه وشهادات بعض

---

(1) المرجع السابق، ص257-258.

(2) أُشير من قبل إلى كتاب الدكتور مشهد سعدي، عن الفيلسوف الدكتور ياسين خليل، سيرته وفلسفته وأعماله.

الأساتذة الذين تتلمذ على أيديهم الطالب **ياسين خليل** في العراق وخارجه، وأحصى كل ما كتبه هذا **الفيلسوف**. سواء من أبحاث أو كتب أو مقالات. وذكر له بعض الحِكم والوصايا الأخلاقية التي كان يرددها هذا **الفيلسوف**، ومنها: لا حياة لمجتمع لا يحترم علماءه، ولا خير في جامعة تبني أحكامها على أُسس عاطفية. أما القسم الثاني من الكتاب فقد خصصه لدراسة فلسفته بشكل تفصيلي، وقسمه على أربعة مباحث، هي: مذهبه الفلسفي، ودور المنطق في المعرفة العلمية، والبناء المنطقي للمعرفة التجريبية، والشكل المنطقي للعلم. وسنؤجل الحديث هنا عن فلسفته بشكل تفصيلي، وسنعرض لها في المؤلفات الفلسفية التي نقوم بتحقيقها. أما القسم الثالث، فقد درس فيه الكاتب فلسفة المنطق عند الفيلسوف **ياسين خليل**، وقد جاء هذا القسم على أربعة مباحث رئيسية، هي: الطريقة البديهية، ونظرية التعريف، ومنطق اللغة، ومنطق الحل، والقسم الرابع وهو الأخير في هذا الكتاب، جاء تحت عنوان التراث العلمي العربي، وقد قسمه على أربعة مباحث رئيسية هي: مفهوم التراث العربي من زاوية حضارية وعلمية، والجوانب الرياضية والمنطقية، والمعرفة العلمية والعلوم الطبيعية، والموضوعية ووحدة الحقيقة. ولأن القسم الأخير يشكل اهتمامنا في بيان رأي الفيلسوف **ياسين خليل** في التراث العلمي العربي، وما توصل إليه الدكتور **مشهد سعدي** من أحكام بهذا الصدد، فإنا سنعرض لهذه الأحكام بشكل موجز:

أ. إنّ الفيلسوف **ياسين خليل** لم يهدف إلى تطبيق منهج فلسفي على التراث العربي، ولم يحاول سحب مقولات مذهب فلسفي على موضوعات التراث العلمي العربي. بل حاول دراسة التراث العلمي العربي لغرض الكشف عن العناصر المهمة فيه والتي أسهمت في تطوير الفكر العلمي عمومًا وتوضيح جدواها من خلال نتائجها العلمية[1].

ب. قام الفيلسوف **ياسين خليل** بدراسة التراث العلمي العربي مستعينًا بمعرفة واسعة بالمنطق والعلوم وفلسفة العلم. لذلك تناول الجوانب الحضارية للتراث العلمي العربي مع تحديد بعض المفاهيم الأساسية، ودرس الجوانب المنطقية والرياضية

(1) يُراجع، د. مشهد سعدي، ياسين خليل، سيرته وفلسفته، ص287.

فضلًا عن النواحي الطبيعية والتجريبية وما يتعلق بهذه العلوم من طريقة علمية ومناهج بحث[1].

ت. استخدم الفيلسوف **ياسين خليل** في أبحاثه للتراث العلمي العربي منهجًا واحدًا مركبًا من ثلاثة أركان هي: الجانب التحليلي والجانب التاريخي والجانب النقدي، ولم يقتصر على أحدهما دون الآخر لما تقتضيه طبيعة الموضوع المبحوث من جهة ولتحقيق الموضوعية التي يتوخاها من جهة أخرى في إبراز قيمة التراث العلمي العربي والرد على المستشرقين بخاصة[2].

ث. أراد الفيلسوف **ياسين خليل** من خلال دراسته للتراث العلمي العربي إبراز الجوانب الإبداعية التي أسهم فيها العرب في مجال حضارتهم ومجال المعرفة الإنسانية عمومًا وكان عمله هذا يتضمن وبطريق غير مباشر الرد على المستشرقين الذين أرادوا النيل من قيمة التراث العلمي العربي والأمة العربية[3].

ج. أطلق الفيلسوف **ياسين خليل** مصطلح الموضوعية العربية، والتي تجلت في أبحاث العلماء العرب وفي مقولات مثل الحق والعدل واليقين ووحدة الحقيقة بحيث تصبح الموضوعية في الفكر الأوربي جزءًا من الموضوعية العربية مع بيان تأثير العقيدة الإسلامية في هذا المجال[4].

ثانيًا: حضوره في الفكر الغربي: لقد كان الفيلسوف ياسين خليل حاضرًا في الفكر الغربي بشكل ملموس، إذ قد اهتمت به دوائر المعارف الإنسانية الغربية، وأشارت إلى أبحاثه ومؤلفاته، وهي[5]:

1. Who's Who in the Word.
2. International Scholars Directory, 1973.
3. Men of Achievements, 1977.
4. The International Who's Who of Intellectual, 1978.

---

(1) المرجع السابق، ص287.

(2) المرجع السابق، ص287.

(3) المرجع السابق، ص288.

(4) المرجع السابق، ص289.

(5) اعتمدنا بالإشارة إلى هذه الفقرة، على كتاب الدكتور مشهد سعدي، مرجع سبق ذكره، ص43 وما بعدها.

المبحث الرابع- منهجنا في تحقيق الأعمال الكاملة للفيلسوف ياسين خليل

أولًا: سبق وأن عرضنا بشكل تفصيلي إلى مؤلفات وأبحاث ومقالات الفيلسوف **ياسين خليل**، سواء بشكلها الذي ظهرت فيه بحسب تواريخ نشرها، أو من خلال تصنيفها على موضوعات كبرى، إذ انقسم هذا التصنيف على أربعة أقسام كبرى، هي: الأول في الفلسفة بعامة، والثاني في الدراسات المنطقية، والثالث في التراث العلمي العربي، والرابع في الكتابات الأيدلوجية والسياسية والاجتماعية[1].

اتجهنا أولًا، صوب تحقيق الأعمال العلمية الكاملة التي تخصّ التراث العلمي العربي، ليس لأنها تشكل أول إنجازات لهذا الفيلسوف في حياته العلمية الأكاديمية، بل وجدنا من المناسب أن نبدأ بهذه الأعمال العلمية لأهمية موضوعها وما طرحه هذا الفيلسوف من آراء تخص التراث العلمي العربي وما توصل إليه من نتائج قيِّمة طارحًا لآراء فلسفية وعلمية ومنطقية وحضارية ذات قيمة كبيرة.

عليه، يتكون مشروع الأعمال الكاملة للفيلسوف **ياسين خليل** في التراث العلمي العربي من أربعة كتب، ثلاثة منها هي: الأول: **في مصادر التراث العلمي العربي، والعلوم الإنسانية والعلم الرياضي**، وقد طبع هذا الكتاب طبعة وحيدة على الآلة الكاتبة بجامعة بغداد، وبقي متداولًا على هذا الشكل إلى يومنا هذا، ولم تظهر له أية طبعة جديدة محققة بعد رحيل هذا الفيلسوف، على الرغم من أن الكتاب كان يدرس على طلبة الجامعات العراقية في حينها، وما زال يحمل قيمة علمية ومنهجية كبيرة إلى يومنا هذا، إذ قسّم هذا **الفيلسوف** الكتاب على ثلاثة أقسام رئيسية، هي: الأول في مصادر التراث العلمي العربي ويتضمن خمسة فصول رئيسية هي: في معنى التراث العلمي، والمصدرين البابلي والمصري، ثم المصدر اليوناني، فالمصدر الهلنستي، وأخيرًا المصدر الذاتي للأمة العربية، والقسم الثاني: في الدراسات الإنسانية، ويقوم على أربعة فصول هي: الاتجاهات العلمية، والدراسات اللغـوية، والدراسات التاريخية، والدراسات الفلسفيـة والمنطقية[2]، وأما القسم الثالث: في العلم الرياضي. ويتضمن

---

(1) يُراجع، المبحث الأول، الفقرة (ثانيًا)، من هذه المقدمة.

(2) سُمِّي من قبلنا الفلسفة العلمية، إذ إنه لم يُدرس فيه التفلسف العربي المعهود لدى الدارسين، بل درس الجوانب المنطقية والعلمية فقط دون الجوانب الميتافيزيقية التأملية. إنها مطابقة لتفلسفه في الوضعية المنطقية التي يؤمن بها.

هو الآخر على أربعة فصول هي: الطريقة في العلم الرياضي، وعلم الحساب، وعلم الجبر، وعلم الهندسة. وقد طرح الفيلسوف **ياسين خليل** في هذا الكتاب تصوراته لمعنى التراث والتراث العلمي العربي، ولماذا اهتم بهذا الجانب من التراث العربي دون غيره مما تركه العرب في مجال الـتأليف في شتى المعارف والعلوم الإنسانية. وسنفصّل القول في ذلك مع بيان الأسباب.

أما الكتاب الثاني: فحمل عنوان **العلوم الطبيعية عند العرب**، وهو الآخر لم تظهر له سوى طبعة وحيدة عن مطابع جامعة بغداد عام 1980، وقد قسّم الفيلسوف **ياسين خليل** هذا الكتاب على عشرة فصول، وليست أقسامًا كما فعل مع الكتاب الأول، هذه الفصول اهتمت بكل ما يتصل بالعلوم الطبيعية وهي: تطور المعرفة الطبيعية، والطريقة العلمية في العلوم الطبيعية، وعلم الهيئة (الفلك)، وعلم المناظر (البصريات)، وعلم الموازين (الأثقال)، وعلم الحركة (الديناميكا)، وعلم الكيمياء، وعلم المعادن والأحجار، وعلم النبات، وأخيرًا علم الحيوان.

وجاء الكتاب الثالث: ليحمل عنوان **الطب والصيدلة عند العرب**، وهو الآخر لا توجد له سوى طبعة وحيدة على الآلة الكاتبة، ظهرت في جامعة بغداد عام 1979، وقد قسّمه على سبعة فصول هي: في تطور المعرفة الطبية، ومناهج البحث الطبي، وعلم التشريح، وعلم الأمراض، وعلم الجراحة، وعلم الكحالة (طب العيون)، وعلم الصيدلة (الأدوية والعقاقير).

أما الكتاب الرابع: فهو مجموعة أبحاثه ودراساته في التراث العلمي العربي، التي نشرها في المجلات والدوريات العراقية، قمنا بجمعها وتحقيقها في كتاب تحت عنوان: **دراسات في التراث العلمي العربي**. وهذه الأبحاث هي: المفهوم الحضاري للتراث العربي، ومنطق **الخوارزمي** في الجبر والمقابلة، والعلوم على مذهب العرب. والموضوعية ووحدة الحقيقة، ومنطق الحرّاني في التحليل والتركيب، والتجربة المختبرية في التراث العلمي العربي، والعلوم الصرفة، ومفهوم التراث العلمي العربي، وهل كان للعرب فلسفة علمية؟ وغير ذلك من أبحاث ودراسات في التراث العلمي العربي.

وهذه الكتب والدراسات بأجمعها تشكل **المجلد الأول** والخاص بالتراث العلمي العربي. على أن يلي ذلك بقية المجلدات الخاصة بنتاج هذا الفيلسوف.

أما لماذا اهتم الفيلسوف **ياسين خليل** بهذا اللون من التراث العربي دون غيره؟، وللإجابة عن هذا التساؤل الذي اعتقد أنه محور كل ما أنتجه في هذا المجال، إنما يعود للنسق الفلسفي والمنطقي العلمي الذي يؤمن به ويتفلسف بصدده. ألا وهو محور الفلسفة العلمية التي ينتمي إلى منظومتها ولا سيما الفلسفة الوضعية المنطقية التي يُعدّ أحد أبرز فلاسفتها في الوطن العربي. تلك الفلسفة التي تحذف من نسقها الفلسفي ونظامها المنطقي كل ما يتصل بالفلسفة التأملية الميتافيزيقية. ولأن التراث الفلسفي العربي الإسلامي فيه من النتاج الفلسفي التأملي الكثير، بل إن سمة هذا التراث هي كونه تراثًا فلسفيًا تأمليًا ميتافيزيقيًا، ولهذا نجد الفيلسوف **ياسين خليل** قد أهمل البحث في هذا التراث الفلسفي التأملي الميتافيزيقي ولجأ إلى البحث في التراث العلمي التجريبي المختبري، وعدّه الممثل الشرعي عن النزوع العقلي العربي الإسلامي لكل المشكلات التي تواجهه مقيّدًا ذلك بنظرة الدين الإسلامي إلى التأكيد على البحث في الكون والطبيعة باستعمال العقل العملي التجريبي المختبري، هذا من جهة، ومن جهة أخرى وجد أن البحث في التراث العلمي العربي الإسلامي يسدّ حاجة علمية أكاديمية ضد كل منتقص لهذا التراث وقيمته المعرفية والعلمية، ولا سيما من قبل المستشرقين بخاصة، وأعداء العروبة والإسلام بعامة.

إن البحث في هذا اللون من التراث عند الفيلسوف **ياسين خليل** له دواعٍ وأسباب أخرى، وجدت لها أصولها عند رائد الوضعية المنطقية في الوطن العربي، ألا وهو الفيلسوف الدكتور **زكي نجيب محمود**، الذي **اعترف** في أحد كتبه أنه لم يكن على دراية تامة بقيمة المنجز التراثي العلمي العربي إلا بعد أن وُجِهَ بسؤال من قبل أحد طلبته في الجامعة، فيقول زكي نجيب محمود: كنت أُحاضر طلابي في الجامعة ذات يوم، وكان موضوع المحاضرة متصلًا بمناهج البحث العلمي، وكانت المادة التي أعرضها في المحاضرة مستمدة من علماء الغرب وفلاسفته، وذلك لأن العلوم الطبيعية حديثة النشأة، لم تكد تولد قبل عصر النهضة الأوربية في القرن السادس عشر، ولم نذكر العلوم الرياضية لأنها أقدم نشأة وأسبق تطورًا من العلوم الطبيعية، وأما قبل ذلك فقد كانت مختلطة بأصول فلسفية، معتمدة في أغلب الأحيان على تأمل نظري أكثر مما تعتمده على مشاهدة متعقبة وتجريب دقيق صارم، ولما كانت الحضارة الإنسانية منذ النهضة الأوربية قد اتخذت الغرب وحدها أولًا، ثم أوربا وأمريكا معًا بعد

ذلك، مقرًا لها في طريقها الطويل الذي أخذت تنتقل خلاله من موطن إلى موطن، فقد بات الغرب إبان القرون الثلاثة الأخيرة هو مركز العلم، فلا مندوحة لمن يريد التحدث عن أصول العلم وفلسفته ومنهجه عن الرجوع إليه ليستقي منه مادة حديثه، غير أنني ما كدت أفرغ من محاضرتي تلك عن فلسفة العلوم الطبيعية ومناهجها حتى سألني أحد الطلبة، وكانت في سؤاله رنة العاتب، لماذا لم تجعل من أمثلتك المعروضة مثلًا من علماء العرب؟! ألم يكن للعرب علم يُرجع إليه ويُستفاد من مناهجه، فأحسست بشيء من الحق في اعتراض الطالب، لأنه مهما بعدت مسافة الخَلف بين اليوم والأمس، فما كان علم اليوم لتقوم له قائمة لولا علم الأمس، وإذن، فلا شك أن واجبنا العلمي يقتضينا أن ننظر فيما كان، لنقدره قدره أولًا، ولنزداد به فهمًا لما هو كائن ثانيًا، وإذا كان هذا هو ما يقتضيه الواجب العلمي على إطلاقه فإن هذا الواجب تجاه علمائنا العرب الأولين ليزداد إلحاحًا علينا أن ينهض منا من يؤديه. وصَحَت[1] مني العزيمة منذ ذلك الحين أن ألبي رغبة الطالب لأنها في الحقيقة رغبة وطن ناهض أراد أن يجمع في نهضته النظرة إلى أمام واللفتة إلى وراء...، وبدأت بإمام العلوم الطبيعية عند العرب ألا وهو جابر بن حيان[2].

وبما أن كتاب الفيلسوف الدكتور **زكي نجيب محمود** عن جابر بن حيان قد ظهرت طبعته الأولى عام 1961، وما زال الفيلسوف الدكتور **ياسين خليل** لم يلتحق بعد تدريسيًا بالجامعة، فلا بد أنه قد سمع به أو اطلع عليه وعرف ما كان يخالج فكر وضمير وعقل الفيلسوف الدكتور **زكي نجيب محمود**، ولكن الفيلسوف **ياسين خليل** أضمر ذلك في نفسه وعقله، إلى حين إكمال مشروعه الفلسفي التأسيس في الفلسفة العلمية ومنطق العلم والفلسفة الوضعية المنطقية المعاصرة دون غيرها من الفلسفات المعاصرة من أمثال البراغماتية

---

(1) لقد جاءت هذه الصحوة متأخرة شيئًا ما بالنسبة للفيلسوف زكي نجيب محمود، بعد أن ملأ دنيا الفكر الفلسفي العربي المعاصر بمؤلفاته الرصينة والتي ابتدأها بمؤلفاته عن الوضعية المنطقية ونقد الميتافيزيقا والمنطق الوضعي ونحو فلسفة علمية، إذ ظهرت الطبعة الأولى لكتابه عن جابر بن حيان عام 1961، وهذا الكتاب هو أول كتاب وباكورة كتبه التي ألفها في التراث العلمي العربي، ثم تلاه بمجموعة كتب أخرى في التراث العربي منها: تجديد الفكر العربي، 1971، والمعقول واللامعقول في تراثنا الفكري، 1972، وقيم من التراث، 1984. وغيرها.

(2) يُراجع، زكي نجيب محمود، جابر بن حيان، مرجع سبق ذكره، ص5-7.

أو الماركسية[1] أو الوجودية، فبعد أن قدمها إلى القارئ العربي بأبهى صورة وببيان علمي شديد الوضوح، كما فعل من قبل صنوه في هذه الفلسفة الفيلسوف الدكتور **زكي نجيب محمود**، توجه أخيرًا إلى الكتابة والتأليف في التراث العلمي العربي حصرًا، فأكمل بذلك مشروعه الفلسفي كله بأن جمع أطراف الفلسفة والمنطق والتراث العلمي العربي، في مكون واحد، يتبعه في ذلك منهج علمي تحليلي عقلي نقدي.

ثانيًا. عندما عقدنا العزم على تحقيق الأعمال الكاملة **للفيلسوف ياسين خليل**، كان هاجسنا الأساسي أن نقدم هذه الأعمال بأدق صورة علمية تكون أقرب إلى روح **الفيلسوف** نفسه، معتمدين بذلك أدوات التحقيق العلمي التي تستخدم في التحقيق للمخطوطات العربية القديمة، ولأن المرحوم الفيلسوف **ياسين خليل** لم يمض على وفاته سوى ربع قرن من الآن، وجدنا من المناسب أن نبحث وندقق في كل ما كتبه ونشره، فوجدنا أن معظم بل كل مؤلفاته، قد خرجت من بين يديه بطبعة واحدة، وأنه لم يُعِدْ طبعها أو تنقيحها أو إضافة أيّ معلومات جديدة إليها فيما بعد، وكأنه كان يكتب لنفسه مستقبلًا لا راهنًا، كما وجدنا أن بعض هذه المؤلفات قد طبعت على الآلة الكاتبة عندما كان رئيسًا لمركز إحياء التراث العلمي العربي، ومنها كتابنا هذا الذي نحققه، وهو الكتاب الأول، فضلًا عن كتاب الطب والصيدلة عند العرب، كما وجدنا أن شخصه حاضر في هذه المؤلفات من حيث التفلسف والتحليل والنقد في أيّ موضوع من موضوعات التراث العلمي العربي، فضلًا عن دقة متناهية في اختيار عباراته العلمية واللغوية والأسلوبية والبلاغية، وكثيرًا ما كان يحرص على اللغة العربية ويُعَدّها الوعاء الفكري الذي يستطيع الإنسان العربي أن يعبّر بوضوح عن مكنون أفكاره بكل بساطة

---

(1) وجَّه الفيلسوف ياسين خليل نقده الفلسفي إلى فلسفتي هيجل وماركس على الرغم من اختلاف هاتين الفلسفتين عن بعضهما، وكان هذا النقد منطلقًا من واقع أيدلوجي أكثر مما هو فلسفي، لأسباب تتعلق بطبيعة الوضع التاريخي الذي عاصره هذا الفيلسوف في العراق إبان حقبة الستينيات وانتشار المدّ الشيوعي في العراق. ولكونه لم يكن من أنصار هذا المدّ بل من معارضيه نجده قد ركّز نقده للفلسفة الماركسية بصدد القول بصيرورة المادة وارتقائها قول فلسفي لا نستطيع التحقق من صحته أو خطئه، وأنا أذكر له إحدى محاضراته علينا عندما كنا طلبته، فكان عندما يحضر اسم الفلسفة الماركسية، يقول عنها: تزعم هذه الفلسفة كذا وكذا، وكأنه ينظر إليها نظرة نفسية سيكولوجية أكثر مما هي فلسفية، يُراجع نقوده لهاتين الفلسفتين، كتابه، الشباب والتيارات الفكرية، بغداد 1963، ص4-34.

وسلاسة وبلاغة. ولكن واجهتنا ونحن نحقق هذه المؤلفات أن المرحوم لم يقف كثيرًا أمام المصطلحات والمفاهيم فيعرّف بها أو يُحيل إليها في مصادرها، فضلًا عن الشخصيات الفكرية والفلسفية والعلمية التي كانت ترد في ثنايا كتبه، مما اضطرنا المنهج التحقيقي إلى التعريف بها وإحالتها إلى مصادرها ومراجعها الأساسية كي يطلع القارئْ عليها ويتوثق منها، كما قمنا بضبط قواعد الإحالة المنهجية في الحاشية للمصادر والمراجع من حيث ذكر اسم المؤلف فكتابه فطبعته فزمانه ومكانه، إذ أهمل الفيلسوف **ياسين خليل** هذه المنهجية واعتمد منهجية خاصة به، وفي ضوء ذلك وُحِّدت هذه الإحالات من قبلنا كي تستقيم مع طبيعة المنهج العلمي في التحقيق. وقد أعطينا لعملنا الخاص في الإحالات والتعريف ببعض المفاهيم والمصطلحات والشخصيات وتخريج بعض الآيات القرآنية والنصوص عبارة (المحقق)، تمييزًا لها عن الإحالات التي يشير إليها الفيلسوف نفسه وقد أسمينا إحالاته بـ(المؤلف).

إن التعليقات التي أقمناها على الكتاب وشكلت معظم حواشيه، إنما كانت لغاية علمية أساسية توضح طبيعة كل قسم وفصل ومبحث، ولتسدّ الكثير من النواقص التي أغفلت أثناء التأليف من قبله. فكان هذا العمل مشتركًا من متنه للمؤلف وحواشيه وتعليقاته للمحقق.

فضلًا عن ذلك كله، قمنا في هذا الكتاب بوضع عناوين رئيسية لكل قسم وفصل، مع تحديد لطبيعة هذا القسم والفصول التي تنضوي تحتها. وإعداد قائمة تفصيلية بالمصادر والمراجع التي اعتمدها في تأليفه لهذا الكتاب، إذ جاء الكتاب خلوًا من هذه القائمة التفصيلية. كما وأضفنا إليها مصادر ومراجع أخرى رجعنا إليها في التحقيق.

كما قمنا ببعض التصويبات للأخطاء الطباعية التي وقع فيها الكتاب، وإصلاح بعض العبارات كي تتسق مع طبيعة الفصل والمبحث الذي درسه.

أما بقية كتبه الأخرى فقد عملنا لها مقدمات خاصة بها أوضحنا ما قمنا به في كل كتاب، فليُراجع في موضعه.

إن هذه المقدمة هي مفتاح لكثير من الموضوعات العلمية والمنطقية والفلسفية والتراثية التي ألّف فيها الفيلسوف **ياسين خليل**، وهي دليل علمي توثيقي لإنتاجه العلمي الذي وصل إلينا، نقدمه للقارئ فضلًا عن المتخصص. من أجل البحث والمتابعة والتحليل والنقد والمقارنة، والله من وراء القصد.

مقدمة المؤلف(1)

ينقسم الناس في تعاملهم مع التراث إلى فرق مختلفة، فينظرون إليه من زاوية ما يؤمنون به من عقائد وأفكار، فإذا بهم يختلفون في المواقف والاستنتاجات والتفسيرات، فمنهم من يفكر به بدعوى جدواه وفائدته في الحياة المعاصرة، ويقيمون دعواهم على التقدم العلمي الكبير في العصر الحديث مقابل مخلفات الماضي التي في نظرهم عديمة القيمة والأهمية مهما بلغت من تقدم وتطور.

ومنهم من يقبل على التراث متمسكًا به بشيء من التقديس منكرًا على الآخرين جهدهم في الأصالة والإبداع، معتقدًا أن ما هو في التراث هو كل الخير وأن ما نراه الآن من تقدم يرجع بالضرورة إلى أصالة العلماء في الماضي. فإذا به يبحث في بطون الكتب والمراجع عله يجد فكرةً أو إنجازًا يعقده بسلسلة زمنية مبرهنًا على قدم الأفكار والإنجازات المعاصرة.

ومنهم من يقف من التراث موقفًا أيدلوجيًا خاصًا فيختار من حقائق التراث ما يوافقه مبرهنًا على صحة معتقده الفكري(2).

---

(1) ظهرت الطبعة الأولى لهذا الكتاب مطبوعة على الآلة الكاتبة، عن مركز إحياء التراث العلمي العربي، بجامعة بغداد، عام 1980، وإن كان قد ظهر القسم من الكتاب عام 1978م، وقد قامت بطباعتها السيدة هناء عباس الجبوري، الموظفة في المركز. (المحقق)

(2) يوجه الفيلسوف ياسين خليل هنا نقده للقراءات الأيدلوجية التي مورست على التراث العربي بكل ألوانه وأشكاله، معتقدًا أنها قراءات أضرت به ولم تقدم صورة متكاملة عن هذا التراث، ومن هذه القراءات ، قراءة الماركسية التي تعتمد الفلسفة المادية التاريخية في تحليلاتها وأحكامها، فضلًا عن القراءة القومية على مختلف المستويات التي تعتمدها الأحزاب القومية العربية والتي تبحث عن مرجعية تراثية لأفكارها ومعتقداتها، كذلك هناك القراءة الإسلامية التي هي الأخرى تبحث عن مرتكزات لما تطرحه راهنًا من أفكار عسى أن تجد معينًا لها من التراث، وللتفصيلات حول هذه القراءات يراجع، بحثنا الموسوم، مناهج المحدثين العرب في قراءة التراث الفلسفي العربي الإسلامي، مجلة دراسات عربية البيروتية، العدد 11-12، السنة 19999، ص98 وما بعدها. (المحقق)

أما **موقفنا**[1] من التراث العلمي العربي فمختلف عن هذه المواقف جميعًا، لأن الغاية التي نسعى إلى بلوغها تكمن في الكشف عنه وعن الإنجازات والإبداعات التي حقق بها الأسلاف تقدمًا كبيرًا في المعرفة العلمية، وكشف الإضافات العلمية التي أسهموا فيها، فكانت الأساس المتين للتقدم العلمي.

إن الالتزام بالتحليل والدقة في البحث وعدم التحيز أفضل سبيل لاستجلاء الحقيقة، وإن المثابرة على فهم التراث العربي مساهمة علمية تربط حلقات التطور التي اجتازتها مسيرة العلم بأواصر متلازمة، وإن الكشف عن الإنجازات والإبداعات العلمية التي حققها الأسلاف خطوة كبيرة لفهم تطور المفاهيم والأساليب وطرق حل المشكلات أو طرحها، وطريقة التعامل الجديدة في ضوء المبادئ العامة.

إن ما **يعنينا** من التراث العلمي ما هو متصل **بالدراسات العلمية من طبيعية ورياضية وطبية وصيدلانية وهندسية وتكنولوجية** وغيرها، ولكن ذلك لا يعني مطلقًا أن **الدراسات الإنسانية من أدب ولغة وتاريخ وفقه** وغير ذلك بعيدة عن خطتنا في البحث. بل سنفرد لها جميعًا دراسة خاصة من زاوية ما توفره للدراسات العلمية من مفاهيم ومواقف أساسية وأصول ودوافع وتوجيهات إضافية إلى ما أنجزته من نتائج ذات أهمية للعلم بصورة عامة[2].

إن السؤال المطروق دائمًا عن جدوى التراث وأهميته مرتبط بلا شك بأهمية بعث

---

(1) هنا يحدد الفيلسوف ياسين خليل موقفه من قراءة التراث، ولا سيما التراث العلمي منه فقط. (المحقق)

(2) يلاحظ هنا أن الفيلسوف ياسين خليل يركز جل اهتمامه على المنجز العلمي من التراث العربي حصرًا، وهو ما أنجزه فعلًا من كتب وأبحاث مميزة في هذا الباب، وهو ما سنقوم بتحقيقه وتقديمه، في حين أهمل ما سواه من تراث عربي ما لم يتفق والتوجه العلمي لهذا التراث. والسبب كما أرى هو: انتماء الفيلسوف ياسين خليل إلى الفلسفة الوضعية المنطقية التي كان يعتقد بها الحل الأمثل لكل مشاكل الإنسان العربي، إذ ألف في هذه الفلسفة الوضعية المنطقية عدة كتب وأبحاث، وقد انتبه فيما بعد كما انتبه صنوه في هذه الفلسفة زكي نجيب محمود إلى أهمية التراث العربي ولا سيما العلمي منه، فكتب فيه هذه المؤلفات والأبحاث يراجع، بصدد انتماء الفيلسوف ياسين خليل لهذه الفلسفة الغربية، بحث الدكتور أحمد ماضي الموسوم، الوضعية المحدثة والتحليل المنطقي في الفكر الفلسفي العربي المعاصر، ضمن كتاب الفلسفة في الوطن العربي المعاصر، ط1، مركز دراسات الوحدة العربية، بيروت 1985. (المحقق)

التراث العلمي العربي للحياة العربية المعاصرة وللدراسات العلمية، وفي سبيل الإجابة لا بد لنا أن نعين **ثلاثة أوجه** تثبت جدواه، وهي:

أولًا: الوجه العلمي

وذلك عن طريق كشف ما حققه **العرب** في العصر الوسيط من إنجازات في حقل العلوم، وبيان مقدار الأصالة وقدرة الإبداع للإنسان العربي، وما أنجزه العرب من معارف جديدة، وما خلوه لنا من مشكلات وحلول، مع البرهان المحقق على تأثر[1] **الحضارة الأوربية** في العصر الوسيط وعصر النهضة بما حققه **العلماء العرب** وأَضافوه إلى المعرفة العلمية. ومثل هذه الدراسة للتراث العلمي العربي تساعد مؤرخ العلم على ربط الحقائق والأفكار العلمية في حلقات تطورية تكشف انتقال العلوم وتقدمها مع بيان ما فيها من آثار فكرية سابقة ومؤشرات لاحقة. ولا تتوقف أهمية بعث التراث العلمي العربي على كشف مكانة العلم و**العلماء العرب** في التاريخ، بل يتعدى ذلك إلى كشف الأساليب العلمية التي ابتدعها العالِم العربي في الرياضيات والفيزياء والكيمياء والفلك والطب وغيرها من العلوم، وطرق معالجة موضوعاتها والنتائج التي تحققت، وإمكانية ربط هذه الأساليب وتطويرها في الوقت الحاضر، كما أن كشف موقف العقلية العربية من العلماء وبحوثهم المتعلقة بالإنسان والكون والحياة تزود الإنسان العربي المعاصر بمعلومات قيمة عن الكيفية التي حلل بها الإنسان العربي المعرفة العلمية في ضوء العقيدة ونظرته الكونية الشاملة.

إن الإنسان **الغربي** المعاصر لا ينفك عن البحث في التراث العلمي **اليوناني** والتراث الفكري للعصر الوسيط، وما تلاه من إنجازات في عصر النهضة، وبدايات العصر الحديث، لعله يجد من المفاهيم والأصول ما يساعده في البحث العلمي فيلقي الضوء على مشكلة تواجهه أو يستلهم ما يوضح له سلوك السبيل، فيندفع نحو ذلك الهدف الذي يريد تحقيقه، ولا تزال كثير من الأفكار **اليونانية** القديمة حيوية في الصورة الكونية التي رسمها الإنسان

---

(1) في الأصل (وتأثير). (المحقق)

الغربي المعاصر[1]، بل إن معظم النظريات العلمية المعاصرة ذات جذور تمتد إلى التراث **اليوناني** القديم و**الغربي** الحديث.

ولنا في هذه المواقف أسوة حسنة، إذ إن من الممكن أن نجد عند بعث التراث العلمي العربي حلولًا لمشكلات قديمة قد تسلط الأضواء على مشكلات حديثة، أو على الأقل أن نجد ما يساعد الباحث العلمي على اتخاذ موقف معين بفضل إنجازات تراثية معينة، كما أن المفاهيم المطروحة لوصف حالة أو حالات قائمة في الماضي قد تجد من يبعثها من جديد فتكون أساسًا لطرح فرضية أو قانون أو نظرية علمية.

فضلًا عن ذلك، هنا حقيقة أخرى وهي: أن بعث التراث العلمي العربي يزودنا بتجربة رائدة في تعريب العلوم وما تنطوي عليه من ألفاظ ومصطلحات فنية، فيسهل على الإنسان العربي المعاصر مهمته في تعريب لغة العلوم واستحداث المرادفات للمصطلحات الجديدة، كما يمكن الإفادة من المصطلحات العلمية التي استحدثها **العلماء العرب** في الماضي في التعريب لتكون مرجعًا يستخدمها الباحث عندما يواجه ما يرادفها في اللغات الأجنبية، وأن للخطوات والطرق التي اتبعت في تعريب العلوم في الماضي فائدة كبيرة، إذ تزودنا بنتائج تلقي الضوء على التجربة الجديدة وتعينها على تذليل الصعوبات.

ثانيًا: الوجه القومي

ترتبط بالتراث ارتباطًا وثيقًا مشاعر وأهداف قومية[2]؛ لأن الأُمة التي يخلو تاريخها من

---

(1) من الأمثلة البارزة للتدليل على ذلك مساهمات شرودنجر E. Schrödinger، لرسم صورة علمية للكون (يراجع كتابه، ما هو القانون العلمي، What is in Naturgesetz, Darmstad 1959، إذ يناقش فيه أفكار يونانية قديمة وأخرى حديثة وبالطريقة ذاتها ساهم هايزنبرك في كتابه الفيزياء والفلسفة، شتوتجارت 1959، في استعراض نظريات يونانية قديمة من زاوية علمية معاصرة، وهناك أمثلة كثيرة. (المؤلف)

(2) على الرغم من أن العلماء العرب جميعهم كتبوا باللغة العربية وترعرعوا في أحضان ثقافة وحضارة عربية، ولم يكتب إلا نفر قليل بلغات أخرى وفي نطاق ضيق جدًا، فإننا نواجه دائمًا في كتابات المستشرقين وغيرهم مشكلة تحديد قومية العالِم، فإذا ظهر عالِم يدل اسمه على انتساب للأرض مثل خوارزمي وغزالي وفارابي وغيرهم اتجهت الدراسات لإثبات أنه غير عربي، وتنازعت الأُمم، فمنهم من يقول هذا أفغاني وهذا إيراني وهذا تركي وغير ذلك، وقس على ذلك مولد العالِم أو كتاباته لرسالة أو أكثر بلغة غير عربية، وغاية ما في هذا الأمر هو ربط المشاعر والأهداف القومية بالتراث والبرهان على مساهمة الأُمة في التقدم العلمي والحضاري. (المؤلف)

التراث لا تستطيع تحديد موقفها القومي والحضاري من الأُمم الأُخرى، وهي وإن حاولت اصطناع تراث قومي لها فإن مثل هذه المحاولات تبقى عقيمة لأن التراث مرتبط بتجارب تاريخية متوغلة في وجدان الأُمة، والأمة **العربية** أُمة عريقة تعتز بتراثها الذي يمثل حصيلة تجارب الأفراد والجماعات في الماضي، وما أنجزوه من أعمال في شتى الميادين.

وان الاهتمام ببعث التراث العلمي العربي من شأنه أن يزود الإنسان العربي بمعلومات عن موقف أسلافه من العلوم والإضافات التي حققوها، وهو برهان على قدرة الأُمة في المساهمة فكريًا وعلميًا، فضلًا عن مساهماتها في التقدم العلمي والحضاري، كما يسهم التراث في تعزيز الثقة بالنفس وبمنح الروح القومية للأُمة بزاد يعزز تكاملها ويحرر إرادتها من الخوف والتخلف.

لقد تركز اهتمام الباحثين **العرب والأجانب** على بعث التراث الأدبي، ولم يشذ عن ذلك إلا نفرٌ قليل وجه اهتمامه إلى التراث العلمي، بينما بقيت كثير من الإنجازات العلمية العربية مجهولة حتى ساد الاعتقاد بين الكثيرين من **العرب والأجانب** أن الأُمة العربية لم تنجب من العلماء الكبار إذا ما قيست بأُمم سالفة أو أُمم لاحقة. وأن ما ظهر فيها من مفكرين وفلاسفة وعلماء هم مجرد نقلة وشراح للتراث **اليوناني والهندي والفارسي**[(1)]. أما رجال الاستشراق الذين اهتموا بالتراث العلمي العربي فمنهم المنصف الذي حاول دراسة آثار[(2)] **العلماء العرب** في الميكانيكا والبصريات والرياضيات والطب والهندسة وغيرها من دون تعصب ليكشف بعض ما أبدعته العقلية العربية في العلوم، بينما اتجه معظمهم إلى إثبات عدم قدرة **العالِم العربي** على تجاوز ما وصل إليه من حضارة سابقة، وكان رائد هؤلاء تعصب أحمق وعدم معرفة بالعلوم فلم يستطيعوا اكتشاف الإنجازات لجهلهم بالتفاصيل واعتمادهم على مخطوطات علمية قليلة جدًا.

(1) من أبرز الأمثلة على ذلك كتاب براون، الطب العربي، ترجمة داوود سلمان علي، ص9-10، إذ يقول: إن العلم العربي أو الطب العربي يوناني الأصل في قسمه الأكبر أثرت فيه العلوم الهندية والفارسية والسريانية، وفيه جزء صغير جدًا يمكن اعتباره من نتائج الفكر العربي، وأهميته لا تعتمد على أصالته، بل على كونه حلقة وصل بين عصر اليونان وعصر النهضة في أوربا كما أنه المورد الوحيد للمعرفة في أوربا خلال العصور الوسطى المظلمة. (المؤلف)

(2) في الأصل: مخلفات. (المحقق)

إن الواجب القومي والأمانة العلمية يحتمان على الباحث دراسة التراث العلمي العربي، وبعث الأفكار والمبادئ والنظريات والمواقف والإنجازات الأصيلة للبرهنة على أن الأُمة **العربية** قد أسدت بفضل علمائها وفلاسفتها ومفكريها للإنسانية الشيء الكثير، ومثل هذا البرهان يعزز في الوقت نفسه النهضة العربية ويدعم جهود أبناء العربية نحو التقدم. إذ لا يمكن تحقيق نهضة حقيقية من دون بعث للتراث، فهو الجذر الحيوي للأُمة، ورافد مهم للحفاظ على الشخصية الحضارية والقومية للأُمة **العربية**، ولنا في التجربة **الأوربية** خير مثال، إذ بعثت التراث **اليوناني** و**الروماني** وأفادت من التراث **العربي** و**اللاتيني** في بداية عصر النهضة والعصر الحديث، فكان التراث أساسًا صلبًا للانطلاقة العلمية.

ثالثًا: الوجه العالمي

وهو مرتبط بمكانة التراث العلمي العربي في تراث الإنسانية، فمن المعروف أن أُممًا كثيرة قد أسهمت في مسيرة العلم، وأن قوافل عديدة من شتى الأجناس قد قدمت للبشرية إنجازات كبيرة وأن التقدم العلمي الذي نشاهده في العصر الحديث لم يكن إنجاز شعب واحد أو أمة واحدة، كما لم يكن وليد العصور **الأوربية** الحديثة فقط، وأنه من المجحف حقًا أن يعتقد المرء خلاف ذلك، فالحضارات **المصرية القديمة** و**البابلية** و**الأشورية** و**الفينيقية** و**الصينية** و**الهندية** و**الفارسية** و**اليونانية** قد أسهمت كل واحدةٍ منها بنصيب في التطور العلمي، وصبت روافد متعددة من هذه الحضارات بطريق مباشر أو غير مباشر في الحضارة **العربية**، إذ انصهرت في بودقة المعرفة، فكانت فضلًا عن القدرات الذاتية للأُمة العربية[1] أساسًا لنهضة شاملة تبلورت فيها المفاهيم والمبادئ العلمية، واتضحت معالم الطريقة العلمية في البحث، فوجهت بذلك الإنسان إلى الطريق الصائب لفهم ما يجري في الطبيعة، وإمكان تسخيرها والإفادة من معطياتها للتقدم وخير البشرية.

---

(1) يلاحظ هنا أن إشارة الفيلسوف ياسين خليل لهذه الحضارات وإسهاماتها في رفد الحضارة العربية، قد تناوله في التفصيل في القسم الأول من الكتاب فيما بعد، فبحث في مصادر التراث العلمي العربي، وركز بحثه على الحضارات العراقية والمصرية واليونانية بقسميها الهيليني اليوناني والهلنستي المتأثر بالروح الشرقية، لبحث بعدها في المصدر الذاتي للأمة العربية، وأهمل البحث في الحضارات الصينية والهندية والفارسية. لأسباب لم يبررها هو في كتابه هذا. (المحقق)

إن مكانة التراث العلمي العربي تتعين باتجاهين

الأول: بما حققه **العرب** من تراجم ونقل من لغات أُمم أخرى إلى اللغة العربية، فحفظوا بذلك تراثًا ضخمًا من العلوم، إذ لولا ذلك لضاعت معارف كثيرة ولبدأ الإنسان من جديد في طلب المعرفة والعلم، ولتأخر ركب الحضارة الإنسانية عدة قرون.

الثاني: بما أضافه **العرب** وابتكروه من وسائل ومعارف وعلوم جديدة لم تكن معروفة من قبل، وما قاموا بتطويره في الاتجاه العلمي الصحيح، فأنجزوا بذلك الشيء الكثير في جميع حقول المعرفة الإنسانية والرياضية والطبيعية والطبية والهندسية والتكنولوجية وغيرها، مما كان له أبلغ الأثر في النهضة **الأوربية**، إذ ترجمت مؤلفات **العلماء العرب** إلى اللغة **اللاتينية** بفضل الاتصال الحضاري عن طريق الحروب الصليبية و**الأندلس** و**جزيرة صقيلية** وغيرها من المنافذ الحضارية، وتعرف عليها المفكرون والعلماء فأفادوا منها في تطوير العلم والانتقال به إلى مرحلة تطورية جديدة.

خطة الكتاب[1]

لا بد لنا بعد تحديد جدوى التراث وأهمية إحيائه وبعثه أن نستعرض خطة الكتاب واتجاهاته الرئيسية وموضوعاته العلمية في ضوء نظرية تراثية موحدة[2]. تتجلى في ربط الانجازات والابتكارات في وحدة واحدة تتلازم حلقاتها باستمرار لترسم صورة واضحة للتراث العلمي العربي.

لقد اعتادت الدراسات المختلفة للتراث العربي على تناول الموضوع من زاوية تاريخية عن طريق تدوين سير العلماء وانجازاتهم في التأليف ومقدار تأثرهم بمن سبقهم وأثرهم فيمن جاء بعدهم من دون الاهتمام بأصالة الإنجاز وأساليب البحوث، والإضافة العلمية وغير ذلك من الموضوعات التي تمثل في نظرنا جوهر التراث العلمي العربي.

(1) من هنا يبدأ الفيلسوف ياسين خليل استعراض مخطط تفصيلي للكتاب وأقسامه الرئيسية من فصول تتضمنها هذه الأقسام. (المحقق)

(2) يراجع، مقالتي، المفهوم الحضاري للتراث العربي، المنشورة في مجلة آفاق عربية البغدادية، العدد 8، السنة 1976. (المؤلف)

إذ اعتادت مؤلفات أخرى على تناول الموضوع من زاوية التخصص الضيق ودراسته ضمن حدود معينة من دون الاهتمام بدراسات قريبة منه قد تلقي أضواء مهمة على تطوير الموضوع وصلته بعلوم أخرى.

وعلى الرغم من أهمية هذه الدراسات فإنها تبقى ناقصة، لأن المعرفة الإنسانية واحدة، والعلوم مترابطة، وأن الضرورة العلمية تحتم على الباحث فهم بعض المشكلات بالاستعانة ببحوث علمية أخرى.

أما **خطتنا** في هذا الكتاب فإنها تأخذ بالنظرة الكلية[1] للتراث العلمي العربي على أساس ترابط المعرفة العلمية في وحدة واحدة من دون التركيز على دراسة سير وتراجم **لعلماء العرب**[2]. وسنعمل على ذكر الانجازات والأصالة وطريقة البحث وأساليب الدراسة والتتبع والاضافات في المعارف العلمية المختلفة.

كما سنهتم بنتائج الأبحاث التخصصية في التراث العلمي العربي في ضوء النظرة الكلية وارتباط المعارف وتأثير معرفة على أخرى.

إن أول خطوة لتحقيق غاية البحث يجب أن نسلكها تبدأ بضرورة تحديد المقصود بالتراث العلمي العربي، وما ينطوي عليه من موضوعات ومقاصد ليكون المرء على بينة من الإطار العام وفلسفة الكتاب.

وإذا ما كشفنا عما نقصده بالتراث العلمي العربي فمن الضروري أن نتعرف على مصادره الرئيسية التي تتلخص بمصدرين أساسيين هما:

المصدر الذاتي للأمة العربية: الذي يتمثل في التراث الضخم لحضارات عربية ومعارف

---

(1) إن الإشارة إلى مفهوم الكلية، إنما يريد منه الفيلسوف ياسين خليل، أن يكون التعامل مع التراث العلمي العربي باتجاه فلسفي، باعتبار أن الكلية والشمولية والمنطقية والسببية هي من المفاهيم التي يتعامل بها أهل الاختصاص من الفلاسفة في نظرتهم إلى أية مشكلة معرفية أو علمية أو غير ذلك. (المحقق)

(2) إن ما يشير إليه الفيلسوف ياسين خليل بإهمال ذكر سير العلماء والمفكرين والفلاسفة لا يشكل بنظري حلًا أمثل، بل إن التتبع لسيرة وحياة وعصر هؤلاء العلماء لربما يكشف لنا عن مكنونات الشخصية لهؤلاء منذ صغرهم وحتى مرحلة النضج والإنتاج المعرفي ويكشف عن توجهاتهم العلمية، وبالتالي فإن إهمال سيرهم سيولد نقص معرفي لدى الدارس لهم وستكون نظرته غير كلية ولا شمولية ولا تقدم تصورات صحيحة عنهم. (المحقق)

مختلفة قبل ظهور الدعوة الإسلامية الكريمة. وفي الإنجازات الكبيرة في شتى العلوم التي أنجزها الإنسان العربي بفضل الإسلام وتطور الحياة الاجتماعية والاقتصادية والسياسية، فكانت دراسات أصابت صميم الحياة الجديدة، وثبتت ملامح الشخصية الحضارية العربية الجديدة، منها علوم اللغة والفقه وكتابة التاريخ والسير والأدب، ولا بد أن نضيف إلى كل ذلك الإبداع الذاتي **للعالِم العربي** وقدرته العلمية والفكرية على العطاء بعد تمثيل المعلومات وفهمها وتطويرها وابتكار الجديد المضاف إليها.

المصدر الأجنبي: الذي يتمثل في التراث المنقول من حضارات أخرى غير **عربية**، ويشتمل على علوم رياضية وطبيعية وفلسفية وطبية وتكنولوجية وغيرها وفدت على الأمة العربية عن طريق النقل والترجمة من لغات **يونانية وفارسية وسريانية وهندية ولاتينية**، وقد شهدت هذه العلوم نهضة كبيرة على يد **العرب** نظرًا لانفتاحهم على العالم وعقلانية تفكيرهم ورسوخ مُثل وقيم عقيدتهم في النفوس الطموحة إلى إدراك حقيقة الأشياء والنفس.

إن التركيز على دور المصدر الأجنبي في النهضة العلمية من دون فهمه في ضوء المصدر الذاتي للأمة العربية مجرد محاولة مقطوعة لا تصور حقيقة التراث العلمي العربي[1]، فضلًا عن إهمالها المتعمَّد لدور الإنسان العربي في الإبداع والعطاء العلمي، لذلك **أرى** أن أفضل سبيل لتخطي أخطاء معظم الباحثين في التراث العربي أن نتناول بالبحث العناصر الذاتية الأصيلة للفكر العربي من إيمان بالعقلانية والعلمية والتجريبية الباحثة عن الحقيقة إلى إدراك ما للعلم من أهمية لمعرفة أسرار الكون والنفس الإنسانية. ودليل على وحدة الكون وانتظامه الهادية لوحدانية الخالق، كما أن المفاهيم والأصول التي غرستها العقيدة الإسلامية في النفوس قد مهدت السبيل للإنسان العربي إلى الاهتمام بالبحث عن العدل

---

(1) هناك جدلية مترابطة على وفق فلسفة ياسين خليل بين الذاتي والأجنبي، لا الذاتي يستطيع أن يقوم بمفرده في ذلك، ولا الأجنبي يستطيع أن يقدم تصوره المطلوب في مسألة التراث العلمي العربي وأنه متأثر بالآخر. بمعنى أن الفيلسوف ياسين خليل لا ينكر أن يكون للأجنبي دوره في التراث العلمي العربي، لكن لا يعني عنده أن يسلب الإبداع في الذاتي الخاص بالأمة العربية في مجال الكشف العلمي ووضع الفروض العلمية والتحقق منها وبناء القانون العلمي والنظرية العلمية. (المحقق)

والحق والعلم، والبرهان على وحدة الحقيقة والالتزام بالموضوعية، والتثبت[1] من الأقوال للتمييز بين الصادق والكاذب منها وابتداع المنهج العلمي في الشك طريقًا[2] لإدراك اليقين وإزالة ما اشتبه على العالِم من أقوال غيره، واصطناع الأجهزة العلمية والمقاييس ابتغاء الدقة العلمية والتعبير عن النتائج بلغة رياضية هندسية وحسابية وجبرية وغيرها.

وبفضل التزاوج بين المصدرين الذاتي للأمة العربية والأجنبي ودعم الخلفاء والأمراء وأصحاب النفوذ والجاه للعلم والعلماء، واحترام الناس وتقديرهم للعلماء، انتشرت على طول العالم العربي وعرضه مراكز علمية كثيرة كان لها الدور الكبير في تطوير العلوم واحتضان العلماء وتسهيل مهماتهم العلمية[3].

وتحولت عواصم أقطار العالم العربي إلى مراكز إشعاع فكري وعلمي، فلمعت أسماء مدن عربية في دنيا العلوم مثل **بغداد ودمشق والقاهرة وتونس وقرطبة**، تشهد ما للأمة العربية من اهتمام بالعلم وتقدير العلماء.

كما ونشطت المدارس العلمية في نشر العلم وتنظيم الدراسة، وانتشرت المكتبات العامة، واتخذ العلماء من الجوامع أماكن للتدريس وعقد الحلقات والمناظرات العلمية،

---

(1) التثبت أو التحقق Verification، التأكد من صدق النتيجة بتطبيقها على الوجود الفعلي. أو جملة العمليات التي نضع بها فرضًا من الفروض موضع الفحص، وينصب بوجه عام على حالة معينة. وهو ما يجري بخاصة في العلوم التجريبية.

(2) يُلاحظ هنا مدى تأثر الفيلسوف ياسين خليل بالمنهج الذي أرسى أُسسه أبو حامد الغزالي في كتابه المنقذ من الضلال، بصدد الشك المنهجي ومن ثم طور هذا المنهج معرفيًا وعلميًا على يد فيلسوف العقلانية في العصر الحديث رينيه ديكارت (ت1650م)، في كتابه الموسوم مقالة الطريقة في الوصول إلى الحقيقة في العلوم. (المحقق)

(3) لا خلاف فيما يقوله الفيلسوف ياسين خليل بصدد هذه النقطة، إذ لا بد أن نذكر ما كان للخلفاء والأمراء من دور في تطوير العلم العربي والفلسفة، وذلك عن طريق إنشاء بيت الحكمة زمن العصر العباسي وما نتج عن هذا التأسيس من صدور ترجمات لأمهات النصوص والكتب اليونانية والفارسية والهندية وغيرها إلى العربية، مما أسهمت هذه الترجمات في دفع عجلة التطور العلمي ®العربي في زمانها خطوات كبيرة إلى الأمام، كما أنشأت في عواصم ومدن وحواضر عربية وإسلامية مراكز علمية كبيرة سواء في مصر والمغرب العربي والأندلس. كلها أسهمت في الكثير من الجوانب العلمية وفي تطوير وتقدم العلم العربي وإثبات حضور الإنسان العربي المبدع في سلسلة المعرفة البشرية إلى يومنا هذا. (المحقق)

فساهم الجامع إلى جانب المدرسة والمكتبة بتطوير العلوم وتربية طلاب المعرفة على البحث والاستقصاء.

وقد شملت المعرفة العلمية التي زاولها **العلماء العرب** وساهموا بتطويرها جميع أنواع العلوم من دون استثناء، ابتداء بالعلوم ذات الصلة بالإنسان والمجتمع، وانتهاء بالعلوم ذات الصلة بالكون وظواهره المختلفة الأرضية والسماوية.

وفي سبيل تغطية جميع هذه العلوم نعرضها على هيئة مجموعات كبيرة بحيث تضم كل مجموعة منها عددًا من العلوم المتقاربة، وسوف لا نلتزم بتقسيمنا للعلوم بما كان عليه التقسيم عند **علماء العرب**[1]، وذلك لأسباب علمية أملتها على البحث جملة التغييرات على تقسيم العلوم واختصاصها في العصر الحديث.

نستعرض في البداية ما يتعلق بالعلوم الإنسانية التي تطورت بفضل الدعوة الإسلامية، مثل الاتجاهات العلمية والدراسات اللغوية والدراسات التاريخية والدراسات الفلسفية والمناهج المتبعة في هذه العلوم وغير ذلك مما له صلة وثيقة ببناء الشخصية الحضارية للإنسان العربي. منطلقين من حقيقة هامة هي: أن هذه العلوم قد بلورت مواقف الإنسان من ذاته ومن المجتمع ومن الكون، فجددت بذلك سلوكه العام وصلته بالطبيعة والحياة، ثم بعد ذلك نستعرض العلوم الرياضية وما حققه **العلماء العرب** في ميادين الهندسة والجبر والمثلثات[2].

فضلًا عن اهتمامات **العرب** العلمية بالعلوم الطبيعية مثل الفيزياء والكيمياء والجيولوجيا وعلم الحيوان والنبات وغير ذلك من العلوم التي فتحت للإنسان العربي أبواب معرفة الطبيعة وظواهرها تدعيمًا لموقفه الفكري الذي استلهمه من العقيدة والدراسات المتصلة بها[3].

---

(1) لقد لمسنا هذا عند النظر والتحقيق في كتب الفيلسوف ياسين خليل الخاصة بالتراث العلمي العربي، إذ اتخذ لنفسه تقسيمًا خاصًا لم نعهده عن العلماء العرب والفلاسفة من الذين وصلتنا مؤلفاتهم وتقسيماتهم للعلوم، من أمثال الكندي الفيلسوف وجابر بن حيان والفارابي والخوارزمي الكاتب وابن سينا وإخوان الصفا والغزالي وابن رشد وابن خلدون وغيرهم. (المحقق)

(2) وهو ما بحثه الفيلسوف ياسين خليل في الكتاب الأول من كتبه في التراث العلمي العربي. إذ قسمه على ثلاثة أقسام رئيسية تناول فيها العلوم الأصول التي أسهمت في التراث العلمي العربي ثم بحث في الدراسات الإنسانية والعلوم الرياضية. (المحقق)

(3) وهو ما بحثه الفيلسوف ياسين خليل في الكتاب الثاني من كتبه في التراث العلمي العربي، والذي سيتلو هذا

وكان فضل الإنسان العربي كبيرًا في مجال العلوم الهندسية والمعمارية، الأمر الذي **يحتم علينا** تناول هذه العلوم بالدراسة لنكشف ما حققه **العالِم العربي** في ميادين التطبيق العملي في التكنولوجيا والفنون المعمارية وما أنجزه من مشاريع هندسية وما استحدثه من أدوات للبناء والزخرفة وغير ذلك[1].

وأخيرًا لا بد من أن نتناول بالدراسة العلوم الطبية والصيدلانية[2]. إذ أسهم الطبيب **والعالِم العربي** بجهوده في جميع الفروع الطبية المعروفة آنذاك.

فضلًا عما أنجزه **العالِم العربي** في حقل الزراعة الصيدلانية والمواد العلاجية للأمراض المختلفة.

ولا بد أن نضع أيدينا على طرق التشخيص والعلاج والتدخل الجراحي عند الضرورة التي تقتضي ذلك، واهتمام **العالِم العربي** بتطوير وابتكار الأدوات الجراحية، وإنشاء المستشفيات على نطاق واسع ودور التخصص في الممارسة الطبية[3].

الكتاب في التحقيق. وقد بحث في هذا الكتاب علوم أخرى مثل علم المناظر وعلم الهيئة (الفلك)، على الرغم من أن العلوم الطبيعية في تقسيمات الفلاسفة والعلماء العرب تكون سابقة على العلوم الرياضية لأنها تتعلق بما تجريبي حسي. (المحقق)

(1) يبدو أنَّ هذا الكتاب كان مخططًا له في ذهن الفيلسوف ياسين خليل، إلا أنه لم ينجزه أو يكتب فيه أي شيء لحين وفاته، فقد فقدنا جزءًا مهمًا من تصوراته العلمية والفلسفية في هذا الجانب. لا سيما وأنه كثيرًا ما كان يهتم في محاضراته العلمية على طلبته في التحدث عن هذه العلوم ودورها في التراث العلمي العربي وضرورة الكشف عنها. (المحقق)

(2) وهو ما أنجزه الفيلسوف ياسين خليل في الكتاب الثالث من كتب التراث العلمي العربي، والذي سيأتي تحقيقه بعد الكتاب الثاني. (المحقق)

(3) إنَّ هذه الكتب الثلاثة التي أشار إليها الفيلسوف ياسين خليل، في التراث العلمي، وألف فيها قد تم تصنيفها من قبلنا، لأجل تحقيقها ونشرها، لكن بقيت له مجموعة كبيرة من الدراسات والأبحاث في مجال التراث العلمي العربي، قد جمعناها في كتاب خاص بها، وهو الكتاب الرابع، وذلك لأن في هذه الأبحاث يدرس الفيلسوف ياسين خليل مجموعة من العلماء العرب من أمثال البتاني والخوارزمي والفلسفة العلمية عند العرب والعلوم على مذهب العرب، ووحدة الحقيقة، والموضوعية في التراث العلمي العربي، والطريقة البديهية، مع تطبيق كامل لمنهجه العلمي في التراث العربي الذي يأخذ بالكلية والشمولية والمنطقية وربط الماضي بالحاضر على وفق فلسفة ورؤية خاصة به. (المحقق)

القسم الأول
مصادر التراث العلمي العربي

الفصل الأول

ما المقصود بالتراث العلمي العربي؟

أولًا: في تحديد التراث العلمي العربي

لقد ساهمت أُمم كثيرة في الماضي مساهمات جليلة في تطوير المعارف وابتكار الأساليب واكتشاف الحقائق وتنويع الطرق في استغلال الطبيعة لصالح الإنسان فأرفدت بذلك المعرفة الإنسانية بتجارب ومعطيات نقلت الإنسان وحضارته من طور إلى طورٍ آخر. موسعة آفاق ما تعلمه وتوارثه جيلًا بعد جيل، ولم تكن الحضارات السالفة منقطعة الصلة بعضها عن بعض، ولا يمكن القول بالجزم إن حضارة ما تمثل إنجازًا لعِرق متفوق وإن حضارات أُخرى ليست إلا صورًا مقلدة للحضارات الأصيلة، ولا يمكن القول بالجزم إن حضارة ما مبدعة لم تتأثر بما سبقها من حضارات إلا في نطاق محدود، ولا يمكن القول بالجزم إن مقاييس العلمية والفنية والأدبية عند مقارنة الحضارات المختلفة هي ما تعارفت عليه حضارة معينة، بينما تظهر المقاييس الأُخرى لحضارات أُخرى أقل مستوى وأهمية.

إنّ النظرة الموضوعية غير المنفعلة بتأثير التفوق العرقي أو الحضاري تطرح أمامنا صورًا عديدة لإنجازات وإبداعات مهمة وكثيرة قدمتها حضارات مختلفة في أزمنة وأمكنة مختلفة من العالَم. وإن البحث والتقويم لهذه الإنجازات هو السبيل لفهم المسيرة الحضارية للإنسان. وهو الوسيلة الوحيدة للتعرف على موقع كل إنجاز وتأثيره فيما بعده، من دون تعصب واستعلاء ذاتي.

لقد نظر **هيث** في كتابه تاريخ الرياضيات اليونانية إلى **اليونان** من زاوية ضيقة تتجلى فيها

روح التفوق العرقي، إذ يرى أن اليونان فاقوا كافة الشعوب القديمة في شدة حبهم للمعرفة من أجل المعرفة[1]. وأنهم كانوا عِرقًا مفكرين[2].

إنّه من الخطأ فرض مقياس معين للتفوق، إذ كيف يُسوّغ **هيث** لنفسه أن يكون حب المعرفة للمعرفة هو مقياس التفوق؟ ولماذا لا نفترض العكس، أن حب الإنسان لاستغلال المعرفة وتوظيفها في الحياة والمجتمع هو مقياس التفوق؟ ولماذا لا تكون الشعوب التي اعتمدت التجارب لتجريد المبادئ الرياضية حسابية كانت أو جبرية أو هندسية، أكثر تفوقًا من الشعوب التي تهتم بالمعرفة لذاتها؟

إن **اليونان** من الوجهة العِرقية لا يمثلون شعبًا متجانسًا، بل ينحدرون من عروق مختلفة[3]. وحبهم للمعرفة ليس سببًا لتفوقهم، بل نتيجة لتطور حضاري بدأ بمحاولات شعوب الشرق الأدنى القديم لفهم ما يجري في العالم الخارجي من ظواهر وحوادث. وتسجيل ملاحظاتهم وتجاربهم بغية استغلالها لأغراض دينية ودنيوية، ثم دراسة ما يتوصلون إليه لاكتشاف القوانين والقواعد، ولم يكن حب **أهل بابل** ممثلًا للمعرفة الرياضية ولا سيما في حقلَي الجبر والهندسة غير برهان واضح لانتقال المرحلة الحضارية من التجربة والتطبيق إلى النظر والفكر.

لقد ورث **اليونان** علوم وآداب وفنون شعوب الشرق الأدنى القديم، وكان لاتصالاتهم المستمرة بشواطئ البحر الأبيض المتوسط الممتدة من شمالَي **سوريا** حتى **مصر** أكبر الأثر في انتقال المعارف، فضلًا عن اتصالات **اليونان** بعلماء **بابل ومصر** والإفادة منهم فيما يتعلق بالفلك والرياضيات والطب، وإذا ما تفوّق **اليونان** بالبرهان الهندسي فإن **أهل بابل** تفوقوا في الجبر والفلك، وتفوق **المصريون** بالطب والعِمارة، وإذا اتجه علماء **اليونان** وفلاسفتهم صوب الدراسات النظرية لأسباب اقتصادية واجتماعية وانتماء أغلبهم إلى أُسر غنية تكره الأعمال اليدوية، وتحتقر التجارب فإن للشعوب الأُخرى ما يميزها. إذ اتجه الإنسان **البابلي** صوب التجارب والملاحظات والأرصاد من جهة، والمعرفة النظرية؛ لاكتشاف القواعد العامة فيها من

---

(1) Heath, T, L, A History of Greek mathematics, Oxford 1963, VOL1, p,3.

(2) Ibid, p6.

(3) Farrington, B, Greek Science, Penguin 1963, p13. ()

جهة أُخرى، بينما اتجه الإنسان في **مصر** صوب ذاته بوحي من العقيدة، فازدهر الطب وتطورت الأساليب في البناء من جهة، وتسجيل المعارف الرياضية والهندسية والحسابية من جهة أُخرى.

إنّ التعصب **لليونان** وما خلّفوه من علوم وفنون وآداب بقطع النظر عن المصادر الأساسية للتراث اليوناني، جعل الباحث الأوربي متحيزًا في أحكامه على ما قدمته الشعوب الأُخرى من إضافات وابتكارات، فهو ينظر إلى تراث الشعوب الأُخرى من زاوية **يونانية أوربية** بحتة ممتزجة بفكرة التفوق. وما قدمه **اليونان** لا بد أن يكون الأفضل. وقد سادت هذه النظرة كثيرًا من المجالات العلمية والفنية ولم ينجُ منها إلا نفرٌ قليل من العلماء والباحثين في التراث القديم.

لقد ساهم **العرب** بدورهم في تطوير المعرفة العلمية، فنبغ منهم عدد كبير من العلماء في شتى صنوف المعرفة، فألفوا في العلوم الرياضية والمنطقية وفي العلوم الطبيعية والعلوم الإنسانية والاجتماعية مخلفين وراءهم أعدادًا ضخمة من المخطوطات والآثار، التي تدل بوضوح على شغفهم بالعلم ومعرفة أسرار النفس الإنسانية وقوانين الطبيعة. وكان للغزو الأجنبي المتمثل **بالسلاجقة والتتر** في المشرق والحروب الطاحنة بين **العرب** والأوربيين في **الأندلس** أثره في انقطاع تدفق المعرفة العلمية لدى **العرب**، والجمود والتدهور في جميع الميادين. كما كان لاستمرار حُكم **آل عثمان** للأُمة العربية أثره الكبير في انقطاع نمو المعرفة العلمية وتطورها، فضاعت المخطوطات العلمية وتحول ما بقي منها إلى مجرد آثار توضع في المكتبات، واحترق الكثير منها في **الأندلس** إثر سقوط **الدولة الأموية** هناك، وانتقل جزء منها إلى مكتبات ومتاحف **أوربا**، وتنافست الدول على جمع الآثار الباقية وتُرجم منها إلى اللاتينية بينما ضاع الأصل العربي.

إنّ معرفتنا بالعلوم عند **العرب** تبقى في حدود ضيقة لأسباب كثيرة منها، ضياع عدد كبير من المخطوطات العلمية، وعدم نشر ما هو متوفر منها إلا قليلًا، وستبقى جميع الأحكام التي يصدرها المهتمون بالعلوم عند **العرب** مبسترة وغير دقيقة وناقصة إلى حدٍ بعيد.

تمثل المخطوطات العلمية والآثار الباقية في العمارة والبناء ووصف الأجهزة العلمية والصناعية وطريقة تحضير المواد المختلفة، والصور الهندسية والميكانيكية والأدوات الطبية والصيدلانية، ووصف الأعشاب والحشائش الطبية وطرق إنباتها وتحسينها، وتشريح

الأجهزة الوظيفية وكيفية عملها، وإقامة المراصد الفلكية واختراع الأدوات المختلفة للرصد، واختراع الأجهزة الميكانيكية اليدوية وأجهزة تلقائية الحركة والجداول الفلكية ورسوم القبة السماوية وغيرها، ما **نطلق عليه التراث العلمي العربي**. الذي نحن بصدد دراسة خصائصه ومميزاته وإبداعاته.

التراث بعامة له صلة بما ورثناه، ولكن للتراث العلمي صلة بوجودنا القومي والحضاري، فهو ليس إرثًا أو تركة للأسلاف، بل مجموعة تجارب الأُمة العربية في العطاء والمساهمة والقدرة على الإفادة والانطلاق نحو المستقبل. إذ لا بد من أثر يحدثه في الإنسان المعاصر، لأنه لا قيمة للتراث من دون معاصرة، ولا قيمة للمعاصرة من دون جذر يمتد بالأُمة إلى أعماق تجاربها الماضية في العطاء والإبداع.

ونميز في التراث الجوانب المتعلقة بالمعارف الإنسانية المختلفة، والجوانب المتعلقة بالمعارف العلمية. وحسبنا هنا أن نركّز اهتمامنا على المعارف العلمية، وما أنجزه **العرب** في هذه الحقول تاركين الجوانب المتعلقة بالمعارف الإنسانية للمهتمين بشؤون التراث العربي الخاص بعلم اللغة والفقه والحديث والتاريخ والأدب وغيرها من ضروب المعارف الإنسانية والاجتماعية. ولكن ذلك لا يعني مطلقًا انفصالًا تامًا بين المعارف المختلفة، إذ إن للتراث في العلوم الإنسانية أهميته في شخصية الفرد وبناء فكره وسلوكه وموقفه من الحياة والكون، وفي إمكانية تلقيه للعلوم الطبيعية والرياضية.

التراث العلمي بالمعنى الدقيق يتعين بناءً على ما تقدم بالتخصصات التالية:

1. **العلوم الرياضية والطبيعية**: وتشمل العلوم الرياضية جميع فروع الرياضيات التي كانت معروفة آنذاك من حساب وهندسة وجبر ومثلثات، وتشمل العلوم الطبيعية جميع فروع المعرفة بالطبيعة وظواهرها من فيزياء (الميكانيكا والضوء والحرارة)، وكيمياء وحيوان ونبات ومعادن، يضاف إلى كل ما تقدم الابتكارات والاختراعات للأجهزة العلمية والمعدات الصناعية والآلات المختلفة في الرصد.
2. **العلوم المعدنية والجيولوجية**: وتشمل جميع أنواع المعارف الخاصة بأنواع المعادن وخواصها الكيمائية والفيزيائية، واختلاف بعضها عن بعض، كما تشمل

دراسة الأحجار الكريمة والصخور واستغلال الخامات المتاحة، ودراسة الخواص الطبيعية للمعادن والبلورات، واستعمال الأحماض للاختبارات الكيميائية عليها، وتصنيف المعادن، وتكوين الصخور والجبال والبراكين والزلازل وتضاريس الأرض وجريان الأنهار ودورة المياه في الكون.

3. **العلوم النباتية والحيوانية**: وتشمل جميع أنواع المعارف الخاصة بالنباتات والحيوانات، سواءٌ ما يتعلق منها بتكوينها وأنواعها وفصائلها أو ما يتعلق منها بالتغذية والبيئة وأحوال المعيشة، وتشتمل هذه العلوم على معارف تتعلق بتنمية بعض النباتات الخاصة بالعقاقير واختلافها عن النباتات الأُخرى في الأوراق والأزهار وكل ما يتعلق بفصائلها، وفيما يتعلق بعلم الحيوان فإن المعارف المتعلقة به تشمل اختلاف الكائنات الحيوانية عن النباتية، واختلاف الحيوان بعضه عن بعض من حيث الأجهزة الداخلية ومظاهره الخارجية.

4. **العلوم الهندسية والمعمارية**: وتشمل جميع فروع المعرفة الخاصة ببناء المساجد والقصور والمدارس العلمية، وشق الترع وإقامة السدود والجسور وصناعة الآلات في السلم والحرب، كما تشمل الفنون المعمارية ذات الطابع الهندسي من ريازة ونقوش وأنواع مختلفة من الرسم بالحروف والأشكال الهندسية، فضلًا عن المعارف الخاصة بصناعة مواد البناء المختلفة وتشكيلها بحسب مقتضيات البناء.

5. **العلوم الطبية والصيدلانية**: وتشمل جميع أنواع المعارف الخاصة بعلم الطب الإنساني وطب الحيوان، سواء ما يتعلق منها بالتشريح وعلم الوظائف وما يتعلق بالأمراض وأنواعها وطرق تشخيصها ومعالجتها بالأدوية والعمليات الجراحية، وتشمل كذلك أنواع الأدوية والسموم وطرق تحضيرها والنسب التي يجب إتباعها عند التحضير سواء كانت الأدوية نباتية عضوية أو غير عضوية.

ثانيًا: في دلالة التسمية

نطلق على هذا التراث العلمي الضخم الذي امتد منذ القرن السابع الميلادي ولقرون عديدة في **المشرق والمغرب العربيين والأندلس** اسم التراث العلمي العربي، تمييزًا له عن

التراث العلمي **اليوناني** والتراث العلمي **الأوربي**، وقد تُثار أسئلة كثيرة تدور حول هذه التسمية والأسباب أو الدوافع التي **دفعتني** إلى اختيارها، فلم أقل مثلًا **التراث العلمي الإسلامي** أو التراث العلمي العربي الإسلامي[1].

لا نستطيع القول: إن التراث العلمي الذي أنجزه العلماء العرب تراث علميّ إسلاميّ، لأن للإسلام كدين علومًا مثل: الفقه والشريعة والحديث وهذه من دون شك علوم إسلامية لصلتها المباشرة بالعقيدة ومنبثقة عنها، في حين أن علمي الفيزياء والرياضيات ليسا من العلوم الإسلامية، ولا يمكن أن تكون الأعداد والجذور والقوانين والظواهر الضوئية إسلامية، إذ اختصت هذه العلوم وغيرها بدراسة الظواهر الطبيعية والخصائص العددية والجبرية والهندسية، وهي موضوعات لا صلة لها بالعقيدة، لا سيما إذا عرفنا أن الدين الإسلامي عقيدة ثابتة لبناء شخصية الفرد وإقامة مجتمع سليم يقوم على الإخاء والعدل، ويربط بين الإنسان **والله**، باسطًا له ما في العالَم الخارجي من ظواهر وموجودات وحوادث لاستغلالها وفهمها، ومبشرًا للمؤمنين به بدارِ مغفرةٍ ومقام حميد.

ولا أعتقد أن تسمية التراث العلمي الذي أنجزه العلماء العرب بالتراث العلمي العربي الإسلامي، أفضل من تسميته التراث العلمي العربي، **لأني أرى** في الإسلام دين العرب أولًا ودين الأقوام الأُخرى، فيه لغتهم ورسالتهم في الحياة وإن لم يُمَيز بين العروق والأجناس. وإن إضافة الصفة **إسلامي** توحي أن للتراث العلمي العربي صلة وثيقة بالعقيدة مثل: علوم الحديث والفقه والشريعة، بينما نعلم أن العلوم الرياضية والطبيعية والهندسية والطبية وغيرها من العلوم قد دُوِّنت بلغة عربية إبّان قيام الحضارة العربية بعد الإسلام. وأن أغراضها مختلفة عن أغراض العقيدة، كما أن وسائل الوصول إلى حقائقها وطرق الباحث فيها مختلفة عن الوسائل والطرق المستخدمة في العلوم الإسلامية.

---

(1) حول التسمية هل هي عربية أم عربية إسلامية أم إسلامية، واختلاف الباحثين العرب من أصحاب المناهج البحثية المعاصرة في التراث، أو من الذين ينتمون إلى أيدولوجيات فكرية، وحجج وأدلة كل فريق من هؤلاء، يُراجع، بحثنا الموسوم، مناهج المحدثين العرب في قراءة تاريخ الفلسفة العربية الإسلامية، مجلة دراسات عربية البيروتية، العدد 11/ 12، 1999 (المحقق)

ولا شك أن هناك اعتراضات كثيرة حول تسمية التراث العلمي العربي، أبرزها ما يأتي:

1. يرى البعض أن **العرب** عِرق متميز وفي **الفرس** والآخرين عروق وأجناس أُخرى، فكيف يمكن تسمية الإنجازات العلمية بالتراث العلمي العربي، عِلمًا أن عددًا كبيرًا من العلماء ليسوا من العرب وأغلبهم من إيران؟
2. يرى آخرون أن بعض العلماء من غير **العرب** كتب باللغة العربية وبلغات أُخرى غيرها منها الفارسية، فكيف يمكن تسمية الإنجازات العلمية بالتراث العلمي العربي، عِلمًا أن بعض المخطوطات العلمية مدونة بلغة **فارسية** أو **سريانية؟**
3. يرى آخرون أن تسمية التراث العلمي العربي غير موفقة لأنه ليس عربيًا خالصًا، إذ نجد فيه عناصر كثيرة من حضارات قديمة منها **اليونانية والهندية والفارسية،** وأن أثر الحضارات فيه واضح وما أنجزته من علوم ومعطيات علمية بادية للعيان.

وللجواب عن هذه الأسئلة لا بد من الإشارة إلى أن النظريات العِرقية باطلة، وأن الأقوام في التاريخ تزاوجت وتداخل بعضها ببعض، وأن الذي يميّز شعبًا عن شعب هو اللغة والتاريخ والحضارة، كما لا يمكن ربط الإنسان جغرافيًا، فإنسان إيران ليس بالضرورة فارسيًا، وإنسان العراق عربيًا، وإنسان المغرب ليس بالضرورة بربريًا، وإذا ما ولد إنسان عربي اللغة والثقافة في منطقة إيرانية ونُسب لمكان فيها فلا يعني ذلك بالضرورة أنه فارسي.

لقد حاول رجال الاستشراق طمس المعالم الرئيسية لشخصية الإنسان العربي في العصر الوسيط، وتركزت محاولاتهم الهادفة إلى تجريد العربي من كل قدرة على الابتكار والإبداع متوسلين في ذلك بشتى أنواع الأسلحة العرقية والدينية والمذهبية واللغوية وغيرها، وبلغ بهم الأمر إلى البحث عن كل أجنبي في التراث العلمي العربي، وتركزت أساليبهم لتحقيق تجريد الإنسان العربي من عناصر الإبداع والعطاء على إبراز المظاهر الآتية[1]:

1. البحث في التراث العلمي العربي من زاوية **يونانية وهندية وفارسية،** وذلك بمحاولة ربط كل إنجاز علمي بما سبق في **اليونان والهند وفارس،** فإذا واجه المستشرق

(1) يُراجع، د. ياسين خليل، المفهوم الحضاري للتراث العربي، مجلة آفاق عربية البغدادية، العدد8، السنة، 1976 ص85-91. (المؤلف)

ابتكارات لا يجد لها نظيرًا في الحضارات السابقة فإنه يلجأ إلى أحد أمرين: **إما** أن يقلل من أهميته **أو** يرجح أن يكون منقولًا عن مصدر غير **عربي** معللًا ذلك بقلة ما هو متوفر لديه من إثباتات، وكثيرًا ما يترك بعض المؤرخين جوانب هامة في التراث العلمي العربي لعدم وجود جذر علمي لها في الحضارات السابقة.

2. البحث في أُصول الشخصيات العلمية التي برزت في الحضارة العربية فكثيرًا ما نجدهم يؤكدون **إيرانية** شخصيات علمية بارزة استوطنت **إيران**، وانتسبت إلى الأرض التي ولدت فيها، وكأن ذلك هو الدليل العِرقي على إيرانيتهم، ونجدهم يُبَرِزُون شخصيات قليلة الأهمية فينعِتونها بالعبقرية والنبوغ لأنها غير **عربية**، وهذا ما نجده بوضوح عند تناولهم لشخصيات **يهودية أو نصرانية**، بينما يُصيب الإهمال شخصيات أُخرى لسبب بسيط لأنها تبدو لهم **عربية** عِرقيًا.

3. البحث في أديان ومذاهب الشخصيات العلمية، فيقولون هذه **يهودي** وهذا **صابئي** والآخر **نصراني**، وهذا شيعي وآخر سني وهكذا، وهم في ذلك يقسمون الناس من زاوية دينية ومذهبية، فيتعصب مستشرق **لليهود** أو **النصارى** أو **السريان** أو **الصابئة**، فيبرز دورهم الكبير في رفد العِلم العربي، بينما يطمس معالم شخصيات علمية أُخرى لأنها مسلمة بسبب التعصب الديني والمذهبي.

وغاية أمرهم في كل ما يذهبون إليه هو البرهان على أن **العرب** لم يقدموا للحضارة الإنسانية من الإنجازات إلا القليل، وأن أبرز الشخصيات العلمية لم تكن **عربية فهي فارسية** إذا كانت النظرة عرقية، **ويهودية أو نصرانية** إذا كانت النظرة دينية، وأن التراث العلمي العربي ليس إلا تراثًا لحضارات أُخرى، وأنه لولا التراث **اليوناني** لما قامت نهضة علمية عند **العرب في العصر الوسيط**.

إنّ هذه الآراء جميعها **تتهافت** بسرعة عند التحليل والتزام الحقائق دون العاطفة والهوى، **فليست العربية بالعرق بل العربية باللسان والفكر**[1]. وإن اللغة العربية هي المميزة لما هو **عربي**،

(1) يُلاحظ هنا أن الدكتور ياسين خليل يشدد كثيرًا على أن الانتماء للأمة العربية إنما يكون بالفكر واللسان ويُسقط جانب الارتباط بالدم والتاريخ، وسيتكرر هذا الأمر كثيرًا عنده ولا سيما حينما يرد على دعاوى المستشرقين بصدد التراث العلمي العربي. (المحقق)

وإن الانتماء الحضاري والثقافي وحده المعيار في نسبة الشخص إلى **العربية** أو غيرها. وإذا كانت الحضارة **العربية** قد أفادت من ثقافات وعلوم أجنبية، فتلك حقيقة لا تصدق على **العرب** وحدهم، بل هي صادقة كل الصدق على الحضارات جميعها، فلم تكن العلوم **اليونانية** إلا امتدادًا طبيعيًا لحضارات **الشرق الأدنى**. وإن العلوم **البابلية والمصرية** قد انتقلت بالفعل إلى **اليونان** وتلك حقيقة لا يجادل فيها عالِم، وأن الرياضيات **اليونانية** والفلك اليوناني ليس إلا ذلك الامتداد الطبيعي لرياضيات وفلك **بابل ومصر**.

فضلًا عن ذلك، فإن **اليونان** ليسوا بالشعب المتجانس عِرقيًا، بل هم مزيج من شعوب كثيرة، وإن ما نُطلقه على العِلم الذي تحقق عندهم من الصفة **اليونانية**، فذلك يعود إلى استخدام اللغة **اليونانية** والانتماء الثقافي والحضاري **لليونان**.

لا شك أن **العرب** تأثروا بالعِلم **اليوناني** إلى حدٍ بعيد، ولكن من الخطأ القول إن هذا العِلم كان الدافع الرئيسي للنهضة العلمية العربية، فمن المعروف أن **الرومان** غزوا **اليونان** وعرفوا إنجازاتهم، لكنهم لم يحققوا نهضة علمية على الرغم من ذلك، بل العكس اتجهوا صوب الحروب واستعباد الشعوب، ولم يعيروا للعِلم اهتمامًا، كما وُجدت مراكز فكرية وعلمية كثيرة خلَفت الحضارة **اليونانية** وكانت على معرفة تامة بالعِلم **اليوناني**، ولكنها لم تستطع تحقيق نهضة علمية، بل ولم تستطع المحافظة على المستوى الذي حققه الأسلاف من قبل.

ولنقل إن تأثر **العرب** بالفرس، ولكنهم لم يتعلموا منهج العلوم، وإن التاريخ لا يزودنا بعلماء كبار من **الفرس** قبل **الفتح الإسلامي**، وكل ما نعرفه عن الحضارة **الفارسية** أنها اهتمت في المدة الأخيرة قبل الفتح بنقل العلوم الطبية والفلسفية إلى **الفارسية**، وأنها على العموم لم تكن بمستوى الحضارة **اليونانية** في الثقافة والعلوم.

إنّ السبب الرئيسي لازدهار الحضارة والعِلم عند العرب لا يكمن في التأثير الحضاري الأجنبي، بل في **العوامل الذاتية**[1] لانطلاقة الأمة العربية بعد الدعوة الإسلامية،

---

(1) يُلاحظ كثيرًا ما يشير الدكتور ياسين خليل إلى العامل الذاتي في نهضة الأمة العربية علميًا وحضاريًا وسيُفرد لها فصلًا مستقلًا في هذا القسم من كتابه، وهو بنظري مرجعه وسببه إلى المواقف المتشنجة للباحثين الأجانب من المستشرقين من الحضارة والعلم العربيين. (المحقق)

إذ فتحت العقيدة أبواب العِلم وحثت على طلبه أينما كان وحولت فكر الإنسان العربي من الأوهام والأساطير وعبادة الأوثان إلى الاعتماد على النفس في الفهم، واستخدام العقل والمعرفة لما يجري في الكون، وتوحيد الغاية في نشر الرسالة وإحلال العقل محل الأوهام، والتجربة محل الأساطير، ووحدة الطبيعة التي تدل على عظمة الخالق محل عبادة الأوثان.

وحقق **العرب** قبل اتصالهم بالعلوم الأجنبية قفزات علمية كبيرة، والتقت جهودهم أول الأمر حول **القرآن والأحاديث النبوية**، فابتدعوا الأساليب العلمية والفنية للتثبت من رواية الحديث قبل التأكد منه وتدوينه، واهتموا باللغة العربية على أساس أنها لغة **القرآن الكريم** واهتموا **بالشعر الجاهلي** ومفرداته، فكان ذلك بداية نحو قيام علوم اللغة وتدوين الشعر والأدب والمعاجم، واهتموا بالأحكام الشرعية وأصول الفقه والمعاملات والخراج وتقسيم الأموال وغير ذلك، فكان ذلك بداية لظهور علوم الشريعة والمعاملات والاقتصاد، واهتموا بكتابة التاريخ وسيرة **الرسول الكريم والصحابة** وغيرهم. وعرفوا أن التاريخ جملة من الوقائع المتتابعة زمنيًا، لذلك ابتدعوا الأساليب الدقيقة في تدوين الوقائع متأثرين من دون شك بمنهج تدوين **الحديث النبوي**، ومبتعدين عن الخرافات والأساطير في إثبات السبب واستخراج العلة.

إنّ التطور الثقافي والحضاري **للعرب** قد ساهم من دون ريب وبفضل العقيدة الإسلامية في بناء شخصية **عربية** جديدة تنزع نحو العلم والمعرفة، متسلحة بأساليب متعددة في **التثبت** من الأقوال والوقائع، متطلعة لاكتشاف الحقائق الدالة على وحدة الخالق وعظمته، متوثبة لفهم ما عند الشعوب الأُخرى، منفتحة على الإنجازات الحضارية **للأمم السالفة**، واثقة من ذاتها في حمل رسالتها الحضارية لهذا النضوج الثقافي وحده الفضل في الإقبال على العلوم الأجنبية للتعرف عليها والإفادة منها وتطويرها، إذ لولا هذا الانفتاح العربي على العلوم لما استطاعت شعوبٌ أُخرى من القيام بدور حضاري في العالَم ولبقيت العلوم كما هي. ولتأخرت الإنسانية قرونًا كثيرة، لأن المعرفة العلمية وحدها لا تخلق نهضة علمية، إذ لا بد من أُمة متحفِّزة مؤهَّلة للفهم قادرة على العطاء.

ثالثًا: في الرد على المستشرقين- ويمكننا تحديد موقفنا من آراء المستشرقين وما يدعون إليه من باطل بالنقاط الآتية:

1. إنّ **العربية** ليست بالعِرق بل **العربية** باللسان والفكر، وإن اللغة **العربية** ظاهرة اجتماعية وإن حاجة الإنسان إليها لا تختلف عن حاجته إلى تحريك يده وأكل طعامه وارتداء ملابسه، ولكنها فوق كل ذلك أداة مهمة للتعبير عن الفكر والأفكار، وهي وسيلة لتجسيد ما نفكر به فننقله إلى الآخرين، وهي ظاهرة حضارية تنطق بالمنجزات الفكرية والإبداعات العقلية والعلمية، فهي أداة الثقافة ووعاؤها، واللغة **العربية** لسان الأُمة **العربية** حملت في ثناياها على مر العصور ومراحل التاريخ إنجازات الفكر العربي وإبداعاته، فكانت لغة الحديث ولغة الدين والفقه والأدب ولغة العِلم والفلسفة ولغة الثقافة بعامة.

2. إنّ الثقافة **العربية** والحضارة **العربية** تمثل الانجازات المختلفة التي حققها الإنسان **العربي** قبل **الإسلام** وبعده، ولكنها تعززت بالفكر الإسلامي فأصابها الثراء وتفتحت لها أبواب التطور والوثوب إلى المستقبل، ولم يكن **الإسلام** دينًا طارئًا جاءت به أقوام غازية وأقوام استوطنت **الجزيرة العربية** وكانت من قبل غير **عربية**، بل جاء **الإسلام** عربي اللسان لأُمة **العرب**، سماوي التنزيل على رجلٍ من **العرب**، وأمانة في أعناق أبناء الأُمة **العربية** لنشره بين أُمم الأرض جميعًا، فإذا بالثقافة **العربية** الجديدة **عربية** الفكرة والدعوة، إنسانية الأهداف، توحد البشر في مواقفهم من الكون والإنسان والمجتمع.

3. إنّ اتساع الرقعة الجغرافية بعد **حروب التحرير** التي خاضها **العرب** من أجل انتزاع الحقوق من المغتصبين الطغاة قد أدى إلى احتضان شعوب غير **عربية** اللسان قليلة الثقافة ذات نزعة أسطورية في التفكير غير مؤهَّلة للبحث العقلي العلمي. ولكنها بفضل الفتح العربي واعتناق أهلها الدين الإسلامي استطاعت أن تضع نفسها في البداية الصحيحة نحو المساهمة والمشاركة في الثقافة والحضارة **العربية**، فإذا بالأبناء والأجيال من هذه الشعوب يأخذون بأسباب الثقافة الجديدة

وتتمثّلها فتساهم باللسان العربي والفكر العربي بإنجازات جديدة هي امتداد للثقافة العربية بأهدافها الإنسانية.

4. لقد كانت اللغة **العربية** لغة العصر في الآداب والعلوم والفنون والدين، وكانت بفضل التقدم الحضاري والعلمي أكثر اللغات المعروفة آنذاك قدرة على التعبير عن الثقافة بشكلٍ عام. وكانت الكتب المتداولة بين المفكرين مدونة باللغة **العربية** إذ استطاع القائمون على إثراء المعرفة بمعارف أجنبية وترجمة الكثير من التراث **اليوناني** إلى **العربية**، فتحولت الثقافة الأجنبية بعد مدة من الزمن إلى جزء من مستلزمات الثقافة **العربية**، إذ لم يتوقف الفكر العربي عند حدود الترجمة، بل ساهم بالتطوير والإضافة والنقد والإبداع.

5. لقد ساهمت عدة حضارات وثقافات في تكوين الحضارة **اليونانية**، كما ساهمت عدة شعوب في إمداد هذه الحضارة بالمعرفة والبناء، ولم تكن الحضارة **اليونانية** وليدًا منذ النشأة **يونانية** المولد، بل نجد فيها عناصر من حضارات أُخرى **بابلية ومصرية وفارسية وفينيقية**، وعلى الرغم من ذلك فقد تعارف الكُتّاب على تسمية الحضارة الهجينة بالحضارة **اليونانية** والتراث **اليوناني**، وما يصدق على الحضارة **اليونانية** ينطبق كذلك على الحضارة والثقافة **العربية**، بل إن الحضارة **العربية** ذات جذور ومنطلقات ذاتية في المولد والنشأة، وإن احتضانها للثقافات وبعض المظاهر الحضارية لم يكن من تأثير اضطراري خارجي، بل نتيجة طبيعية لتفتحها وقدرتها على الاستيعاب والهضم ونزعتها الإنسانية في الإفادة من مصادر الفكر الإنساني جميعها.

الفصل الثاني

المصدر البابلي والمصري

أولًا: المصدر البابلي

لا شك أن مصادر التراث العلمي العربي كثيرة، نظرًا لانفتاح **الأُمة العربية** والإنسان العربي على إنجازات الحضارات الأُخرى التي سبقت قيام الحضارة **العربية** في ميادين العلوم والمعارف، ومحاولة الإفادة منها وتطويرها على المستويين النظري والعلمي، ومن هذه المصادر ما كان متداخلًا في البناء الفكري للأمة **العربية** بفضل ما توارثته من معارف وعلوم عن حضارات **عربية** سابقة وأمم عاشت فوق الأرض **العربية** فأنجزت وطورت وابتكرت كثيرًا من المعارف النظرية والعلمية ومصادر أُخرى **أجنبية** معروفة يستطيع الباحث أن يكشف عن هويتها بسهولة عن طريق تتبع آثارها الفكرية في المؤلفات العلمية والفلسفية.

ولكن الذي يؤسف له أن كثيرًا من الدراسات التي تناولت إنجازات **العرب** العلمية قد ركزت على إبراز ما للمصدر **اليوناني** من دور وتأثير، بينما أهملت مصادر أُخرى لا تقل أهمية عن المصدر **اليوناني** مثل المصدر **البابلي والمصري**، وما أبدعته الحضارات **العربية** قبل ظهور الدين الإسلامي من معارف وعلوم وعمران، وقد غلب هذا الاتجاه على معظم الدراسات لأسباب كثيرة منها قومية لتؤكد تفوق العِرق **الأوربي** ومنها كثرة المؤلفات **اليونانية** التي ترجمت إلى **العربية**، وانعدام ذلك بالنسبة للمصدر **البابلي والمصري**.

وعلى الرغم من ذلك فقد كشفت البحوث الحديثة حقيقة مهمة هي أن المعجزة **اليونانية** في الفلسفة والعلم لم تكن وليدة إبداع ذاتي، بل تمتد في جذورها إلى حضارات **الشرق القديم**، فهي ليست **يونانية** صرفة، بل إن معظم الأفكار والاكتشافات والمعرف العلمية

اليونانية هي **بابلية** أو **مصرية**. وبالتالي فإنه من المجحف حقًا أن تهمل هذه المصادر المهمة عند الكلام عن الحضارة **اليونانية** وإنجازاتها.

لقد عرفت شعوب **الشرق الأدنى** القديم القراءة والكتابة وتدوين المعلومات العلمية والتاريخية والفكرية، فكتب **البابليون** معرفهم على قطعٍ صغيرة مصنوعة من الطين، وكتب **المصريون** معارفهم على أوراق البردي، ولكن المعلومات التي وصلتنا عن المستوى العلمي في **وادي الرافدين** لم تكن وحدها مهما كانت كثيرة لا تعكس بالضبط ما كانت عليه الحياة الفكرية آنذاك. وهذا أمرٌ يجعل من الصعوبة معرفة ما أبدعته الحضارة **البابلية** في ميدان العلم، لا سيما وأن القسم الأكبر من الألواح قد اندثر ولم يكتشف منها إلا الجزء اليسير، كما أن القنوات التي انتقلت بها العلوم إلى **اليونان** لا تتقيد بما هو مدون، لأن انتشار الأفكار والاختراعات والمعلومات العلمية لا تنقل بالضرورة الكتابة، لذلك فإن البحث العلمي سيبقى قاصرًا على اكتشاف ما **استعارته** الحضارة **اليونانية** من أفكار ومعارف، اللهم إلا من خلال ما يكتشف من ألواح وما ذكره علماء وفلاسفة **اليونان** في مؤلفاتهم.

أما بالنسبة للعِلم **المصري** فإنه في حالة أفضل من معرفتنا بالعِلم **البابلي**، لأن البردي يبقى مدة طويلة في جو جاف قليل الرطوبة مثل جو **مصر**، بينما تبقى الألواح الطينية معرضة للتلف والضياع، فهي ليست صلدة ولا تستطيع مقاومة عوامل المناخ والطبيعة، وبالفعل فإن كثيرًا من المعلومات الحسابية والفلكية والطبية والهندسية وصلت إلينا بفضل استعمال البردي لتدوين المعلومات العلمية.

لقد كشفت الألواح الطينية حقائق علمية مهمة، إذ تدل بوضوح على معرفة ناضجة ومتطورة في حساب الأعداد وطريقة التدوين الرياضي، فضلًا عن أساليب علمية وتعليمية في حل المسائل المختلفة، وأبرز ما نجده في الحساب **البابلي** اعتماده على **النظام الستيني** في المعاملات اليومية والأرصاد الفلكية والمسائل الحسابية، إذ اتخذ من العدد (60) أساسًا للنظام الحسابي. ولهذا النظام أفضلية على النظام العشري في حساب الكسور نظرًا لقابلية العدد (60) على القسمة. فهو يقبل القسمة على الأعداد الآتية التي هي عوامل للعدد المذكور: (2، 3، 4، 5، 6، 10، 12، 15، 20، 30) بينما تكون عوامل العدد (10) الأعداد الآتية: 5،2، بينما تكون عوامل العدد (10) الأعداد الآتية: 5، 2. فالكسر 7/ 10 مثلًا يعبر عنه

في النظام الستيني بعدد صحيح هو **42**، والكسر **3/ 10** يعبر عنه في النظام الستيني بعدد صحيح كذلك هو **18**. عن اختيار الرياضي البابلي للنظام الستيني قد جنّبه استعمال كثير من الكسور، ومن المرجح أن يكون البابلي قد استعمل النظام العشري والنظام الستيني جنبًا إلى جنب، ولكنه آثر استعمال النظام الستيني ليسهل عليه إجراء عملية الضرب والقسمة ويستبعد ظهور الكسور على نطاق واسع. استخدم الرياضي البابلي الجداول الرياضية التي سهلت له كثيرًا من العمليات الحسابية المعقدة، ونقصد بالجدول الرياضي ترتيب الرموز بشكل معين، بحيث يخدم هذا الترتيب الحاسب في استخراج قيمة عدد ما، فوضع جداول العمليات، القسمة والضرب واستخراج الكسور بالاستناد إلى وحدة العدّ وهي العدد ستّون، ولم تقتصر الجداول الحسابية على الضرب والقسمة واستخراج الكسور، بل تجاوزتها إلى تنظيم جداول خاصة بأُس الأعداد أو القوى التي ترفع إليها الأعداد، والجذور التربيعية والتكعيبية، وجداول أُخرى لعلاقة قُطر المربع بضِلعه وقُطر الدائرة بمحيطها، وغير ذلك.

وخلّف البابليون معلومات قيمة في المعرفة الهندسية والجبرية، إذ عرف البابلي الصلة بين الهندسة والجبر وإمكانية استخدام الطرق الجبرية لحل المسائل أو المشكلات الهندسية، ويدل هذا الترابط على حقيقتين هما:

1. معرفة بالهندسة والجبر تفوق ما كان يعتقده بعض المؤرخين، إذ تدل هذه المعرفة على درجة عالية من التجريد الرياضي، فلم يتوقف **البابلي** عند حدود التطبيق العملي للمعضلات التي واجهته في حياته بل تجاوزها إلى محاولات جادة لاكتشاف المُعادلات والدساتير التي يستطيع بموجبها حل المسائل الهندسية وغيرها.
2. إدراك العلاقة بين العلمين وتحويل الهندسة إلى جَبر عن طريق استخدام الطرق الجبرية في الهندسة، وهذه طريقة رياضية تستوجب معرفة واسعة بالجبر وأساليبه إلى جانب معرفة دقيقة بالهندسة، وبذلك يكون **البابلي** قد استخدم طريقة رياضية قبل ثلاثة آلاف سنة من ميلاد الفيلسوف **الفرنسي رينيه ديكارت(ت1650م)**، الذي أعاد الحياة لهذه الطريقة في العصر الحديث.

واستطاع **البابلي** لأغراض علمية وعملية حساب سطوح الأشكال الهندسية وحجوم بعض الأشكال المجسمة مثل الهرم المقطوع على قاعدة مربعة، كما استخدم إدراك علاقة محيط الدائرة ومساحتها بالقطر، ووضع عددًا تقريبيًا للنسبة الثابتة هو العدد 3، واستخدم الدستور الجبري لاستخراج مساحة الدائرة على أساس

المساحة = مربع المحيط/ 12.

فإذا علمنا أن المساحة = نق^2× ط (نصف القطر تربيع× النسبة الثابتة)

وأن محيط الدائرة = 2نق× ط

فإن البابلي يكون قد استخدم الدستور الآتي:

نق ط = (2نق ط)^2/ 4ط = م^2/ 4×3 = م^2/ 12

وبات من المعروف الآن في الأوساط العلمية أن النظرية التي نُسبت إلى **فيثاغورس (ت497ق.م)**، (مساحة المربع المُنشأ على وتر مثلث قائم الزاوية تساوي مساحة المربعين المُنشأين على الضلعين القائمين)، هي بالأصل **بابلية**.

وتدل الألواح الطينية المكتشفة على أن **البابلي** قد عرف بالفعل عددًا كبيرًا من النظريات الهندسية المعروفة عند **اليونان**، واستخدمها في حل المسائل الهندسية، وهذا أمر له أهميته من الناحيتين التاريخية والعلمية، إذ يشير إلى انتقال هذه المعارف إلى **اليونان** وأسبقية الإنسان **البابلي** في المضمار الرياضي، كما يشير إلى أن العلم الرياضي **البابلي** قد تجاوز الجانب العملي في نموه نحو التجريد وإرساء القواعد الرياضية العامة.

تفوق الرياضي **البابلي** في ميدان الجبر وحل المعادلات الجبرية، لذا يمكن القول إن الجبر **البابلي** قد بلغ في تطوره ما بلغته الهندسة في **اليونان**، إذ استطاع **البابلي** بفضل استخدام نظرية المعادلة أن يجد حلولًا لمشكلات كثيرة علمية وعملية، وأن يدرك العلاقة بين المعلوم والمجهول، فيحاول اكتشاف المجهول من خلال المعلوم، وتشير الألواح المكتشفة إلى استخدام الإنسان **البابلي** لمعادلات من الدرجة الأولى والثانية والثالثة. وعلى معرفة دقيقة بالقواعد الجبرية والعمليات الضرورية مثل الضرب والقسمة والجمع والطرح، فضلًا عن معرفته لطريقة اختزال الكميات المتساوية والتعويض وغير ذلك.

ونظرًا لتقدم الرياضيات وارتباط العقائد **البابلية** بالظواهر الفلكية، فقد تقدم علم الفلك تقدمًا كبيرًا ودونت ملاحظات دقيقة للظواهر الفلكية ودورات الكواكب، وقد سجلت بالفعل ملاحظات فلكية كثيرة قام بها **رجال الكهنوت**، إذ كان باستطاعة **الكاهن** الارتقاء إلى أعلى الزقورة لمراقبة حركة الكواكب في القبة السماوية وتسجيل مشاهداته.

وبفضل ما سجّله **البابليون** واستخدامهم للرياضيات للتعبير عن الحقائق الفلكية، استطاع **اليونان** الإفادة من الجداول الفلكية والأسس الرياضية، ويذكر **اليونانيون** ما أخذوه عن **بابل ومصر** من معلومات عن حركات الكواكب فضلًا عن استعارتهم لكثيرٍ من الأشياء مثل الساعة الشمسية وعقرب المزولة وقسمة اليوم إلى اثني عشر قِسمًا، وقد حقق **البابليون** في ميدان الفلك خطوات علمية واسعة، فقد استطاعوا بفضل الجداول الفلكية أن يتنبؤوا بالكسوف والخسوف الكلي والجزئي، فضلًا عن معرفتهم للكواكب السيارة وهي الزهرة والمشتري وعطارد وزحل والمريخ، كما توصلوا إلى وضع التقويم القمري وقسمة السنة إلى اثني عشر شهرًا وقسمة اليوم إلى ساعات، وقسمة الشهر إلى أربعة أسابيع وغير ذلك.

ولم تكن المعلومات الطبية عند إنسان **وادي الرافدين** يسيرة، بل تدل على معرفة جيدة بالتشخيص والعلاج واستخدام العقاقير الطبية وآلات الجراحة، وفي ذلك برهان على ابتعاد الطب القديم عن السحر والشعوذة، وتشير الألواح الطينية الطبية على ندرتها إلى الاهتمام بالنباتات الطبية وطريقة تحضير الأدوية وإرشادات للمريض في كيفية تناول الدواء وكميته.

وفيما يتصل بالمعرفة الطبية فإن الإنسان في **العراق القديم** قد عرف قدرًا كبيرًا من أعضاء الإنسان عن طريق تشريح الحيوان وملاحظة ما يصيب **المقاتل** من جروح وطعنات قاتلة، والمعلومات التشريحية التي يصفها **البارع** وهو: **من يقرأ الطالع على أحشاء القرابين**، فإنها تُقسّم بدقة وملاحظة عاليتين، فلقد جاء في هذه الأوصاف أن هناك القلب الأيمن والقلب الأيسر، وأن قمة القلب والقلب الأيسر تقعان أمام القلب الأيمن، وجاء ذكر الكبد وأقنية الصفراء بتفاصيل دقيقة ما زالت صحيحة بوصفها معلومات تشريحية. وكذلك ذُكر الوريد البابي والأجوف السفلي (الرابض) وأوردة الكبد وبواب المعدة (باب الأكل)، والبنكرياس

والطحال والكلية والطحالب والمثانة والرحـم. وقد عرفت البروستات وكذلك الشرايين والأوردة والكثيـر من العضلات والأوتار[1].

ثانيًا: المصدر المصري

أما المعارف العلمية في **مصر** فإنها قد وصلت إلى درجة عالية من الرقي تشير إلى ذلك بردية **رايند** (نسبة إلى الشخص الذي اشتراها من **الأقصر**)، وبردية **موسكو**، إذ نجد فيهما معلومات رياضية دقيقة، ويذكر **اليونانيون** أن **لمصر** أسبقية الاختراع في العلوم الرياضية، وقد أشار **أفلاطون** (**ت348 ق.م**) إلى هذه الحقيقة، وعلى أساس اكتشاف علم العدد والهندسة والفلك من قبل **المصريين**.

يختلف النظام الحسابي **المصري** عن النظام الحسابي **البابلي** في اعتماد **الأول** على النظام العشري، واعتماد **الثاني** كما بينا من قبل على النظام الستيني، إذ اتخذ **المصريون** السلم العشري أساسًا لنظامهم العددي، ولكنهم لم يوفقوا إلى ابتداع طريقة تدوين النظام العشري المعروف عندنا اليوم، فالأرقام التي عندنا تبدأ بالواحد حتى الرقم تسعة على أساس كونها في مُرتبة في مرتبة الآحاد ولكن قيمة هذه الأرقام تتغير حسب منزلتها، فالواحد في منزلة المئات مائة، وفي منزلة الألوف ألف وهكذا، ويصدق الشيء نفسه على بقية الأرقام من الرقم **2** إلى الرقم **9**. في حين جَبّر **المصري القديم** عن الأعداد من الواحد إلى التسعة بعلامات، فرسم علامة للواحد وكررها مرتين للدلالة على العدد **2**. وثلاثة للعدد ثلاثة وهكذا حتى العدد تسعة، ولكنه استخدَم علامة جديدة للعشرة وعلامة أُخرى للمائة وهكذا.

ولقد توصل الرياضي **المصري القديم** إلى مزاولة العمليات الحسابية مثل الجمع والطرح على أساس جمع الأعداد أو طرحها عن طريق إحصاء الأرقام في كل مرتبة والحصول على الناتج بالنظام العشري.

واستخدم **المصري القديم** طريقة التضعيف وجمع المضاعفات في عملية الضرب، مثال ذلك أن نضرب العدد

---

(1) يُراجع، عبد اللطيف البدري، من الطب الأشوري، منشورات المجمع العلمي العراقي، ص، ث، من المقدمة. (المؤلف)

16×16 فيكون **1×16** و**10×16** و**5×16** والناتج من جميع المضاعفات هو: **16+160+80= 256**[1].

وأخذت عملية القسمة شكل الضرب، وذلك عن طريق تضعيف المقسوم عليه حتى نصل إلى المقسوم، ومثال ذلك أن نقسم عددًا على آخر، فتضاعف المقسوم عليه حتى تحصل على العدد المساوي للمقسوم، فهي عملية ضرب.

ولجأ **المصري القديم** في حساب الكسور إلى طريقة تقوم على أساس أن يكون البسط واحدًا دائمًا، وشذ عن القاعدة كل من الكسرين **2/ 3**، و**3/ 4**، إذ عبر عنهما المصري بإشارات خاصة.

ولتوضيح القاعدة الحسابية نأخذ بعض الأمثلة: فالكسر 2/ 5 يتجزأ إلى كسرين بسطهما وأحدهما **1/ 3+1/ 15**.

وعبر **المصري** فيما بعد عن الكسر **3/ 4** بكسرين بسطهما وأحدهما **1/ 2 + 1/ 4**.

ولم يستخدم **المصريون** الصفر الرياضي في العمليات الحسابية لعدم توصلهم إلى معرفته.

لقد أثرت الطريقة **المصرية** في تجزئة الكسور إلى كسور أُخرى بسطها واحد على الدوائر الإدارية **الرومانية** التي نشرت بدورها هذه الطريقة في أماكن أُخرى، وإن تأثير هذه الطريقة واضح مشاهد في الأبحاث الفلكية التي نشأت في مدرسة **الإسكندرية**[2] **في العصر الهلنستي**.

ولم يكن الجَبر **المصري** متطورًا في مستوى الجبر **البابلي**، لكنه في الوقت نفسه يعبر عن تطور في التفكير الرياضي، إذ نجد أن **المصري** قد استخدم رمزًا خاصًا للكمية المجهولة، وعرّف معادلات من الدرجة الأولى والثانية، كما استخدم علامة للجذر التربيعي في الحل، وتدل الآثار **المصرية** على أن الإنسان **المصري** حل مسائل جبرية تحتاج إلى معادلتين آنيتين

---

(1) يُراجع، أبو الوفاء البوزجاني، علم الحساب العربي، تحقيق أحمد سعيدان، عمان 1971، المقدمة، ص17. (المؤلف)

(2) بصدد مدرسة الإسكندرية ودورها في بناء العلم والمعرفة الفلسفية في العصر الهيلنستي، يُراجع، نجيب بلدي، مدرسة الإسكندرية وفلسفتها، دار المعارف، مصر (د.ت). (المحقق)

تكون إحداهما أو كلاهما من الدرجة الثانية، ومن الأمثلة على ذلك ما يأتي: «مثال لتقسيم مساحة معلومة إلى مربعات، إذا طُلب منك أن تُقسِم 100 ذراع مربع بين مربعين بحيث يكون ضلع أحد المربعين ثلاثة أرباع ضلع المربع الآخر، فأوجد كلًا من المجهولين».

ويلي ذلك حل للمسألة بافتراض أن ضلع أحد المربعين هو الوحدة، وأن ضلع الآخر هو 3/ 4، وبذلك يكون مجموع المساحتين 25/ 16، الذي جذره 5/ 4، وجذر المائة 10، فتكون نسبة 10 إلى طول الضلع المطلوب كنسبة 5/ 4 إلى 1، ومنه يكون طول ضلع أحد المربعين 8 والآخر 6.

والمقابل الجبري لهذا الحل الهندسي هو بداهة $س^2 + ص^2 = 100$[1]

∴ ص= 3/ 4

ولقد برع **المصريون** في الهندسة، إذ تدل الآثار العمرانية على إمكانيات كبيرة ومعارف ذات مستوى رفيع في الشؤون الهندسية والعمرانية، ومثل ذلك يستدعي من دون شك معرفة واسعة بعلم الهندسة ونظرياته، وبالفعل فإن الدراسات الحديثة تثبت أسبقية **المصريين** في علم الهندسة، كما يشير **اليونانيون** إلى أنهم تعلموا الهندسة من **المصريين** ونقلوها إلى بلادهم وأن عددًا من علمائهم قد قضى مدة من الزمن في **مصر** يتعلم منهم العلم الرياضي.

وفي بردية **رايند** مسائل هندسية تدل بوضوح على أن **المصريين** توصلوا إلى معرفة مساحة المثلث والمستطيل وشبه المنحرف وعلاقة محيط الدائرة بقطرها، فضلًا عن معرفة واسعة بالحجوم للأشكال الهندسية المختلفة، وتوصّل **المصري** إلى معرفة النسبة الثابتة بصورة تقريبية وهي: 3,1605 كما استطاع وضع قواعد رياضية لحساب حجم المكعب والمنشور والأسطوانة ومتوازي المستطيلات والهرم، وأدرك **المصري** أهمية النسب بين الأعداد الثلاثة (3، 4، 5)، لأضلاع المثلث القائم الزاوية. مما يدل على أهمية ذلك للأغراض العملية، كما يدل على معرفة بالنظرية المنسوبة **لفيثاغورس**.

وترك **المصريون** القدماء في ميدان الفلك معارف مهمة كان لها التأثير المباشر في تطور

---

(1) محمد بن موسى الخوارزمي، كتاب الجبر والمقابلة، تقديم وتعليق على مصطفى مشرفة ومحمد مرسي أحمد، مصر 1968، ص3. (المؤلف)

هذا العِلم، فقد لاحظ الإنسان **المصري** علاقة حركات الأفلاك ومواضع الكواكب السيارة والنجوم بالظواهر الطبيعية الموسمية وفي ضبط مواقيت الزراعة والفيضانات، وتوصلوا إلى وضع التقويم الشمسي على أساس تقسيم السنة إلى اثني عشر شهرًا، والشهر إلى ثلاثين يومًا، وأضافوا إلى السنة التي تتألف حسب الشهور من **360** يومًا **وخمسة أيام** لتصبح السنة الشمسية **365** يومًا، وعلى الرغم من أن التقويم الشمسي **المصري** قد ارتبط بالحياة العملية والزراعية، فإنه اكتسب فيما بعد بعدًا علميًا، إذ اعتُبر أساسًا للحسابات الفلكية، وتم **للمصريين القدماء** تقسيم الليل والنهار أو اليوم الواحد إلى أربع وعشرين ساعة، علمًا أن هذه الساعة ليست متساوية، بل تعتمد على الفصول المنسوبة، فهي اثنتا عشرة ساعة للنهار واثنتا عشرة ساعة لليل[1]. أما طريقة تعيين ساعات النهار فتعتمد على مبدأ تغير الظل، بينما ضبطت ساعات الليل بساعات مائية.

وشهدت **مصر القديمة** تطورًا واسعًا في ميدان الطب وتحضير العقاقير وزراعة النباتات الطبية، فقد بلغت المعرفة الطبية عندهم مبلغًا كبيرًا بفضل مقتضيات عقيدتهم الدينية، فاستخدم **المصري القديم** الآلات الجراحية وتقدم عنده فن التشريح والجراحة، واستعمل النباتات والعقاقير في معالجة الأمراض وتحنيط الأجساد، وتدل الآثار التي تركوها على معرفة جيدة في الطب بكل أنواعه، وقد ساعدهم على ذلك تشريحهم للجثث البشرية وتحنيطها كما تدل آثارهم على معرفة طبية بالأمراض المختلفة وطرق معالجتها وتشخيص العلل المرضية، وقد ساعدهم على ذلك المراقبة الدقيقة لسير المرض ومعرفة واسعة بوظائف الأجهزة المعروفة في الإنسان، وما يصيبها جراء الأمراض أو الجروح أثناء القتال مع إدراك أهمية كل عضو في الجسم الإنساني ووظيفته. إن الإنسان ليدهش حقًا عندما يرى **المومياء** وقد انقضى عليها آلاف السنين لا تزال محتفظة بقوامها، وذلك بفضل العقاقير المستعملة والطرق المتطورة في تحنيط الجثث البشرية، وكل ذلك فيه دلالة واضحة على مدى تطور الطب في **وادي النيل قديمًا**.

(1) Neugebauer, O. The Exact Sciences in Antiquity, Harper Torch book, New York 1962, p 81.

الفصل الثالث

المصدر اليوناني

من الأمور المعروفة الآن عند مؤرخي العلوم، أن العلم **البابلي** والعلم **المصري** قد انتقلا **إلى اليونان** عبر قنوات كثيرة مباشرة وغير مباشرة، ولا سيما عن طريق الاتصال التجاري وزيارة الفلاسفة من أهل **اليونان لمصر وبابل** واحتكاكهم بالحضارتين **وادي النيل ووادي الرافدين**.

أما المشتغلون بالعلوم عند **اليونان فهم طاليس Thales** (ت536ق.م)[1]، وهو من أوائل المشتغلين بالعلم والحكمة من **اليونان** وزار **مصر** عدة مرات لأغراض تجارية، وجلب معه من هناك المعرفة الهندسية، واستعار من **الفينيقيين** تحسينات في فن الملاحة بواسطة النجوم، وبمساعدة الجداول الفلكية تنبأ بكسوف الشمس الذي وقع سنة 585ق.م. ويدعي أنه عمل على تقدم الهندسة **المصرية** خطوات واسعة مما جعله يفهم بشكلٍ أفضل منهم شروط البرهان[2].

والتقى **فيثاغورس** (ت497ق.م)، **في مصر برجال الدين** هناك وتعلم منهم العلوم الرياضية، واتصل **ببابل** حيث مكث فيها مدة طويلة وأفاد من علومهم الرياضية.

---

(1) بصدد حياة الفيلسوف اليوناني طاليس بن ماليس الملطي وفلسفته وغيره من الفلاسفة اليونانيين الذين سيرد ذكرهم هنا في هذا الفصل، والذي يعدُّ مؤرخو الفلسفة اليونانية أنها بدأت معه وأن التفلسف قد أرساه هو بسؤاله عن أصل العالم، يُراجع، يوسف كرم، تاريخ الفلسفة اليونانية، دار القلم، بيروت، كذلك، ديوجين اللائرتي، حياة ومشاهير الفلاسفة، ترجمة إمام عبد الفتاح إمام، القاهرة 2006، مج1, ص45 وما بعدها. (المحقق)

(2) Farrington, B. Op. Cit, p 36

كما كـان للفيلسوف **ديمقريطس** (ت361ق.م)، و**أفلاطـون** (ت348ق.م)، **وأيودكس** (ت355ق.م)، نصيب من العلم **المصري القديم**. إذ زار كل واحدٍ منهم **مصر** لغرض تعرف علومها والإفادة من الهندسة بصورة خاصة.

يمثل **طاليس** أحد الفلاسفة الطبيعيين الأوائل، وهم بالإضافة إليه **أنكسمندر** (ت547ق.م)، **وأنكسيمانس** (ت524ق.م)، **وهرقليطس** (ت475ق.م). إذ استهدف كل واحد منهم الإجابة على السؤال: **ما هو أصل العالَم**؟ إذ كانت إجاباتهم متباينة.

فقال **طاليس**: إن **الماء** أصل الأشياء جميعًا، وقد دعم هذه الفرضية بالشواهد والأمثلة مبرهنًا على أن جميع الأشياء تخرج من الماء.

وقال **أنكسيمانس**: إنه **الهواء** الذي يحيط بالعالَم ويحمل الأرض، فإذا ما تكاثف الهواء تحول إلى الماء، ويتحول الماء بالتكاثف إلى تراب، ثم إلى أحجار وصخور.

وقال **هرقليطس**: إنّ **النار** باعتبارها المبدأ الأول الذي تصدر عنه جميع الأشياء، تعود إليه لأن الأشياء في تغيُّر متصل.

وانفرد **أنكسمندرس** من بينهم بأن أرجع الأشياء جميعًا إلى **اللاتناهي(الأوبيرون)** كمًا وكيفًا، فهو لا محدود من جهة ومزيج من الأضداد من جهة أُخرى، **واللامتناهي** يتحول إلى العناصر التي نعرفها ومنه تتكون جميع الأشياء.

أما **المدرسة الطبيعية الثانية** فقد ضمت عددًا من الفلاسفة أبرزهم **أنبادوقليس** (ت430 ق.م)، **وديمقريطس وأنكساغورس** (ت428 ق.م)، إذ يشترك هؤلاء في عدة خصائص مشتركة منها: أنهم **واصلوا البحث عن أصل العالَم**، لكن إجاباتهم اختلفت عن إجابات من سبقَهم، لاعتقادهم أن أصل **الأشياء كثرة حقيقية**، ولا يوجد تحوُّل من مادة إلى مادة، وأن جميع الأشياء إنما تتكون من عناصر ثابتة.

اعتقد **أنبادوقليس** أن أُصول العالم أربعة عناصر هي: **الماء والهواء والنار والتراب**، وهي جميعًا أولية لا يتحول بعضها إلى بعض، ولكن الأشياء تختلف باختلاف المقادير المؤلِّفة لها من العناصر الأربعة، وجعل **اجتماع** العناصر **وافتراقها** مرتبطًا بقوتين هما **المحبة والكراهية**، إذ تقوم الأولى بتأليف العناصر بعد افتراقها، وتقوم الثانية بتفريق العناصر بعد تأليفها، فتارةً ترجع الكثرة إلى الوحدة، وتارةً أُخرى تعود الوحدة إلى الكثرة.

وطرح **ديمقريطس** فرضية مؤداها: أن العالَم يتألف من وحدات **لامتناهية العدد**، متحركة بذاتها هي **الذرات Atoms**، ويمكن تلخيص مذهبه الفلسفي العلمي على هيئة مبادئ أساسية هي:

1. إن جميع المواد والعناصر في الطبيعة تتألف من أجزاء غير قابلة للقسمة تسمى الذرات.
2. إن جميع الذرات متشابهة بالطبيعة، وتتحرك حركة آلية ميكانيكية على أساس أن مبدأ الحركة في الذرات ذاتها.
3. تتحرك الذرات في **خلاء** (**مكان فارغ Void**)[(1)]، لأن الحركة تصبح معدومة من دون وجود خلاء تتحرك فيه، وبالحركة تلتقي مُكونةً الأجسام المادية، وتفترق بفعل الحركة ذاتها.
4. تختلف الذرات بعضها عن بعض بالشكلِ والمقدار، فمنها المجوف والمحدب والمستدير والأملس والخشن، وتتفاوت الذرات بالمقدار مع إبائه القسمة.

وإلى جانب هذا النشاط الفلسفي **في العلِم الطبيعي يبرز اتجاه رياضي في** الفكر **اليوناني** على يد **فيثاغورس** الذي يُعَدّ موسيقيًا ورياضيًا وفيزيائيًا، تعلم من **مصر وبابل** علم الرياضيات، فمن المعروف أنه سافر مرارًا إلى **مصر** وتعلم من **رجال الدين** فيها الشيء الكثير، وزار **بابل** حيث تعلم فيها الهندسة والحساب، **ويُنسب إليه** أنه أول من أدرك أن البرهان الرياضي يبدأ من فروض بالضرورة، وأنه اشترط أن يبدأ البرهان من بديهيات ومصادرات فتبنى جميع الهندسة بالاستدلال[(2)].

ولكن من **الخطأ الاعتقاد** أن أهمية البرهان في الهندسة مسألة **فيثاغورية** بحتة، بل إن كثيرًا من القضايا الهندسية وعلى رأسها جميعًا النظرية التي اقترنت باسم **فيثاغورس**: **المربع المنشأ على الوتر يساوي مجموع مربعي الضلعين القائمين**، ليس من نتاج **يوناني**، وتمتد بالفعل من حيث الأصل إلى الرياضيات **البابلية**، وأن الاعتقاد بأن **اليونان** هم أول من أدرك

---

(1) حول نظرية المكان والخلاء (الفراغ)، يُراجع، كتابنا، نظرية المكان في فلسفة ابن سينا، ط1، بغداد 1987. إذ أُوردت كافة الآراء الفلسفية بصدد المكان من البابليين حتى أينشتاين. (المحقق)

(2) Bell, E, T, Men of Mathematics, Penguin Books 19, VOL1, pp20-20.

أن **البرهان** ضروري في الرياضيات ليس صحيحًا، لأن **البابليين** كما تدل أعمالهم الجبرية والهندسية هم أول من أدرك ضرورة **البرهان الرياضي**.

أسس **فيثاغورس جماعة دينية وعلمية عرفت باسم الفيثاغورية**، طرحت أجوبة لأسئلة تتعلق بالعالَم المادي والنفس الإنسانية، وأوجدت لنفسها نظامًا للحياة امتزجت فيه التصورات العلمية بتصورات دينية صوفية، فحاولت بتأثير من رياضيات **الشرق القديم** فهم العالَم على أُسس هندسية، فطرحت مقولتها المعروفة (**العالَم عدد ونغم**)، وإذا علمنا أن العلم الرياضي يتألف من الهندسة والحساب والفلك والموسيقى، أدركنا على الفور أهمية هذه المقولة. إذ ارتبط الحساب بالهندسة في نظرتها إلى العدد على أساس هندسي، فالنقطة تشير إلى الواحد والنقطتان تشيران إلى العدد اثنين وهكذا، عِلمًا أن النقطتين تعنيان خطًا مستقيمًا وتعني الثلاث نقاط مستويًا، بينما تعني الأربع نقاط الجسم أو الحجم، وبذلك تكون الفيثاغورية قد وضعت قاعدة هندسية لفهم العالَم والتعبير عنه بقضايا من **الهندسة المستوية والهندسة الفراغية**.

إن اهتمام **الفيثاغورية** بالرياضيات يدعم اتجاهها في تنقية النفس والارتفاع بها فوق عالم المحسوسات، كما عُنيت بالموسيقى والطب والفلك من خلال اعتبارات رياضية كذلك.

وإلى جانب العلم الطبيعي والعلم الرياضي نجد بدايات مهمة في الفكر **اليوناني** للبحث فيما **وراء الطبيعة** (= **الميتافيزيقا**)، وقد امتزجت فيها مبادئ منطقية ورياضية، وكان على رأس هذا الاتجاه الفكري **بارمنيدس** (**ت؟**)، **وزينون الإيلي** (ت430 ق.م)، **إذ ميّز الأول** بين الحقيقة الثابتة والمحسوسات المتغيرة، وبين الوحدة والكثرة **فقال**: إن الأشياء واحدة في العقل كثيرة في الحس، وبذلك يكون قد ميّز بوضوح بين نوعين من المعارف: المعرفة العقلية والمعرفة الحسية. حيث الأولى ثابتة ويقينية بينما الثانية متغيرة ومتحولة، ويتحكم في المعرفة العقلية كل من **مبدأ الذاتية ومبدأ عدم التناقض**[1]، وعلى أساس أن الحقيقة هي واحدة خالية من **التناقض**.

---

(1) حول مصطلحي الذاتية وعدم التناقض وغيرها من المصطلحات المنطقية، يُراجع، د. ياسين خليل، نظرية أرسطو المنطقية، بغداد 1964. كذلك كتابه مقدمة في علم المنطق، مطبعة جامعة بغداد 1980. (المحقق)

واعتمد **زينون الإيلي** على معرفة رياضية في الدفاع عن أن الحقيقة ثابتة، وأن الكثرة والحركة ممتنعة، وله في ذلك **أربع حجج مشهورة**[1].

لا شك أن فلسفة **بارمنيدس وزينون الإيلي** بما احتوته من مبادئ منطقية ورياضية والفلسفة **الفيثاغورية** بما قدمته من تفسيرات رياضية للكون، والعلوم **البابلية والمصرية** في الحساب والهندسة، ومحاولات **المدرسة الطبيعية** لفهم العالَم الخارجي قد وجدت جميعها طريقًا إلى فلسفة **أفلاطون التي أخذت بالتفسير الرياضي ووحدة الحقيقة وأهمية العلم الرياضي لفهم ما يجري في الطبيعة والكون بعامة.**

أنشأ **أفلاطون أكاديمية** علمية اهتمت بجميع فروع المعرفة من رياضيات وفلك وموسيقى وسياسة وبيان وغير ذلك، وعُرف **أفلاطون في الأكاديمية رئيسًا لعدد من العُلماء** مهتمًا بالرياضيات بصورة خاصة، وكان **أيودكس** صديقًا **لأفلاطون** ولازمه مدة من الزمن، وسافر معه إلى مصر للتعرف على العِلم الرياضي **المصري**، وعلى الرغم من أن **أفلاطون** لم يقدم للرياضيات شيئًا جديدًا، فإنه لاهتمامه بالعلم الرياضي والمشتغلين به قد ساعد على خلق روح رياضية في الأكاديمية، وكانت العبارة المشهورة التي نقشت فوق باب **الأكاديمية**: «**إنك لا تستطيع دخول الأكاديمية ما لم تعرف علم الهندسة**»، خير دليل على اهتمام **أفلاطون** بالرياضيات.

ابتدع **أفلاطون** أسلوب **المحاورة الفلسفية** في عرض أفكاره والدفاع عنها، وبقيت مؤلفاته محفوظة على خلاف ما حدث لنتاجات **الفلاسفة الأقدمين**، وعرف **الفلاسفة العرب في العصر الوسيط** أفكاره الفلسفية السياسية والأخلاقية والطبيعية والرياضية.

أدرك **أفلاطون** بوضوح تام **مبدأ السببية** في الطبيعة، فهو يرى أن كل ما يحدث من ظواهر وحوادث لا بد أن يحدث عن علة، ولما كان العالَم المادي محسوسًا ومتغيرًا فلا بد أن تكون هناك **علة لحدوثه وتغيراته**، ولم يجعل الحركة في العالَم المادي عشوائية وكيفما

---

(1) تُسمّى هذه الحجج عادة بحجة القسمة وحجة أخيل والسلحفاة وحجة السهم وحجة الملعب، وأساس الأولى والثانية هو الاعتراض على القسمة اللامتناهية المستمرة، وأساس الثالثة والرابعة هو الاعتراض على أن الخطّ لا يقبل القسمة إلى ما لانهاية. وللتفصيلات حول هذه الحجج وأدلة زينون على نفي الحركة والمكان، يُراجع كتابنا، نظرية المكان في فلسفة ابن سينا. (المحقق)

اتفق، بل اعتقد بانتظام الظواهر الطبيعية ووحدتها، لأنها تصدر عن **علة عاقلة**، وأن الأشياء في العالم الخارجي تخضع للتعاقب والنظام، إذ لا يمكن تصور العالَم فوضى، اللهم إلا إذا تصورنا أنه لا يصدر عن علة عاقلة.

وبالطريقة التي سلكتها **الفيثاغورية** لفهم العالَم طرح **أفلاطون** فلسفته الكونية، فالعناصر الأربعة وهي: التراب والماء والهواء والنار، ليست المبادئ الأساسية لبناء العالَم، بل العناصر جميعها مبنية على أُسس هندية، وبذلك يكون قد نظر إلى العالَم من خلال مبادئ عقلية وهندسية.

ولأجل تحقيق هذا التصور الهندسي للعالَم **اتخذ** المثلثات أساسًا لبناء الأشكال الهندسية للعناصر الأربعة، معززًا برنامجه الرياضي الذي يأخذ بنظر الاعتبار النظام والتناسق والتناسب، فاعتقد أن النار تتألف من جسيمات على هيئة هرمية لها أربعة أوجه، ويتألف الهواء من جسيمات، لكلِ جسيم منها ثمانية أوجه، ويتألف الماء من جسيمات لكل جُسيم منها عشرون وجهًا، بينما يتألف التراب من جُسيمات مكعبة[1].

إن تحليل **أفلاطون** للعِلم الرياضي وما يجب أن تكون عليه مبادئ العِلم البرهاني جعله ينظر إلى عالَم المحسوسات بأنه لا يصلح أن يكون أساسًا للحقيقة، لأن الحقيقة ثابتة وأبدية، بينما المحسوس متغير، وأن الأحكام التي يصدرها المرء على عالَم المحسوسات متناقضة، ولكنه يثق إلى حدٍ ما بالرياضيات لأنها تبدأ من مبادئ نشتق منها بالاستدلال قضايا أُخرى، ولأنها خالية من التناقض.

ولكنه سرعان ما يجد أن العِلم الرياضي يفتقر بعض الأحيان إلى المحسوس، وأن المبادئ التي يبدأ منها نُسلّم بصدقها من دون دليل، لذلك **يتجه بنظره** إلى مبادئ عليا ثابتة تكون هي الأوائل الصادقة للعِلم الرياضي، وهذه المبادئ موجودة في **عالم المُثُل، باعتباره عالَم الحقائق الأبدية الخالدة.**

---

(1) تناول أفلاطون هذا الموضوع في محاورة طيماوس Timaeus، يقول: فلنفرض إذن طبقًا للمنطق القويم للمحتمل والمعقول، أن شكل الهرم المجسم هو أسطقس النار أو عنصره وزرعه، ولنقل إن الشكل أو النوع الثاني من المجسمات حسب نشوئها المثمن هو زرع الهواء وعنصره، وأن الشكل أو النوع الثالث ذا العشرين وجهًا منها هو أسطقس الماء، يُراجع، محاورة طيماوس، تحقيق ألبير ريفو، ترجمة الأب فؤاد جرجي بربارة، دمشق، ص56. (المؤلف)

تركزت محاولات **أفلاطون** الفلسفية حول تعريف المفاهيم الأساسية المستخدمة في العلوم والمعارف المختلفة، ففي العلم الرياضي تبرز مفاهيم هندسية وأخرى حسابية، مثل النقطة والخط والمثلث والمربع والعدد المفرد والعدد الزوجي وغيرها، كما تظهر في علم الأخلاق والجمال مفاهيم مثل: الفضيلة والحق والعدل والجميل والقبيح، وتظهر في المعرفة بعامة مفاهيم أخرى مثل: القضية والمعرفة والعلم، وغير ذلك. وفي كل ذلك يتجه **أفلاطون** بفكره إلى عالَم ثابت هو عالم الحقائق والمفاهيم لكل المعارف والأشياء المحسوسة. وكانت غايته تأسيس العلم والمعرفة على أُصول ثابتة لإدراك ما هو يقيني وصادق لا يتطرّق إليه التناقض، ولا يمكن أن يتحوّل ويتغيّر، ولا يتحقّق ذلك إلا في عالَم المعقولات، إذ لا يمكن الثقة بعالم المحسوسات لأنه عالم ظني ومتغير ولا يستقر على حالٍ واحدة[1].

خالف الفيلسوف **أرسطو** (ت322ق.م)، مذهب أستاذه **أفلاطون** في دراسة الطبيعة من زاوية رياضية، واتّجه لدراسة الحركة والظواهر الطبيعية واضعًا في اعتباره إمكانية فهم العالَم عقليًا على أُسس من الملاحظة والمشاهدة اليومية، وتابع **أُستاذه** في أن الطبيعة منظمة، وأن الأشياء والحوادث لا تظهر كيفما اتفق، بل تحدث استنادًا إلى مبدأ السببية وعلى أساس أن لكل معلول علة، لكنه **أنكر نظرية المثل لأفلاطون**، وتحوّل عنها إلى دراسة الطبيعة للبحث عن العلل والمقولات فيها وعلى أساس أن العلم يهتم باكتشاف المبادئ الثابتة وراء عالَم الظواهر الطبيعية المتغيرة.

كتب أرسطو في الفلسفة الطبيعية[2] والمنطق[3] والميتافيزيقا، والأخلاق والسياسة[4] وعلم

---

(1) هذه الآراء الفلسفية والعلمية لأفلاطون وموقفه من نظرية المُثُل التي طرحها وتبنيه للفلسفة المثالية الموضوعية، يُراجع، أفلاطون، محاورة الجمهورية، ترجمة حنا خبّاز، القاهرة 1927. أو أيّ كتاب يتحدث عن فلسفة أفلاطون وعلى سبيل المثال كتاب عبد الرحمن بدوي، أفلاطون، الكويت. (المحقق)

(2) لمعرفة فلسفة أرسطو الطبيعية، يُراجع كتابنا العلوم الطبيعية في فلسفة ابن رشد، ط1، دار الطليعة، بيروت 1995. (المحقق)

(3) لمعرفة أصول منطق أرسطو وتفصيلاته يُراجع، د. ياسين خليل، نظرية أرسطو المنطقية، مرجع سبق ذكره، وكذلك كتابه مقدمة في علم المنطق. (المحقق)

(4) لمعرفة التفصيلات بصدد فلسفة أرسطو السياسية والأخلاقية، يُراجع، جميل خليل المعلة، السياسة في فلسفة أرسطو، أطروحة دكتوراه، مخطوط، قسم الفلسفة، جامعة الكوفة 1999. (المحقق)

الحياة والبيولوجيا، ولكن ما **توصّل إليه** في الطبيعة لم يكن غير فروض ومبادئ غير صحيحة في الأعم الأغلب، فمن **مقدماته الأساسية** في الحركة ما يأتي[1]:

1. تتحرك جميع الأجسام الثقيلة بطبيعتها إلى المركز وعلى خط مستقيم من أعلى إلى أسفل.
2. إن السرعة الطبيعية للجسم الأثقل أكبر من السرعة الطبيعية للجسم الأخف وبعبارة أُخرى: إذا ما تركنا جسمين مختلفين في الوزن أحدهما أثقل من الآخر من مكان مرتفع، فإن الجسم الأثقل يتحرك بسرعة أكبر نحو المركز من سرعة الجسم الأخف.
3. ينتهي الجسم المتحرك إلى السكون إذا لم تستطع القوة التي تدفعه دائمًا العمل على دفعه، وبعبارة أخرى: إذا ما توقفت القوة التي دفعت الجسم إلى الحركة عن العمل على دفع الجسم المتحرك، فإن الجسم المتحرك سرعان ما ينتهي إلى السكون.

والحركة عند **أرسطو** على ثلاثة أنواع[2] حركة على خط مستقيم، وحركة على خط منحنٍ، وحركة دائرية، كما يضع **أرسطو** في اعتباره أن جميع الموجودات في حركة، وأن كل شيء في حركة لا بد أن يتحرك من قبل شيء آخر، والحركة يجب أن تكون منطلقة من المركز مبتعدة عنه، أو منطلقة نحو المركز مقتربة إليه، أو أن تكون حول المركز، وكل حركة تحدث في مكان هي: أما حركة مستقيمة أو دائرية أو الاثنتان معًا، كما ميّز **أرسطو** عدة مفاهيم ميكانيكية بقيت مستخدمة في الفيزياء وهي المكان والزمان والكتلة والقوة والسرعة والمقاومة، وهي وإن لم يُعرّفها بشكلٍ دقيق فقد ظلّت مؤثرة في الفلسفة الطبيعية.

ميّز **أرسطو** بين موضوع العلم الطبيعي وموضوع العلم الرياضي، ووضع حدًا فاصلًا بين الاثنين، واستنبط من تحليلاته للهندسة والحساب جملة من القوانين المنطقية وكان لآثاره المنطقية التي احتواها **كتاب الأُورغانون Organon**، دور كبير في تاريخ الفلسفة

(1) يُراجع، د. ياسين خليل، منطق البحث العلمي، بيروت 1974، ص90. (المؤلف)

(2) لمعرفة فلسفة أرسطو عن الحركة وأنواعها، يُراجع، جميل خليل المعلة، نظرية الحركة في فلسفة أرسطو، رسالة ماجستير، مخطوط، قسم الفلسفة، جامعة الكوفة. (المحقق)

والعلم، حيث بَسَطَ فيه نظرية منطقية عرفت **بالقياس Syllogism**، كما تناول بالتحليل موضوع العلم البرهاني وما يجب أن تكون عليه المفاهيم التي يتألف منها والمقدمات والاستنتاج.

والقياس: قول يتألف من مقدمتين تتبعهما نتيجة بالضرورة

مثال ذلك: إذا كان كل عراقي آسيويًّا وكل بغدادي عراقيًّا فإن كل بغدادي آسيويّ.

والعلم عند **أرسطو** هو العلم البرهاني الذي يحدده بأنه: مجموعة قضايا هي مقدمات أساسية لا نبرهن على صدقها، بل نفترض أنها صادقة بالضرورة لكونها مباشرة وواضحة وأولية وصادقة. ومجموعة قضايا هي مبرهنات Theorems نبرهن على صدقها بواسطة المقدمات والتعريفات، ومعنى ذلك أن العلم البرهاني في مفهوم **أرسطو** يتألف من:

1. أفكار أولية غير مُعرَّفة وأخرى مُعرَّفة.
2. مجموعة محدودة من مقدمات هي **بديهيات Axioms**، **ومصادرات Postulates**.
3. مجموعة قواعد للاستنتاج تساعد على الانتقال من المقدمات إلى النتائج.
4. مجموعة من المبرهنات التي نشتقها من المقدمات والتعريفات بمساعدة القواعد الاستنتاجية.

ترك لنا **أرسطو** ثروة فلسفية وعلمية كبيرة، كتب في الطبيعة والفلك والحيوان والفلسفة والرياضيات والخَطابة والشعر وغير ذلك، وكان تأثيره في الفكر الإنساني كبيرًا، فهو **مؤسس علم المنطق**، كما أن ما تركه من آثار في الطبيعة والكون والفساد والسماء والآثار العلوية موجهًا للدراسات الطبيعية والفلكية لفترة طويلة من الزمن.

أما **المدرسة** التي أسسها وعرفت باسم **اللوقيون Lyceum**، التي شهدت إنجازات **أرسطو** في البحوث البيولوجية والتاريخية، فقد خلفه من بعده **ثيوفراسطس وستراتو اللمبساكوسي**، ثم لم يَعُد **للمدرسة** أيّ تاريخ حقيقي بعدهما، وأفل نجم العلم اليوناني، ليظهر بثوب جديد واختصاصات أُخرى وحيوية أكبر في مكان آخر غير الأراضي **اليونانية**، ولا سيما في **مدينة الإسكندرية**، حيث امتزجت من جديد حضارة الشرق ذات الطبيعة التجريبية بالعلم اليوناني ذي الطبيعة الصورية أو البحتة، لتبزغ شمس المعرفة من جديد.

أما في ميدان الطب فقد كان **لليونان** أكبر نصيب في توجيه الدراسات الطبية نحو العلمية والعقلية، واستحداث طرق المعالجة بالنباتات والعقاقير والجراحة، ولكننا في الوقت نفسه نعرف أن الطب **اليوناني** قد أفاد من دون شك من المعلومات الطبية **المصرية** ومن الممكن أن يكونوا قد اقتبسوا شيئًا من المعارف الطبية **البابلية**[1].

إن تطور الطب **اليوناني** بدأ بمحاولات الإنسان الإفادة من النباتات والجذور في معالجة بعض الأمراض، وكان دليل ذلك التجربة واختبار الأعشاب لمعرفة منافعها في علاج الأمراض، وكان ارتباط الطب وثيقًا بالمعابد والطقوس الدينية، إذ مارس **كهنة** المعابد مهنة معالجة الأمراض بالتأثيرات النفسية الممزوجة بنزوات خرافية مع استخدام بعض العقاقير الطبية على نطاق ضيق، فكانت هذه الأساليب بعد تخليصها من الخرافة أساسًا لما يُعرف بالطب النفساني لمعالجة الأمراض الناشئة عن اضطرابات نفسية، كما أدرك **اليونان** صلة الموسيقى وتأثيرها في المرضى المصابين باضطرابات عقلية.

وشهدت الدراسات الطبية عند **اليونان** تطورًا آخر عندما اتجه البحث الطبي صوب التشريح وتفصيل أسباب المرض استنادًا إلى معارف في وظائف الأعضاء، وبلغ الطب مبلغًا عظيمًا في جزيرة **كوس**، إذ تأسست مدرسة طبية فيها، وأنجبت واحدًا من أعظم الأطباء هو **أبقراط** (ت375 ق.م)، الذي بفضله تنوعت الدراسات الطبية وتشعبت حتى غدا الطب **اليوناني** معروفًا بالطب **الأبقراطي**.

استند الطب **الأبقراطي** على العقل في حل المشكلات الطبية، واعتمد الطريقة العلمية في وصف الحالات المرضية، وتسجيلها بدقة وإصدار الأحكام بعد الاطلاع والملاحظة، فكان رائده الصدق والتزام الحقيقة مع رفض قاطع للأساليب الطبية المعتمدة على الخرافة والأباطيل، وقد دلته الملاحظات للحالات المرضية المختلفة إلى إدراك العلاقة بين الحالات النفسية للمريض وقابلية الجسم على الشِفاء، لذلك نراه يضع في اعتباره تشجيع المريض وتقوية إرادته والالتزام بالهدوء والراحة وزرع الأمل في نفسه، وعندئذ يكون للدواء مفعوله القوي في الشِفاء العاجل.

---

(1) يُراجع، جورج سارتون، تاريخ العلم، ترجمة نخبة من الأساتذة، ط2، مصر 1970، ج2، ص209. (المؤلف)

ولم ينكر **أبقراط** ما للعلاج النفسي من أهمية في معالجة الأمراض على أساس ما عرفه من نتائج جيدة لجدوى هذا النوع من العلاج، فاهتم به ومارسه منطلقًا من اعتبارات مهمة تقوم على أساس العلاقة المتبادلة بين النفس والجسم وضرورة التوازن بينهما، والعمل على شِفاء كل منهما لتأثير النفس في الجسم وبالعكس.

كما لاحظ **أبقراط** أثر المناخ في الصحة والمرض، وما لطبيعة الأرض والهواء وغير ذلك من تأثير في الإنسان وشِفاء الأمراض، كما اهتم في العلاج بتنظيم الغذاء إلى جانب ما يصفه من عقاقير، وإلى الاهتمام بالرياضة بما يتناسب وحالة المريض، وكانت وسائل العلاج الفنية المتوافرة لديه قليلة الجدوى وضعيفة الأثر. وكان على علمٍ بذلك، ولجأ في علاجه إلى استخدام المسهلات والمقيئات والمنعشات والمحيضات والحقن الشرجية والجلدية والفَصْد، واستعان على إخلاء الجسم بالتقنين الصارم المسغب للطعام وعمد إلى المسكنات والحمامات والفرك والتدليك، ووصف ماء الشعير (نقيع الشعير) وحساء الشعير، الذي يطلق على أنواع النقيع كافة، والخمر وشراب العسل (عسل محلول الماء) والعسل المخلل (عسل محلول الخل)[1].

وعرف **الأطباء العرب** فضل **أبقراط** في الطب فذكره علماء الطب ومؤرخو السير وأشادوا بفضله وعلمه. إن الذي انتهى إلينا ذكره ووجدناه من كتب **أبقراط** الصحيحة يُكَوِّن نحو ثلاثين كتابًا، والذي يُدرس من كتبه لمن يقرأ صناعة الطب إذا كان درسه على أصل صحيح وترتيب جيد، اثنا عشر كتابًا وهي المشهورة من سائر كتبه، وهي:

1. كتاب الأجنة وهو ثلاث مقالات.
2. كتاب طبيعة الإنسان.
3. كتاب الأهوية والمياه والبلدان وهو ثلاث مقالات.
4. كتاب الفصول، سبع مقالات.
5. كتاب تَقدُمَة المعرفة، ثلاث مقالات.
6. كتاب الأمراض الحادة، وهو ثلاث مقالات.

---

(1) المصدر السابق، ص228. (المؤلف)

7. كتاب أوجاع النساء، مقالان.
8. كتاب الأمراض الوافدة ويسمى أبيديما، وهو سبع مقالات.
9. كتاب الأخلاط، وهو ثلاث مقالات.
10. كتاب الغذاء، وهو أربع مقالات.
11. كتاب قاطيقرون، أي حانوت الطبيب، وهو ثلاث مقالات.
12. كتاب الكَسرِ والجَبرِ، وهو ثلاث مقالات[1].

واهتم **العلماء العرب** من الأطباء بما تركه **أبقراط** من نظريات وأقوال ووصايا في الطب، وجعلوا للتجربة الطبية مكانًا خاصًا للتثبت من أقواله وآرائه، وكانت أقواله في الصحة والمرض لمدة طويلة ولا تزال خير دليل لحياة الإنسان، لما تدل على معرفة واسعة وتجربة طويلة في فهم طبيعة الأبدان وعلاج الأمراض واجتنابها والوقاية منها، والمحافظة على الصحة مدة طويلة، وتأثير التغذية والرياضة والنوم والهدوء والسهر وغير ذلك من الظواهر التي يتعرض لها الإنسان في حالة البدن الصحية، وطرق التخلص من العوارض والهموم وغير ذلك.

(1) يُراجع، ابن أبي أُصيبعة، عيون الأنباء في طبقات الأطباء، شرح وتحقيق نزار رضا، بيروت 1965، ص53-55. (المؤلف)

الفصل الرابع

المصدر الهلنستي

لعب التراث اليوناني دورًا أساسيًا في تنشيط المراكز العلمية خارج **بلاد اليونان في** مناطق عدة، في غرب **بلاد فارس وأعالي الشام** ومدينة **الإسكندرية** التي أسسها **الإسكندر الأكبر** عام 323 ق.م، في الموقع الذي كانت تشغله من قبل القرية المصرية **راقودة،** وقد ظل هذا الاسم علمًا على **الإسكندرية في** اللغة **المصرية** الدارجة، وعندما انقسمت إمبراطورية **الإسكندر** بين قوّاده كانت **مصر** من نصيب **بطلميوس سوتير،** وظلت في أيدي **أُسرة البطالمة** إلى أن انتقلت إلى **الرومان.** واتخذ **بطلميوس سوتير الإسكندرية** قاعدة لمُلكه وبذل مجهودات طائلة ليجعل منها موئلًا للثقافة والعلوم **اليونانية،** وأنشأ فيها **الأكاديمية** التي أصبحت ولما يمضي على إنشائها وقت طويل بمثابة جامعة **يونانية** تباري المدارس **الأثينية القديمة،** ويظهر أنه كان في **معبد عين شمس** ما يشبه مجمعًا للحُكماء من قبل، وأن هؤلاء الحكماء انتقلوا إلى المؤسسة الجديدة التي ورثت بذلك حكمة **قدماء المصريين**[1].

وقد ساعد على انتشار الثقافة **اليونانية** فضلًا عن غزو **الإسكندر** للشرق هجرة عدد كبير من علماء **اليونان** وانتقال المؤلفات **اليونانية** إلى لغات أُخرى، فمن العلماء من هاجر إلى **الإسكندرية في عصر البطالمة** والتحق **بمدرسة الإسكندرية** بينما هاجر آخرون إلى مناطق أُخرى.

أخذت **مدرسة الإسكندرية** بالنمو والازدهار حتى غدت المركز العلمي الرئيسي تضاهي **أكاديمية أفلاطون ولوقيون أرسطو،** فقد التحقت بها مكتبة سرعان ما أصبحت أعظم مكتبة

---

(1) يُراجع، ديلاسي أوليري، علوم اليونان وسبل انتقالها إلى العرب، ترجمة وهيب كامل، القاهرة 1962، ص23. (المؤلف)

عرفت قديمًا، إذ ضمت جميع المؤلفات المهمة في العلم والفلسفة والأدب، كما اشتملت على متحف يحتوي على نماذج مختلفة من المعادن والنباتات والحيوانات، وهكذا بدأت مرحلة جديدة في تطور العلم منطلقة من **الإسكندرية** بعد تزاوج بين **التراث اليوناني وعلوم بابل ومصر والروح الشرقية**.

يُطلق عادة على الحركة الثقافية والعلمية التي بدأت منذ فتح الإسكندر للشرق وانتهاءً بعصر الإمبراطور أوغسطس، وذلك للمدة الواقعة ما بين سنة 336 ق.م، إلى سنة 30 ق.م، بالحركة الهلنستية[1]. إذ لم تكن هذه الثقافة **يونانية** صرفة، بل على العكس نجدها مزيجًا من أفكار وعلوم **الشرق** وروحه، فهي **يونانية** متأثرة **بالروح الشرقية**، بحيث نَعُدّها اليوم معينًا التقت فيه ثقافات **الشرق** وعلومه بالثقافة **اليونانية** فأنجزت تطورًا لا يمكن عدّه امتدادًا للعلم والفكر **اليونانيين**، لما امتاز به من طابع خاص بفضل الاحتكاك الحضاري الجديد، وإنه لمن المجحف حقًا أن يهمل الباحث بتعمد أو من دون تعمد دور الحضارات **البابلية والمصرية** في تزويد هذه المدرسة بالعلوم الرياضية والفلكية، لا سيما إذا لم نهمل المراكز العلمية التي أنشأها قوّاد حملة **الإسكندر**، وارتشاف هذه المراكز لعلوم **الشرق** وإظهارها من جديد في ثوب **يوناني**.

إنّ الشيء العلمي الذي يجب ذكره هو أن علوم **مدرسة الإسكندرية** إنما نمت بصورة طبيعية، بحيث أُوجدت من خلال تأثيرات حضارية وثقافية مختلفة طريقًا خاصًا بها متأثر بلا شك بالثقافة **اليونانية** فضلًا عن الثقافة **الشرقية**. فمن المعروف أن اللغة **اليونانية** وهي لغة العلم آنذاك قد طبعت المعرفة العلمية بطابعها، وأن العلوم **المصرية** انتقلت ولا شك إلى مدرسة **الإسكندرية** فأصبحت جزءً لا يتجزأ من الحركة العلمية والثقافية الجديدة، وهذا

(1) للتفصيلات عن هذه المرحلة وخصائص الفلسفة الهيلنستية، يُراجع، محمد علي أبو ريان، تاريخ الفكر الفلسفي، ج2، أرسطو والمدارس المتأخرة، بيروت 1976، ص252، يقول: يسمي المؤرخون عادة الفلسفة اليونانية في طورها الأول وطورها الثاني فلسفة هيلنية، وفي الطور الثالث يسمونها فلسفة هيلنستية؛ لأنها لم تقتصر على اليونانيين وحدهم بل لقد أسهمت فيها الشعوب التي تأثرت بهم وبحضارتهم وكانت اللغة اليونانية لغة العلم والثقافة لديهم، وللمزيد عن آراء الفلاسفة ومؤرخي الفلسفة من هذه التسمية، يُراجع، أحمد محمود صبحي، في فلسفة الحضارة، جذ، الحضارة الإغريقية، الإسكندرية(د.ت)، ص171 وما بعدها. (المحقق)

ما يفسّر لنا اهتمام علماء **الإسكندرية** بالهندسة والفلك والطب والميكانيك، وهي العلوم التي تطورت كثيرًا في **مصر** قبل **الغزو اليوناني** لها، مع الاحتفاظ بالتيار الفلسفي **اليوناني** المتمثل بفلسفتي **أفلاطون وأرسطو**، والنزوع إلى تطويره ليلائم الأوضاع التي توالت على **المدرسة** قبل تأثير **النصرانية** فيها وبعدها[1].

إنّ الفهم الموضوعي للتطور العلمي في **مدرسة الإسكندرية** يستوجب النظر في المصدرين **الشرقي** المتمثل بعلوم **بابل ومصر** والمصدر **اليوناني**. فالعلوم الرياضية في **الإسكندرية** وكذلك الفلكية والطبية لا يمكن فهمها بمعزل عن تأثيرات **علوم الشرق** والإنجازات العلمية والعمرانية في الحضارتين **البابلية والمصرية**، فلقد عرف **المصريون** كثيرًا من القضايا الهندسية فيما يتصل بهندسة المستويات وهندسة الحجوم وتطبيق المعارف الهندسية في البناء وإقامة المعابد وتنظيم النيل وابتكار الوسائل المادية والتكنولوجية لتحقيق النهضة العمرانية وغير ذلك، وعرف **اليونان** عن طريق تحليلات **أفلاطون وأرسطو** العلم الرياضي البرهاني.

إن المعرفة النظرية تبدأ من مقدمات أو أوائل هي بديهيات ومصادرات، بينما نحصل على جميع القضايا النظرية الأخرى بالبرهان. فإذا ربطنا بين المعرفة الهندسية التطبيقية لدى **المصريين** بما يجب أن يكون عليه العلم البرهاني لأمكننا فهم الاتجاه الرياضي الذي ساد في **المدرسة الإسكندرية**، ويتلخص في تجريد الأشكال الهندسية المختلفة وعرض المعرفة الرياضية على هيئة استدلالية عن طريق ترتيب القضايا الهندسية في مقدمات ونتائج، كما يقدم الربط صورة صادقة لفهم الصلة بين الرياضيات والميكانيكا، وتطوّر الآلات والأجهزة وعرض نظريات فيزيائية على هيئة استدلالية.

يمثّل إقليدس[2] Euclid (ت300 ق.م)، أبرز شخصية علمية في **المدرسة الإسكندرية**،

---

(1) إن أفضل مرجع علمي وفلسفي يتحدث عن مدرسة الإسكندرية هو كتاب، د. نجيب بلدي، تمهيد لمدرسة الإسكندرية وفلسفتها، دار المعارف، مصر 1962. حيث التفصيلات المهمة عن هذه المدرسة ودورها الحضاري كَصلة وصل بين اليونان والشرق. (المحقق)

(2) عُرفَ إقليدس معلمًا في مدرسة الإسكندرية في عهد بطليموس الأول الذي حكم مصر عام 306 إلى 283 ق.م. وإن أبرز شاهد على معاصرة إقليدس لبطليموس الأول ما يرويه بروقلس (وهو مؤرخ للرياضيات عند اليونان، وفي المدرسة الإسكندرية وعليه يُعوِّل المشتغلون بتاريخ العلوم لمعرفة مصادر العلم اليوناني ونشأة الرياضيات وما أنجزه العلماء من أعمال رياضية)، بأن بطليموس سأل إقليدس مرة عن أقصر طريق لتعلم الهندسة غير الطريق المعروف في كتاب الأُصول فأجابه إقليدس بأنه لا يوجد طريق مُلوكي إلى الهندسة. (المؤلف)

وأكثر علماء الرياضيات تأثيرًا في تاريخ العلم، اهتم بالترتيب المنطقي لقضايا الهندسة، فأقام الهندسة على هيئة نظام بديهي يبدأ من مفاهيم هندسية مثل: النقطة والخط والسطح وغير ذلك، ومن مقدمات أولية لا تحتاج إلى برهان هي بديهيات ومصادرات، ليبرهن على بقية القضايا استدلاليًا فحقق بذلك شروط **أرسطو** في بناء العلم البرهاني.

أما معلوماته الهندسية فإنها ولا شك معلومات **مصرية ويونانية**، لا سيما وأن ما تركه **المصريون** من أعمال هندسية يشير بوضوح إلى معرفة ناضجة ومتطورة في الهندسة، وهي معرفة تثبت صحتها وفائدتها بالتجربة والتطبيق، فما كان على **إقليدس** إلا أن ينظّم هذه المعرفة بطريقة الاستدلال المنطقي.

اشتُهر **إقليدس** بكتابه المعروف بـ(**الأُصول Elements**)، وهو أفضل مرجع هندسي عرفه **العلماء العرب** في فترة ازدهارهم العلمي والحضاري، إذ تناولوه بالدراسة والتحقيق والتعديل والإضافة، واشتمل الكتاب على ثلاثة عشر كتابًا تناول فيها أول الهندسة المستوية والهندسة الفراغية، واختصت الكتب الستة الأُولى بمشكلات الهندسة المستوية، بينما اختصت المجموعة الثانية من كتب الأُصول وهي الكتاب السابع والثامن والتاسع والعاشر بمعالجتها للحساب ونظرية الأعداد، واشتملت المجموعة الثالثة من كتب الأُصول وهي الكتاب الحادي عشر والثاني عشر والثالث عشر على مشكلات الهندسة الفراغية.

إن إنجاز **إقليدس** في الأُصول ينحصر في ترتيبه للقضايا الهندسية بشكلٍ منطقي واستعانته بالبرهان لإثبات صدق النتائج استنادًا إلى صدق المقدمات، ولأجل توضيح ذلك **نختار** المبرهنة الأولى وطريقة البرهان عليها.

تنص هذه المبرهنة على أنه: ينشأ على مستقيم متناه معلوم مثلث متساوي الأضلاع[(1)].

أما المقدمات المطلوبة للبرهان على صدق هذه المبرهنة فهي مصادرتان وبديهية وتعريف.

1. يمكن رسم دائرة من أي مركز ولأيّ بعد.
2. يمكن رسم مستقيم من أيّ نقطة إلى أيّ نقطة أُخرى.

---

(1) Euclid's: Elements, Ed, Todhunter, Every man's Library, No 891,1955, p7.

3. الأشياء التي تساوي الشيء ذاته متساوية فيما بينها.

4. تعريف الدائرة الذي يشير إلى أن أنصاف الأقطار في الدائرة متساوية.

ثبت **إقليدس** بين مصادراته، مصادرة هندسية أصبحت فيما بعد محورًا لمناقشات **علماء الرياضيات، وتنص على أنه**: (إذا قطع مستقيم مستقيمين وكان مجموع الزاويتين الداخليتين في نفس الجانب أقل من قائمتين، فإن المستقيمين إذا مُدّا بدون حدّ يتلاقيان على نفس الجانب الذي تكون فيها الزاويتان أقل من قائمتين).

وقد اهتم **العلماء العرب** بدراسة هذه المصادرة وما تثيره من مشكلات وشكوك وبذلت محاولات **للبرهنة عليها أو لاستبدالها**، وقد عرفت هذه المصادرة بالتوازي في الهندسة، وكان لها الأثر البالغ في تاريخ الرياضيات بعامة، وتطور الهندسة بخاصة.

كما اشتمل كتاب **الأُصول** على مباحث في علم الجبر، إذ ظهرت فيه مسائل جبرية في صورة هندسية، واقتضى حلها بالطرق الهندسية، فالكميات الجبرية تمثل بأشكال هندسية، فحاصل ضرب كميتين مثلًا يمثل بشكلٍ هندسي يكون فيه الضلع الأول مساويًا للكمية الأولى، والضلع الآخر مساويًا للكمية الثانية، ومهما كان **جبر إقليدس** فإنه لا يمكن أن يقارن **بالجبر البابلي** بل يمكن القول إن **جبر إقليدس متخلف عن الجبر البابلي** سواءً في ثرائه أو في طرقه لحلِ المسائل الجبرية.

أما الشخصية العلمية الأخرى التي عرفها **العلماء العرب** فهي شخصية **أرخميدس (أرشميدس) Archimedes** (ت212ق.م)، الذي ولد في **صقلية** ودرس في **الإسكندرية** لمدة قصيرة عندما كان شابًا. إن ما تركه أرخميدس من أبحاث رياضية وهندية وفيزيائية تشهد له بالفضل الكبير، ويذكر **القفطي في كتابه أخبار العلماء بأخبار الحكماء**، أنه: **يوناني** كان **بمصر** وبها حقق علمه وأخذ عن **المصريين** أنواعًا من فنون الهندسة؛ لأنهم كانوا قائمين بها من قديم وله كتب جميلة جليلة[1].

ويقول عنه **ابن النديم** في كتابه **الفهرست**: خبرني الثقة أن **الروم** أحرقت من كتب

---

(1) جمال الدين القفطي، كتاب أخبار العلماء بأخبار الحكماء، تحقيق محمد أمين الخانجي، مصر (د.ت)، ص48. (المؤلف)

أرشميدس خمسة عشر حِمْلًا، ولذلك خبر يطول شرحه، إلا أن الموجود من كتبه، كتاب الأسطوانة مقالتان، وكتاب تربيع الدائرة مقالة، وكتاب الخطوط المتوازية، وكتاب المأخوذات في أُصول الهندسة، وكتاب المفروضات مقالة، وكتاب خواص المثلثات القائمة الزاوية مقالة، وكتاب آلة ساعات الماء التي ترمى بالبنادق مقالة[1].

لقد غطت أبحاث **أرخميدس** مجالات عديدة في الهندسة والفلك والميكانيكا، وامتاز ما كتبه عن الكرة والأسطوانة ببراهينه الهندسية الدقيقة، وتناول في كتابه المخصص للحلزونيات ما توصل إليه من نتائج سابقة فيما كتبه عن الكرة والأسطوانة وسمي الحلزون باسمه (**حلزون أرخميدس**).

كما تناول في كتابه (تربيع القَطْع المتكافئ)، ما يتعلق بالقَطْع المكافئ، وفي حقل الفيزياء لا بد أن نعترف أن **أرخميدس** قد تناول مسائل فيزيائية بطريقة فذة تثبت قدرة فائقة في البرهان على قضايا فيزيائية، وأنه استطاع أن ينشئ فروعًا جديدة ومبتكرة في علم الميكانيك، إذ تناول بالبحث موضوعات ذات صلة بميكانيكا الأجسام المستقرة **Statics**، وموضوعات أخرى ذات صلة بميكانيكا السوائل، واختص في كتابيه توازن المستويات والأجسام الطافية بدراسة موضوعات فيزيائية معتمدة في طريقة عرضه على الطريقة الهندسية في البرهان، والذي **نلاحظه** في كتابه الأجسام الطافية أنه أفاد من قاعدته المعروفة باسمه وهي: **أن الجسم المغمور كليًا أو جزئيًا في سائل ما يفقد جزءًا من وزنه يعادل وزن السائل المزاح**.

وعُرف **أرخميدس** كذلك باختراعاته العلمية، فيقال إنه اخترع الساعة الشمسية والبكرات المركبة والمرايا المُحرقة وآلات حربية وغير ذلك.

وكذلك عرف **العلماء العرب** شخصية علمية **هيلنستية** أُخرى هي **أبولونيوس Apollonius** (**ت200ق.م**)، الذي ترعرع في **الإسكندرية** ودرس فيها، ويذكر **ابن النديم** كتابه في المخروطات وما يحتويه من مقالات والمترجمين له إلى اللغة العربية[2].

يُعَدّ كتاب المخروطات Conics، **لأبولونيوس** موازيًا لكتاب **إقليدس في** الأصول باعتباره كتابًا مدرسيًا ومختصًا فريدًا بالقطوع المخروطية من جهة أخرى، وقد ضم كتابه إنجازات من

(1) الفهرست، المكتبة التجارية الكبرى، مصر، ص386. (المؤلف)

(2) المصدر السابق، ص387. (المؤلف)

سبقه في بحث المخروطات، وأضاف إليه ابتكاراته من حيث الجدة في القضايا والجدة في طريقة المعالجة، ويقع الكتاب في ثمانية كتب، سبعة منها موجودة بينما الثامن لا يزال مفقودًا.

وبرز من علماء الفلك في هذه الحقبة **هيبسيكليس** (ت حوالي 180ق.م)، **من الإسكندرية،** وإليه يرجع الفضل في إدخال تقسيم الدائرة إلى 360 درجة، وأقسامها الستينية، وهذه هي طريقة الفلكيين **البابليين** كما نعلم.

أما **هيبارخوس** (ت حوالي 125 ق.م)، فلم يكن من رعايا **الإسكندرية** وكان موطنه **رودس،** وإليه يرجع الفضل في قياس الزوايا والأبعاد على الكرويات.

كما عرف **العلماء العرب مينلاوس،** الذي يرد ذكره في كتاب الفهرست **لابن النديم،** قبل **بطليموس،** إذ ذكره في كتاب **المجسطي،** وله من الكتب كتاب الأشكال الكرية وكتاب في معرفة كمية تمييز الأجرام المختلطة، وعمله إلى **طوماطيانوس الملك** وكتاب أُصول الهندسة، وعمله **ثابت بن قُرة** ثلاث مقالات، وكتاب المثلثات منه إلى **العربي** شيء يسير[1]. ومن المعروف أنه قام كذلك ببعض الأرصاد الفلكية.

ومن أبرز الشخصيات المؤثرة في الدراسات الفلكية **كلوديوس بطليموس (بطليموس القلوذي)،** (ت165م)، الذي اشتُهر بكتابه المعروف **المجسطي،** وهو كتاب يحتوي على المجموعة الرياضية **لبطليموس،** ويقول عنه **ابن النديم**: صاحب كتاب **المجسطي** في أيام **أدريانوس وأنطونينوس،** وفي زمانهما رصد الكواكب، ولأحدهما عمل **المجسطي** وهو أول من عمل **الأسطرلاب** الكري والآلات النجومية والمقاييس والأرصاد.

أما الحديث عن كتاب **المجسطي** فإنه يتألف من ثلاث عشرة مقالة، وأول من عني بتفسيره وإخراجه إلى **العربية يحيى بن خالد بن برمك،** ففسره له جماعة فلم يتقنوه ولم يرضَ ذلك، فندب لتفسيره **أبا حسان وسَلَم صاحب بيت الحكمة** فأتقناه واجتهدا في تصحيحه بعد أن أحضر لنقله المجوِّدين، فاختبرا نقلهم وأخذا بأفصحه وأصحّه، وقد قيل إن **الحجاج بن مطر** نقله أيضًا[2].

---

(1) المصدر السابق، ص388. (المؤلف)

(2) المصدر السابق، ص388. (المؤلف)

اهتم كتاب **المجسطي** بالمفاهيم الفلكية ذات العلاقة بالكواكب المعروفة في زمانه والأرض والشمس، ويُعدّ الكتاب مرجعًا فلكيًا لما يحتويه من معلومات كثيرة وجداول فلكية، فهو سِفر كبير لمحاولات الإنسان العلمية فيما يخص الفلك، إذ يضم من دون شك معلومات وجداول فلكية **بابلية ومصرية** فضلًا عن ملاحظات فلكية **يونانية** وآراء فلسفية مختلفة، وأنه من المحتمل أن يكون **بطليموس** قد أقام إلى حدٍّ كبير على نتائج جرى تحصيلها قبل ثلاثمائة سنة بواسطة **هيبارخوس** الذي كان بدوره متأثرًا بالأفكار **اليونانية والبابلية**[1].

يدافع **بطليموس عن النظرية القائلة إن الأرض هي مركز الكون**، وإن جميع الكواكب بضمنها الشمس تتحرك حول الأرض، ولم يكن دفاعه مقصورًا على مجرد فرضية، بل حاول جاهدًا أن يُدعِّمها بالدليل، فالأرض ثابتة لا تتحرك وتقع في مركز العالم وذلك لسبب بسيط هو أن جميع الأجسام تهبط إلى مركز العالم لذا يجب أن تكون الأرض هي المركز، لأنه لو لم تكن كذلك وكانت متحركة (**24 ساعة**) في اليوم الواحد معناه أن الأجسام المقذوفة شاقوليًا إلى الأعلى لا ترجع إلى المكان نفسه، وقد ذهب **بطليموس** هذا المذهب استنادًا إلى ملاحظاته الفلكية ومعلومات أُخرى آنذاك.

كما نبغ في الفلك والرياضيات والجغرافية **اراتوسثنيس** (ت192م)، الذي تلقى علومه في **أثينا**، وانتقل إلى **الإسكندرية** حيث تلقى العلوم آنذاك وساهم في النهضة العلمية، وكانت أبرز إنجازاته في الجغرافية وإليه يعود الفضل في محاولة قياس محيط الأرض، ورسم الخرائط وتقويم البلدان فضلًا عن فكرة كروية الأرض وتقسيمها إلى مدارات.

وعرفت **المدرسة الإسكندرية** عددًا كبيرًا من المهتمين بالعلوم أمثال: **ثاون الإسكندري** الذي يقول عنه **ابن النديم**: وله من الكتب كتاب العمل بذات الحَلَق وكتاب جداول زيج **بطليموس** المعروف بالقانون المسير وكتاب العمل بالأسطرلاب وكتاب المدخل إلى **المجسطي** بنقل قديم[2].

---

(1) Neugebauer, O. Origin and Transmission of Hellenistic, pp 143-177.

(2) الفهرست، ص388. (المؤلف)

وبرز في ميدان الميكانيك التطبيقي Pneumatics، **هيرون الإسكندري**، (النصف الثاني من القرن الأول الميلادي)، الذي اهتم بصناعة الآلات في ضوء المبادئ الفيزيائية المعروفة التي يمكن تحديدها بمبدأ السيفون Siphon، ومبدأ الطاقة الحاصلة من الهواء المُسَخّن، ولا شك أن **هيرون** قد طبق مبدأ السيفون على أجهزة عديدة ومختلفة، كما استطاع أن يحصل على قوة محركة بفضل تطبيق مبدأ تمدد الهواء المُسَخّن.

وانفرد **ديوفانتس** (ديوفنطس حوالي 250م)، بحساب الجبر من بين علماء الرياضيات في **الإسكندرية**، وهو حساب يختلف جوهريًا عن التفكير الرياضي **اليوناني**، وأغلب الظن أنه امتداد طبيعي للجبر **البابلي**، لأن الطريقة الرياضية المتبعة فيه غريبة عن التفكير البديهي **اليوناني** الذي يعلّق أهمية كبيرة على الاستدلال، بينما يحتوي كتاب الجبر **لديوفنطس**[1] على طريقة في الحل تعتمد على طرق جبرية حسابية أساسها استخدام المعلوم للتعرف ولاكتشاف المجهول، وهي الطريقة الرياضية المتبعة عند **البابليين** كما تدل على ذلك الألواح الطينية المكتشفة.

وبرز في ميدان الطب في هذه الحقبة عدد من العلماء وعلى رأسهم **جالينوس Galen** (ت199م)، الذي ترك لنا آثارًا طبية ضخمة جمع فيها خبرات من سبقه من علماء الطب وممارساته وخبراته الذاتية، بحيث تُعدّ مؤلفاته موسوعة طبية ضخمة في فروع الطب جميعها، واشتُهر ببحوثه التشريحية التي تُعدّ الامتداد الطبيعي للبحوث التي سبقته، وقد أُتيح له برغم تأخره في الزمن أن يجمع أدلة ذات قيمة لا في **الإسكندرية** وحدها، بل في مدن أُخرى عديدة لها في علم التشريح تقاليد ترجع إلى عصور سابقة[2].

لقد أفاد **جالينوس** في التشريح من **هيروفيلوس** الذي يعد رائدًا في علم التشريح البشري، **وأرسا ستراتوس**، الذي يُعدّ مؤسس علم الفسلجة والتشريح المقارن، وتأثر **جالينوس** بالنظرية الفلسفية التي كانت سائدة في أيامه حول تقسيم الكائنات الحية إلى نبات وحيوان وإنسان، واختلاف الإنسان عن الحيوان بالقوة العاقلة، واختلاف الحيوان عن النبات بالحركة والانتقال

---

(1) يُراجع للإفادة، صناعة الجبر لديوفنطس، ترجمة قسطا بن لوقا، تحقيق رشدي راشد، التراث العلمي العربي 1975. (المؤلف)

(2) يُراجع، جورج سارتون، تاريخ العلم، مصدر سبق ذكره، ج4، ص238. (المؤلف)

من مكان لآخر، واقتصار النبات على القوة النامية، وبناءً على ذلك تكون النفس البشرية مالكة للقوة النامية والحركية والعاقلة ولهذه القوى أعضاء وأجهزة في الجسم الإنساني، وقد ربط **جالينوس** ذلك بالجهاز الهضمي والتنفسي والعصبي، فالكبد والأوردة هي الأجهزة الرئيسية للحياة النباتية للإنسان والقلب والرئة والشرايين للحياة الحيوانية، بينما يكون مقر الحياة العاقلة في المخ والجهاز العصبي.

وقد عرف **الأطباء العرب** مؤلفات **جالينوس** الطبية، وذكر **ابن أبي أصيبعة** ما وجده منتشرًا بين أيدي الناس باللغة العربية من كتبه المترجمة، وبيّن غرض كل كتاب من كتبه **ونختار** بعضًا منها[1].

1. كتاب النبض الصغير، يصف ما يحتاجه المتعلمون إلى علمه من أمر النبض وأسباب تغيره.
2. كتاب في العضل، وهو في تشريح العصب وتشريح العروق.
3. كتاب في العصب، يصف الأعصاب التي تنبث من الدماغ والنخاع.
4. كتاب العلل والأمراض، وهو في أصناف الأمراض وأسبابها وأصناف الأعراض وأسبابها.
5. كتاب النبض الكبير في أصناف النبض وكيفية التعرف عليه وأسبابه.
6. كتاب أصناف الحمّيات، يصف فيه أنواع الحميات ودلائلها.
7. كتاب علاج التشريح، الذي تناول فيه ما يحتاج إليه المرء في التشريح ابتداءً بالعضل والرباطات في اليدين والرجلين ثم العصب والعروق والعضل الذي يحرك الخدين والشفتين، ثم أجهزة الغذاء وهي المعدة والأمعاء والكبد والكليتين والمثانة، ثم تشريح الأجهزة التنفسية فتشريح القلب والرئة والعروق، وتشريح الدماغ والنخاع والعينين واللسان والمريء والحنجرة وما يتصل بها، وتشريح أعضاء التوليد وغير ذلك. كما **لجالينوس** كتب أُخرى في الأدوية والأغذية ومنافع الأعضاء وغير ذلك.

---

(1) عيون الأنباء في طبقات الأطباء، ص134-145. (المؤلف)

الفصل الخامس

المصدر الذاتي للأُمة العربية

إنَّ أبرز المصادر التي ساهمت في النهضة العلمية **العربية** فضلًا عن المصادر الأجنبية هو المصدر الذاتي **للأمة العربية** الذي بفضله وقف الإنسان العربي موقفًا إيجابيًا من العلم والمعرفة، فساهم في تطوير المعرفة العلمية وإثراء العلم بحصيلة كبيرة من النتائج. **ونقصد بالمصدر الذاتي مجموعة الأوجه الحيوية الآتية**[1]:

أولًا: مجموعة المعارف والعلوم التي عرفها عرب **الجزيرة العربية** في شمالها وجنوبها وعرب **الشام والعراق**، وهي معارف لم تكن وليدة عصر من العصور، بل مجموعة كبيرة من التراكمات الحضارية التي ساهم بها **الإنسان العربي** قبل **الدعوة الإسلامية**. فكانت الأساس الذي اعتمد عليه في معالجة الأمراض وبناء السدود والمعابد وتحديد مسالك الطرق البرية والبحرية، وتعيين المواقع الجغرافية بفضل المعرفة الفلكية وحساب الأيام والأسابيع والشهور والسنوات، وتطوير فن الكتابة وتسجيل الحوادث والوقائع وغير ذلك.

ثانيًا: **الدعوة الإسلامية** بكل ما تحتويه من معارف متصلة بالإنسان والمجتمع والكون وما نتج عنها من دراسات مهمة في اللغة والفقه والتشريع، فكان **القرآن الكريم**

---

(1) في هذا الفصل وتحديدًا في النقاط الأربع التالية يعرض الدكتور ياسين خليل لفلسفته في قراءة التاريخ العربي من منظور علمي ويدافع عما يقوله بأدلة علمية فيما بعد، ونلاحظ أنه هنا يؤسس لفلسفة جديدة في الرد على المنتقصين من دور العرب الحضاري والعلمي في مسيرة الإنسانية بعامة والمستشرقون على رأسهم. (المحقق)

المرجع في كل ما يتصل بحياة الإنسان العربي. والأساس الذي انطلق منه لفهم الكون وانتظامه، وكانت سيرة **الرسول الكريم** وأحاديثه مرجعًا للإنسان العربي في حياته الجديدة، وأصبحت حوادث ووقائع الذين حملوا الدعوة وجاهدوا في سبيلها وسلوكهم اليومي ومواقفهم مرجعًا آخر لتحديد المسيرة الاجتماعية، وبفضل الدعوة نشطت دراسات كثيرة فضلًا عن اللغة والفقه، منها ما يتصل بالتاريخ والحديث والأدب والعروض وما يتصل بحياة الإنسان العربي وحاجاته إلى المعارف الرياضية والفلكية والطبية.

ثالثًا: التطور الاقتصادي والاجتماعي للمجتمع الجديد واتساع رقعة الحكم واختلاف الشعوب من حيث الثقافة والحضارة قبل دخولها **الإسلام** واحتكاك **العرب بالحضارة الرومانية والحضارة الفارسية**. أدى كل ذلك إلى استخدام أساليب وطرق جديدة لتنظيم المؤسسات الاقتصادية والاجتماعية ومعالجة المشكلات الجديدة، وتطمين حاجات الأفراد والإفادة من إنجازات الحضارات الأجنبية بفضل الاتصال الحضاري، ومثل هذه التطورات السريعة أن تجعل الحاجة ماسة إلى نهضة علمية، والإفادة من العلوم ذات الاتصال المباشر بحياة الإنسان العملية والمؤسسات الجديدة وحياة المجتمع وما تفرضه من واجبات دينية وغير دينية.

رابعًا: الأجواء العلمية التي وفرتها **الحضارة العربية** ودعم **الخلفاء والأمراء** للعلماء وانفتاح **الأمة العربية** أفرادًا وجماعات على الإنجازات العلمية للأمم الأُخرى، كل ذلك قد خلق من دون أدنى شك الظروف المناسبة لظهور عدد من العلماء في شتى الاختصاصات، فكان رائدهم كشف الحقائق العلمية والتثبت من آراء وفروض من سبقهم وما وصل إليهم من معلومات، وتطوير أساليب جديدة واكتشاف مجالات علمية رائدة وميادين للبحث العلمي النظري والعملي.

ومن الخطأ الاعتقاد أن **عرب الجزيرة العربية** قبل الإسلام مجرد أقوام بدائية تعيش حياة البداوة بعيدة عن أسباب الحضارة بكل ما في الحضارة من أنشطة في مجالات الفكر والأدب والعمران، وأن كل ما تعرفت عليه لم يكن إلا قليلًا وبالقدر الذي تعلمته نتيجة

مواقع بعض مدنها على طريق القوافل التجارية، وبفضل احتكاكها بالحضارتين **الفارسية والرومانية**. وبالديانتين **اليهودية والنصرانية**، لأن من المعروف بالجزم أن **الجزيرة العربية** قد شهدت قبل **الدعوة الإسلامية** قيام حضارات راقية تطورت فيها أوجه الحياة الفكرية والاجتماعية والاقتصادية جميعها، فعرف **اليمانيون** الكتابة والقراءة واستخدام الآلات في الزراعة والأعمال اليدوية، ومالت حياتهم إلى الاستقرار، فعرفوا فن التجارة وطرق إقامة السدود وتشييد المباني، وازدهرت الفنون والآداب، وتوحّدت القيم الاجتماعية والحضارية مما ساعد على تثبيت أركان الحضارة.

ولم يكن **عرب الشمال** أقل حضارة، إذ شهدت **مكة والمدينة** حياة اجتماعية واقتصادية متطورة، وكان للاحتكاك بين **عرب الجنوب وعرب الشمال** أثره البالغ في الانتقال الحضاري وتطوير أساليب الحياة، فنمت الأساليب الفنية والآداب والمعرفة، وازدهرت الأندية الشعرية والمطارحات الفكرية فكانت مجالًا رحبًا للاتصال بين القبائل العربية في تطوير الفكر وتوحيد المفاهيم والقيم، ويشهد **الشعر الجاهلي** والقصص المنقولة التي تحكي أخبار الشعراء والحكماء والفرسان على أن **عرب الجاهلية** قد طرحوا بالفعل مفاهيم إنسانية وكونية عميقة، واستطاعوا توحيد قيم حضارية وأخلاقية فضلًا عن إثراء اللغة الواحدة وهي اللغة العربية بالمعاني والأساليب الأدبية والفنية مع التزام بالقواعد اللغوية والنحوية، وعرف **العرب** فن القراءة والكتابة، وهو مظهر حضاري مهم يمثل أساس انتقال المعرفة وتدوينها وتداولها بين الناس.

لقد كان هذا الجو الفكري مهيّأً لاستقبال حدث عظيم ينقل **العرب** من مرحلة حضارية في طريق النمو إلى مرحلة حضارية جديدة في سرعة نموها وقدرتها على الحركة والتطور والوثوب إلى المستقبل، فكانت الدعوة الإسلامية الكريمة هي القوة الحيوية الجديدة التي انطلقت بالعرب إلى آفاق جديدة رحبة. فاستطاع **العرب** بفضل الرسول الكريم والدعوة تحقيق وحدة بشرية وفكرية مع توجيه يقضي بحمل الرسالة الجديدة إلى جميع آفاق المعمورة ونشرها بين الأمم، فحررت أول ما حررت **العرب** من الخرافات والأساطير والأوهام، واستطاعت أن تحرر الأمم الأُخرى من العبودية منطلقة بهم من إطار العدل والمساواة إلى أجواء فكرية وأخلاقية وإنسانية جديدة.

إنّ المجتمع العربي الجديد الذي بدأ بالظهور استجابة لمبادئ **الدعوة الإسلامية** وتوجيهات **الرسول الكريم** تطلب تركيز قيم أخلاقية وتشريعية في النفوس بناءً لشخصية الفرد وتطلعاته في إطار الوحدة الفكرية وتدعيمًا لأواصر الأخوة والتكافل بين أفراد المجتمع الواحد، مع بناء قاعدة اقتصادية مستوحاة من المبادئ الإسلامية العامة في العدل والتكافل الاجتماعي وإقامة تعاون بين أفراد المجتمع الواحد بين الأمم المختلفة، واشتمل **القرآن الكريم** على دعوة صريحة للعمل دون التواكل والتكاسل، وإلى النظر العقلي والعلمي في النفس الإنسانية وملكوت السموات والأرض، وتسخيرها في الطبيعة لخير الإنسان وسعادته، وقد وردت آيات كثيرة اختصت بالإنسان منذ نشأته حتى مماته، وحول الكون وقوانينه وانتظام حركاته بدقة، كما حث **الرسول الكريم** على طلب العلم، ففضّل مجلس العلم على مجلس الذكر، ووازن بين مداد العلماء ودماء الشهداء، وحث على طلب العلم من المهد إلى اللحد، لأن طلب العلم فضيلة، وطالب المسلم بطلب العلم في أقصى الأرض ولو كان في الصين، لأن طلب العلم فريضة وغاية المؤمن، وقال: غدوة في سبيل العلم خير من مائة غزوة. كما ذكرت الآيات والأحاديث النبوية علو منزلة أهل العلم والمعرفة على من سواهم، وفضّل **الله** الذين يعلمون على الذين لا يعلمون.

لقد كانت الآيات والأحاديث النبوية الأساس الفكري المتين الذي أقام عليه الإنسان العربي بناء العلم وتكريم العلماء والاستزادة من علوم الأمم الأخرى وترجمة ما وقع تحت أيدي **العرب** من مؤلفات أجنبية إلى اللغة العربية ومساهمتهم في تطوير العلوم وفتح مجالات جديدة ابتغاء معرفة أكبر بشؤون الكون والتفكير في ملكوت **الله** لمعرفة عظمته وحكمته في خلق السماوات والأرض.

وبناء على التزام **العرب** بنشر الدعوة كما نصّت الآيات والأحاديث النبوية سارت الجيوش العربية صوب الشرق والغرب، فامتد سلطان **الدولة العربية** على رقعة كبيرة شملت معظم أقطار **العالم القديم**، واتصل **العرب** بحضارات ذات أنماط حضارية جديدة، وبشعوب ذات قيم ومفاهيم ونظرات مختلفة إلى الحياة والإنسان والكون، فامتزجت حياتهم بحياة هذه الشعوب التي دخلت الإسلام وازدادت معرفتهم بأحوالها ومعارفها وفنونها وآدابها.

وعندما استقرت الدولة الجديدة ومالت النفس إلى حب المعرفة والأدب والفنون نشطت الحياة الفكرية، لا سيما وأن العقيدة قد استقرت في النواة الحضارية، وبدأت الاجتهادات والموازنات بين نصوص الدعوة والحياة الجديدة، مما تولد عنها دراسات قيمة وأصيلة في شتى فروع المعرفة الإنسانية، وإذا كان العلم مقصورًا على **رجال الدين في بابل ومصر** ومقصورًا على طبقة ارستقراطية في **اليونان**، فإن العلم بفضل **الحضارة العربية** وقيمها الحيوية والإنسانية أصبح مشاعًا وعامًا لجميع الناس ومن مختلف الطبقات، بل غدا ضرورة وواجبًا لا بد للإنسان العربي المسلم من أن يأخذ بجميع أسبابه، وانطلق العلم عند **العرب** من ضرورات العقيدة ومستلزماتها الدينية والاجتماعية والاقتصادية، ولكنه سرعان ما اجتاز مرحلة النشوء إلى مراحل أخرى لاحقة كان العلم فيها غاية وعملًا، **وإننا في هذا المجال نميز في تطور العلم عند العرب أربع مراحل متعاقبة وهي:**

أولًا: **مرحلة النشوء**- التي تضم جميع المعارف الحسابية والهندسية والفلكية والطبية **للعرب في الجاهلية والإسلام** وإلى ما قبل اتصالهم بالتراث العلمي الأجنبي، وكانت هذه المعارف في جملتها عملية لارتباطها بحياة الإنسان العربي اليومية، فالحساب في **الجاهلية** مرتبط بالتجارة والمقايضة والزراعة، والهندسة مرتبطة بالبناء والعمارة وشق الترع والجداول، والفلك مرتبط بحساب حركات النجوم والاهتداء بالنجوم والكواكب في السفر، وحساب الأيام والشهور والسنوات، **فعرف السنة القمرية** وأدرك الفرق بين هذه السنة **والسنة الشمسية**[1].

وازداد اهتمام **العرب** بهذه العلوم لصلتها بالعقيدة الجديدة، فتقسيم الإرث وتوزيع الصدقات وحساب المعاملات وتعداد الجنود وما يحتاجونه من الأرزاق وغير ذلك بحاجة ماسة إلى المعرفة الحسابية، كما كانت الحاجة إلى الهندسة لبناء المساجد وتخطيط المدن وإقامة الجسور وشق الجداول وغير ذلك، وكانت الحاجة إلى الفلك كبيرة لارتباط العبادات بكثير من الظواهر الفلكية، مثل الحاجة إلى تعيين أوقات الصلاة ومراقبة القمر لتحديد الأعياد

(1) يُراجع، نلينو، كرلو، علم الفلك، تاريخه عند العرب في العصور الوسطى، المحاضرات الثانية عشرة والثالثة عشرة والرابعة عشرة والخامسة عشرة. (المؤلف)

ومواسم الحج والسنة **القمرية** وغير ذلك، وأصبح الطب ضرورة اقتضتها الأحوال الجديدة نظرًا لاستقرار الإنسان في المدن وتفشي الأمراض والأوبئة.

ثانيًا: مرحلة الاتصال الحضاري - وهي امتداد للنزعة العلمية التي سادت المرحلة الأولى ولكنها في الوقت عينه تنزع نحو الدقة والعلمية بشكلٍ واضح بفضل نقل التراث العلمي من أمم أخرى إلى اللغة العربية، وبدأت محاولات واضحة للجمع بين النزعة العلمية والنزعة النظرية في الحساب والجبر والفلك وجملة العلوم الطبيعية، فيذكر **محمد بن موسى الخوارزمي (ت830م)**، على سبيل المثال ذلك بقوله: على أن ألفتُ من كتاب الجبر والمقابلة كتابًا مختصرًا حاصرًا للطيف الحساب وجليله لما يلزم الناس من الحاجة إليه في مواريثهم ووصاياهم ومقاسمتهم وأحكامهم وتجارتهم، وفي جميع ما يتعاملون به بينهم من مساحة الأرضين وكري الأنهار والهندسة وغير ذلك من وجوهه وفنونه[1].

ولكن ذلك لا يعني أن العلم ارتبط كليًا بالنزعة العملية وحاجات الناس، فكتاب **الخوارزمي** في الجبر والمقابلة نفسه يحتوي على نظرية المعادلة من الدرجة الثانية في الجبر، فضلًا عن تفصيلاته العلمية الدقيقة في بناء الأشكال المختلفة للمعادلات والحلول الجبرية والهندسية لها.

كما يمثل كتاب **أبي الوفاء محمد بن محمد البوزجاني (ت997م)**، في ما يحتاج إليه الكُتّاب والعمال وغيرهم من علم الحساب، اهتمام علم الرياضيات بالجانب العملي، فيقول في مقدمته: وقد خدمته بتأليف كتاب يشتمل على جميع ما يحتاج إليه الكامل والمبتدئ والتابع والمتبوع من الحساب وصناعة الكتابة وأعمال الخراج وسائر الأنواع التي تجري في معاملات الدواوين، من النسبة والضرب والقسمة والمسايح والطسوق والمقاسمات والتصريف، وغير ذلك مما يتعامل به الناس في طبقاتهم ويحتاجون إليه في معايشهم، وتركته سبع منازل، كل منزلة منها سبعة أبواب، مفصلة محصلة دالة على أغراضها والمقاصد فيها،

---

(1) يُراجع، الخوارزمي، مصدر سبق ذكره، ص15. (المؤلف)

وجودته من العلل والبراهين، لئلا يطول ويفوت تناوله وتملّ طرائقه[1]. ويصدق الشيء ذاته على العلوم الأخرى حيث كانت حاجة الناس والتطور الحضاري إلى ربط المعرفة العلمية بالحياة والمجتمع هدف العالِم من علمه.

ثالثًا: مرحلة الإبداع والنضوج - وتتميز عن سابقاتها من المراحل بزيادة الاهتمام بالمعرفة والعلم من أجل الحقيقة، وإدراك ما تنطوي عليه العلوم من حقائق ترفع من يطلبها إلى مرتبة **الأولياء**، وفي ذلك يقول **الحسن بن الهيثم (ت1038م)**:

وأنا أشرح في الأصول الثلاثة (يقصد بها العلم الرياضي والعلم الطبيعي والعلم الإلهي)، ليوقف منه على موضع عنايتي بطلب الحق وحرصي على إدراكه وتعلم حقيقة ما ذكرته من عزوف نفسي عن مماثلة العوام الرعاع الأغبياء وسمُوها إلى مشابهة أولياء الله الأخيار الأتقياء[2].

وازداد اهتمام **العلماء العرب** بدراسة الظواهر الطبيعية وصلة العلوم الرياضية بها، وأخذت النزعة التجريبية المختبرية تظهر بوضوح في العلم ابتغاء الكشف عن حقيقة الظواهر التي لا يمكن دراستها وهي حرة في الطبيعة، وطرح فروض ومقدمات واستنتاج ما يلزم عنها من مقدمات ونتائج جديدة، فظهرت نظريات وقوانين وفرضيات في حقل الميكانيكا والبصريات والفلك، فضلًا عن تطور رياضي كبير في الحساب والجبر والمثلثات والهندسة، كما اتجهت الجهود العلمية في العلوم الهندسية والتكنولوجية إلى استخدام الآلات والأجهزة العلمية، فضلًا عن ما تحتاجه الصناعة والحياة اليومية من روافع وعتلات وآلات ذاتية الحركة ومواد مصنوعة وأولية وغير ذلك.

وازداد اهتمام الأطباء بفضل الملاحظات السريرية وكثرة المستشفيات إلى تطوير نظريات طبية وقواعد أساسية في التشخيص والمعالجة، ومعرفة كبيرة في التشريح وعلم وظائف الأعضاء وغيرها.

رابعًا: مرحلة الجمود والانهيار- التي بدأت علاماتها بالظهور بعد **سقوط الخلافة العباسية ببغداد**، على يد **المغول التتار** وجحافلهم الغازية التي خرّبت الحضارة

---

(1) يُراجع، البوزجاني، مصدر سبق ذكره، ص64. (المؤلف)

(2) يُراجع، ابن أبي أُصيبعة، عيون الأنباء، ص554. (المؤلف)

العربية وأنهت بصورة دموية **السيادة العربية، فأ**صاب جميع المعارف بعد ذلك الانحطاط والميل إلى الاهتمام بالأمور الدينية وظهور **الحركات الصوفية،** وابتعاد الناس عن الحياة وما تقتضيه من تقدم إلى النظر في المسائل الغيبية، ولكن على الرغم من ذلك فإن هذه الحقبة شهدت بروز عدد من العلماء، وهذه نتيجة منطقية، لأن العلم يبقى مستمرًا مدة طويلة إذا ما بقيت الآثار العلمية من مخطوطات وخبرات علمية متوفرة نتيجة للثروة العلمية التي خلّفها **العلماء العرب**[1].

ولقد تجلت حيوية **الأمة العربية** بانفتاحها على العلوم الأجنبية بعد أن تبلورت الشخصية الحضارية للإنسان العربي. فبرزت الرغبة العلمية واضحة في التعرف على علوم **الأمم الأُخرى،** لا سيما وأن العلوم العربية من لغة وفقه وتشريع وتاريخ وأدب قد مهدت الطريق لاستقبال العلوم الأجنبية بما وفرت من عقلية علمية موضوعية لطلب الحقيقة والتعلق بها أينما كانت ومن أين مصدرها.

وتميزت **الأمة العربية** بهذا الانفتاح على العلوم في الوقت الذي لم يستفد **الرومان** من التراث **اليوناني** الضخم الذي ورثوه، ولم تظهر إضافات علمية جوهرية عندهم، مما يؤيد **ما نذهب إليه** من ــن البناء الفكري والتفكير العلمي للإنسان العربي كانا الأساس لاستقبال العلوم الأجنبية والإسراع بترجمتها إلى اللغة العربية، والإفادة منها وتطويرها بإضافات وابتكارات جديدة.

ولنا هنا أن نستعرض النشاط العلمي والفكري **للعرب** في مرحلة الاتصال الحضاري

---

(1) يُلاحظ هنا أن الدكتور ياسين خليل، يطبق فلسفة ابن خلدون في العمران البشري ونظرية الأجيال أو الأطوار التي تمر بها الحضارة البشرية، ولكن هذه المرة من منظور مختلف أي منظور التطور العلمي الذي يرافق كل جيل أو طور في الحضارة والعمران، ففي مرحلة النشوء تكون العلوم في بداية انطلاقها أما في المرحلة الثانية والثالثة فهي في قمة عطائها وإبداعها، وأخيرًا في مرحلة الجمود والانهيار تكون العلوم في وضع آخر هو وضع الغيبيات، في حين يرى ابن خلدون أن المُلك والدولة في قوتها عندما تكون في الجيل الأول بسبب العصبية القبلية والرابطة الدموية بين أفرادها، أما في مرحلة الاستقرار وتثبيت الملك ومرحلة الترف فإن الدولة سائرة نحو الانحلال والسقوط لتكون ثمرة في الجيل الأخير لانهيار الدولة وقيام دولة أُخرى بمعنى أن العلوم الإنسانية بكل تنوعاتها إنما تسير بخط خلاف طريق المُلك وقوة الدولة. (المحقق)

ممثلًا في الترجمة والتأليف والتقويم باعتبار ذلك وجهًا من وجوه الانفتاح الحضاري وعنصرًا يبرهن على حيوية الأمة بما تملكه من مصادر ذاتية.

كان من نتاج حرق **مكتبة الإسكندرية** عدة مرات قبل ظهور الإسلام واضطهاد العلماء بسبب خلافات دينية بين **المسيحيين والوثنيين** أن تدهورت **المدرسة الإسكندرية** فهاجر العلماء إلى **أعالي الشام في الرَّها ونصيبين وقنسرين ورأس العين**. ونشط **السُّريان** في هذه الحقبة بنقل التراث العلمي والفلسفي **لليونان** من اللغة **اليونانية** إلى **السُّريانية**، وعلى مقربة من **الرّها** اشتُهرت **حرّان** بنشاط علمي. إذ قامت مجموعة من المشتغلين بالرياضيات والفلك بجهود كبيرة وكان للترجمة نصيبها في أنشطتهم، أما مدينة **جنديسابور الفارسية** التي أسسها **الملك سابور الأول**، فقد ازدهرت بفضل الأساتذة والأطباء فيها من **اليونان والسُّريان والهنود**، فكانت مركزًا للدراسات الطبية والفلسفية.

لقد كانت هذه المراكز بمثابة جسور عبرت فوقها العلوم من حضارات مختلفة فامتزجت فيها رياضيات **بابل** وفلكها وهندسة **مصر** وعلومها الطبية، وعلوم **اليونان والهنود**، لتصل إلى **الحضارة العربية الجديدة** في وقت بدأت علامات الانهيار تدب في معظم المراكز العلمية المذكورة، وكانت اللغة العربية بفضل الإسلام والآداب لغة ثرية بالمفردات، وطيعة في اشتقاق المعاني الجديدة ومؤهلة لأن تكون لغة العلم الجديدة، وبالفعل فقد بدأت بالترجمة حركة واسعة شجعها الخلفاء أنفسهم، فانتقلت إلى اللغة العربية كثير من المؤلفات الأجنبية القيمة، وأصبحت في متناول من يطلبها من العلماء ورجال الفكر.

ولم تكن حركة الترجمة وليدة جهود **خلفاء بني العباس** بما أسبغوه من نعم ودعم للمترجمين، بل إن من الإنصاف أن نرد هذه الحركة إلى **بني أُمية**، إذ ترجمت الكتب العلمية إلى اللغة العربية في عهدهم، ففي الربع الأخير من القرن السابع الميلادي اهتم **خالد بن يزيد بن معاوية** بالترجمة، وقيل إنه اشتغل بعلم الكيمياء، ويذكر **ابن النديم** أن **إصطفن القديم** نقل **لخالد بن يزيد بن معاوية** كتب الصنعة وغيرها[1].

وعُرف عن **خالد بن يزيد** تشجيعه للعلماء وترجمة كتب **اليونان** إلى اللغة العربية، فضلًا عن اهتمامه بعلم الكيمياء، ونقلت عدة كتب في موضوع الطب في **عهد مروان بن الحكم** (ت685م)،

---

(1) يُراجع، ابن النديم، الفهرست، ص354. (المؤلف)

وعمر بن عبد العزيز (ت720م)، ومن المعروف أن **عمر بن عبد العزيز** قد أمر بنقل **مكتبة الإسكندرية عام 718م**، إلى **أنطاكية** نظرًا للتدهور السريع الذي أصاب مدينة **الإسكندرية**، ويذكر **ابن جلجل** في كتابه طبقات الأطباء والحكماء أن **عمر بن عبد العزيز** وجد كتاب **أهرن بن أعين القس** في خزائن الكتب فأمر بإخراجه ووضعه في مصلّاه، فاستخار **الله** في إخراجه إلى المسلمين للانتفاع به، فلما تم له في ذلك أربعين صباحًا أخرجه إلى الناس وبثه في أيديهم[1].

ويظهر لنا أن اختيار الكتب العلمية والفلسفية وترجمتها لم يكن في أول الأمر لطلب العلم لذاته، بل تطمينًا للحاجات التي استشعرها الناس، فالطب من العلوم التي لها صلة مباشرة بأحوال الناس الصحية، ولا سيما بعد أن استقرت الحياة واجتمع الناس في المدن، وبدأت الأمراض والأوبئة بالازدياد، وكان لعلم الحساب أهمية كبيرة في المعاملات التجارية والحياة اليومية وفي تقسيم المواريث والزكاة وغير ذلك، كما أن الاهتمام **بالفلك** أول الأمر قد ارتبط من دون أدنى شك بالحياة العربية وحاجاتها من جهة والعقيدة الإسلامية، لأمور تتعلق بالصلاة والصوم وتعيين القبلة وغير ذلك من جهة أُخرى.

ولكن هذه المرحلة في الاختيار لم تدم طويلًا، إذ سرعان ما اتجه الناس إلى ترجمة ما يقع تحت أيديهم طلبًا للمعرفة والحكمة وكشف أسرار العلوم، فازدهرت ونال العلم مكانة أكبر في النفوس وتبوأ العلماء بفضل العلوم الجديدة مكانة عظيمة عند الخلفاء وعامة الناس.

إن قرب المراكز العلمية في **أعالي الشام** من عاصمة الدولة العربية، وانتقال التدريس من **الإسكندرية** إلى **أنطاكية** واتصال هذه الدولة **بالروم** قد ساعد كثيرًا على نقل مؤلفات **اليونان** من **السُّريانية** إلى **اللغة العربية**، وعلى الرغم من انشغال **الدولة الأموية** بتعزيز مكانتها في الداخل وتوسيع رقعة الفتح العربي وحروب التحرير شرقًا وغربًا، فإنها لم تهمل الأدب والعلم وتكريم العاملين بهما، فقد أقبل الناس على **العلوم العربية** مثل: فقه اللغة والتاريخ وعلم الحديث والفقه والتشريع وغير ذلك، كما أقبلوا على ترجمة ودراسة **العلوم الأجنبية**

---

(1) يُراجع، ابن جلجل، سليمان بن حسان الأندلسي، طبقات الأطباء والحكماء، تحقيق فؤاد رشيد، القاهرة 1955، ص61. (المؤلف)

المنقولة من لغات أُخرى، وعلى الرغم من توفر معلومات قليلة عن اهتمام الدولة والناس بترجمة **العلوم الأجنبية** والتأليف فيها فإنه من المرجح أن كثيرًا من الترجمات التي قام بها المترجمون في الدولة الأموية وكثيرًا من المؤلفات التي كانت محفوظة في خزائن الكتب ودور الخلفاء والمهتمين بالعلوم قد انتقلت إلى أيدي **خلفاء بني العباس** بعد نجاح **الثورة العباسية** وانهيار حُكم **الدولة الأموية**.

لقد شهدت **الدولة العباسية** نهضة علمية كبيرة، فُنقلت الكتب من لغات عدة منها: **السريانية واليونانية والهندية والفارسية**، وجُلبت الكتب العديدة وعُنِي المهتمون بالعلم بإخراج الكتب من **بلاد الروم**، منهم **الحجاج بن مطر وابن البطريق ويوحنّا بن ماسويه والأخوة الثلاثة أولاد موسى بن شاكر وحنين بن إسحق**، وغيرهم[1].

وساهم في النقل عدد كبير من المترجمين، فمن المعروف أن **يوحنّا بن ماسويه** قد قلده **الخليفة هارون الرشيد** (خلافته 786-809م)، ترجمة الكتب القديمة مما وجده **بأنقرة وعمورية وبلاد الروم** حين فتحها المسلمون، ووضعه أمينًا على الترجمة، ووضع له كُتّابًا حُذّاقًا يكتبون، وخدم **بن ماسويه هارون والأمين والمأمون**، وبقي على ذلك إلى أيام **المتوكل**[2].

وكان **يوحنّا بن البطريق** أمينًا على الترجمة وهو مولى **المأمون** (خلافته من عام 813-833م)، وترجم كثيرًا من كتب الأقدمين، أما **حُنين بن إسحق** فهو تلميذ **يوحنّا بن ماسويه**، وكان رئيسًا **لبيت الحكمة ببغداد**، واختير للترجمة مع عدد من المترجمين الذين كانوا يترجمون ويصلح **حُنين** ترجماتهم.

ومن الذين ساهموا بالنقل إلى اللغة العربية **الحجاج بن مطر** الذي نقل كتاب **المجسطي**

---

(1) يذكر ابن النديم في الفهرست، ص353-354، أنه ممن عُنِي بإخراج الكتب من بلد الروم محمد وأحمد والحسن بنو شاكر المنجم وبذلوا الرغائب، وأنفذوا حُنين بن إسحق وغيره إلى بلد الروم فجاؤوهم بطرائف الكتب، وغرائب المصنفات في الفلسفة والهندسة والموسيقى والأرثماطيقي (الحساب) والطب، وكان قسطا بن لوقا قد حمل معه شيئًا فنقله، ونقل له أبو سليمان المنطقي السجستاني أن بني المنجم كانوا يرزقون جماعة من النقلة منهم حُنين بن إسحق وحسين بن الحسن وثابت بن قرة وغيرهم في الشهر نحو خمسمائة دينار للنقلة والملازمة. (المؤلف)

(2) يُراجع، ابن جلجل، طبقات الأطباء والحكماء، مرجع سبق ذكره، ص65. (المؤلف)

في الفلك، وكتاب **إقليدس** في الهندسة من **السُّريانية**، وكذلك فعل غيره أمثال **ابن شهدي الكرخي** الذي نقل كتاب **الأجنة لأبقراط، وقسطا بن لوقا** الذي عُرف بنقله الجيد من **السُّريانية إلى العربية**، وهو **فيلسوف شامي نصراني** في الملة الإسلامية. وفي أيام **بني العباس** دخل بلاد **الروم** وحصل من تصانيفهم الكثير وعاد إلى **الشام** واستُدعي إلى **العراق** ليترجم كتبًا ويستخرجها من اللسان **اليوناني** إلى لسان **العرب**، وعاصر الفيلسوف **يعقوب بن إسحق الكندي**، وكان **قسطا ابن لوقا** متحققًا بعلم العدد والهندسة والنجوم والمنطق والعلوم الطبيعية[1].

نشطت حركة الترجمة في **العصر العباسي** وتدفق على **بغداد** عدد كبير من المترجمين ينقلون من **اللغات الأجنبية** إلى **اللغة العربية**، وأُقيمت المكتبات ودور الكتب، وتنافس الأُمراء والحُكام على امتلاك العلوم واهتمامهم بالعاملين فيها، فأمر **الخليفة أبو جعفر المنصور** (خلافته 754-775م)، بترجمة كتاب الحساب المعروف **بالسند هند (سدهنتا Siddhanta)**، في حركات النجوم، فتولى ذلك **محمد بن إبراهيم الفزاري** (ت800م)، وعمل منه كتابًا يسميه المنجمون **السند هند الكبير**، ثم اختصره **محمد بن موسى الخوارزمي** وعمل منه **زيجه** الشهير[2].

وقد ذكر **الخوارزمي** تشجيع **المأمون** له بقوله: وقد شجعني ما فضّل الله به **المأمون أمير المؤمنين** مع الخلافة التي حاز له إرثُها وأكرمه بلباسها وحلّاه بزينتها، من الرغبة في الأدب وتقريب أهله وإدنائهم وبسط كنفه لهم ومعونته إياهم على إيضاح ما كان مُسْتَبْهَمًا وتسهيل ما كان مُستَوْعَرًا[3].

ونُقلت إلى **العربية** مؤلفات أُخرى من **الهندية والفارسية**، ويذكر **ابن النديم** أسماء النقلة من **الفارسي إلى العربي**[4]. أمثال: **ابن المقفع وعلي بن زياد الميمي والحسن بن سهل** وغيرهم، ويذكر من الذين نقلوا من **الهندية والنبطية** أمثال: **كنكة الهندي وابن دهن الهندي، وابن وحشية** ينقل من **النبطية إلى العربية**[5].

---

(1) يُراجع، القفطي، تاريخ الحكماء، مصدر سبق ذكره، ص173. (المؤلف)

(2) المصدر السابق، ص177. (المؤلف)

(3) الخوارزمي، مصدر سبق ذكره، ص15. (المؤلف)

(4) الفهرست، ص355-356. (المؤلف)

(5) المصدر السابق، ص356. (المؤلف)

لقد عرف **العرب** عن طريق الترجمة ذخائر العالم الفكرية، ولم يكن يدفعهم إلى ذلك غير طلب المعرفة والحكمة والإفادة من العلوم، فأقام **المأمون في بغداد عام 830م، بيت الحكمة** ليضم الكتب المترجمة والمؤلفة، وهو معهد تعليمي تعلم فيه عدد كبير من **العلماء العرب** في الفلك والرياضيات والطب والعلوم الطبيعية.

ولم تتوقف **النهضة العلمية العربية** عند حدود الترجمة والنقل ومعرفة ما تحتويه الكتب **الأجنبية** من معلومات علمية، بل سرعان ما اتجه **العلماء العرب** إلى وضع المؤلفات والمصنفات والأبحاث في العلوم المعروفة جميعها، وابتُدِعت أساليب جديدة وظهرت إلى الوجود بعض الفروع العلمية التي لم تكن معروفة أو متطورة في الماضي، وجرت تطبيقات عملية وعلمية لمعلومات قديمة قصد **التثبت** من صحتها ولمعلومات جديدة قصد **اختبار** صلاحيتها وقدرتها على التعليل والوصف العلمي.

لقد أظهر **العلماء العرب** نبوغًا وأصالة قدرتهم على الاستيعاب السريع لعلوم الأقدمين، وإدراكهم لأهمية العلوم المؤدية إلى اكتشاف الحقائق ورسمهم للطريق الذي يجب أن تسير عليه جميع العلوم، وإبداعهم لحقائق جديدة فظهرت مؤلفات يمكن تقسيمها إلى ثلاثة أصناف:

الصنف الأول: مؤلفات اهتمت بشرح **الكتب القديمة** وكشف الغوامض فيها، وتوضيح الأقوال التي يظهر فيها اللبس والإبهام، وفي ذلك خدمة جليلة للدارسين وطلاب العلم والمعرفة.

الصنف الثاني: مؤلفات اهتمت بإصلاح ما وقع فيه **الأولون** من أخطاء وإزالة مواقع الخلل والشكوك من طريق العلم، مع بيان الحجة العلمية المختبرية والعلمية والمنطقية وأسباب الخطأ وقاعدة إصلاحه.

الصنف الثالث: مؤلفات أظهرت **نبوغ** من قام بوضعها لاهتمامها بابتكارات وإبداعات لم تكن معروفة من قبل، فتصدرت مكانة مرموقة في تاريخ العلم لِما ظهر فيها من نتائج وأساليب وفروع جديدة في العلم.

ولا يقتصر وجود هذه المؤلفات على علم واحد بعينه، بل نجدها في جميع العلوم المعروفة آنذاك، في الفلسفة والمنطق وفي العلوم الطبيعية والرياضية وفي العلوم الطبية

والصيدلانية، وفي علوم الحياة والعلوم الزراعية والنباتية، كما نجد من **العلماء العرب** من كان شارحًا لمؤلفات **الأولين**، ومصوِّبًا للأخطاء الواردة في مؤلفاتهم، ومبتكِرًا لأساليب علمية جديدة، فوضع المؤلفات الكثيرة التي أدت خدمات جليلة للعلم في تلك المراحل التطورية للعلم، فكانت خير معين للنهضة الأوربية في العصر الحديث.

لقد أظهر **العلماء العرب** براعة فائقة في طرق التعامل مع الأقوال العلمية القديمة والقضايا التي يطرحونها، فلم يعتمد العالِم منهم على الحجة والنظر العقلي المجرد، بل راح يبحث عن طريقة جديدة **للتثبت** من الأقوال ليبرهن على صدقها أو كذبها، فكانت التجربة والمشاهدة والاختبار والرصد الدقيق والوصف العلمي للنتائج والملاحظات هي الأساليب التي يُعوَّل عليها في التثبت العلمي، كما كانت الآلات والأجهزة العلمية وسائل ساعدت العالِم العربي في الوصف ومقارنة النتائج وتدعيم الأقوال الصادقة، واختلفت هذه الطرق باختلاف العلوم، وتطورت الأساليب والوسائل باتجاهات متعددة خدمة لأغراض كل علم، وبذلك يكون **العلماء العرب** قد نقلوا العلوم من دائرة النظر العقلي والفلسفي إلى دائرة **التثبت** التجريبي والعلمي، فكانوا أول من وضع أُسس الطريقة العلمية في البحث، وهي الطريقة التجريبية في التقويم والتثبت، فضلًا عن الطريقة الوصفية الكمية، بعد أن أدركوا أهمية الرياضيات في التعبير عن الحقائق العلمية، فنقلوا العلم من الوصف الكيفي إلى الوصف الكمي، وهي خطوة لا مناص منها في الوصول بالعلم إلى مرحلة دقيقة من التعبير والتجريد الرياضي للظواهر الطبيعية.

القسم الثاني
الدراسات الإنسانية

الفصل الأول

الاتجاهات العلمية

إنَّ التفاعل والفهم والاستيعاب والابتكار عوامل أساسية لدراسة الإنجازات **والثورات العلمية** في التاريخ[1]. وهي في الوقت نفسه مجرد نتائج لاحقة للاستجابة الحضارية التي مهدت السبيل للأفراد والجماعات إلى مزاولة العلم والانفتاح على تجارب الآخرين، وإن التطور العلمي في أيّ عصر من العصور مدين للأُسس الفكرية وطريقة البحث وموقف المجتمع من العلم، فلا يمكن فهم التطور العلمي والانجازات الكبيرة التي حققها **العلماء العرب** في فترة قصيرة من الزمن ما لم يأخذ الباحث بنظر الاعتبار الأُسس الفكرية ومجموعة الدوافع والقيم، التي حددت مواقفهم من المعارف والعلوم.

---

(1) يُلاحظ أنَّ الدكتور ياسين خليل يستخدم مصطلح الثورات العلمية، وهو مصطلح علمي فلسفي من ابتكار ووضع الفيلسوف توماس كون، يُراجع، كتابه تركيب الثورات العلمية، ترجمة ماهر عبد القادر، بيروت 1988، وهو الجزء الخامس من مؤلفات ماهر عبد القادر الموسومة فلسفة العلوم، أو بترجمة شوقي جلال، بنية الثورات العلمية، القاهرة 2003، ومعنى الثورة العلمية: هو أن العلم في رأي توماس كون عندما يكون في مرحلة الاستقرار والثبات يُطلق عليه العلم السوي، فيكون نموذجًا متماسكًا متجانسًا والعلماء يعملون في أبحاثهم وفق التصورات الأساسية التي يأخذها النموذج (البراديم)، والعلماء وفق النموذج يقومون بحل المعضلات التي تقابلهم، والمشكلات التي تواجه أبحاثهم، إلا أن بعض المعضلات أحيانًا يستعصي الحل، وهنا تواجه العلماء مشكلات كثيرة وهذه المشكلات تعرض أمام العلماء، لكنهم يعجزون عن تقديم حلول لها في ضوء التصورات أو النموذج الذي يحكمهم في أبحاثهم، لكن ما أن تحدث ثورة علمية ويأتي كشف علمي جديد حتى تنقلب الأوضاع العلمية تمامًا، وتبدأ مرحلة من الصراع بين الجيل القديم الذي يعتنق النموذج السابق والجيل الجديد الذي يأخذ بتصورات جديدة وأفكار صدرت عن الكشف العلمي الجديد، هذه المرحلة تسود لفترة من الوقت ما يطلق عليه توماس كون مرحلة العلم الثوري أو الشاذ. فهل مرّ العلم العربي بهذه المرحلة بحسب تصورات توماس كون ونظرات ياسين خليل؟ (المحقق)

لقد دأبت معظم الدراسات والبحوث المتعلقة بتاريخ العلوم على تناول ما أنجزه **العلماء العرب** بطريقة ابتعدت بهم عن جادة الصواب، فكان من نتائجها ظهور تفسيرات خاطئة واستنتاجات لا تتفق وأبسط قواعد البحث العلمي، فاقتصرت على إظهار المؤثرات الأجنبية مع بتر واضح لصلة العلوم بالحضارة العربية وبالأُسس التي قامت عليها، وعدم إدراك ما للقيم والمفاهيم والمبادئ التي غرستها **العقيدة الإسلامية** في النفوس من دور في البناء العلمي، لذلك فإن من **واجبنا** كشف هذه الأُسس الفكرية والقيم، باعتبارها الأرضية التي انطلقت منها الإنجازات العلمية والفلسفية، والعمل على ربطها بكل معرفة عندما نتناولها بالبحث والدراسة.

لا بد لنا في البداية أن نميّز بين ثلاثة **نماذج** حضارية مختلفة من حيث الأُسس والغايات وهي: الحضارة **البابلية والمصرية**، والحضارة **اليونانية**، والحضارة **العربية**، وأن نبين صلة العلم بكل **نموذج**[1] منها.

تعتمد هذه **النماذج** على ثلاثة أنماط من المواقف الفكرية، فأساس الحضارة **البابلية والمصرية** هو الأُسطورة[2]، وأساس الحضارة **اليونانية** هو الفلسفة مع وجود بذور اسطورية مؤثرة، وأساس الحضارة **العربية** هو الدين مع دعوة لإقامة مجتمع ودولة.

لا شك أن العلم والفلسفة يتفقان في بعض الأوجه ويختلفان في أوجه أُخرى، ولكن العلم يختلف عن الأُسطورة وتختلف الأُسطورة عن الفلسفة، فإذا اعتمدت الأُسطورة على تصورات خرافية وقوى خارقة واعتقادات لا عقلانية فإن الفلسفة التي نشأت جرثومة في أحضان الأُسطورة سرعان ما اتجهت إلى العقل في تصور الأشياء والظواهر وكشف عللها، فوضعت ضوابط وقواعد منطقية لفهم ما يجري في النفس الإنسانية والكون بالعَقل المجرد.

كما اختلف **الدين الإسلامي** عن الأُسطورة والفلسفة في عرضه للمسائل الإلهية وفهمه

---

(1) يُلاحظ استعمال نماذج ونموذج عند الدكتور ياسين خليل وهو ما أشرنا إليه في الحاشية رقم (1) أعلاه، وهو استعمال توماس كون للثورة العلمية. (المحقق)

(2) يُراجع، هـ. فرانكفورت وزميله، ما قبل الفلسفة، ترجمة جبرا إبراهيم جبرا، بغداد، بخاصة مدخل الكتاب. (المؤلف)

للطبيعة، ودعوته إلى إقامة حياة اجتماعية جديدة، وغاياته من المعارف والعلوم في تسخير ما في الطبيعة لخدمة الإنسان وغير ذلك من الموضوعات.

العلم الذي ولد في أحضان الأُسطورة لا يمكن أن يكون علمًا مجردًا يبتغي كشف الحقيقة النظرية البحتة، وذلك بسبب سيادة التفكير الأُسطوري والتصور الخرافي للطبيعة والحياة، لا سيما وأن هذا النوع من اللاعقلانية في تعليل الحوادث والأشياء يقيد تحرر الفكر الإنساني نحو المنطقية، ويمنعه من البحث عن الصلات المنطقية بين أجزاء المعرفة العلمية ذاتها، فالعلم الذي ولد في الحضارتين **البابلية والمصرية** قد ارتبط منذ البداية بضرورات حياتية فاتصف في الغالب بالتجريبية والعملية[1]. ولكنه استطاع بعد فترة طويلة من التطور وبفضل تراكم المعارف العلمية التجريبية أن يبدأ الطريق نحو إدراك العلاقات بين هذه المعارف باستخدام بعض القواعد المنطقية والعقلية، ولم يكن العلم في هذه الحضارات مشاعًا بين الناس، بل زاولته **طبقة الكهنوت** التي احتلت مكانة متميزة في التركيب الطبقي للمجتمع، وبلغ العلم عندها درجة من السرية جعلته محصورًا في نطاق ضيق، اللهم إلا ما يتعلق بالأغراض التربوية والتعليمية وفي حدود ضيقة كذلك.

وبناءً على ما تقدم نستطيع **القول: إن الحضارتين البابلية والمصرية متميزتان بالتجريبية والعملية، وإن العلم فيهما مرتبط بطبقة الكهنوت مع سيادة تامة للأسطورة في الحياة اليومية بين الناس.**

واختلفت **الحضارة اليونانية** عن **الحضارتين السابقتين** بأوجه وأنشطة عديدة منها: **ذاتية** تتعلق بتطور المجتمع واختلاف التركيب الطبقي فيه، ومنها فكرية وعلمية بفضل الاتصال الحضاري وتقدم المعرفة العلمية.

إنّ أبرز خصيصة أو سمة للحضارة **اليونانية** هي الميل الواضح نحو التجريد والتأمل والصورية

---

(1) يرى عدد كبير من مؤرخي العلم أن أساس تطور العلوم في بابل ومصر هو الحاجة والضرورة العملية، وأن نمو العلم الرياضي من حساب وهندسة والعلوم المتصلة بها مثل الفلك، قد تطور هو الآخر نتيجة الحاجات العملية، وذهب بيل إلى إدراج هذا النمو تحت عنوان عصر التجريبية في كتابه تطور الرياضيات، مشيرًا إلى الصلة بين العلم الرياضي وحاجة الناس إليه في الري والفيضانات والتجارة والبناء وغير ذلك. يُراجع، Bell, E, T, The Development Of Mathematics, (ch2). (المؤلف)

المرتبطة بذوق فني وجمالي، وتميز المعارف العلمية بابتعادها عن التطبيقات العملية، وتعلق الفلاسفة والعلماء بالأفكار والمفاهيم والنظم المجردة مع احتقار واضح للمهن والصناعات العملية، فاتجهت جهود الإنسان **اليوناني** نحو طلب المعرفة النظرية وكشف الحقيقة لذاتها[1].

ولم يكن العلم مشاعًا بين الناس من كافة الطبقات الاجتماعية، بل اقتصر في الغالب الأعم على أبناء الطبقات الأرستقراطية والأثرياء الذين يدفعون أجور التعليم بسخاء، وقد برز بالفعل عدد كبير من الفلاسفة والعلماء من هؤلاء، تميزت فلسفتهم بالتأمل والنزوع نحو التجريد والفكر النظري تطمينًا للذة عقلية واستغلالًا لوقت الفراغ، وكان من نتيجة ذلك أن العلم **اليوناني** الذي نشأ في أحضان الفلسفة سرعان ما اتجه إلى التفكير العلمي المجرد لإدراك المبادئ الأولية (**الأوائل**) والأساسية لكل معرفة وإقامة نظام منطقي من مجموعة مفاهيم ومبادئ، شريطة أن تتوفر فيه الدقة والاستدلالية والتناسق[2]. وفي الوقت الذي تحررت المعرفة العلمية من الأُسطورة، بقيت آثار الأُسطورة واضحة في الفلسفة اليونانية، ولم تستطع التخلص منها.

وبناءً على ما تقدم نستطيع **القول**: إن المعرفة العلمية في الحضارة **اليونانية** قد تميزت بالصورية التي تنزع من حيث الأساس إلى البحث عن المبادئ الأساسية والنظام المجرد مع ارتباط وثيق بالفلسفة، وأن الطبقة المتميزة التي زاولت الفلسفة والعلم لم تكن **طبقة الكهنوت**، بل طبقة أرستقراطية تحتقر العمل والمعارف المرتبطة بالحاجات اليومية.

إن الدورة التي بدأت بالتجريبية في حضارات **الشرق القديم** لتصل عند **اليونان** إلى مرحلة التجريد النظري والصورية، سرعان ما عادت إلى **الشرق** من جديد بقوة حيوية مصدرها دين

---

(1) اتجهت جهود أفلاطون بخاصة إلى التمييز بين العلوم العملية والعلوم النظرية، فجعل للرياضيات مكانة بارزة في فلسفته، بينما احتقر جميع العلوم ذات الصلة بالأعمال اليدوية والحاجات اليومية، وفي تعريف العلم بلسان الثئيتيس يقول أفلاطون بصراحة: ألا يا سقراط لقد سمعت حكيمًا يقول بهذا الصدد قولًا نسيته، ثم استعدته الآن بفكري، لقد صرح أن العلم هو الرأي الصحيح يؤيده البرهان، وأن الرأي غير المعلل الذي لا يؤيده البرهان هو خارج نطاق العلم، وأن القضايا التي لا برهان ولا تعليل لها ليست بعلمية على حد تعبيره، والقضايا المشفوعة بالبرهان علمية، يُراجع، محاورة الثئيتيس، ترجمة فؤاد جرجي بربارة، دمشق 1971، ص231. (المؤلف)

(2) يُراجع، د. ياسين خليل، منطق البحث العلمي، بيروت 1970، ص42-51. (المؤلف)

يقوم على الوحدة والتوحيد، فتجتمع التجريبية والصورية في إطار واحد، تتفاعل فيما بينها لإثراء المعرفة العلمية من جهة ولتسخير النتائج العلمية في الحياة اليومية من جهة أخرى.

لقد استمد الإنسان العربي نظرته إلى الطبيعة والمجتمع والحياة من العقيدة، إذ لم يدعُ الدين إلى التأمل والتكاسل، بل حث الإنسان على العمل والنظر معًا في كل جوانب الحياة، وفي الوقت الذي اشتملت العقيدة على أمور يُسلِّم بها الإنسان ويعتقد بصدقها من دون مناقشة أو جدال فإن الجوانب الأخرى المتعلقة بالحياة قد تركت للعقل الإنساني ضرورة البحث والتنقيب فيها. وارتبطت بالحياة العملية بالنظرة العقائدية لتطرح سلوكًا جديدًا للحياة يقوم على الصدق في طلب الحق والعدل في اتخاذ الأحكام والعزوف عن الميل مع الأهواء، فكانت المفاهيم الأخلاقية الجديدة مفاهيم أساسية للبحث العلمي.

وقد عبر **الإمام أبو حامد محمد بن محمد الغزالي** (ت505هـ/ 1111م)، في مواضع كثيرة من كتبه عن موقف **الدين الإسلامي** من العلوم الرياضية والطبيعية، وأنكر على الفلاسفة خوضهم في الإلهيات، إذ ليس للعلوم الرياضية والطبيعية ما يتعلق بأمر الدين فيقول: ولقد عظمت على الدين جناية من ظن أن الإسلام يُنصر بإنكار هذه العلوم، وليس في الشرع تَعرُّض لهذه العلوم بالنفي والإثبات، ولا في هذه العلوم تَعرُّض للأمور الدينية[1]. ومثل هذا الموقف يتفق تمامًا مع النهضة العلمية التي شهدتها **الأمة العربية** منذ القرن الثامن الميلادي، إذ تسارع الناس لطلب العلم والتوسع فيه، حتى أصبح مشاعًا بين الجميع من كافة الطبقات الاجتماعية، فلم يقتصر على أبناء طبقة معينة دون أُخرى.

ونظرًا لارتباط العلم بحاجات الناس والمجتمع فقد غلبت عليه النزعة التجريبية والعملية وازداد اهتمام الناس بتطبيق العلوم في المهن والصناعات والإفادة من نتائجها في الحياة اليومية، وبرز في الوقت نفسه عدد كبير من العلماء الذين كرّسوا حياتهم للعلم والنظر والبحث عن الحقيقة العلمية لذاتها من دون أن تنقطع صلتهم بالتجربة والعمل.

لقد احتل الكِتاب في الحضارة العربية وفي حياة الإنسان العربي مكانًا بارزًا، ولا عجب من ذلك فإن محور الحياة العربية كِتاب هو **القرآن الكريم**، يعتز به العربي ويعتمد

---

(1) يُراجع، كتاب المنقذ من الضلال، تحقيق عبد الحليم محمود، ط4، القاهرة 1964، ص36. (المؤلف)

عليه في سلوكه وتوجهه ونظرته إلى الكون والحياة، ولا نكون مجافين للحقيقة إذا قلنا إنه لا توجد حضارة تُداني الحضارة **العربية** جعلت الكِتاب نِبراسًا لها، فتوثقت عروة لا تنفصم بين العربي والكِتاب حتى أصبح الكِتاب ضالته في الدراسة والتأليف والبحث، فزَخَرت المكتبات أو دور الكتب العامة والخاصة بالمؤلفات في شتى الاختصاصات، وأقبل العلماء على تدوين العلوم وتنظيم المعارف، كما أقبل الطلاب على الدراسة وملازمة العلماء ودور الكتب، وتنافس العلماء والأمراء والأثرياء على اقتناء الكتب واستنساخها، فشاعت روح العلم واحترام العلماء والاعتزاز بالكِتاب بطريقة لا نجد لها نظيرًا في الحضارات السابقة.

كان الاهتمام منصبًا في البداية على دراسة العلوم الدينية واللغة لحاجة الناس إليها، فكان غالبية طلبة العلم يقصدون الفقهاء للدراسة والتعلم ابتغاء الحصول على مناصب في الدولة من جهة، ولأن الفقهاء في الحضارة **العربية** هم حملة علوم الشريعة من جهة أخرى. واتخذ العلماء المساجد دورًا للعلم، فزُوِّدت بالكتب الضرورية، إذ كان لكل مسجد كبير مكتبة كبيرة، واشتُهر من بينها جامع **المنصور** وجامع **دمشق** وجامع **عمرو بن العاص**، وكان لكل من هذه الجوامع حلقاته التدريسية للطلبة ومناظراته وشيوخه.

كما التفّ طلاب العلم حول العلماء في المساجد للدراسة والسؤال والمناظرة والمناقشة في أمور تتعلق **بالقرآن والحديث** والفقه واللغة، وساهمت مجالس الخلفاء في النهضة العلمية العربية، فمن المعروف أن **هارون الرشيد** (خلافته 170-193هـ)، جمع في مجلسه عددًا من الشعراء وعلماء اللغة والمؤرخين[1].

وشمل **المأمون** برعايته عددًا كبيرًا من رجال العلم والأدب والشعر والفلاسفة والأطباء[2]،

---

(1) جمع هارون الرشيد حوله من الشعراء أبا نواس وأبو العتاهية ومسلم بن الوليد والعباس بن الأحنف، ومن علماء اللغة الأصمعي والكسائي، ومن الموسيقيين إبراهيم الموصلي وابنه إسحق، ومن المؤرخين الواقدي، ومن الأمور المشهورة في مجلس الرشيد المناظرة التي جرت بين سيبويه والكسائي في المسألة التي عُرفت بالزنبورية. (المؤلف)

(2) اعتنق المأمون مذهب المعتزلة، فكان مجلس مناظرات وجدل، وأثيرت في عهده مسائل كلامية كثيرة بقيت مدة طويلة من بعده، كما كانت عنايته بالعلوم اليونانية كبيرة وتكريمه للعلماء العرب أكبر، فازدهر عهده بالعلم والثقافة والفن. (المؤلف)

واشتُهر **السلطان محمود الغزنوي** باهتمامه بالعلوم والأدب وتكريم العلماء[1]. وكان **السلطان نظام المُلك السلجوقي** فقيهًا وعالمًا، وعُرف عن **السلاطين الأيوبيين** تكريمهم للعلم والعلماء، وعنايتهم بالمجالس العلمية والأدبية، وانتشرت دور الكتب لتؤدي مهماتها في التدريس والتعليم، وساهم الخلفاء بتأسيس دور الكتب العامة، فأقام **الرشيد بيت الحكمة ببغداد**، الذي سرعان ما وصل ذروته في **خلافة المأمون**، إذ اشتمل على مجموعة الكتب الأجنبية التي عمل المترجمون على ترجمتها إلى اللغة العربية، وأنشأ **الحاكم بأمر الله الفاطمي دار الحكمة بالقاهرة** وجلب إليه الكتب في مختلف العلوم والأدب[2]. وجلس فيها العلماء والأدباء والفقهاء والأطباء لتعليم الناس، إذ جرت فيها المناقشات والمناظرات بين الذين يترددون عليها.

وعندما أقيمت المدارس زُوِّدت بمكتبات كبيرة، فكانت **المدرسة النظامية** تحتوي على مكتبة عظيمة، إذ نُقلت إليها الكتب الفريدة وتوسعت بفضل عناية الخلفاء والأمراء ومساهمة الناس بالهدايا من الكتب، واحتوت **المدرسة المستنصرية**[3] على مكتبة كبيرة منظمة، وبلغ عدد الكتب ثمانين ألف مجلد يوم افتتاحها، وساهمت المكتبات الخاصة في النهضة العلمية العربية، فلم تقتصر على المطالعة والاستنساخ، بل تجاوزت ذلك إلى أن تحول بعضها إلى دور العلم والتعليم.

إنّ هذا التطور في المؤسسات التعليمية يشير بوضوح إلى حقيقة هامة هي: أن التدريس للعلوم الدينية في المساجد كان نواة التعليم، ثم ما لبث أن ازداد اهتمام الناس بطلب العلوم الأخرى التي لا يهتم الفقهاء بتدريسها، وبالأخص العلوم الأجنبية، فاستدعى ذلك تشييد

---

(1) جعل محمود الغزنوي عاصمة ملكه غزنة موطنًا للعلم والأدب وكان قصره ملتقى الفنون في المناقشات في الأدب والعلم، وكان ممن يحضرون مجلسه عدد من العلماء أمثال البيروني والعتبي المؤرخ وغيرهم. (المؤلف)

(2) افتتح الحاكم بأمر الله دار الحكمة عام 395هجرية، وحمل الكتب إليها من خزائن القصور المعمورة، ودخل سائر الناس إليها يقرؤون وينسخون، وأُقيم لها خزان وبوابان، ورتب فيها قومًا يدرّسون للناس العلوم، ولكن الحاكم أبطل ذلك بعد قليل من الزمان. وكان في هذه الدار ما يحتاج الناس إليه من الحبر والأقلام والمحابر والورق، وقد وصلت إلينا ميزانية هذه الدار فكان ينفق عليها في كل سنة 257 دينارًا من العين المغربي. يُراجع، آدم متز، الحضارة الإسلامية في القرن الرابع الهجري، ترجمة محمد عبد الهادي أبو ريدة، القاهرة 1940، ص295. (المؤلف)

(3) يُراجع، أحمد شلبي، تاريخ التربية الإسلامية، ط2، القاهرة 1960، ص158. (المؤلف)

خزائن للكتب يعمل فيها عدد من العلماء والعاملين في حقل الترجمة والاستنساخ، ثم تحولت هذه الخزائن إلى دور للعلم وأنشئت أخرى، ولم تقتصر على الكتب فقط، بل تحولت الدور الجديدة إلى مؤسسات تعليمية تُعقد فيها الدراسات والمناقشات، ونظرًا لاهتمام الناس بالعلم وانتقال طلاب العلم من مكان إلى آخر طلبًا لتلقي العلوم على شخصية علمية مرموقة، أو للإفادة من الكتب الموجودة في دور الكتب العامة والخاصة، لقد تحولت الدور الجديدة سواء ما كان منها مملوكًا من قبل أفراد أو مقامة من قبل الخلفاء إلى مؤسسات تعليمية توفر للطلبة كل ما يحتاجونه من أدوات تعليمية فضلًا عن توفير الرزق والملابس وغيرها، لكي يستطيع الطالب التفرغ إلى العلم بكليته[1].

وانتشرت المدارس في العالمين **العربي والإسلامي**، فتصدرت **المدرسة النظامية والمدرسة المستنصرية** مكانة عظيمة، وظهر التخصص العلمي بشكل واضح عند العلماء، وأصبح للعاملين في المدارس رواتب معينة، كما تحوّل التعليم من مجرد التدريس في حلقات إلى تعليم منظم يجري على وفق قواعد صارمة، ولا يحصل الطالب على إجازة التدريس إلا بعد اجتياز مراحل تعليمية عديدة، بشرط أن يكون الأستاذ الذي يمنح الإجازة عالمًا وثقة في دينه وروايته، وأن يكون الطالب أو من يحصل على إجازة التدريس من أهل العلم.

وتطورت طرق التعليم وتنوعت بفضل زيادة اهتمام الناس بالعلم والعلماء وكثرة طلاب العلم، والتعرف على وسائل جديدة من حضارات أخرى، واتباع كل عالم طريقة خاصة بالتعليم، ولكننا بوجه عام نستطيع إبراز الطرق الرئيسية التي اعتاد عليها معظم العلماء في حلقاتهم ومدارسهم:

طريقة الإملاء على الطالب: إذ كان الأستاذ أو العالم يرتجل علمه على الطلبة من دون الاستعانة بكتاب، وعلى الطلبة واجب تدوين ما يُتلى عليهم ومذاكرته[2].

---

(1) تتناسب قيمة الطالب من عدد الرحلات التي قام بها طلبًا للعلم، فكان ذلك سببًا جعل الطالب يرحل من مكان إلى آخر ليتزود بالعلم، ويدرس على مشايخ العصر العلوم المختلفة. (المؤلف)

(2) ظهرت حلقات التعليم مع ظهور الدين الإسلامي، إذ يستمع الطلبة إلى الشيخ الذي يجلس على منصة، ويملي على الطلبة ما يعلمه ويكون الإلقاء بطيئًا فقرة بعد أخرى، يُراجع، أحمد شلبي، مصدر سبق ذكره، ص320-321. (المؤلف)

طريقة شرح الكتاب: حيث يقوم أحد الطلبة بقراءة كتاب يختاره الأستاذ ويقوم الأستاذ بشرح الغامض من الفقرات والجمل والتعليق عليها ومقارنتها بغيرها مع التوسع بالأسانيد والحجج وغيرها، وكان من نتيجة هذه الطريقة أن ظهرت شروح كثيرة على كتب معروفة، فالأستاذ لا يختار من الكتب إلا ما كان معروفًا ومعتَرَفًا لمؤلفه بالفضل.

طريقة المختصرات: وهذه الطريقة ظهرت إلى جانب الطريقتين السالفتين، التي يدونها الطلبة لغرض المذاكرة.

طريقة الإضافة والشرح والتعديل: أما إذا كان الكتاب مؤَلفًا من قبل الأستاذ نفسه فإن كثيرًا ما كان يضيف إليه عند القراءة ويجري عليه بعض التعديلات، وقد غلبت هذه الطريقة على الأساتذة الذين يملون على الطلبة، فإذا قرأ أحد الطلبة عليه ما قام بتدوينه زاد عليه ونقّحه وأجرى عليه بعض التعديلات، ليكون موثوقًا من جهة ومعتمدًا عليه عند الإشارة إليه من جهة أخرى، كما وُضعت مؤلفات في علوم كثيرة تشرح العلوم للطلبة بأسلوب تربوي يغلب عليه الجانب التعليمي[1].

وبفضل نشأة المدارس، وهي ضرورة اقتضتها ظروف العصر نظرًا لازدياد الناس على طلب العلم، وظهور التخصص في العلوم، واقتصار العالِم على تدريس علم معين، أن اتخذ التدريس صورة منهجية منظمة، وتطورت العلاقة بين الأستاذ والتلميذ وأصبح لها قواعد خاصة يلتزم بها الطرفان.

فأما ما يجب للأستاذ على التلميذ فهو: أن يكون التلميذ لينًا قبولًا لجميع أقاويله من جميع جوانبه، لا يعترض عليه من أمر من الأمور وإن كان كافيًا متصوِّرًا للأمر، فإن ذخائر الأستاذ العالِم ليس يظهرها للتلميذ إلا عند السكون إليه والإحماد له غاية الإحماد، وذلك أن منزلة الأستاذ منزلة العلم نفسه، ومخالف العلم مخالف الصواب ومخالف الصواب حاصل على الخطأ والغلط، وهذا لا يؤثره عاقل. **ولست أريد بقولي في التلميذ** أن يكون

---

(1) وقد لجأ كثير من العلماء الذين زاولوا العلم الرياضي إلى الشرح والتلخيص، فنجد على سبيل المثال، إرشاد الحساب في المفتوح من علم الحِساب، لشمس الدين المارديني، إرشاد الطالب إلى وسيلة الحساب لابن الهائم، تحفة الطلاب في حل خلاصة الحساب، ألفه سبط المارديني، ولعبد الرحمن الجلبي تلخيص المفتاح في الحساب للكاشي. (المؤلف)

طائعًا للأستاذ في شيء من الأمور الجسمانية والظاهرة من أنواع المنافع، بل إنما أُريد بذلك قبول العلم والدرس وسماع البرهان عليه وحفظه، وترك التكاسل والتشاغل عنه. وأن يكون التلميذ صامتًا للأستاذ كتومًا لسره، لأن التلميذ في هذه الحال كالأرض المزروعة التي يتخذها الإنسان لصلاح حاله، فإن كانت تربتها طيبة أنحت البذور فيها فأزكى وأينع وردّ أمثال بذره، وإن كانت تربته فاسدة قبيحة هلكت البذرة فيها ولم يرد مكانها أو أفسدته وكان ما ردّه من ذلك قليل النفع.

فأما ما يجب للتلميذ على الأستاذ فهو:

أولًا: امتحان قريحة المتعلم، وأُريد بقول قريحته أي جوهره الذي طُبع عليه ومقدار ما فيه من القبول والصفاء إلى الأدب، إذا سمعه وكيف تشبثت نفسه به وتذكره له. فإذا وجده قبولًا ذا أرض زكية وجوهر ترتضع فيه أمثال المعلومات ورسومها عن قرب، وعلى أيّ حال كان ابتدأ بسقياه الأوائل التي تماثل قبوله فرواه منها، وهذه السقيا الأولى هي أن يداخل الرياضيات وأوائلها، وبحسب سنه أيضًا واحتناكه يكون مقدار ما يلقنه إليه أولًا، وكلما احتمل من الزيادة فليزده وليمتحنه فيما كان سقاه أولًا، فإن كان حافظًا وغير مضيع له زاده في الشرب والتعليم.

وثانيًا: إن وجده ينسى ويتخبّل في حفظه نقصه من الشرب، وغايته على ذلك عتبًا كالإيماء من غير إمعان في التصريح، ثم امتحنه بعد ذلك ثانيًا وثالثًا. فإن كان جاريًا على ديدنه واحد في النسيان هزه بالأعتاب وأوجعه بالتقريع، وبالغ في توبيخه.

وبالجملة فإني **أقول**: «إن سبيل الأستاذ والتلميذ أن يكونا متعاطفين بعضهما على بعض تعاطف قبول، وهذا إنما نومئ إليه أن يكون التلميذ كالمادة والأستاذ كالصورة، وهذا إنما يكون بالقبول في ذلك السابق»[1].

وبفضل تطور المؤسسات التعليمية وطرق التدريس تنوعت المؤلفات وتفنن **العلماء العرب** في شرح العلوم وتبسيطها، فضلًا عن ما وضعه من مؤلفات متخصصة لكل علم،

(1) يُراجع، جابر بن حيان، مختار من رسائله، نشرة بول كراوس، القاهرة 1354هـ، نخب من كتاب البحث، المقالة الأولى، ص503-505. (المؤلف)

فكثيرًا ما نجد الدراسات تأخذ شكل المقالة والرسالة والبحث والكتاب الذي يقع في أجزاء كثيرة، وقد تناول فيها العلماء موضوعات بحث دقيقة وصغيرة تدل على معرفة متينة بما يجب أن يكون عليه البحث العلمي، فنرى الرسالة العلمية تعالج مسائل واحدة، يتصفح فيه المؤلف وجوه المشكلة كلها بطرح آراء السابقين والرد عليهم والنظر العقلي تارة وبالبرهان والاعتبار تارة أُخرى، حتى يخلص إلى النتيجة بعد أن يكون قد قدم دراسات واسعة للمسائل المطروحة وثبّت المقدمات التي يستبين فيها الصدق.

وصدرت كتب على درجات متفاوتة في البساطة والعمق، فنجد إلى جانب الكتب المتخصصة التي يتناولها العالِم بالدراسة سواء كانت مترجمة عن لغة أجنبية أو على هيئة شروح لكتب معروفة أو مؤلفة في أبواب من أبواب العلم، كتبًا أُخرى كتبت للمتعلمين والطلاب وقد حاول المؤلف فيها التبسيط دون الإخلال في العلم، فالتزم المنهجية والتدرج المنطقي من البسيط إلى المعقد، ليسهل على المتعلم الانتقال من مسألة إلى أُخرى، فيزداد علمه وترتقي مرتبته في سلم المعرفة العلمية.

ومن أبرز الظواهر العلمية التي رافقت تأليف الكتب العلمية إسناد الرأي وتوثيقه، فلم ينسب العالِم العربي آراء **اليونان أو الهنود** وغيرهم إلى نفسه، بل كان أمينًا على تثبيت ما يقتبسه، حريصًا على ذكر الآراء بدقة متناهية دونما تشويه أو تحريف ملتزمًا بموضوعية علمية إلى حدٍ بعيد. فالإشارة إلى الكتب والمؤلف عند الاقتباس مسألة أولاها **العلماء العرب** أهمية بالغة، كما أن التثبت من الآراء والتواريخ والحقائق العلمية عن طريق ذكر الناقل أو المؤلف، هل هو موثوق أو لا يُعتدّ برأيه من الأساليب العلمية التي انتهجها **العرب** في التأليف، فإذا ما توثّق المؤلف ذكر الرواية والراوي، وخلاف ذلك يذكر الرواية وما يحفّ بها من شكوك.

ولم يقتصر التأليف على الكتب والمقالات والرسائل، بل تجاوز ذلك إلى مساهمة **الشعر العربي** في إثراء **المكتبة العلمية العربية، إذ ظهر الشعر العلمي أو التعليمي** الذي تناول موضوعات ليسهل على المتعلم حفظ العلم وتذكره واستخدمت الأُرجوزات، وهي نوع من الشعر العربي السهل، في التعبير الدقيق عن محتويات العلوم ومكنوناتها، وامتدت هذه الحركة الشعرية لتمثل كل ضروب المعرفة، فاشتُهر في الشعر التعليمي على سبيل المثال ألفية **ابن مالك (ت672هـ)** في اللغة، ومنظومة في الجبر والمقابلة في

المعروفة بالياسمينة لمؤلفها **عبد الله بن حجاج المعروف بابن ياسمين (ت600هـ)**، ومنظومة **ابن البهائم، أحمد بن محمد** (ت**815هـ**)، في الجبر والمقابلة، ومنظومة في حساب اليد لمؤلفها **شمس الدين محمد بن أحمد بن حسن الموصلي**، وأرجوزة **الفيلسوف ابن طفيل، أبو بكر محمد بن عبد الملك بن محمد** (ت**581هـ**) في الطب، وغير ذلك من المنظومات الشعرية في علوم أُخرى.

ونتيجة للتخصص وزيادة العناية بالكتب العلمية وانتشار دور الكتب والمؤسسات التعليمية التي تنبَّه العالِم العربي إلى المشكلات التي يثيرها الاستنساخ واقتناء المخطوط أو الكتاب، وظهور طائفة من الناس تحترف النَسخ والوراقة، فكان أن تطور منهج خاص بالمخطوط والتثبت منه وإصلاح ما يطرأ عليه من تصحيف وتحريف نتيجة الاستنساخ.

إنّ عملية التثبت من صحة نص مخطوطة ما تحتاج إلى مقابلة بنص مخطوطة أُخرى، أو مخطوطات أُخرى من نوعها، وقد استخدمت هذه الطريقة أول الأمر في بداية **عصر الترجمة**، وذلك عن طريق مقابلة مخطوطة بأُخرى للتثبت من صحة المتن، والتأكد من سلامة الترجمة، إن أسلم طريقة لا بل الطريقة الوحيدة للتثبت من صحة نص مخطوطة ما هي معارضة(مقابلة) المخطوطة المراد التحقق من صحتها بمخطوطة أو مخطوطات أُخرى من نوعها معارضة دقيقة، وهذه الطريقة العلمية السليمة بدت تباشيرها عند مستهل الحضارة **الإسلامية** عندما بدأ عصر الترجمة من لغات غربية إلى **العربية** من القرن التاسع الميلادي[1].

وكان أن وُضِعت شروط لمن يقوم بالترجمة من لغة إلى لغة أُخرى، نظرًا لظهور ترجمات قام بها **السُّريان** من **اللغة اليونانية** لم تكن سليمة لاعتمادها على الترجمة الحرفية من جهة، وضعف المترجم **باللغة العربية** من جهة أُخرى، فمن الضروري إذًا أن يكون المترجم حسن الاطلاع في **اللغتين الأجنبية والعربية**، وعارفًا بالموضوع الذي يقوم بترجمته ليسهل عليه إيجاد المرادف العربي الصحيح للمصطلح العلمي والفلسفي الأجنبي، وكثيرًا ما نجد إعادة

(1) يُراجع، فرانز روزنثال، مناهج العلماء المسلمين في البحث العلمي، ترجمة أنيس فريحة، بيروت 1961، ص72. (المؤلف)

ترجمة كتاب وإصلاحه ظاهرة في بداية عصر الترجمة، وهو ما حدث بالفعل بالنسبة لترجمة **كتاب إقليدس** في الأُصول وكتاب المجسطي لبطليموس مثلًا[1].

وفي مجال استنساخ الكتب المؤلفة ظهرت مخطوطات كثيرة، وقد أصابها بعض التحريف والتصحيف وكثرة في الأخطاء، فكان أن وضع المهتمون شروطًا خاصة بالمخطوطة والاستنساخ منها: أن يكون الناسخ مُلمًا بالموضوع الذي ينسخه، وأن يكون النسخ على المخطوطة المكتوبة بخط المؤلف أو بخط أحد تلامذته أو بخط عالِم يُعتمد عليه، وقد حرص المشتغلون بالعلوم على اقتناء أوثق النسخ لاستنساخها وأصبحت نسخة المؤلف هي المرجع وذات قيمة علمية كبيرة، والنسخ الأُخرى التي كتبها أحد تلامذة المؤلف سواء كانت مكتوبة بإملاء عليه في حلقات الدروس أو بإشرافه وقام المؤلف بتصحيحها وإجازتها، وغالبًا ما يعتمد المؤلف على نسخ كثيرة للتوثق من الصحيح، وإزالة الخطأ بالمقابلة والمعرضة بين النسخ وبذكر المراجع والمكتبة التي كانت المخطوطة محفوظة فيها.

وتنوعت المؤلفات العلمية في شتى الاختصاصات، وتعينت مجالات العلوم وصلتها بعضها ببعض، كما انفرد بعض العلماء بموضوعات متخصصة، وتوضحت معالم الطريقة وتقسيم العلوم، وصلة كل علم بطريقة معينة في البحث والتنقيب، ويعود الفضل في هذا التطور إلى عدة عوامل أهمها:

أولًا: اختصاص كل طائفة من العلماء بدراسات معينة وتطويرها، فالفقهاء وعلماء اللغة وعلماء العلوم الأجنبية والفلاسفة يمثلون أبرز هذه الطوائف في الحضارة **العربية**، إذ اختص الفقهاء بكل ما يتصل بالعقيدة والشريعة الإسلامية، واختص اللغويون بدراسة الظواهر اللغوية المختلفة وضبط القواعد الصوتية والصرفية

---

(1) يقول صاحب الفهرست عن كتاب الأصول إقليدس، نقله الحجاج بن يوسف بن مطر نقلين أحدهما يعرف بالهاروني وهو الأول، ونقل ثانٍ وهو المأموني وعليه يُعَوَّل، ونقله إسحق بن حُنين وأصلحه ثابت بن قرّة الحرّاني، يُراجع، الفهرست، ص385، أما كتاب المجسطي لبطليموس، فيقول صاحب الفهرست: أول من عُني بتفسيره وإخراجه إلى العربية يحيى بن خالد بن برمك، ففسره له جماعة فلم يتقنوه ولم يرض ذلك، فندب لتفسيره أبا حسان وسلم، صاحب بيت الحكمة فأتقَنَاه واجتهدا في تصحيحه بعد أن أحضر النَّقَلَة المجودين فاختبر نقلهم وأخذ بأفصحه وأصحّه، ص388، وتصدُق هذه الأعمال على كثير من الكتب المترجمة، ولا سيما تلك التي قام بها المترجمون في بداية عصر الترجمة. (المؤلف)

والنحوية والمعاني والمعاجم وغير ذلك، بينما اهتم العلماء بدراسة الظواهر الطبيعية والأمور الطبية وعلوم الرياضيات وغير ذلك. وانصرف اهتمام الفلاسفة إلى مبادئ العلوم والمنطق والميتافيزيقا والأخلاق والسياسة.

ثانيًا: الاتصال الحضاري والنقل العلمي عن أمم أخرى، فقد عرف المهتمون بالعلوم أن **اليونان** يقسّمون العلوم إلى العلم الرياضي والعلم الطبيعي والعلم الإلهي، إذ تندرج تحت هذه العلوم علومًا فرعية أخرى، فيضم العلم الرياضي مثل: الهندسة والحساب والفلك والموسيقى، بينما يضم العلم الطبيعي موضوع الأجسام والحركة (الميكانيك) والآثار العلوية (البرق والرعد والأمطار والرياح وغير ذلك)، وعلم الحيوان والنبات والمعادن، ويتناول العلم الإلهي كل ما يتصل بما بعد الطبيعة (الميتافيزيقا). وكان للإضافات العلمية التي عرفها **العرب** بعد ترجمة مؤلفات **علماء الإسكندرية** أكبر الأثر في إعادة النظر بتقسيم العلوم وإجراء تعديلات جديدة عليها.

ثالثًا: التطور العلمي الكبير الذي حققه **العلماء العرب** في جميع العلوم مع إدراك واضح للطريقة الواجب اتباعها في كل علم، فالطريقة في العلم الرياضي تختلف عن الطريقة في العلم الطبيعي، لأن الأولى برهانيه والثانية تجريبية تستخدم الأجهزة المختبرية، أما العلم الإلهي فلا يمكن أن تكون طريقته برهانيه أو تجريبية وغالبًا ما يعتمد على الظن والتخمين[1]. أضف إلى ذلك إدراك **العلماء العرب** لأهمية التخصص والعمل في كل فروع المعرفة، نظرًا للتوسع الكبير الذي أصاب العلوم جميعها بفضل الإضافات العلمية الجديدة.

إنّ التقسيم العام للعلوم الذي تبناه **العلماء والفلاسفة العرب** هو التقسيم **اليوناني** المتمثل بالعلم الرياضي والعلم الطبيعي والعلم الإلهي[2]. ولكن إعادة النظر في هذا التقسيم وما

---

(1) يُراجع، الغزالي، المنقذ من الضلال، مرجع سبق ذكره، ص36. (المؤلف). ويُلاحظ هنا أن هذه الفكرة تتوافق مع فلسفة الدكتور ياسين خليل في موقفه من الإلهيات، باعتبار أن الميتافيزيقا لغو فارغ لا طائل تحته لأنه علم لا يمكن التثبت من صدقه، وهو ما تقول به الفلسفة الوضعية المنطقية الغربية ويُعَدّ هو أحد أتباعها الكبار في العالم العربي فضلًا عن زكي نجيب محمود. (المحقق)

(2) يتفق معظم الفلاسفة العرب على هذا التقسيم، وتظهر فيما بينهم بعض الاختلافات في التفاصيل، فالفلسفة

رافق العلوم الفرعية من تطور واستقلال، جعل التقسيم يأخذ شكلًا آخر، بحيث شمل جميع العلوم **العربية** من فقه ولغة وتاريخ وعلم كلام وجميع العلوم الأجنبية.

وغايتنا الآن أن نثبت ذلك بإيجاز مستندين على مؤلفات بعض الفلاسفة[1] وكتب التراجم والسير للعلماء[2].

يذكر **الفارابي** في كتاب إحصاء العلوم تقسيمًا جديدًا يأخذ بنظر الاعتبار العلوم العربية والعلوم الأجنبية، فيضع في المقام الأول علم اللغة الذي يطلق عليه اسم علم اللسان، وفيه يقول: وعلم اللسان عند كل أُمة ينقسم سبعة أجزاء عظمى: علم الألفاظ المجردة، وعلم الألفاظ المركبة، وعلم قوانين الألفاظ عندما تكون مفردة، وقوانين الألفاظ عندما تُركّب، وقوانين تصحيح الكتابة، وقوانين تصحيح القراءة، وقوانين الأشعار[3]. وفي هذا التقسيم يكون الفارابي بجميع فروع علم اللغة من الصوتيات والصرف والنحو والكتابة والأوزان وعلم العروض.

بعدها يذكر **الفارابي** علم المنطق الذي يرى فيه صناعة تعطي بالجملة القوانين التي شأنها أن تُقوِّم العقل وتُسدّد الإنسان نحو طريق الصواب ونحو الحق في كل ما يمكن أن يغلط فيه من المعقولات، والقوانين التي تحفظه وتَحُوطه من الخطأ والزلل[4].

ثم يتناول **الفارابي** علم العدد (الحساب) وعلم الهندسة وعلم الموسيقى وعلم النجوم(الفلك) في علم التعاليم، ولكنه يضيف إليه علم المناظر وعلم الأثقال وعلم الحيل.

في نظرهم تتألف من علوم ثلاثة: رياضية وطبيعية وإلهية، يُراجع، ابن أبي أصيبعة، عيون الأنباء، في ترجمته لمؤلفات ابن الهيثم، ص553، وكتاب المعتبر في الحكمة لأبي البركات البغدادي، طبعة الهند، وكتاب تهافت الفلاسفة، والمنقذ من الضلال للغزالي وغير ذلك. (المؤلف)

(1) من الكتب الفلسفية المهمة التي عُنيت بتصنيف العلوم، كتاب إحصاء العلوم للفارابي، ورسائل إخوان الصفا، والإشارات والتنبيهات لابن سينا، وغيرهم. (المؤلف)

(2) نقصد بها الموسوعات العلمية التي اتخذت منهجًا في تقسيم العلماء، ويظهر لنا من خلاله نظرة الذين ألفوها إلى تقسيم العلوم. (المؤلف)

(3) يُراجع، الفارابي، إحصاء العلوم، تحقيق عثمان أمين، القاهرة1949، ص46-47. (المؤلف)

(4) المصدر السابق، ص53. (المؤلف)

ويضع العلم الطبيعي مع العلم الإلهي في الفصل الرابع، فيرى في العلم الطبيعي أنه ينظر في الأجسام الطبيعية وفي الأعراض التي قوامها في هذه الأجسام، ويعرف الأشياء التي عنها والتي بها والتي لها توجد هذه الأجسام والأعراض التي قوامها فيها[1]. ويُقسِّم العلم الطبيعي إلى علوم فرعية معتمدًا على مؤلفات **أرسطو** في كتبه السماع الطبيعي والكون والفساد والآثار العلوية والمعادن والنبات والحيوان والنفس، من دون أن يذكر الطب من بين العلوم الطبيعية أو أي فرع من فروعه.

ويُحدِّد العلم الإلهي في أنه يُفصح عن الموجودات بما هي موجودات، وعن المبادئ البرهانية في العلوم النظرية الجزئية، وعن الموجودات التي ليست بأجسام ولا في أجسام[2].

ويُفرِدِ فصلًا للعلم المدني وعلم الفقه وعلم الكلام ليشمل أنواعًا أخرى من المعارف الجديدة وما تضمنته **الفلسفة اليونانية** من حقول مثل: الأخلاق والملكات والفضائل، وما يتصل بالمجتمعات والمدن والأمم من الأفعال والملكات والفضائل والمهن والملوك وغير ذلك. وما تضمنته الشريعة من آراء وأفعال وما يقوم علم الكلام في نصرة الأفعال التي حددها الدين وبيان الزَّيف في آراء من خالفها[3].

وإذا ألقينا نظرة على كتاب مفاتيح العلوم **للخوارزمي الكاتب**، فإننا نجد فيه جميع العلوم مذكورة بترتيب يعتمد من حيث الأساس على تقسيم ثنائي، إذ جعل **الخوارزمي الكاتب** في المقالة الأولى ستة أبواب ضمت العلوم **العربية**: في الفقه والكلام والنحو والكتاب والشعر والعروض والأخبار، بينما نص صراحة في المقالة الثانية على العلوم الأجنبية وأسماها **علوم العجم** وهي تسعة أبواب[4]: الفلسفة والمنطق والطب وعلم العدد وعلم الهندسة وعلم النجوم والموسيقى والحيل والكيمياء.

وبذلك يظهر الخلاف بين كتاب إحصاء العلوم وكتاب مفاتيح العلوم في أن الثاني يذكر الطب في جملة العلوم التي يعالجها فيذكره ويذكر فروعه مثل: التشريح والأمراض

---

(1) المصدر السابق، ص91. (المؤلف)

(2) المصدر السابق، ص99. (المؤلف)

(3) المصدر السابق، ص102-113. (المؤلف)

(4) يُراجع، الخوارزمي الكاتب (محمد بن أحمد بن يوسف)، مفاتيح العلوم، مصر 1344هـ. (المؤلف)

والأدواء والأغذية وأوزان الأطباء ومكاييلهم، بينما لا نجد للطب في تقسيم **الفارابي** للعلوم مكانًا يذكره فيه، إذ لا يضعه في فروع العلم الطبيعي ولا يذكره منفردًا أو مع العلوم الأخرى.

ويذكر الحسن بن الهيثم (ت 1038م)[1]، العلوم الطبية في قائمة العلوم الطبيعية حينما يذكر ما صنّفه في هذا المجال من كتب، فيذكر ما ألفه في الطب وهو كتاب في تقويم الصناعة الطبية. وقد جرت العادة أن يُذكر الطب في الغالب بين العلوم الطبيعية.

وظهرت علوم انشطرت أو انفصلت من العلم الأم نتيجة للدراسة والتنقيب، فمن المعروف أن علم الفلك احتضن موضوعات جغرافية كثيرة، ولكننا نجد علم الجغرافية منفصلًا كعلم مستقل ضمن العلم الرياضي في **رسائل إخوان الصفا**[2]، وأصبح علم المناظر وعلم الأثقال وعلم الحيل (الميكانيكا التطبيقية) من العلوم التي جمعت بين العلم الطبيعي والعلم الرياضي، واندرجت تحت صنف العلوم التعليمية. وقد ساهم مؤرخو العلم العربي مساهمة كبيرة في تحديد تخصّص العلماء عن طريق ما ألّفه هؤلاء من كتب تناولت طبقات الأطباء والعلماء والصناع والفلاسفة والفقهاء وغيرهم، فظهر تخصّص **العلماء العرب** واضحًا في الفلسفة والمنطق والرياضيات والطبيعيات والفلك والكيمياء والحيوان والنبات والطب والمعادن والميكانيك والأحجار والجغرافية فضلًا عن الفقه والحديث واللغة والتاريخ والاجتماع والإدارة وغير ذلك.

---

(1) يُراجع، ابن أبي أُصيبعة، عيون الأنباء، ص557. (المؤلف)

(2) يُراجع، إخوان الصفا، الرسائل، الرسالة الرابعة، مج1، بيروت 1957. (المؤلف)

الفصل الثاني

الدراسات اللغوية

اللغة سمة بارزة في الشخصية الحضارية للأمة، فهي وعاء الأفكار، وأداة التعبير عن المشاعر ووسيلة جوهرية للتفاهم بين أفراد المجتمع الواحد، وهي فوق كل شيء نقطة التقاء أفراد الأمة الواحدة، ونقطة انطلاق للنهضة القومية. واللغة العربية لسان **الأمة العربية** وعامل من عوامل تكامل شخصيتها القومية، تمتد جذورها مع امتداد جذور الأمة، فهي وعاء خبرات الأجيال وحكمتهم، حفظت **للأمة العربية** وحدتها في مختلف الأدوار التاريخية، لذلك كانت ولا تزال محور اهتمام **العرب** واعتزازهم.

لقد ازدهرت اللغة العربية في المفردات والمعاني والقواعد قبل ظهور **الإسلام**، وأصبحت ثرية باللفظ وتعدد المعاني، واتخذ النظام الصرفي والنحوي فيها صورة نهائية، ويعود الفضل في ذلك إلى اهتمام **العرب** بالبناء الصحيح للغة وألفاظها، وإلى شغفهم في التعبير عن أفكارهم ومشاعرهم شعرًا، وكان تقدير الكلام المنثور إلى جانب تقدير الشعر، ذلك التقدير الذي هو أساس كل نثر جيد، أكبر فضيلة **للعرب القدماء**، وقد فاقوا في ذلك جميع الشعوب، فكان في كل قبيلة خطباء إلى جانب الشعراء يساوونهم في المكانة، وكانت مَلكة الخطباء تعبيرًا أشبه بمَلَكة خارقة، حتى نشأ الاعتقاد في بعض القبائل أنه لا ينشأ فيها خطيب قطّ إلا مات من قبله[1]. وكان لكل قبيلة شاعرها يدافع عنها عندما تدلهمّ الخطوب فينفخ في روحها الشجاعة والإقدام، ويفاخر بها وبأمجادها وما تعتز به من قيم وأخلاق فردية واجتماعية، وبذلك حفظ الشعر عاداتها وتقاليدها وتاريخها وما اشتملت عليه القبيلة من مكارم وسجايا حميدة.

---

(1) يُراجع، آدم متز، الحضارة العربية، مصدر سبق ذكره، ص393. (المؤلف)

وقد عبّر **العرب** بالشعر عن كل جوانب الحياة الدينية والاجتماعية والحربية والفكرية، لأسباب كثيرة منها: تربوية ووجدانية، فالشعر بالنسبة للنفس الإنسانية أيسر للحفظ من القصص والنثر، لما يمتاز به من إيقاع منتظم تطرب له النفس وتستحسنه، بينما يصعب على المرء حفظ النثر اللهم إلا ما جرى من مجرى الشعر في الإيقاع. ويبقى الشعر منقوشًا في النفس مدة أطول من النثر، ويستطيع المرء أن يتذكره عند الضرورة للاستشهاد به عند المطارحة الفكرية والمفاخرة، فهو أداة مهمة لتربية الناشئة على العادات والتقاليد والفروسية والمعارف المختلفة. ويثير الشعر بما يمتاز به من إيقاعات وجدان الفرد والجماعة، فيُلهِب العواطف ويصور الأحاسيس المختلفة والصور الفنية المستقاة من الطبيعة والحياة، فالشاعر كالفنان الذي يجاهد من أجل رسم صورة فنية بالفِرشاة والألوان محاولًا التعبير عن أحاسيسه بأفضل ما يستطيع فنيًا وجماليًا. ولكن الشاعر يرسم الصورة الفنية باللفظ ويرتبها به، فاختيار اللفظ المناسب واختيار الترتيب الذي يربط بين الألفاظ لتحقيق وحدة في المعنى والشكل هو غاية الشاعر من أجل أن تظهر الصورة التي رسمها كلامًا، وقد استوفت إحساساته الجمالية.

لقد حفل الشعر العربي **قبل الإسلام** بكل مقومات الفن الأصيل، ولكنه لم يقتصر على ذلك، بل اشتمل كذلك على الحكمة والموعظة والخبرة، فهو تعبير صادق عن الفلسفة الحياتية للإنسان **العربي** قبل **الإسلام**، كما اشتمل على تصوير دقيق لوقائع وأحداث وحروب[1]، فهو سجل تاريخي لكل ما حدث في الماضي من أحداث مهمة، وعبّر بدقة عن القيم الأخلاقية والاجتماعية، فهو معيار يُقاس به السلوك وحُكْم بين الصالح والطالح، والجميل والقبيح، والحق والباطل.

إن الاهتمام بالشعر العربي **قبل الإسلام** هو اهتمام بماضي **الأمة العربية**، لأنه مصدر مهم لمعرفة الأحداث والقيم والحياة الاجتماعية والفكرية للإنسان **العربي قبل الإسلام**، كما يشكل هذا الشعر ركنًا جوهريًا في الدراسات اللغوية والعلمية، وقد اهتم به علماء اللغة واستشهد به الفلاسفة والمفكرون والعلماء في العصور الإسلامية، وما زال الاهتمام

(1) يُراجع، عادل جاسم البياتي، الشعر في حرب داحس والغبراء، النجف الأشراف 1969. (المؤلف)

به حديثًا كمصدر تاريخي ولغوي وعلمي يطلعنا على المعرفة العلمية ومواقف العربي من الظواهر الطبيعية[1].

إن اهتمامنا بالشعر العربي قبل الإسلام ينحصر في ثلاث نقاط هي:

أولا: البناء اللغوي وما يحفل به من شواهد لغوية على تصريفات الألفاظ واختلاف المعاني واستعمال اللفظ وقواعد البناء وغير ذلك، فهو من هذه الناحية ثروة مهمة ومَعين للدراسات اللغوية في النحو والصرف والبلاغة والظواهر اللغوية الأخرى.

ثانيًا: البناء الفكري وما يحفُل به من شواهد على أحداث تاريخية ومعلومات علمية وأسباب حياتية، وقيم وعادات، ونظرة شاملة إلى الكون والطبيعة والحياة وصراع الإنسان مع الإنسان والطبيعة، فهو من هذه الناحية مَعين للدراسات التاريخية والعلمية والاجتماعية والنفسية.

ثالثًا: البناء الموسيقي وما يحفُل به من قواعد تدل على الانتظام والوحدة من ناحية، وإيقاع موسيقي من ناحية أخرى، فالبناء الشعري يدل على إحساس مرهف وإيقاع موسيقي منظم، كما يشير إلى حقيقة مهمة هي أن اختلاف أوزانه دليل على تعدد ألحانه الموسيقية، وأن القواعد التي تتحكم في أوزانه هي قواعد موسيقية في آن واحد.

لقد كان للشعر في حياة الإنسان **العربي** أهمية كبيرة، فأُقيمت المنتديات الشعرية وتبارى الشعراء بأحسن أشعارهم، ووضعت قواعد التحكيم بين الشعراء، فكان **النابغة الذبياني** من الشخصيات التي احتكم إليها الشعراء في الجاهلية، وتركّز نقد النابغة على حسن استخدام الألفاظ ومعانيها كما يظهر ذلك في التحكيم بين شعر **الأعشى** وشعر **حسان بن ثابت**[2]. وهذا دليل على اهتمام **العربي** بصحة اللفظ والمعنى وتهذيبه ليكون سليمًا وذا إيقاع، واستهجن **العربي** في الوقت نفسه استعمال الألفاظ الخشنة التي لا تستسيغها الأُذن لرداءة وقعها الموسيقي، وكان لفصاحة القول وقوة الملاحظة وجلاء الخبرة آثارها في ازدهار الشعر الجيد، كما أن المحافظة على نقاء اللغة والتمسك بقواعدها من العوامل الأساسية، ولاحتفاظ

---

(1) يُراجع، كرلو نلينو، علم الفلك عند العرب، مصدر سبق ذكره، ص107-127. (المؤلف)

(2) يُراجع، محمد بديع شريف، بحث في نقد الأدب العربي، القاهرة 1934، ص5. (المؤلف)

اللغة بحيويتها، وكان لهذا الاهتمام باللغة العربية وتنقيتها، وتنافس الشعراء والخطباء في الأندية والمجالس على قول الشعر والنثر، أن وصلت اللغة العربية في أواخر عصر ما قبل **الإسلام** مرحلة عالية من التطور والنضوج الأدبي والفكري[1]، وساعد على ذلك اعتزاز الإنسان **العربي** بلغته لما فيها من جمال ومتعة وجرس موسيقي، كما اتّخذها سلاحًا قويًا يُدافَع به عن سجاياه وفضائله وفروسيته، فكان حريصًا على تنشئة أولاده وتعليمهم اللغة العربية الفصحى، فإذا به يرسل أولاده إلى **البوادي** مدة من الزمن ليتلقوا عند **عرب البادية** لغة عربية خالصة من شوائب اللحن[2].

وازداد اهتمام **العرب** بعد ظهور **الإسلام** بلغتهم، فهي لغتهم التي نظم بها الشعراء أجمل القصائد، وهي لغة **القرآن**، لغة التنزيل التي اختارها **الله** لتنطق بالمعجزة، وبذلك اكتسبت اللغة العربية إلى جانب جمالها الفني قدسية واحترامًا لدى **العرب** وغيرهم، ثم أخذت اللغة بالثراء والازدهار بفضل **القرآن** وما انطوى عليه من مفاهيم جديدة أخلاقية وتربوية وسياسية واقتصادية واجتماعية وعلمية، فأصابها عمق في المعنى مع تعيين دقيق للحدود في الألفاظ والقواعد، وكان **للحديث النبوي الشريف** نصيبه في إثراء اللغة، وكذلك أحاديث الصحابة وخطبهم ووصاياهم.

وعندما خاض **العرب** حرب التحرير، تحرير الإنسان من الأوهام والأساطير واستغلال الإنسان للإنسان، وتوسعت رقعة الدولة الجديدة، بدأت الحاجة إلى تغيير اجتماعي يتناول الحياة التنظيمية للمجتمع بقيام مؤسسات وإدارات وهيئات لتنظيم أحوال المجتمع، فكان بيت المال وديوان الجند والبريد والخراج وغير ذلك. واتصل **العرب بأقوام غير عربية** وعلى نطاق واسع، وتحوّل المجتمع إلى حياة حضارية جديدة، فكان ذلك مدعاة إلى اختلاط **العرب** بغيرهم من الأقوام والتأثر بهم لغويًا وحضاريًا.

---

(1) يُلاحظ أن الدكتور ياسين خليل يشير إلى مصطلح الجاهلية بدلًا من مصطلح قبل الإسلام، وقد استُبدل من قِبَلي، كما أنه يدافع فلسفيًا عن فكرة أن العرب قبل الإسلام لم يكونوا أُناسًا جاهلين بأصول الحضارة والمعرفة العلمية والشعر واللغة والفصاحة، بدليل أن القرآن الكريم قد نزل بلغتهم وبساحتهم ليعارض بقوة الأسلوب اللغوي المتميز لهم من حيث البلاغة والفصاحة بالتعبير عن الفكرة، وهو بهذا يرد على بعض من يدعي أن العرب قبل الإسلام قوم جهلاء بكل شيء. ولكن البحوث العلمية الموضوعية قد أثبتت خلاف ذلك وهو ما يؤكّده الدكتور ياسين خليل وأنا أتفق معه. (المحقق)

(2) يُراجع، حسين نصار، المعجم العربي، نشأته وتطوره، ط2، مصر 1968، ج1، ص29. (المؤلف)

شَعر **الأمويون** بالتحولات الجديدة التي طرأت على الإنسان العربي، وما أصاب اللغة العربية من شوائب، فأنشئت حركة قومية عنيفة تميل إلى العودة إلى الأصالة **العربية** والحفاظ على **العروبة** نقية من الشوائب، وإزالة ما علق باللغة من تأثيرات أعجمية، وهكذا ظهرت حركة تنقية اللغة العربية مما أصابها من شوائب الألحان كردّ فعل لاختلاط **العرب** بغيرهم بالزواج من غير العربيات، وما نشأ عن ذلك من ظهور لغة ليست **عربية** خالصة، واستعارة الشعراء لألفاظ **فارسية** وغير ذلك من الأوجه المختلفة التي أصابت اللغة العربية فأبعدتها عن الفصحى.

اتخذت حركة تنقية اللغة العربية من الشوائب طريقة العودة إلى الأصل أساسًا للحكم، فوجدت في الإنسان **العربي** من البداية خير دليل لما يمتاز به من فصاحة في اللغة، حيث لم يتأثر **بغير العرب** لعدم مخالطته أهل المدن وابتعاده عن الأجواء اللغوية غير السليمة[1]. وكانت المقارنة وحسن سماع الأصوات والمخارج وغيرها واستعمال الألفاظ ومعانيها مجموعة من الوسائل التي استعانت بها الحركة لتنقية اللغة العربية، ثم تحولت هذه الحركة إلى اتجاه آخر مرتبط بأحوال المجتمع الجديد، فالذين يحرصون على بقاء اللغة نقية بحاجة إلى من يقوم بتعليم الأبناء اللغة الفصحى ويقوِّم اعوجاج اللسان، وبذلك ظهرت فئة من الذين يقومون بالتعليم وفتح أبواب الموسرين لتربية أبنائهم، لأن العيب كل العيب على **العربي** ألّا يستطيع إجادة لغته الفصحى ويَلْحَن بها كما يَلْحَن أبناء **الأعاجم**، ومن الطبيعي أن يرافق هذا الاهتمام باللغة ظهور مدارس تقوم بتعليم الأبناء اللغة العربية الفصحى، وأن تظهر طائفة من العلماء الذين يكرسون وقتهم لدراسة الظواهر اللغوية، فيكون همَهُم الأول كشف القواعد اللغوية وضبط الأصوات وتحديد معاني الألفاظ وغير ذلك من الوجوه اللغوية، فبرز على سبيل المثال **أبو الأسود الدُؤلي** وتلاميذه.

وكانت الطريقة في البحث دقيقة، إذ لا يمكن الاستعانة بأهل المدن الذين اختلطوا **بالأعاجم** وتأثر لسانهم بهم، لأن الوصف الصوتي والقواعد الصرفية والنحوية وغيرها لا يمكن أن تكون مضبوطة، فلا بد إذًا من الالتجاء إلى **القبائل العربية** التي لم تفسَد لغتها لعدم

---

(1) يذكر صاحب الفهرست، عددًا من الكتب المؤلفة في غريب القرآن منها: غريب القرآن لأبي عبيدة، وكتاب غريب القرآن لمحمد بن سلام الجمحي، وغير ذلك، يُراجع، ص58-59. (المؤلف)

اختلاطها بالأعاجم، واتبع علماء اللغة **الطريقة الاستقرائية في** تصفّح خصائص الأصوات وبناء الألفاظ وتنوع المعاني، وكانت المقارنة طريقة يعزّزها التحليل الصوتي واللغوي من أجل الوصول إلى صياغة القواعد العامة للغة العربية الفصحى، واشتُهر من بين علماء اللغة **الخليل بن أحمد الفراهيدي (ت175هـ)**، في ابتداع طريقة علمية رياضية في الدراسات اللغوية، وفي كشف أبنية الألفاظ في اللغة العربية **بالطريقة الارتباطية**.

ولم تقتصر الحركة العلمية على تنقية اللغة العربية ووضع الضوابط لما يجب أن تكون عليه الفصحى في الاستعمال، بل تجاوزت ذلك إلى دراسة أهم مصدرين في اللغة العربية هما **القرآن الكريم والحديث النبوي الشريف**، ويعود تاريخ هذه الحركة إلى **صدر الإسلام** إذ زخر **القرآن الكريم والحديث النبوي** بمفاهيم جديدة اكتسبت صبغة لم تكن معهودة من قبل، فكانت لها معانٍ يمكن أن تقول عنها اصطلاحية مثل: الزكاة والصلاة والجهاد وصفات الله وغير ذلك. كما اشتمل **القرآن** على ألفاظ لم تكن مستعملة في لغة **قريش**، بل كانت متداولة بين القبائل العربية **وأهل الكتاب من اليهود والنصارى**، فاعتُبرت من الألفاظ الغريبة في **القرآن**[1]. وقد ألّف **العلماء العرب** في موضوع غريب الألفاظ في **القرآن** مؤلفات كثيرة، واهتم علماء التفسير باللغة لكشف ما انطوى عليه من معانٍ لتوضيح آيات **القرآن وأقوال الرسول الكريم**.

ظهرت المؤلفات العلمية الخاصة بدراسة اللغة العربية، وبرزت مناهج علمية في دراسة الظواهر اللغوية المختلفة، وقد بلغت هذه الدراسات من الغزارة والدقة والتحليل ما لم تبلغه دراسة لغوية في أُمة أخرى في شدة الاهتمام بمعرفة صنوف الظواهر اللغوية والقواعد الصوتية والصرفية والنحوية وما تنطوي عليه من خصائص مميزة.

إن دراسة اللغة كموضوع بحث مع التوسُّل بمنهج علمي هما الأساس لنشوء **علم اللغة**، وإن التركيز على كشف القواعد التي تجري عليها الأصوات والأبنية الصرفية والنحوية هو الأساس لابتداع مفاهيم علمية ومقولات لغوية للتحليل اللغوي والمقارنة اللغوية.

---

(1) يُراجع، أبو الفتح عثمان بن جني، الخصائص، تحقيق محمد علي النجار، ط2، بيروت، ج1، ص33. (المؤلف)

لقد استطاع علم اللغة العربي وضع المصطلحات الفنية لوصف الأصوات وتشخيص الأبنية اللغوية وكل فنون الإعراب، كما برهن على قدرة فائقة في وضع التعريفات الدقيقة لهذه المصطلحات الفنية في علم اللغة.

تناول **علماء اللغة العرب** اللغة بالتعريف، فاتفقت تعريفاتهم في الجوهر واختلفت في اللفظ، وجرى التحديد على وفق العوامل الأساسية الداخلة في اللغة من حيث الصوت والقوم والأغراض. فاللغة أصوات يُعبر بها كل قوم عن أغراضهم[1]. فهي من حيث التعريف تنطوي على العوامل الآتية:

العامل الصوتي: الذي يمثّل ما تنتجه الأجهزة الصوتية عند الإنسان، وهذا عامل سنجد عالم اللغة منكبًا على دراسته نظرًا لأهميته في اتفاق واختلاف المعاني، وفي التفاهم بين أفراد المجتمع الواحد.

العامل الاجتماعي: الذي يمثل أفراد المجتمع الذين يتحدثون باللغة ويستمعون إليها، وهذا عامل ينصرف عالم اللغة إلى دراسته على أساس علاقة المتحدث باللغة، واختلاف الأصوات ومخارجها وما يرافقها من تغييرات وتطور في الأساليب.

العامل الدلالي: الذي يمثل المقصود من استعمال اللغة، فهي وسيلة للتعبير عن حاجات الأفراد وأغراضهم، وهذا عامل يجعل عالِم اللغة يعمل على بيان علاقة الألفاظ بالمعاني وما تشير آلية الأصوات من دلالات.

واهتم **عالِم اللغة العربية** بالبحث في أصل اللغة **وهل هي إلهام مواضعة واصطلاح؟**، فظهرت في هذا الباب عدة مذاهب لغوية، يحاول كل مذهب منها البرهان على صحة ما يذهب إليه بالحجة تارةً، وبالأمثلة تارةً أخرى، ويمكننا إجمال هذه **المذاهب في ثلاثة رئيسية** هي[2]:

أولًا: المذهب التوقيفي: الذي يرى **أهله** أن أصل اللغة إلهام وتوقيف من عند **الله** وأن **الله** أودع اللغة في **آدم** منذ النشأة، وقد اعتمد هؤلاء بدعم مذهبهم على آيات من **القرآن الكريم** كقوله تعالى ﴿وَعَلَّمَ آدَمَ الْأَسْمَاءَ كُلَّهَا﴾[3]، وكان من شدة حب

(1) المصدر السابق، ص40. (المؤلف)

(2) المصدر السابق، ص44. (المؤلف)

(3) البقرة/ آية 31. (المحقق)

الناس للغة العربية باعتبارها لغة التنزيل أن ذهبوا إلى القول إن اللغة **العربية هي لغة الملائكة ولغة أهل الجنة.**

ثانيا: المذهب الاصطلاحي: الذي يرى **أصحابه** أن أصل اللغة اصطلاح ومواضعة، وأن الناس في الجماعة اتفقوا على تسمية الأشياء بمسميات معينة فأصبحت من بعد ذلك عامة، فهي بناء على ذلك مجموعة من الألفاظ الدالة على معانٍ بتواطؤ ومواضعة، ويعتمد أصحاب هذا المذهب على تعريف الأشياء بالإشارة مع ذكر الألفاظ الدالة عليها، فكأنهم جاؤوا إلى واحدٍ من بني آدم، فأومأوا إليه وقالوا: إنسان إنسان إنسان، فأيّ وقت سُمِع هذا اللفظ عُلِم أن المراد به هذا الضرب من المخلوق، وان أرادوا سِمَة عينه أو يده أشاروا إلى ذلك، فقالوا: يد، عين، رأس، قدم، أو نحو ذلك[1].

ثالثًا: المذهب الطبيعي: الذي ذهب **أصحابه** إلى القول: إن أصل اللغات كلها إنما هو من الأصوات المسموعات كدوي الريح، وحنين الرعد، وخرير الماء، وشحيح الحمار، ونعيق الغراب، وصهيل الفرس، ونزيب الظبي، ونحو ذلك، ثم ولدت اللغات عن ذلك فيما بعد، **وهذا عندي وجه صالح، ومذهب متقبَّل**[2].

ومن الطبيعي أن تبدأ الدراسات اللغوية عند **العرب** بعامة تتشابك فيها الاختصاصات الصوتية والصرفية والنحوية، فتتداخل الدراسة للظواهر اللغوية، فلا نجد بابًا خاصًا بالصوتيات مثلًا أو بابًا آخر في التصريف وآخر في النحو، فكان الكتاب المختص بعلم اللغة لا يجعل حدودًا واضحة بين العلوم التي تندرج تحت علم اللغة، فإذا بمباحث الصرف والنحو والأصوات والقراءات وغير ذلك مختلطة متشابكة دون تفريق، ولكن غزارة النتائج التحليلية للغة وتفحُّص مختلف الأوجه اللغوية مع تقدُم الحركة العلمية قد مهَّ د السبيل نحو إدراك واضح لحدود كل علم، فاتجه العلماء إلى تخصيص موضوعات الصرف والنحو ودونوا الكتب الخاصة بهما، بحيث نستطيع القول إن مباحث علم اللغة في الأصوات والصرف والنحو والمعاجم أصبحت بفضل **العلماء العرب** ذات حدود واضحة، وأن لكل حقل منها منهجه ومقولاته أو مفاهيمه الخاصة به.

---

(1) ابن جني، الخصائص، مصدر سبق ذكره، ص46-47. (المؤلف)

(2) المصدر السابق، ص46-47. (المؤلف)

اهتم **علماء اللغة العرب** بالجانب الصوتي، فاعتمدوا في وصف الأصوات اللغوية على تحليل دقيق وعلمي لأجهزة الكلام عند الإنسان، وتحديد كل صوت بخصائصه استنادًا إلى حركات أو سكنات أجهزة الكلام، كما اعتمدوا في الوصف على التمييز والاختلاف وبيان التشابه الصوتي بين الأصوات، واستخدم **الخليل بن أحمد الفراهيدي** التحليل الصوتي في ترتيب الحروف في المعجم الذي اعتمد على نظام الأبجدية الصوتية والتقليب، بل جعل للخصائص الصوتية دورًا مهمًا في تقسيم الأصوات إلى مجموعات، وفي التمييز بين المستعمل والمهمل اعتمادًا على قوانين صوتية معينة اكتشفها **الخليل** في اللغة العربية، ورتّب **الخليل** المجموعات الصوتية بالشكل الآتي: **(ع ح ه غ ح)**، **(ق ك)**، **(ج ش ض)**، **(ص س ز)**، **(ط ت د)**، **(ظ ث ذ)**، **(ر ل ن)**، **(ف ب م)**، **(و ا ي)**. وأساس هذا الترتيب قائم على علاقة الصوت بأجهزة الكلام، حيث اتّخذ عمق الصوت في الحلق بداية ينتهي ترتيب الأصوات بعدها بالحروف الشفوية وحروف العلة.

أما الخطوة الثانية في منهج الخليل فهي تعيين أصناف الأبنية في اللغة، فيقول: **كلام العرب** مبني على أربعة أصناف، على الثنائي والثلاثي والرباعي والخماسي.

فالثنائي على حرفين نحو: قد، لم، هل، لو، بل، ونحوه من الأدوات والزجر، **والثلاثي** من الأفعال نحو قولك: ضرب، خرج، دخل، مبني على ثلاثة أحرف، ومن الأسماء نحو: عمر، جمل، شجر، مبني على ثلاثة أحرف، **والرباعي** من الأفعال نحو: دحرج، هملج، قرطس، مبني على أربعة أحرف، ومن الأسماء نحو: عبقر، عقرب، جندب، وشبهه. **والخماسي** من الأفعال نحو: اسحنكك، واقشعرّ، واسحنفر، واسبكرّ، مبني على خمسة أحرف، ومن الأسماء نحو: سفرجل، وهمرجل، وشمردل، وكنهبل، وترعبل، وعقنقل، وقبعثر، وشبهه[1].

وبذلك يكون **الخليل قد حصر** الأبنية من الأسماء والأفعال بما لا يزيد على الخماسي على أساس أن ليس **للعرب** بناء في الأسماء ولا في الأفعال أكثر من خمسة أحرف، علمًا أن الاسم لا يكون أقل من ثلاثة أحرف.

أما الخطوة الثالثة في منهج الخليل فهي تعيين جميع الأبنية الممكنة في اللغة العربية

---

(1) الخليل بن أحمد الفراهيدي، كتاب العين، تحقيق عبد الله درويش، بغداد 1967، ج1، ص53-54. (المؤلف)

سواء كانت مستعملة أو مهملة باستخدام الطريقة الرياضية المعروفة بالطريقة الارتباطية في التقليب، وفيما يلي كلام الخليل في ذلك بنصه «اعلم أن الكلمة الثنائية تتصرف على وجهين نحو: قد، دق، شد، دش، والكلمة الثلاثية تتصرف على ستة أوجه وتسمى مسدوسة وهي نحو: ضرب، ضبر، برض، بضر، رضب، ربض، والكلمة الرباعية تتصرف على أربعة وعشرين وجهًا، وذلك أن حروفها هي أربعة أحرف تضرب في وجوه الثلاثي الصحيح وهي ستة أوجه فتصير أربعة وعشرين وجهًا يُكتب مُسْتَعمَلها ويُلغى مُهْمَلها، وذلك نحو : عبقر يقوم منه: عقرب، عبرق، عقبر، عرقب، عربق، قعرب، قعبر، قبعر، قبرع، قرعب، قربع، رعقب، رقعب، رقبع، ربقع، ربعق، بعقر، بعرق، بقعر، بقرع، برعق، برقع. والكلمة الخماسية تتصرف على مائة وعشرين وجهًا، وذلك أن حروفها وهي خمسة أحرف تُضرب في وجوه الرباعي وهي أربعة وعشرون حرفًا فتصير مائة وعشرين وجهًا يُستعمل أقله ويُلغى أكثره وهي نحو: سفرجل، سفرلج، سفجرل، سجرلف، سرفجل، سرجفل، سلجرف، سلرفج، سلفرج، سجفلر، سرفلج، سجفرل، سلفجر، سرجلف، سجرلف، سرلجف، سجلفر وهكذا»[1].

أما **الخطوة الرابعة في منهج الخليل** فهي التمييز بين المستعمل من الأبنية والمهمل، وهذا معناه أن عليه أن يسقط جميع الأبنية التي لم تستعمل في كلام **العرب**، واعتمد لتحقيق ذلك على الناحية الصوتية والناحية الدلالية، إذ بيّن استحالة الجمع بين بعض الأصوات في الأبنية اللغوية لأسباب تتعلق بالنطق ومخارج الأصوات ذاتها مثال ذلك **قوله**: إن العين لا تأتلف مع الحاء في كلمة واحدة لقرب مخرجيهما إلا أن يُشتق فعل من جمع كلمتين مثل حي على كقول الشاعر:

ألا رب طيــف بــات منــك معانقي   إلى أن دعا داعي الفــلاح فحيعلا[2]

وفيما يتصل بالمعاني فقد بيّن **الخليل** الألفاظ أو الأبنية التي لها معنى معتمد في ذلك على استشهادات من الشعر العربي، وبخلاف ذلك عدت الأبنية مهملة لعدم استعمالها.

---

(1) المصدر السابق، ص66-67. (المؤلف)

(2) المصدر السابق، ص68. (المؤلف)

إن هذا المنهج يظهر لنا قدرة **الخليل** ومعرفته الرياضية واستخدام هذه المعرفة في الدراسات اللغوية، **ولا أكون مبالغًا** إذا قلت إن منهج **الخليل** في كتاب العين هو منهج **علم اللغة الرياضي** «**Mathematical Linguistics**»، وإنه **رائد هذا العلم ومؤسسه**[1]، فالقاعدة الرياضية التي اعتمدها في التقليب قد جعلت **منهجه** مستوعبًا لكل كلام **العرب**:

ففي البناء الذي يتألف من حرفين نحصل على صورتين 2= 1×2

وفي البناء الذي يتألف من ثلاثة أحرف نحصل على ست صور 6 = 1×2×3

وفي البناء الذي يتألف من أربعة أحرف نحصل على أربع وعشرين صورة

24= 1×2×3×4

وفي البناء الذي يتألف من خمسة أخرف نحصل على مائة وعشرين صورة

120= 1×2×3×4×5

وفي ضوء ذلك تكون القاعدة الرياضية للتقليب كما يأتي: إن عدد التقليبات (الصور) لـ(ن) من العناصر المختلفة يساوي حاصل ضرب 1×2×3× 00000ن لجميع الأعداد الطبيعية إلى (ن).

إنّ اهتمام **الخليل وعلماء اللغة العرب** بدراسة الأصوات وتحديد الخصائص المميزة لكل صوت، واعتماد ترتيب الأبجدية على هذه الخصائص والتوصل إلى قوانين صوتية في اللغة العربية للممنوع والمسموح والمهمل والمستعمل، قد وضع **علماء اللغة العرب** في مصافّ رُوّاد علم الأصوات، كما أن استخدام **الخليل** لفن التقليب في اللغة لاستيعاب كلام **العرب**، وتأثير هذا الفن في الدراسات اللغوية والمنطقية والرياضية جعله مؤسِّسًا للفن الارتباطي، كما أن إدراك ما للجانب اللفظي والجانب المعنوي من صلة وثيقة عند تحليل

---

(1) يُلاحظ هنا تأكيد الذات القومية باعتزاز لدى الدكتور ياسين خليل وكيف يرى أن العلماء العرب قد سبقوا علماء المنطق الرياضي من الغربيين في هذا الجانب وفي غيره من الجوانب الأخرى، ولولا المركزية الغربية التي ترى أن العلم والحضارة مرجعيتان يونانيتان لا يدانيهما أحد من الشعوب والأقوام الأخرى، لما التجأ الدكتور ياسين خليل إلى هذا القول ودافع عن ذاته باعتزاز. (المحقق)

اللغات، واستعمال هذا التمييز في الدراسات الصرفية والنحوية، قد وضع **علماء اللغة العرب** في منزلة رواد علم اللغة العام.

لقد أدرك **العلماء العرب** إن الاختلاف في الأصوات يؤدي إلى اختلاف في المعاني، لذلك حرصوا على وصف الصوت تجنبًا لظهور اللحن في الكلام، وهي ظاهرة ممقوتة عند المتحدثين بالعربية، كما أن وصف الصوت بدقة من شأنه أن يقوِّم لسان أبناء **العرب** من سكان المدن، فيحصل لهم النطق الصحيح. وعلى صعيد الدراسات اللغوية نشط **العلماء العرب في البصرة والكوفة وبغداد**، وتكونت حلقات علمية اجتمع الناس حول كل حلقة على مبادئ وأصول وتحليلات لغوية، حتى غدت **لمدرسة البصرة ولمدرسة الكوفة ولمدرسة بغداد**[(1)] قواعد معينة وأصول ثابتة، فكان **الخليل بن أحمد الفراهيدي مؤسس مدرسة البصرة**، وقد خلفه تلميذه **عمرو ابن عثمان الملقب بسيبويه** (ت180هـ)، الذي تابع منهج **الخليل** وتَمثّل نظرياته في النحو والصرف، فإذا به يضع مؤلفه المبين المعروف باسم الكتاب الذي دوّن فيه أصول النحو وقواعده فضلًا عن دراساته التحليلية لكل الظواهر اللغوية، واشتُهر **بمدرسة البصرة أبو عثمان المازني** (ت247هـ)، أما مدرسة الكوفة فكان في مقدمة المؤسسيين لها **أبو الحسن علي بن حمزة الكسائي** (ت189هـ)، **ويحيى بن زياد بن عبدالله الفراء** (ت207هـ).

اشتُهرت **مدرسة البصرة** بالمنهج العلمي الدقيق في تحليل الظواهر اللغوية واستقراء الحالات لوضع قاعدة عامة يُقاس عليها، بحيث يجرى التعليل في ضوء القاعدة، أما ما شذّ عنها فلا يؤخذ به، واعتمدت هذه المدرسة على الإفادة من الفصحاء من القبائل لتسجيل المادة اللغوية، ومن **القرآن الكريم** أساسًا لضبط القواعد الصرفية والنحوية، فيعود الفضل في تأسيس المنهج إلى عقلية **الخليل بن أحمد الفراهيدي** الرياضية التي اتخذت من الدقة والنظام والقواعدية أسلوبًا في بحث الظواهر اللغوية جميعها، وكانت نظريته الارتباطية أساسًا لبناء علم العروض وعلم اللغة، واستنباط القوانين في النحو والتصريف.

وإننا لنجد تأثير **الخليل** واضحًا في **كتاب سيبويه** وهو التأثير الذي نلمسه في المنهج

---

(1) جمعت مدرسة بغداد بين نحو البصرة ونحو الكوفة، فغلب على أصحابها طابع الميل إلى البصرة بعض الأحيان وطابع الميل إلى الكوفة أحيانًا أخرى. (المؤلف)

والأصول، إذ جمع **سيبويه** مباحث الصرف ووضع لها القوانين العامة، ولكنه لم يُفرق بين العلوم الداخلة في مباحث اللغة من نحو وصرف وقراءات وأصوات وغير ذلك، ويرجع سبب ذلك إلى أن هذه العلوم لم تصل إلى مرحلة الاستقلال من جهة، وإلى أن **سيبويه** جاريًا على منهج **الخليل** أقام بناء الكتاب على نظرية عامة واحدة في المنهج والأصول، فاختص **كتاب سيبويه** بدراسة المجرد والمزيد من الأسماء الثلاثية والرباعية والخماسية، كما اهتم بدراسة الأفعال المجردة والمزيدة، وكيفية بناء الصحيح وما يحدث من تغييرات بسبب القلب والإبدال والإدغام وغير ذلك، واعتمد الكتاب على السماع عن علماء اللغة وفي مقدمتهم **الخليل**، وعلى ما سمعه من الشعر والنثر وسجله بوادي **نجد والحجاز**، وكان موقفه من **العرب** دائمًا أن يسجل الصورة الشائعة على ألسنتهم في التعبير معتمدًا عليها في تقدير قواعده، ولم يكن يسجّلها وحدها، بل كان يسجّل دائمًا ما جاء شذوذًا على ألسنتهم، وهو ينعته تارةً بالضعف وتارة بالشذوذ أو القبح أو الغلط يقصد بذلك إلى أنه يخالف القياس الذي ينبغي اتباعه[1]. كما استخدم التعليل في بحوثه اللغوية بأن يأتي بالشواهد الكثيرة التي تجري مجرى القاعدة ويعلل سبب خروج الأمثلة الشاذة عن القواعد.

وامتازت مدرسة الكوفة باتساع المادة اللغوية من شعر ونثر عند **عرب البادية وعرب الحاضرة**، وبذلك لم تقتصر مادة اللغة على فصحاء **العرب** من البادية كما فعلت **مدرسة البصرة** ولم تقف المسألة عند حد الاتساع في الرواية، بل امتد الاتساع في القياس وضبط القواعد النحوية، ذلك أن **البصريين** اشترطوا في الشواهد المستمد منها القياس أن تكون جارية على ألسنة **العرب** الفصحاء وأن تكون كثيرة بحيث تمثل اللهجة الفصحى وبحيث يمكن أن تستنتج منها القاعدة المطردة، وبذلك أحكموا قواعد النحو وضبطوها ضبطًا دقيقًا، بحيث أصبحت علمًا واضح المعالم بين الحدود والفضول[2]. بينما تساهلت **مدرسة الكوفة** في ذلك وفي تقصّي الشواذ والقياس عليها.

يُعَدّ **الكسائي مؤسس مدرسة الكوفة** في الدراسات اللغوية، فسح المجال للرواية من البادية والحاضرة، كما سجل القراءات والعبارات الشاذة ووضع صورة جديدة لأصول النحو

---

(1) يُراجع، شوقي ضيف، المدارس النحوية، ط3، القاهرة 1976، ص81. (المؤلف)

(2) المصدر السابق، ص160-161. (المؤلف)

العربي، وتوسّع في القياس إلى حدّ أنه لا يذكر الشواهد المؤيدة للقاعدة لتعلقه بالنادر، وسار **الفراء** على خطى **الكسائي** في المنهج، وأضاف مصطلحات نحوية جديدة وغَيّرَ أخرى، كما خالف **المدرسة البصرية** في مواضع كثيرة.

وكانت **مدرسة ثالثة** في النحو هي **المدرسة البغدادية** التي اشتُهرت بأخذها من آراء وأصول **المدرستين البصرية والكوفية** مع محاولة التوفيق بعض الأحيان والترجيح أحيانًا أخرى، وبرز **أبو الفتح عثمان بن جني الموصلي** الذي وضع مؤلفات لغوية عدة منها، المنصف في شرح التصريف، والتصريف الملوكي، الذي يُعَدّ خطوة جديدة في تطور الصرف، لأن **ابن جني** رتب موضوعاته ترتيبًا أدق من ترتيب **سيبويه والمازني**، وذلك أن جميع القواعد التي ذكرها **سيبويه** في أبواب التصريف قد قسمها واضعًا لكل قسم منها عنوانًا جديدًا يضم ما تفرق من المسائل المتشابهة في فصل أو باب واحد[1].

عالج **ابن جني** في كتابه المخصص ظواهر لغوية كثيرة مستفيدًا من نظرية التقليب **للخليل** ومنهجه العام، ومن الطريقة الاستقرائية التي اعتمدتها **مدرسة البصرة** في اشتقاق القواعد والقياس عليها، كما أخذ بوجهة النظر **الكوفية** في مسائل لغوية كثيرة، ويخصص **ابن جني** كتابه سر صناعة الإعراب للدراسة الصوتية والظواهر اللغوية المرتبطة بالأصوات مثال ذلك: الإدغام والحذف والإبدال والإعلال، واختص كتاب التصريف الملوكي بعلم التصريف الذي تناول فيه المجرد والمزيد والإبدال والتغيير والحذف والإعلال.

إن اهتمام **العلماء العرب** باللغة العربية لما فيها من قدسية أضافها **التنزيل العزيز** قد دفع بهم إلى تحليل ظواهرها الصوتية والصرفية والنحوية والمعنوية، فوضعوا المصطلحات الخاصة بعلم الصوت مثل: الإدغام والإمالة والوقف والإشمام وغير ذلك، وأسسوا علم الصوت على استقراء تجريبي ودقة في وصف الصوت بعلاقة الأجهزة الصوتية عند الإنسان، كما أدركوا ما يصيب الكلمة من تبدل في المعنى عند تغيير الصوت في بنية اللفظ، فكانوا بذلك رواد علم وظائف الصوت **Phonology** وكانت غايتهم اشتقاق القواعد أو القوانين لكل فروع علم اللغة، متوسلين في ذلك بالأسلوب الاستقرائي وتقصّي الكلام الفصيح غير المتأثر بلَحْن **الأعاجم**.

---

(1) يُراجع، خديجة الحديثي، أبنية الصرف في كتاب سيبويه، بغداد 1965، ص32. (المؤلف)

ونستطيع أن نلخص مذهبهم في البحث بالنقاط الآتية:

أولًا: استقراء الحالات المطردة بأسلوب التجربة وجمع الشواهد وصولًا إلى صياغة القواعد اللغوية العامة، وتعليل جميع الحالات اللغوية استنادًا إلى القاعدة العامة، مع الاحتفاظ بتعليلات للحالات الشاذة التي لا تتفق مع القواعد العامة.

ثانيًا: تطبيق المنهج الرياضي الذي ابتدعه **الخليل** لدقته في حصر جميع ألفاظ اللغة العربية المستعملة والمهملة، والتمييز بين المجرد والمزيد من الأسماء والأفعال، والنظر إلى تحليل اللغة من زاويتي اللفظ والمعنى من جهة الصوت والكلمة والتبدلات التي تطرأ عليها.

ثالثًا: استحداث المصطلحات اللغوية سواء ما تعلق منها بعلم الصوت أو ما تعلق منها بعلم الصرف وعلم النحو، وبذلك يكون لكل علم مجموعة معروفة من المفاهيم يضاف إليها القواعد العامة التي تستخدم هذه المفاهيم لحصر العبارات اللغوية المتشابهة في البنية في مجموعات معينة، وفهم الظواهر والأبنية اللغوية الأخرى، بل وجميع أبنية اللغة العربية في ضوء المفاهيم والقوانين العامة.

الفصل الثالث

الدراسات التاريخية

يحتل اهتمام العرب بالأخبار والحوادث والأنساب وغير ذلك من الأوجه والنشاطات والأعمال التي خلفتها الأجيال الماضية مكانًا بارزًا في حياتهم ووجدانهم؛ لأن ذلك جزء من الشخصية الحضارية ورافد مهم من روافد المعرفة بالماضي، وحصيلة تفاعل مستمر للإنسان العربي مع غيره والمحيط الذي يعيش فيه.

إن حياة **العربي** قبل **الإسلام** وبعده ليست ذات قيمة تاريخية ما لم ترتبط بالقبيلة والجماعة والأمة، لأن حياة الفرد قصيرة وأهمية ما يتركه من أعمال ووقائع وأفعال مرتبط بالقبيلة التي يعمل من أجلها، وبالجماعة التي يعيش بين أفرادها وبالأمة التي يحمل رسالتها.

ولأجل أن نكشف ما حققه الإنسان **العربي** في مجال الدراسات التاريخية لا بد لنا منذ البداية أن نميز بين الموضوع الذي يهتم به المؤرخ والطريقة التي يستخدمها في تدوين التاريخ، والغاية التي من أجلها جمع المعلومات والوثائق.

فموضوع التاريخ هو مجموعة كبيرة من المعلومات والوقائع والحوادث التي وقعت في الماضي سواء كانت متعلقة بفرد واحد أو بجماعة من الناس أو بشعب أو أمة بأسرها، ولما كان اختصاص التاريخ دراسة الماضي والتنقيب عن آثاره، فإن اهتمامه ينصب على الوثيقة والرواية الشفوية الصحيحة والآثار المادية، **ونقصد بالوثيقة** ما دُوِّن على وسيلة كتابية حجارة أو رقيم أو ورق بردي أو ورق اعتيادي وغير ذلك، **ونقصد بالرواية الشفوية** ما تناقلته الأجيال من أخبار السالفين وما حفظته ذاكرة الشعب من حوادث ووقائع على صورة قصة أو ملحمة أو قصائد شفوية.

ومن الضروري أن **نميّز** كذلك بين القصة أو القصيدة التي تروي حادثة وقعت في الماضي والتاريخ الذي يَفِيد من القصة والقصيدة، ولكنه يتجاوزهما في التوسُّل بأساليب نقدية وعلمية في التثبت من كل ما يرِد إليه، فقد ينعدم البعد الزمني والترتيب التاريخي في القصة أو القصيدة، ولكنه في الدراسات التاريخية عنصر مهم، إذ لا يمكن فهم الواقع التاريخي وعلاقة الحوادث المختلفة فيه من حيث الأثر والتأثير إلا بوضع البعد الزمني وترتيب الوقائع بشكل يجعل دراسة التاريخ لها أمرًا ممكنًا وعلميًا، فإلى جانب الحوادث والوقائع يهتم المؤرخ بالبعد الزمني، كما يهتم بدراسة العلاقات بين الوقائع في فترة زمنية معينة وعلاقاتها بغيرها من الوقائع التي وقعت قبلها في الزمن، وهو في كل ذلك يبتدع الأساليب أو الطرق العلمية التحليلية والنقدية لكشف حقيقة الماضي وما يمكن أن يفيد به لفهم الحاضر.

والمؤرخ في تعامله مع موضوعاته بالطريقة التحليلية والنقدية لا بد أن يفهم سيرة الحوادث وعلاقتها بالشعب أو الأمة وما تحمله من أفكار وتطلعات وأهداف، لأن التاريخ ليس مجرد تتابع الحوادث مسجّلة على مقياس الزمن، بل إنه يمثل فعالية ونشاط للشعب أو الأمة في أدوارها المختلفة، لذلك فإن الواجب يفرض على المؤرخ أن يتشبّع بروح الشعب وأهدافه من خلال دراسته للنشاط التاريخي، ليستطيع الوصول إلى الفهم الصحيح للواقع التاريخي[1].

وبناءً على ما تقدم **فإن التاريخ ليس مجرد أحداث متعاقبة في مجرى الزمن، بل سلسلة متداخلة من التجارب والخبرات والأفعال، وليس التاريخ قانونًا عامًا يتحكم في مصائر البشر فيحيل كل فرد إلى مجرد أداة تتحرك على وفق غاية محددة لا يحيد عنها وقوانين صارمة لا يجوز الخروج عليها**[2].

---

(1) يُلاحظ هنا أن الدكتور ياسين خليل يميل إلى تفسير حركية التاريخ بالرجوع إلى الشعب مصدرًا لهذه الحركية ولا يعطي للبطل أو الأبطال الدور المهم في حركية ومصير التاريخ. ولربما لهذا الموقف أسبابه الفلسفية العميقة، إذ كان المرحوم يؤمن بها ويصرح بها على الدوام في محاضراته على طلبته وفي أبحاثه. (المحقق)

(2) في هذا الجانب يرد الدكتور ياسين خليل على دعاة تفسير حركة التاريخ على وفق قواعد حتمية أو سببية مترابطة لا انفكاك فيها وتغفل دور الإرادة الإنسانية في تغيير حركة التاريخ، ودعاة هذه الفلسفة على وجه الخصوص الماركسية وقوانينها في المادية التاريخية. (المحقق)

إنّ التاريخ لأمة ذات رسالة في الحياة هو التجسيد الحي لإرادة الأمة في تحويل الأفكار والمهمات والطموحات إلى واقع ابتغاء تحقيق هدف تنشده، ولا يمكن فهم حركة ومسار الأمة إلا من خلال الفكرة والرسالة، والتاريخ بالنسبة للأمة العربية كان ولا يزال سجلًا لإرادة الأمة وصورة لحركتها ووعاء لتجاربها في كل المجالات العلمية والأدبية والفنية والعمرانية والحضارية وغير ذلك.

لقد أدرك **المؤرخ العربي** العناصر الأساسية في كتابة التاريخ، موضوعه وأساليبه والغاية، وابتدع الطرق التحليلية والنقدية مع اهتمام واضح بالواقعة التاريخية وما قد تثيره من مشكلات، وإدراك واضح للفكرة في التاريخ ودورها في دفع الأمة نحو الغاية التي سعت إلى تحقيقها، وفهم لأهمية الترتيب الزمني للحوادث في كتابة التاريخ.

وكانت مصادر **المؤرخ العربي** الرواية الشفوية والقصيدة والأخبار المتوارثة بالنسبة لما وقع في المدة التي سبقت ظهور **الإسلام**، بينما ازداد الاهتمام بعد ذلك بالوثيقة التاريخية والرواية معًا مع الحرص على أن يكون الخبر صحيحًا لا يُشَك فيه، لأسباب سنأتي على ذكرها.

لم تترك الحقبة التي سبقت **الإسلام** أدبًا مدونًا، لذلك افتقر **المؤرخ العربي** دائمًا إلى هذا العنصر واعتمد على الرواية الشفوية، وما تتناقله الأجيال من أخبار عن الحوادث الكبيرة في الماضي. وفي الحقيقة أنه لا توجد أمة أو شعب أو مجموعة متجانسة من البشر تعيش على أرض واحدة إلا وتحتفظ الأجيال المتعاقبة فيها بأخبار الأسلاف والآباء وكل ما يتصل بالماضي، بل إن لكل فرد من أيّ مجموعة بشرية ذكرياته التي يحتفظ بها وينقلها إلى الآخرين لذا كانت موضع اهتمامه واهتمام الآخرين، ويكون للأخبار أهمية أكبر إذا ما ارتبط بالجماعة، وكانت موضع اهتمامها، فالقبيلة تحتفظ من دون شك بأخبار زعمائها وفرسانها وحروبها وانتصاراتها وغير ذلك من الأمور التي توحّد أواصر أفرادها وترسّخ في نفوسهم ما تعتز به من قيم وعادات وأهداف عليا، وغالبًا ما تضيف الجماعة على الأخبار بعض المبالغات والجوانب الأسطورية لتجعل منها وسيلة اجتذاب وتثقيف، فتكون محببة للنفس مثيرة للعزائم، فتثير في الجماعة روح الوحدة والاعتزاز بالماضي وما قدمه الأسلاف من أعمال مجيدة وخارقة في بعض الأحيان.

وامتازت القبائل العربية قبل **الإسلام** بهذا الضرب من الأدب الشفوي الذي تتناقله الأجيال، فكان لكل قبيلة أخبارها وأيامها ترويها الأجيال على هيئة قصصية أو شعرية، فإذا بالأخبار بطولات وحروب وغزوات ورجال، وإلى جانب ذلك اهتم **العرب** بالأنساب لاعتزازهم برابطة الدم والرابطة القبلية، فكان لهم ممن له معرفة كبيرة بأنساب الرجال والقبائل. ولكن مجموعة الأخبار والقصص والأشعار والمعرفة بالأنساب لا يمكن اعتبارها بدايات حقيقية لكتابة التاريخ. وإن كانت تحتوي من دون شك على حوادث ووقائع لها أهميتها من الوجهة التاريخية، وذلك لغياب عناصر مهمة فيها، منها الدقة والزمن والمكان والموضوعية البعيدة عن المبالغة[1]. إلا أن الحدث المهم الذي دفع الرجال إلى تدوين الحوادث وسير الناس هو ظهور **الدين الإسلامي** وما صاحبه من تغيير في السلوك والبنية الاجتماعية، وبروز عدد كبير من الرجال الذين حملوا الدعوة وجاهدوا في سبيلها، وانصب الاهتمام بعد ذلك على ما تنطوي عليه الرسالة الجديدة من مفاهيم ومبادئ سطرها **القرآن الكريم، وعلى صاحب الدعوة رسول الله (صلى الله عليه وسلم)** وجهاده المستمر في حمل الرسالة وتوطيدها، وعلى **الأحاديث النبوية** التي تمثل تحليلات صائبة لفهم **القرآن الكريم** وتقويم الحياة وما يجب أن يكون عليه السلوك الفاضل وغير ذلك من الأمور التي تتعلق بالكون والمجتمع.

انطوى **القرآن الكريم** على عناصر وتوجيهات أفاد منها المؤرخ في كتابته أو روايته للأخبار والحوادث هي:

أولًا: أن الرسول الكريم هو خاتم الأنبياء والمرسلين، وأن جميع من سبقه من الأنبياء والرسل يمثلون سلسلة متعاقبة انتهت بمولد **النبي محمد -صلى الله عليه وسلم-**، وهذا معناه أن على المؤرخ أن يجعل من ولادة الرسول وبعثته حدًا فاصلًا في التاريخ للنبوات والرسل.

---

(1) يرى الدكتور عبد العزيز الدوري في كتابه نشأة علم التاريخ عند العرب، المطبعة الكاثوليكية، بيروت، ص19، أن بدايات علم التاريخ عند العرب سارت في اتجاهين أساسيين، هما الاتجاه الإسلامي أو الاتجاه الذي ظهر عند أهل الحديث، والاتجاه القبلي أو اتجاه الأيام، ويغلب على الاتجاه الثاني القصص وأخبار القبائل. (المؤلف). ومن جانبنا أبقينا مراجع الدكتور ياسين خليل هنا على وضعها على الرغم من صدور طبعات ممتازة لمؤلفات الدوري وغيره من المؤلفين العرب والصادرة عن مركز دراسات الوحدة العربية. (المحقق)

ثانيًا: وردت فكرة الأمة في **القرآن الكريم**[1] لتشير إلى وحدة متجانسة تجمع القبائل المختلفة في ظل الدين الجديد وبروح قائمة على الأخوة والمساواة والتكافل الاجتماعي بين أفراد المجتمع، فكان ذلك إيذانًا بارتباط الحوادث بالأمة بدلًا من ارتباطها بالقبيلة.

ثالثًا: نزول آيات **القرآن الكريم** في أوقات وأمكنة ولأحداث معينة، فكان ذلك مدعاة لربط الآيات بالحوادث والزمان والمكان لبيان أسباب التنزيل، وتفريقًا بين السور التي أُنزلت على **رسول الله** في **مكة** وتلك التي أُنزلت عليه في **المدينة**.

رابعًا: تأكيد **القرآن الكريم** على فكرة التغيير المستمر بالنسبة للأمم السالفة وتوالي الأمم واستخلاف أمة لأُخرى، مما عزز عند المسلمين الشعور التاريخي بدورهم الحضاري ورسالتهم الإنسانية، لأن أساس التغيير هو تمسك الأمة أو عدم تمسكها بالطريق الصائب، فلقد ذهبت أُمم من قبلهم لعدم التزامها بالرسالات والنبوات التي بعثها **الله** إليها.

كما اهتم **المسلمون** بشخصية **الرسول الكريم**، لأنه محور الدعوة والمبشر بها للناس، فهو **الرسول** والقائد والأب الروحي والشارح لآيات **الذِكر الحكيم** والمبشر بالجنة لمن آمن به، وانصب استقصاء أخباره على جوانب حياته كلها منذ ولادته وحتى وفاته، وما رافق ذلك من حوادث وصعوبات وغزوات وتوجيهات، فأخذ المهتمون بسيرته بجمع المعلومات عن سنة ولادته ونسبه وأسلافه، وعن حياته الخاصة وزوجاته وأولاده وبناته، وحياته العامة وصلته بالمؤمنين من صحابته، وحروبه وانتصاراته وجهاده، وعن أول من أشهر إسلامه وآمن بدعوته مع ذكر لأتباعه الأوائل، واشتدت الحاجة إلى معرفة كل صغيرة وكبيرة في حياته الحافلة بالأحداث بعد أن انتقل إلى جوار ربه، لتكون سيرته مثلًا يحتذي التابعون ويتعلم منه المسلمون شؤون حياتهم، فكان أصحابه والتابعون الأوائل يروون الأحاديث والغزوات

---

(1) يبدو أن الدكتور ياسين خليل قد أشار إلى مفهوم الأمة في القرآن الكريم ولم يفصِّل فيه، إلا أن الدكتور ناصيف نصار قد فصَّل القول في ذلك بأسلوب علمي رصين في كتابه مفهوم الأمة بين الدين والتاريخ الصادر عن دار الطليعة في بيروت 1978، وفي الفصل الأول منه، إذ يقول ناصيف نصار: إن لفظة الأمة وردت في القرآن الكريم بصيغة المفرد أكثر من خمسين مرة، ولطالب المزيد الرجوع إليه. (المحقق)

ويستشهدون بسيرته في الملمات وعندما تشتد الأمور، ويذكرون صفاته الحميدة وسلوكه القويم مع أصحابه والمؤمنين به لتعليم الناس ما يجب أن يكون عليه المسلم أُسوة **برسول الله**.

ولعب **الحديث النبوي الشريف** دورًا أساسيًا في بداية تدوين التاريخ على الرغم من امتناع الصحابة والمحدثين عن تدوين **الأحاديث النبوية** خوفًا من الخلط الذي قد يحدثه الناس مع **القرآن الكريم**، فقد بقيت الأحاديث يتناولها الناس شفويًا من جيل إلى جيل مع إسناد الرواية، ويبدؤون ظهور الاختلافات في رواية الأحاديث وحاجة الناس إلى معرفة الصحيح منه قد دفع **علماء الأحاديث** إلى التشديد على الإسناد، للتأكد من صحة الحديث وتميزه عن غيره من الأحاديث المختلفة باللفظ أو الأحاديث الموضوعة. ونقصد بأسلوب الإسناد، طريقة التوثيق من الخبر، وذلك عن طريق المقارنة النقدية الدقيقة للأحاديث المتشابهة والمختلفة، والتأكد من سلوك من روى الحديث عنهم من زاوية الصدق في القول والمنزلة الاجتماعية.

أما عنصر الزمن لتحديد أزمنة وقوع الحوادث وتاريخها فيعود الفضل في ذلك إلى **الخليفة الثاني عمر بن الخطاب**، الذي اتخذ من هجرة **رسول الله** بداية **للتقويم العربي**، إذ أصبح هذا التقويم عنصرًا حيويًا في نشأة الفكرة التاريخية ومنذ ذلك الوقت أصبح توقيت الحوادث أو تاريخها العمود الفقري للدراسات التاريخية، وقام **عمر بن الخطاب** بتأسيس الديوان أو سجل المحاربين وأهليهم حسب قبائلهم، وهذا أعطى الأنساب أهمية جديدة وكان حافزًا إضافيًا للاهتمام بدراسة الأنساب[1].

تُعَدّ **الهجرة النبوية** نهاية لتاريخ وبداية لتاريخ آخر، إنها تشطر التاريخ الإنساني العام إلى شطرين: ما قبل الهجرة وما بعدها، كما جعلت اهتمام **المؤرخ العربي** ينصب على تاريخ ما بعد الهجرة لارتباطه بالرسالة والأمة.

ومن الطبيعي أن تظهر الدراسات التاريخية الأولى متأثرة بالعناصر السابقة متركزة في البداية حول سيرة **الرسول**، ومستعينة بأسلوب الإسناد في التوثق من الأخبار، ومشبعة بالروح **الإسلامية** التي تغلغلت في الأمة، ومثبتة الحوادث بطريقة التتابع أو التعاقب التاريخي،

---

(1) المصدر السابق، ص19. (المؤلف)

ومن الطبيعي أن يتناول علماء الحديث الأوائل حياة **الرسول** وجهاده وسيرته في دراستهم **للحديث النبوي**، فأصبحت الدراسات الأولى لسيرة **الرسول** التي عرفت باسم **المغازي** من نصيب **علماء الحديث**، فاكتسبت الدراسات التاريخية من بعد ذلك أسلوب **علماء الحديث** في النقد والإسناد للتثبت من المصادر التاريخية.

ومن أوائل من اشتُهر بمعرفة **المغازي أبان بن عثمان** (توفي بين 95-105هـ)، الذي عرف عنه أنه من طبقة الفقهاء والمحدثين، ويُعَدّ **أبان بن عثمان** أول من دون مجموعة خاصة تتناول المغازي[1]. **واشتُهر عروة بن الزبير** (ت94هـ/ 712م)، بمعرفته الحديث، وهو أحد فقهاء **المدينة** السبعة، وقد مكنته إقامته بها من الإلمام بكثير من الأخبار عن الأيام الأولى من **الإسلام** بخاصة، عرفها من والده ومن **عائشة** أكثر من غيرها، وكان لا يقطع زيارتها وسؤالها[2]. ويبدو أن **عروة بن الزبير** أول من ألف في المغازي، لكنه لم يقتصر في دراسته على تقصي **السيرة النبوية**، بل جاوز ذلك إلى الاهتمام بالحوادث التاريخية التي وقعت بعد وفاة **الرسول** في حقبة **الخلفاء الراشدين**، ولهذا الاتجاه أهميته التاريخية لأنه يشير بوضوح إلى فصل بين الحديث والتاريخ، واستقلال التاريخ أو المعرفة التاريخية عن **علم الحديث** مع الاعتماد على أسلوب الإسناد الذي عرف به **علماء الحديث** بخاصة.

وتتقدم الدراسة التاريخية خطوة أخرى على يد **شرحبيل بن سعد** (ت123هـ/ 740م)، حين يقدم قوائم بأسماء **الصحابة** الذين شاركوا في الأحداث الكبرى مثل **البدريين** والذين اشتركوا في **معركة أُحد** وجماعة المهاجرين إلى **الحبشة** والمهاجرين إلى **المدينة** لما للمشاركة فيها من قيمة اجتماعية متزايدة[3].

فضلًا عن **وهب بن منبه** (ت110هـ/ 728م)، الذي أضاف عنصرًا جديدًا إلى كتابة التاريخ فيرسم خطًا جديدًا يختلف عن الخط الذي رسمه **المحدثون**، أن أدخل القصص **والإسرائيليات** نظرًا لمعرفته بكتب **اليهود والنصارى**، فيذكر قصص **الأنبياء** وأحاديثهم طبقًا لما ورد في أخبار **أهل الكتاب**، ويذكر أصل الجنس البشري وأخبارًا تظهر فيها النزعة

(1) يُراجع، يوسف هوروفتس، المغازي الأولى ومؤلفوها، ترجمة حسين نصار، مصر 1949، ص6. (المؤلف)

(2) المصدر السابق، ص18. (المؤلف)

(3) يُراجع، عبد العزيز الدوري، بحث في نشأة علم التاريخ، مصدر سبق ذكره، ص22. (المؤلف)

الخرافية، أما الدافع الذي جعل **وهب** يستعين بقصص من **العهد القديم**، فإنه يكمن وراء تفسير وتحليل بعض ما أشار إليه **القرآن الكريم** من أحداث ونبوات سالفة، ومحاولة رسم صورة تاريخية للرسالات والنبوات مستندة على إشارات قرآنية وقصص وأخبار من **الكتب المقدسة** الأخرى.

ولم يُكتب لهذا الأسلوب النجاح، وبينما استمر أسلوب **المحدثين** في كتابة **المغازي** بالاستناد على الإسناد والنقد والتحليل للروايات والأخبار، وقد برز من جديد عدد من المؤرخين الأوائل **للسيرة النبوية** أمثال **محمد بن مسلم الزهري** (ت124هـ/ 741م)، **وموسى بن عقبة** (ت141هـ/ 758م)، **ومحمد بن إسحق** (ت151هـ/ 761م).

واشتُهر **الزهري** بخطته للسيرة إذ تناول عدة أوجه من حياة **الرسول** معتمدًا على التعاقب التاريخي لحوادث مع إعطاء تواريخ الحوادث المهمة، فبدأ بمعلومات عن **الرسول قبل بعثته**، ويتلوها بحياة **الرسول في مكة** ثم هجرته إلى **المدينة**، ويتناول **المغازي وفتح مكة**، وبعض السفارات التي أرسلها **الرسول** والوفود التي قدمت عليه، ويتحدث عن فعاليات أخرى **للرسول** ثم مرضه وانتقاله من هذه الحياة[1].

واشتُهر **موسى بن عقبة** باعتماده على قاعدة الإسناد، وكان دائم الذكر للرواة في المقتبسات، وقد أفاد كثيرًا من الوثائق والمواد المكتوبة والروايات الشفوية في اهتمامه بالمغازي.

أما **ابن إسحق** فإن شهرته في كتابة السيرة قد غطت على من سبقه، لا سيما وأن أقدم سيرة وصلت إلينا بشكل يكاد يكون كاملًا تعود إليه، وتظهر في السيرة **لابن إسحق** عدة عناصر تاريخية منها اعتماده على أسلوب الإسناد مع الاهتمام بالقصص والروايات التاريخية فضلًا عن **الإسرائيليات**، وقد وردت كثير من ملاحظاته التاريخية من دون إسناد، وهذا يشكل في جوهره خروجًا على أسلوب **علماء الحديث**.

لذلك حاول **محمد بن هشام** (ت218هـ/ 813م) تهذيب سيرة **ابن إسحق** بإزالة كثير من الأوجه الضعيفة في أخباره لتكون مقبولة عند **علماء الحديث**، ويمثل عمل **ابن هشام**

---

(1) المصدر السابق، ص23. (المؤلف)

خطوة مهمة في الكتابة التاريخية لاهتمامه بنقد المصادر التاريخية والتوثق منها أو تهذيب الروايات التي ليس لها إسناد، فاستبعد تاريخ الأنبياء من **آدم** إلى **إبراهيم**، وغير هذا من **وِلدِ إسماعيل**، ممن ليسوا في **العمود النبوي**، كما حذف من الأخبار ما يسوء، ومن الشعر ما لم يثبت لديه، ثم استقصى وزاد بما يملك من علم، ويسترشد من فكره، فجاءت السيرة على ما ترى معروفة به، منسوبه إليه، حتى ليكاد الناس ينسون معه مؤلفها الأول **ابن إسحق**[1].

لا شك أن هذه الدراسات التاريخية الأولى بأسلوبها القائم على الإسناد قد ربطت **المؤرخ العربي** بمنهج تجريبي يقوم على استقصاء الخبر والتثبت منه واعتماد الوثيقة والكتاب في الكتابة التاريخية، كما أن قاعدة الإسناد قد دفعت **المؤرخ العربي** إلى مزاولة نقد النصوص وتحليلها فضلًا عن استعمال الحذف والتعديل للأخبار التي يكون فيها الإسناد ضعيفًا أو غير موجود. فكثيرًا ما يرد في كتب **المؤرخين** إشارات تدل على تأثرهم بأسلوب **علماء الحديث** مثل **قولهم**: حدثنا، وأخبرنا، وسمعنا، أو سمعت، وغير ذلك من الألفاظ التي تدل على اهتمام المؤرخ بمنهج الإسناد في ذكر الأخبار.

وتطورت طريقة كتابة المادة التاريخية، إذ لم تقتصر المغازي، بل اتجهت إلى تسجيل الحوادث والوقائع المهمة، فمن المعروف أن كتاب المعرفة والتاريخ **لمؤلفه أبي يوسف يعقوب ابن سفيان البسوي (ت277هـ)**، الذي يقع في ثلاثة مجلدات فُقد منها المجلد الأول وبقي المجلدان الأخيران، وقد تناول التاريخ مستخدمًا التقويم على السنين، فعرض **السيرة النبوية وعصر الخلفاء الراشدين والعصر الأموي وخلافة السفاح**[2]. وتناول في المجلد الثاني مجموعة الحوادث المهمة الواقعة بين سنة **135**هجرية إلى سنة **242**هجرية، فضلًا عن اهتمامه بمعرفة الرجال، وتناول في المجلد الثالث رواة الحديث وأسماء قضاة البصرة وتعريفًا بالرجال وأحوالهم، كما ذكر فضائل **مصر** وبعض الصحابة، وفضائل **الشام** والتابعين من أهلها، وأخبار أهل **الكوفة** وغير ذلك، ويظهر في كتابه هذا أسلوب المحدثين في الإسناد والتمحيص ونقد المصادر التاريخية، فحين يورد خبرًا يبدؤه بالقول: حدثنا،

(1) يُراجع، ابن هشام، السيرة النبوية، ص12. (المؤلف)

(2) يُراجع، أبو يعقوب بن سفيان البسوي، كتاب المعرفة والتاريخ، تحقيق أكرم ضياء العمري، بغداد 1974، مج1، ص23. (المؤلف)

وسمعت، وحدثني مع الاستطراد في ذكر الرواة بحسب الضرورة، ومن الأمثلة على ذلك قوله: حدثنا أبو صالح قال: حدثنا معاوية ابن صالح الحضرمي الحمصي عن أسد بن وداعة وكان أسد قديمًا مرضيًا، قال: وسمعت سليمان بن سلمة الخبايري الحمصي يقول: أسد بن وداعة طائي نبهاني[1].

لم يقتصر مفهوم التاريخ عند **العرب** على تدوين الأقوال والحوادث والأخبار والقصص والرجال والأنساب على أساس الالتزام بقاعدة الإسناد وترتيب الحوادث بحسب أزمنة وقوعها، بل شمل مجالات أخرى كثيرة مثل: تاريخ البلدان وتاريخ العلماء والأطباء والفلاسفة والأدباء والمغنيين، كما شمل العقائد والفرق الإسلامية وغير الإسلامية، مع الاهتمام بتاريخ الملوك والخلفاء والسلاطين، فضلًا عن تحليل دقيق للحوادث، واقتران ذلك بموقف فلسفي لتعليل ما يحدث وأسباب انهيار الدول ونموها، وتعاقب الأمم وغير ذلك، وحسبنا هنا أن نتناول بعض الأوجه من هذا النشاط التاريخي الذي يرتبط بصلة وشيجة **بالتراث العلمي العربي**.

اهتم **العرب** بتاريخ العلوم والمعارف المختلفة، فألّفوا الكتب القيمة في هذا المجال، فكانت مؤلفاتهم موسوعات علمية تناولت بالدراسة والتدقيق حياة العالِم أو الطبيب أو الفيلسوف أو غيرهم مع ذكر مصنفاتهم وما تحتوي هذه المصنفات من معلومات وعلوم.

وخير مثال على ذلك كتاب **ابن النديم الفهرست** الذي يُعَدّ وثيقة تاريخية مهمة لما اشتمل عليه من معلومات قيمة في العلوم والمعارف المختلفة وتاريخ حياة العلماء والأدباء والأطباء وغيرهم من **العرب والعجم،** مع ذكر مؤلفاتهم وما ابتكروه، كما عدد المترجمين الذين نقلوا عن اللغات الأجنبية إلى اللغة العربية، وبذلك يكون الكتاب صورة صادقة للحياة العلمية والعقلية عند **العرب** في القرن الرابع الهجري، وما وصل إليهم من علوم الأقدمين. واتبع **ابن النديم** في ذكر المشتغلين بالمعارف المختلفة أسلوب تقسيم الكتاب إلى مقالات، بحيث تضم كل مقالة مجموعة من الفنون، فيرتب هؤلاء بحسب الفنون أو العلوم التي ألّفوا فيها.

---

(1) المصدر السابق، مج1، ص117. (المؤلف)

كتاب الفهرست يحتوي على عشر مقالات يتناول فيها عدة فنون، فالمقالة **الأولى** على سبيل المثال تعالج ثلاثة فنون، الفن الأول: في وصف لغات الأمم من العرب والعجم ونعوت أقلامهم وأنواع خطوطها وأشكال كتابتها، والفن الثاني: في أسماء كتب الشرائع المنزلة على مذهب المسلمين ومذاهب أهلها، والفن الثالث: في نعت الكتاب الذي لا يأتيه الباطل من بين يديه ولا من خلفه تنزيل من حكيم حميد، وأسماء الكتب المصنفة في علومه وأخبار القُراء وأسماء رواتبهم والشواذ من قراءاتهم، وبالطريقة نفسها يتناول المقالة الثانية الخاصة بالنحويين واللغويين، والمقالة الثالثة في الأخبار والأدب والسيرة والأنساب، والمقالة الرابعة في طبقات الشعراء الجاهليين والإسلاميين ممن لحق الجاهلية وصناع دواوينهم وأسماء رواتهم، والمقالة الخامسة في الكلام والمحدثين، والمقالة السادسة في الفقه والفقهاء والمحدثين، والمقالة السابعة في الفلسفة والعلوم القديمة، وتقع هذه المقالة في ثلاثة فنون، الفن الأول: في أخبار الفلاسفة الطبيعيين والمنطقيين وأسماء كتبهم ونقولها وشروحها والموجود منها وما ذكر ولم يوجد وما وجد ثم عدم. الفن الثاني: في أخبار أصحاب التعليم والمهندسين والأرثماطيقيين والموسيقيين والحساب والمنجمين وصناع الآلات وأصحاب الحِيَل والحركات. الفن الثالث: في ابتداء الطب وأخبار المتطببين من القدماء والمحدثين وأسماء كتبهم ونقولها وتفاسيرها. ويتناول في المقالة الثامنة الأسماء والخرافات والعزائم والسحر والشعوذة. ويخص المقالة التاسعة بدراسة المذاهب والاعتقادات غير الإسلامية، بينما يخصص المقالة العاشرة بتعقب أخبار الكيميائيين من الفلاسفة القدماء والمحدثين وأسماء كتبهم.

وإذا كان **ابن النديم** قد ألف كتاب الفهرست سنة377هجرية، فإن كتابًا آخر ألفه **أبي داوود بن سليمان بن حسان الأندلسي المعروف بابن جلجل** في السنة نفسها وهو طبقات الأطباء والحكماء الذي يُعَدّ وثيقة تاريخية في تاريخ العلوم على الرغم من صغر حجمه وملخص معلوماته. إذ انفرد **ابن جلجل** في كتابه هذا باعتماده على تراجم **عربية** لأصول **لاتينية** تاريخية، بينما اهتم **ابن النديم** بذكر الكتب التي نقلها **العرب** عن أصول **يونانية وفارسية وسريانية وهندية**، ولا بد من الإشارة هنا إلى أن **إسحق بن حُنين** (**ت298هـ**)، قد سبق **ابن جلجل** في تأليف كتاب تاريخ الأطباء والحكماء وبذلك يكون **إسحق** أول من أرخ

لتراجم الأطباء والحكماء على صورة كتاب مستقل، في حين نجد بعض المؤرخين الذين عاصروه أو سبقوه قد ذكروا في مؤلفاتهم تراجم لبعض الأطباء والحكماء.

قسم **ابن جلجل** الأطباء والحكماء إلى عدة طبقات، فيذكر في الطبقة العالية الأولية ممن تكلم في الحكمة الطبية والفلسفة العلوية، ويتناول في الطبقة الثانية الحكمة **الرومية واليونانية** ممن تكلم في الطب والفلسفة وبرع في ذلك، أما في الطبقة الثالثة، فيذكر **حكماء اليونان** الذين كانوا في دولتهم بعد **الفرس** ممن اشتُهر في الطب والفلسفة فيتكلم عن **حكماء اليونان في الدولة القيصرية** بعد بنيان **روما**، وفي الطبقة الرابعة، ولكنه لا يذكر في الطبقة الخامسة من **الحكماء الإسكندريين** بعد أن اعتنق الناس دين **المسيح عليه السلام** غير **انقيلاوس الإسكندراني** الذي ألف من كلام **جالينوس** المشهور كتابًا[1]. واختص الطبقة السادسة بمن لم يكن في أصله **روميًا** ولا **سريانيًا** ولا **فارسيًا**، ومن الذين كانوا أيام **رسول الله -صلى الله عليه وسلم-**، وجعل في الطبقة السابعة من **حكماء الإسلام** ممن برع في الطب والفلسفة ومنهم **مسلمون ونصارى**، وذكر في الطبقة الثامنة **حكماء الإسلام** ممن سكن **المغرب**، واختار الطبقة التاسعة ليذكر فيها فلاسفة وأطباء **الأندلس**[2].

وعلى الرغم من أن المعلومات الواردة في الكتاب مختصرة، إذ لم يتوسع **المؤلف** في ذكر جميع المشتغلين بالفلسفة والطب، فإن معلوماته الواردة عن فلاسفة وأطباء **الأندلس** ذات قيمة وأهمية في تاريخ العلوم، فهي تضيف إلى أخبار الفلاسفة والأطباء **العرب** في **المشرق** عنصرًا جديدًا تجعل مؤرخ العلم في وضع جيد لرسم صورة شاملة عن الاهتمامات الفلسفية والطبية في القرن الرابع الهجري.

ومن المؤلفات القيمة في تاريخ العلوم كتاب أخبار العلماء بأخبار الحكماء لمؤلفه **جمال الدين علي بن القاضي الأشرف يوسف الشهير بالقِفطي (ت646هـ)**، وفيه يذكر ما رغب واستهدف في الكتاب فيقول: وقد عزمت بتأييد **الله** على ذكر من اشتُهر ذكره من الحكماء من كل قبيلة وأمة قديمها وحديثها إلى زماني وما حُفظ عنه من قول انفرد به أو كتاب صنفه

---

(1) يُراجع، ابن جلجل، طبقات الأطباء والحكماء، تحقيق فؤاد رشيد، القاهرة 1955، ص51. (المؤلف)

(2) المصدر السابق، ص92-116. (المؤلف)

أو حكمة عليه ابتدعها ونسبت إليه فإني رأيت ذلك من الأمور التي جَهِلتُ التواريخ التي هجرت وفي مطالعة هذا اعتبار بمن مضى وذكر من خلف[1].

اتخذ **القِفطي** في تأليف كتابه طريقة تصنيف المشتغلين بالمعارف والعلوم من **العجم والعرب** قديمهم وحديثهم على الحروف الأبجدية كما هو معروف في المعاجم والقواميس، وبذلك وضع قاعدة علمية لعمل الموسوعات وتصنيف الكتّاب والمؤلفين، فيذكر تحت حرف الهمزة عددًا من الحكماء والفلاسفة والأطباء وعلماء الرياضيات وغيرهم أمثال: **أفلاطون وأرسطو والإسكندر الأفروديسي** وغيرهم، كما يضيف إلى القائمة عددًا من العلماء العرب أمثال: **إبراهيم بن حبيب الفزاري وإبراهيم بن سنان الحراني** وغيرهم، ثم يأتي على حرف الباء فيذكر تحته جميع المشتغلين بالمعارف والعلوم من الذين تبدأ أسماؤهم بالباء من أمثال: **بطليموس القلوذي وبختيشوع بن جرجيس الطبيب** وغيرهم، وهكذا ينتقل إلى حرف التاء والثاء فالجيم والحاء حتى ينتهي بالياء، فيذكر تحت كل حرف من المشتغلين بالمعرف والعلوم الذين تبدأ أسماؤهم بالحرف المثبت بالجدول، ولا يكتفي بذلك بل يفرد فصلًا خاصًا في أسماء الحكماء[2]. فيذكر على سبيل المثال: **أبا جعفر الخازن وأبا الحسن بن سنان وأبا الحسن البصري**، ولم يراعِ **ابن القِفطي** الترتيب الزمني الدقيق لمن ذكرهم من العلماء والحكماء وغيرهم، فيذكر على سبيل المثال **أرسطوطاليس قبل طاليس الملطي وسنان بن ثابت الحراني قبل سقراط** وهكذا، ولكنه في بعض الأحيان يلتزم بالعنصر الزمني في الترتيب فيذكر أسماء الحكماء والعلماء وغيرهم من الأمم الأخرى قبل أن يذكر ما برز في الحكمة والعلم من **العرب**، لكننا على العموم لا نستطيع القول إن **ابن القِفطي** قد راعى في العنصر الزمني في ترتيبه لمن ترجم لهم من **العجم والعرب**، وفي الوقت نفسه لا نستطيع أن ننكر أهمية ترتيب أسماء الأعلام ممن ترجم لهم بحسب الحروف العربية وهذا مبدأ له فوائده في الكشف عن العلماء والحكماء وغيرهم بسهولة ويسر.

ومن أبرز المؤلفين في تدوين تاريخ الأطباء **موفق الدين ابن أبي أُصيبعة السعدي الخزرجي**، الذي كرس كتابه عيون الأنباء في طبقات الأطباء لذكر حياة وأقوال ونوادر

(1) يُراجع، جمال الدين القِفطي، كتاب أخبار العلماء بأخبار الحكماء، ص2. (المؤلف)

(2) المصدر السابق، ص259-284. (المؤلف)

ومؤلفات من اشتُهر بصناعة الطب متتبعًا الأصول والآثار العلمية، محللًا إياها بعقلية العالِم في العلوم الطبية، **فيقول**: إذا كانت صناعة الطب من الشرف بهذا المكان وعموم الحاجة إليه داعية في كل وقت وزمان أن يكون الاعتناء بها أشد، والرغبة في تحصيل قوانينها الشكلية والجزئية أكدّ وأجدّ، وأنه لما كان قد ورد كثير من المشتغلين بها والراغبين في مباحث أصولها وتطلبها منذ أول ظهورها وإلى وقتنا هذا، وكان فيهم جماعة من أكابر هذه الصناعة، وأولي النظر فيها والبراعة، ممن قد تواترت الأخبار بفضلهم، ونقلت الآثار بعلو قدرهم ونبلهم، وشهدت لهم بذلك مصنفاتهم ودلت عليهم مؤلفاتهم، ولم أجد لأحد من أربابها ولا من أنعم الاعتناء بها كتابًا جامعًا في معرفة طبقات الأطباء وفي ذكر أحوالهم على الولاء، رأيت أن أذكر في هذا الكتاب نكتًا وعيونًا في مراتب المتميزين من الأطباء والقدماء والمُحدثين، ومعرفة طبقاته على توالي أزمنتهم وأوقاتهم، وان أُودع أيضًا نُبذًا من أقوالهم وحكاياتهم، ونوادرهم ومحاوراتهم، وذكر شيء من أسماء كتبهم، ليُستدَل بذلك على ما خصهم **الله تعالى** به من العلم، وقد أودعت هذا الكتاب ذكر جماعة من الحكماء والفلاسفة، ممن لهم نظر وعناية بصناعة الطب، وجملًا من أحوالهم ونوادرهم وأسماء كتبهم، وجعلت ذكر كل واحد منهم في الموضع الأليق به على حسب طبقاتهم ومراتبهم[1].

يظهر لنا من قول **ابن أبي أُصيبعة** أنه قد راعى مبدأ الترتيب الزمني وقسم الأطباء بحسب زمنهم طبقات، وجمع في كل باب مجموعة منهم، وبذلك يكون تأليفه للكتاب مشروطًا بتقسيم الأطباء إلى طبقات. وذكر طبقات الأطباء حسب الترتيب الزمني، فيذكر أولًا طبقات الأطباء الذين ظهرت لهم أجزاء من صناعة الطب وكانوا المبتدئين بها، ثم يذكر طبقات الأطباء **اليونانيين** الذين هم من نسل **أسقليبيوس**، فطبقات الأطباء **اليونانيين** الذين أذاع **بقراط** فيهم صناعة الطب، وطبقات الأطباء الذين كانوا منذ زمان **جالينوس** وقريبًا منه، فطبقات الأطباء **الإسكندرانيين** ومن كان في زمنهم من الأطباء **النصارى** وغيرهم، فطبقات الأطباء الذين كانوا في أول ظهور **الإسلام** من أطباء **العرب**، فطبقات الأطباء **السريانيين** الذين كانوا في ابتداء ظهور **دولة بني العباس**، فطبقات الأطباء النَّقَلة الذين نقلوا كتب الطب وغيره من **اللسان اليوناني** إلى **اللسان العربي** وذكر الذين نقلوا لهم، فطبقات الأطباء **العراقيين** وأطباء

(1) يُراجع، ابن أبي أُصيبعة، عيون الأنباء في طبقات الأطباء، تحقيق نزار رضا، بيروت 1965، ص7-8. (المؤلف)

الجزيرة وديار بكر، فطبقات الأطباء الذين ظهروا في **بلاد العجم**، فطبقات الأطباء الذين كانوا في **الهند**، فطبقات الأطباء الذين ظهروا في بلاد **المغرب** وأقاموا بها، فطبقات الأطباء المشهورين من أطباء ديار **مصر**، وأخيرًا طبقات الأطباء المشهورين من أطباء **الشام**.

لا شك أن للترتيب الزمني أهمية كبيرة في كتابة التاريخ، نظرًا لارتباط الوقائع التاريخية، وتأثير الأحداث ببعضها، ومعرفة مقدار ما أخذ اللاحق عن السابق وغير ذلك من الأمور، لكن الاقتصار على العنصر الزمني في الكتابة التاريخية يحدد المؤرخ في تناول الموضوعات التاريخية بأسلوب واحد ولا يسمح للمؤرخ في رسم صورة دقيقة عن الوقائع التاريخية.

لقد استخدم **المؤرخ العربي** لفهم الواقعة التاريخية حقائق استمدها من المحيط الذي حدثت فيه، فالعوامل الجغرافي والبشري والاقتصادي والفكري والديني والاجتماعي والسياسي وغير ذلك عوامل في صناعة وفهم الواقعة التاريخية[1].

وذهب **المؤرخ العربي** إلى أبعد من ذلك في عرض الزمن على هيئة حِقَب وعقود وقرون، وكتابة التاريخ في ضوء ذلك، وشعورًا منه بأهمية **الدولة الإسلامية** والتغييرات التي حدثت فيها وقيام دول في السابق واندثارها، اهتم كذلك بالكتابة التاريخية بحسب الدول وما طرأ عليها، وقد راعى **المؤرخ العربي** في كل ذلك الإشارة والاهتمام بأحوال الناس والمجتمع والأحوال الاجتماعية والاقتصادية والسياسية والفكرية وعلاقتها بالحوادث التاريخية الكبيرة.

إن تطور الكتابة التاريخية وتنوع الأساليب في عرض الوقائع التاريخية وغزارة المادة التاريخية مع إدراك لأهميتها قد مهّد الطريق إلى تبلور الفكرة التاريخية وتعيين لحدود موضوع التاريخ وأهميته فضلًا عن رسوخ مفهوم التاريخ في الكتابة التاريخية، ولأجل ذلك اقتطف بعض النصوص المهمة في كتاب الإعلان بالتوبيخ لمن ذم أهل التاريخ لمؤلفه **محمد شمس الدين السخاوي (902هـ/ 1497م)**، لبيان مفهوم التاريخ وموضوعه وفائدته.

---

(1) يُلاحظ هنا كيف يضع الدكتور ياسين خليل منهجًا في الكتابة التاريخية وفي فلسفة التاريخ يَستمدها من فلسفته التحليلية العلمية التي يؤمن بها، آخذًا بعين الاعتبار العوامل البنيوية في فهم الواقعة التاريخية مهملًا للجانب الأُحادي في تفسير الواقعة التاريخية كما تؤمن بها بعض الأيدولوجيات التي تفسر التاريخ بالرجوع إلى عامل واحد. (المحقق)

يقـول **السخاوي في** تعريف التاريـخ اصطلاحًا **ما نصه**: «وفي اصطلاح التعريف بالوقت الذي تضبطه الأحوال من مولد الرواة والأئمة ووفاة وصحة وعقل وبدن ورحلة وحجة وحـفظ وضبط وتوثيق وترجيح وما أشبه هذا مما مرجعه الفحص عن أحوالـهم في ابتدائهم وحالهم واستقبالهم ويلتحق به ما ينفق من الحوادث والوقائع الجليلة من ظهور مُلمة، وتجديد فرض، وخليفة، ووزير، وغزوة، وملحمة، وحرب وفتح بلد، وانتزاعه من متغلب عليه، وانتقال دولة، وربما يتوسع فيه لبدء الخلق وقصص الأنبياء وغير ذلك من أمور الأمم الماضية، وأحوال القيامة ومقدماتها مما سيأتي، أو دونها كبناء جامع أو مدرسة، أو قنطرة، أو رصيف، أو نحوها مما يعمم الانتفاع بع عما هو شائع مشاهد، أو خَفيٌ سماوي، كجراد وكسوف وخسوف، أو أراضي كزلزلة وحريق وسيل طوفان وقحط وطاعون وموتان وغيرها من الآيات العِظام والعجائب الجِسام، والحاصل أنه فن يبحث فيه عن وقائع الزمان من حيث التعيين والتوقيت بل عما كان في العالم»[1]. يظهر لنا في التعريف أن التاريخ يتناول بالدراسة أوجهًا دينية وحضارية واقتصادية وطبيعية وسياسية مع التأكيد على أهمية الزمن والإنسان.

وبذلك يكون موضوع التاريخ بكلمات **السخاوي**: وأما موضوعه فالإنسان والزمان، ومسائله أحوالهما المفصلة للجزئيات تحت دائرة الأحوال العارضة الموجودة للإنسان وفي الزمان[2]. وهذا معناه أن موضوع التاريخ يغطي جملة نشاطات الإنسان على مقياس الزمن، ويتجاوز الماضي إلى الحاضر وإلى المستقبل.

وأما فائدة التاريخ فمعرفة الأمور على وجهها، ومن أجل فوائده أنه أحد الطرق التي يعلم به النسخ في أحد الخبرين المتعارضين المتعذر الجمع بينهما[3]. وأما ما لعله يذكر فيه من أخبار **الأنبياء صلوات الله عليهم** وسنتهم فهو مع أخبار العلماء ومذاهبهم والحكماء وكلامهم، والزهاد والنساك ومواعظهم، عظيم الغَناء، ظاهر المنفعة، فما يصلح الإنسان به

---

(1) يُراجع، فرانز روزنثال، علم التاريخ عند المسلمين، ترجمة صالح أحمد العلي، بغداد1963، ص385. (المؤلف)

(2) المصدر السابق، ص385. (المؤلف)

(3) المصدر السابق، ص385-386. (المؤلف)

أمر معاده ودينه وسيرته في اعتقاداته، وسيرته في أمور الدين، وما يصلح به أمر معاملاته ومعاشه الدنيوي، وكذا ما يذكر فيه من أخبار الملوك وسياساتهم، وأسباب مبادئ الدول وإقبالها، ثم سبب انقراضها، وتدبير أصحاب الجيوش والوزراء وما يتصل بذلك من الأحوال التي يتكرر مثلها وأسبابها أبدًا في العالم[1].

لقد فطِن **المؤرخ العربي** إلى أهمية الأسباب وتعددها في إقامة الدول وانهيارها من خلال اهتمامه بتاريخ العالَم وتركيزه على التاريخ **الإسلامي**، فتجاوز بذلك مرحلة التثبت من الخبر والوثيقة والحدث إلى فهم العلاقات المتبادلة بين الوقائع التاريخية والعلاقات السببية للعوامل الداخلة في بنية الواقعة التاريخية ليصل بعد جهودٍ كبيرة إلى وضع إطار فكري عام للتاريخ.

وقد برز في هذا الاتجاه **عبد الرحمن بن محمد بن خلدون** (ت808هـ/ 1406م)، في مؤلفه كتاب العبر وديوان المبتدأ والخبر في أيام العرب والعجم والبربر ومن عاصرهم من ذوي السلطان الأكبر، واشتُهرت منه **المقدمة** لما احتوت من منهج جديد في كتابة التاريخ وتفسير علمي وحضاري للتاريخ، وابتداع لعلم العُمران والاجتماع والاهتمام بقوانينه.

يمكن اعتبار منهج **ابن خلدون** في التاريخ أول محاولة علمية لكشف الحقائق التاريخية وإجراء علمي لتكذيب ما ورد من أخبار وقصص قديمة، فهو منهج للتوثق من صحة الخبر بالاستناد إلى قوانين ومعارف علمية، ومن شخص المنهج مصادر الكذب في الأخبار التاريخية، منها ما يتعلق بشخص المؤرخ وميوله فضلًا عن أهواء وميول من ينقل عنهم، وتأثر الناس والمؤرخ بأصحاب السلطان وذكر مناقبهم بالإثناء والمديح، ولا يمكن التخلص من هذه الأسباب إلا إذا تجرد المؤرخ من الهوى واتباع سبيل الحقيقة من دون تعصب أو تشيُّع لرأي سابق.

ويمكن تشخيص الكذب في الروايات التاريخية بالاستناد إلى القوانين العلمية وما توفره العلوم والصناعات من نتائج وحقائق، ولا سيما ما كان من الأخبار مناقضًا لقوانين العلوم الطبيعية، ويذكر **ابن خلدون** عدة أمثلة فيها الأخبار مستحيلة **فيقول**: ومن الأخبار المستحيلة

(1) يُراجع، ابن خلدون، المقدمة، تحقيق علي عبد الواحد وافي، ط2، القاهرة 1965، ج1، ص412. (المؤلف)

ما نقله **المسعودي** أيضًا في تمثال الزرزور الذي **بروما** تجتمع إليه الزرازير في يوم معلوم من السنة حاملة للزيتون ومنه يتخذون زيتهم[1].

كما يمكن تشخيص الكذب في الأخبار التاريخية بالاستناد إلى قوانين العمران، **فيقول**: وأما الأخبار عن الواقعات فلا بد في صدقها وصحتها من اعتبار المطابقة، فلذلك وجب أن ينظر في أماكن وقوعه، وإذا كان ذلك فالقانون في تمييز الحق من الباطل من الأخبار بالأماكن والاستحالة أن ننظر في الاجتماع البشري الذي هو العمران، ونميز ما يلحقه من الأحوال لذاته وبمقتضى طبعه وما يكون عارضًا لا يُعتَدّ به وما لا يمكن أن يعرض له، وإذا فعلنا ذلك كان ذلك لنا قانونًا في تمييز الحق من الباطل في الأخبار والصدق من الكذب بوجه برهاني لا مدخل للشك فيه[2].

ويلجأ **ابن خلدون** في تفسيره لقيام الدول وانهيارها إلى أسباب طبيعية متأصلة في ذاتية الدولة فيشبه عمر الدولة بعمر الإنسان، ويحدد عمرها بثلاثة أجيال، **فيقول**: وإنما **قلنا** إن عمر الدولة لا يعدو في الغالب **ثلاثة أجيـال، الأول**: لم يزالوا على خلق البداوة وخشونتها وتوحشّها من شظف العيش والبسالة والافتراس والاشتراك في المجد، فلا تزال بذلك سورة العصبية محفوظة فيهم، فحدّهم مُرهِب وجانبهم مرهوب والناس لهم مغلوبون. **والجيـل الثاني**: تحول حالهم بالملك والترفُّه من البداوة إلى الحضارة ومن الشظف إلى الترف والخصب ومن الاشتراك في المجد إلى انفراد الواحد به وكسل الباقين عن السعي فيه، ومن عز الاستطالة إلى ذل الاستكانة، فتنكسر سورة العصبية بعض الشيء، وتؤنس منهم المهانة والخضوع، ويبقى لهم الكثير من ذلك، بما أدركوا الجيـل الأول وباشروا أحوالهم وشاهدوا من اعتزازهم وسعيهم إلى المجد ومراميهم في المدافعة والحماية، فلا يسعهم ترك ذلك بالكُلِّية، وإن ذهب منه ما ذهب، ويكونون على رجاء من مراجعة الأحوال التي كانت للجيل الأول، أو على ظن من وجودها فيهم. وأما **الجيـل الثالث** فينسون عهد البداوة والخشونة كأن لم تكن ويفقدون حلاوة العز والعصبية بما هم فيه من ملكة القهر، ويبلغ فيهم الترف غايته بما تغنّوه من النعيم وغضارة العيش، فيصيرون عيالًا على الدولة،

---

(1) المصدر السابق، ج1، ص413. (المؤلف)

(2) المصدر السابق، ج2، ص476-477. (المؤلف)

ومن جملة النساء والولدان المحتاجين للمدافعة عنهم، وتسقط العصبية بالجملة، وينسون الحماية والمدافعة والمطالبة ويُلبسون على الناس في الشارة والزي وركوب الخيل وحسن الثقافة يموهون به، وهم في الأكثر **أجبن من النسوان على ظهورها**، فإذا جاء المطالب لهم لم يقوموا على مدافعته، فيحتاج صاحب الدولة حينئذ إلى الاستظهار بسواهم من أهل النجدة ويستكثر بالموالي، ويصطنع من يُغْني عن الدولة بعض الغِنى، حتى يتأذن **الله** بانقراضها، فتذهب الدولة بما حملت[1].

وقد حاول **ابن خلدون** بالفعل أن يطبق منهجه في قيام الدول وانقراضها على **الدول الإسلامية** التي كانت الأساس في إمداده بالفكرة العامة، **فيقول**: حتى إذا اجتمعت عصبية **العرب** على الدين بما أكرمهم **الله** من نبوة **محمد -صلى الله عليه وسلم-**، زحفوا إلى **أمم فارس والروم**، وطلبوا ما كتب **الله** لهم من الأرض بموعد الصدق[2].

ولما وقعت الفتنة بين علي بن أبي طالب ومعاوية وهي مقتضى العصبية كان طريقهم فيها الحق والاجتهاد، ولم يكونوا في محاربتهم لغرض دنيوي أو لإيثار باطل أو لاستشعار حقد كما قد يتوهمه متوهم وينزع إليه ملحد، ثم اقتضت طبيعة الملك الانفراد بالمجد واستئثار الواحد به[3].

ويتابع **ابن خلدون** تحليلاته **للخلافة الأموية** التي يرى الأولون فيها عصبية الدين بينما يتحدّر الأواخر منهم إلى الأغراض الدنيوية، **فيقول**: ثم جاء خلَفُهم واستعملوا طبيعة المُلك في أغراضهم الدنيوية ومقاصدهم ونسوا ما كان عليه سَلَفُهم من تحرِّي القصد فيها واعتماد الحق في مذاهبها[4].

بعدها ينتقل إلى **الدولة العباسية فيقول**: ووَلِيَ رجالها الأمرَ فكانوا من العدالة بمكان، وصرفوا المُلك في وجوه الحق ومذاهبه ما استطاعوا، حتى إذا جاء **بنو الرشيد** من بعده فكان منهم الصالح وكان منهم الطالح، ثم أفضى الأمر إلى بنيهم فأعطوا المُلك والترف

(1) المصدر السابق، ج2، ص542. (المؤلف)

(2) المصدر السابق، ج2، ص543. (المؤلف)

(3) المصدر السابق، ج2، ص545. (المؤلف)

(4) المصدر السابق، ج2، ص545. (المؤلف).

حقه وانغمسوا في الدنيا وباطلها، ونبذوا الدين وراءهم ظِهريًا فتأذّن **الله** بحربهم، وانتزاع الأمر من أيدي **العرب** جملةً وأمكن سواهم منه، **والله لا يظلم مثقال ذرة**[1].

كما تحتوي **المقدمة** على معلومات تاريخية قيّمة من الوجهة التاريخية والاجتماعية، فهي منهجية في عرض الحقائق ونقدها والشك فيها والتحقق منها، وهي زاخرة بالتحليلات العلمية الدقيقة للوقائع التاريخية والاجتماعية، مستعينة بالعلوم المعروفة في عصر **ابن خلدون**، وهي تعبر عن اتجاه فلسفي جديد في النظرة إلى التاريخ، وضرورة اكتشاف القوانين الاجتماعية التي تجري في ضوئها وقائع التاريخ، وهي زاخرة بالمعلومات من العلوم واكتسابها وتعلمها، فهي في كلمة مختصرة موسوعة ثقافية وعلمية فريدة.

(1) المصدر السابق، ج2، ص545. (المؤلف).

الفصل الرابع

الدراسات الفلسفية والمنطقية (الفلسفة العلمية)*

كان لترجمة الفكر الفلسفي اليوناني إلى اللغة العربية، وانفتاح الفكر العربي على الثقافات الأجنبية الجديدة أكبر الأثر في خلق اتجاهات فكرية وفلسفية كثيرة بين المفكرين العرب، فبرز عدد كبير من الفلاسفة في المشرق والمغرب وبلاد الأندلس، استطاعوا بعد تمثيل ما وصلهم من أفكار ومذاهب وفلسفات، أن يطرحوا أنماطًا جديدة من التفكير، متوخين في كل ما ذهبوا إليه إما التوفيق بين الروح الدينية والروح الفلسفية الجديدة، أو الانطلاق من الأساس الديني لمناقشة مسائل فلسفية وفكرية، أو إبراز دور العقل والتأكيد عليه لفهم ما يجري في الكون ومعرفة أسرار الحياة، أو الاستعانة بالعلم من أجل معرفة أفضل مع التأكيد على ضرورة التمييز بين الفلسفة (الميتافيزيقا) والعلم.

وكانت أبرز التيارات الفلسفية التي سادت في الحضارة العربية، وكان لها مدافعون وخصوم ما يمكن إجماله بالآتي:

أولًا: التيار المحافظ على الخط الفلسفي اليوناني: المتمثل بصورة خاصة في فلسفتي

---

* إنَّ وضع مصطلح (الفلسفة العلمية) إنما تم من قِبَلنا لأن هذا الفصل لا يعالج آراء الفلاسفة العرب المسلمين كما عهدناهم ولا نظرياتهم الفلسفية والميتافيزيقية والأخلاقية وغيرها، بل يعرض لآراء العلماء الفلاسفة من العرب ويرسم خريطة من خلالهم للعقلية العلمية العربية، ويحدد ملامح الفلسفة العلمية من خلال أقوالهم. (المحقق)

أفلاطون وأرسطو، والخط الفلسفي الذي تطور في **المدرسة الإسكندرية** المتمثل بفلسفة **أفلوطين** (ت270م)[1].

ثانيًا: التيار التوفيقي: الذي حاول إزالة الخلاف بين الفلسفة **اليونانية** الوثنية **والدين الإسلامي** الموحِّد، وذلك عن طريق توضيح المسائل الدينية بالأسانيد العقلية وتوضيح مسائل الفلسفة ببراهين دينية.

ثالثًا: التيار العقلي: الذي تصدى لمناقشة جميع المسائل المتعلقة بالألوهية وصفات الله وحرية الإرادة والجبر والاختيار والإنسان والقدم والحدوث والنبوة والعقل وغيرها من المسائل العقيدية.

وإنه مما لا شك فيه أن هذه التيارات الفكرية وغيرها قد أسهمت إلى حدٍ كبير في إغناء الفكر الفلسفي بما أضافت إليه من موضوعات وطرق للمناقشة والجدل وحلول فكرية

---

(1) يُلاحظ هنا أن تقسيم الدكتور ياسين خليل لمواقف العرب من الفلسفة اليونانية إلى تيار محافظ عليها وتيار توفيقي وتيار عقلي، إنما هو تقسيم خاص به، ولا يتفق معه معظم مؤرخي الفلسفة العربية الإسلامية، إذ إن المتعارف عليه أن هناك تيارًا فلسفيًا توفيقيًا بين معطيات الفلسفة اليونانية وما جاء به الدين الإسلامي وعلى رأس هؤلاء الفلاسفة الكندي والفارابي وابن سينا وحتى ابن رشد، وتدل كتبهم على هذا المنحى، وعلى قمة هؤلاء الفيلسوف ابن رشد، أما مؤسس تيار التوفيق بين الفلسفة اليونانية والدين الإسلامي هو أبو إسحق يعقوب الكندي، ولم يخرج عن هذا الطوق أحد فمعظم فلاسفتنا توفيقيون، أما في مسائل الميتافيزيقا فهناك عدة اتجاهات منها الاتجاه الذي يقر بالخلق والحدوث وهو رأي الكندي الفيلسوف، ومنها اتجاه الفيض المتأثر بفلسفة الصدور لأفلوطين الإسكندري ويمثله الفارابي وابن سينا ومسكويه وإخوان الصفا والغزالي في بعض كتبه، وآخرون، ومنهم من وقف موقف الشارح المدافع عن فلسفة أرسطو بكل ما أوي من قوة وهو ابن رشد، أو من موقف إلى جانب فلسفة أفلاطون ودافع عنها وهو الفيلسوف أبو بكر الرازي الطبيب وأبو البركات البغدادي، وهناك الاتجاه الفلسفي الكلامي في الفلسفة العربية الإسلامية، والمتمثل بعلماء الكلام من معتزلة وأشاعرة وماتريدية وإمامية وإسماعيلية وغيرهم، إذ استفاد هؤلاء من معطيات المنطق اليوناني في تأويل العقيدة الدينية فلسفيًا، لأن في الدين ما هو ظاهر وما هو باطن، فاحتاج الباطن إلى التأويل، وهناك الخط الفلسفي الصوفي على اختلاف منازعه ومذاهبه وهو ما يتمثل بفلسفة الحلول والاتحاد للحلاج ووحدة الوجود المطلقة لابن سبعين ووحدة الوجود لابن عربي والإشراق لشهاب الدين السهروردي الحلبي المقتول وغيرهم، وهناك الاتجاه الأصولي في الفقه وهو ما يمثله علماء الفقه الذين أفادوا من معطيات المنطق لاستنباط معطيات شرعية من الدين وهو ما يسمى بأصول الفقه وهو غير أصول الدين الذي يمثله علماء الكلام. (المحقق)

لمشكلات فلسفية، وأنه من الخطأ الاعتقاد أن الفكر الفلسفي **العربي** بقي أسير مقولات ومبادئ الفلسفة **اليونانية**، ومن الخطأ بحث الفكر الفلسفي **العربي** من زاوية ما فيه من تأثير **يوناني**، اللهم إلا إذا كانت الغاية تاريخية ومن دون إصدار أحكام عامة من شأنها أن تخلق في النفس شعورًا بأن **المفكر العربي** لم يتخطّ ما أنجزه **المفكر اليوناني**[1].

ويأتي الخطأ الآخر من مصدر الاعتقاد أن الفلسفة بحقولها ومقولاتها وأصولها لا بد أن تكون في تلك القوالب التي طرحها الفكر **اليوناني**، وأن الأفكار والنظريات التي لا تتفق مع هذه القوالب ليست فلسفية، فالمنطق الذي ابتدعه **أرسطو** ليس هو المنطق الوحيد الذي لا يجوز طرح بديل عنه، والميتافيزيقا التي اتسم بها الفكر **اليوناني** ليست هي كل الفلسفة؟، ونظرية المعرفة التي تبلورت عند **أفلاطون وأرسطو** ليست خالدة، ولا يمكن أن تكون النظرية الوحيدة، والنظرية السياسية والاجتماعية التي تجدها في كتاب الجمهورية والقوانين **لأفلاطون** وكتاب السياسة **لأرسطو** ليست إلا تعبيرًا عن محاولات مفكري **اليونان** لطرح بناء الدولة والمجتمع من خلال ما عرفوه من أنظمة وأحداث **يونانية**.

إن الإنسان **العربي** هو غير الإنسان **اليوناني** من حيث الامتداد الثقافي والنفسي والأصول الفكرية والأهداف، وإن المجتمع **العربي** هو غير المجتمع **اليوناني** من حيث الامتداد الحضاري والتكوين السياسي والاجتماعي ومجموعة القيم، وإن الغاية الكبرى التي ارتبطت **بالأمة العربية** وحملت من أجلها رسالة السماء هي ليست الغاية **اليونانية**، وإن النظرة الكونية الشاملة للإنسان **العربي** مختلفة جذريًا عن النظرة الكونية الشاملة للإنسان **اليوناني**.

إن أفضل سبيل لفهم الموقف الفلسفي للعقلية **العربية** هو في تعيين الأساس الفكري والأخلاقي للإنسان **العربي** أولًا ثم الانطلاق إلى مواقفه الأخرى من المعرفة والعلم

---

(1) يريد الدكتور ياسين خليل هنا أن يرد على أصحاب المنهج التاريخي الذين يبحثون عن الأشباه والنظائر في الفكر الإنساني بالاعتماد على ما تركه السابق للاحق من أفكار وآراء وعمران ووسائل مادية أخرى، فيقول إن هذا المنهج لا يصلح لدراسة الفكر الفلسفي العربي وإنه قد تأثر بالفلسفة اليونانية، لأنه لربما يُثار تساؤل مفاده، ومن أين للفلسفة اليونانية هذه التصورات الفلسفية والعلمية لولا اطلاعها على من سبقها من حضارات بابلية ومصرية وفارسية وهندية؟، وهكذا هلم جرا، فهذا المنهج فيه غمط لحقوق الحضارات في الإبداع والتطور والإضافة على من سبقها من حضارات وهو ما ينطبق على حضارتنا الإسلامية، ولقد عالج الدكتور ياسين خليل ذلك بالتفصيل في القسم الأول من كتابه هذا. (المحقق)

والحقيقة وغير ذلك، ويعود سبب ذلك الأصل الحضاري إذ اهتمت **العقيدة الإسلامية** منذ البدء بخلق إنسان جديد فكريًا وأخلاقيًا من خلال مجموعة القيم والمواقف التي طرحتها حتى غدت جزءًا من السلوك الفردي والاجتماعي، إذ يحتكم إليها الإنسان في سلوكه مع نفسه ومع الآخرين، وفي إصدار الأحكام للتمييز بين الحق والباطل، والصادق والكاذب والعادل والظالم وغير ذلك.

لقد اتسم الفكر **العربي** بفضل **الدعوة الإسلامية** بعدة خصائص فتحت أمامه المجال للبحث العلمي في جميع المجالات، منها بخصائص العقلانية والقانونية والشمولية والعلمية.

ونقصد بالعقلانية ضرورة البحث والنظر في الأشياء على أساس قدرة العقل الإنساني على استيعاب ما يحصل عليه بالإدراك والفهم وصولًا إلى معرفة الحقيقة مع رفض واضح لجميع الأوهام والخرافات في تعليل الظواهر المختلفة، النفسية والطبيعية والاجتماعية، وإزالة الشكوك والشبهات بالتحكيم العقلي والمقارنة النظرية.

إنّ الالتزام بالعقلانية معناه وجوب الإيمان بقدرة العقل الإنساني على اكتشاف الحقائق، والتوافق بين العقل والطبيعة على أساس إيمان مستمد من **الله** الذي وهب الإنسان العقل بإمكانية فهم الطبيعة بقدرات الإنسان العقلية.

تتميز العقلانية **العربية** عن عقلانية **اليونان** بأن **الأولى** مستمدة من الإيمان **بالله** الذي نظَّم الكون على وفق نواميس وقوانين وسُنن، وأن التوافق بين العقل والطبيعة يعتمد على الاعتقاد بأن الطبيعة خُلقت على وفق ضرورات **العقل الإلهي** وأن خالق الإنسان والطبيعة واحد.

كما لم يُهمل الفكر **العربي** دور الحس في المعرفة والعلم، بل ألزم التقيد به في حدود المحسوسات، ووضع حدًا فاصلًا بين عالم الحس وعالم العقل على أساس المحسوس يُدرك بالحواس، والمعقول يُدرك بالعقل، كما لم ترفض العقلانية **العربية** ثقافات وفلسفات الأمم الأخرى. بل كانت انتقائية في الموقف فأخذت ما يتفق معها منطلقة من ضروراتها الخاصة، ولم تتمثل ما لا يتفق معها من آراء وثنية وأسطورية. وخير مَنْ مثّل هذا الاتجاه **أبو حامد الغزالي** في كتابه تهافت الفلاسفة، إذ استهدف إبطال مذاهب الفلاسفة ومسائلهم باستخدام طريقة تحليلية نقدية، فبيّن أن العلوم الرياضية والطبيعية والمنطقية مقبولة، بينما

وقف بالحجة والبيّنة ضد الآراء والأفكار المتعلقة بالإلهيات، فيقول: أما الرياضيات التي هي نظر في الكم المنفصل وهو الحساب فلا تعلُّق للإلهيات به، وقول القائل: إن فهم الإلهيات يحتاج إليها خرق، كقول القائل: إن الطب والنحو واللغة يُحتاج إليها، أما الهندسيات التي هي نظر في الكم المتصل فيرجع حاصله إلى بيان أن السموات وما تحتها إلى المركز كروي الشكل وبيان عدد طبقاتها، وبيان عدد الأكر المتحركة في الأفلاك، وبيان مقدار حركتها فلنسلم لهم جميعًا ذلك جدلًا واعتقادًا فلا يحتاجون إلى إقامة البراهين عليه، ولا يقدح في شيء من النظر الإلهي[1].

ويمثل تمييز **الغزالي** بين العلوم خصيصة أساسية في العقلانية العربية، إذ يقوم مذهبه على التمييز بين العلم الرياضي والعلم الطبيعي والعلم الإلهي، واستقلال كل علم بموضوع بحثه وطريقته، وقد أدى تحليله ونقده للمعرفة بعامة إلى الوثوق بالعلم الرياضي والمنطقي على أساس أن القضايا فيهما يقينية صادقة، بينما قاده التحليل والنقد إلى اعتبار المعارف التجريبية غير يقينية ولا تصل إلى مرتبة اليقين، وأنكر على الميتافيزيقيين قولهم في إمكانية معرفة الحقائق الإلهية والوصول في معرفتها إلى مرتبة اليقين بأساليب المنطق وقدرات العقل المحدودة، محاولًا بيان ذلك بإظهار التناقض في أقوالهم، وفي إثبات عدم تعلق العلم الرياضي والعلم الطبيعي بالميتافيزيقا وفي بيان أن النزاع يكمن في استخدام اللغة[2].

ونقصد **بالقانونية في الفكر العربي** ضرورة البحث والنظر في الظواهر المختلفة بقصد الكشف عن النواميس العامة التي أودعها الله في الكون، التي تعبر عنها الظواهر بالوحدة والتشابه والانتظام، وهي القوانين التي لا يمكن لإرادة الإنسان أن تغيرها أو تبدّلها، كما أوجبت القانونية ضرورة البحث والنظر في المعارف ليكون لكل علم أقواله العامة أو قوانينه، فيحيط كل قانون بمعظم الأشياء التي هي موضوعه.

---

(1) يُراجع، الغزالي، تهافت الفلاسفة، تحقيق سليمان دنيا، ط4، القاهرة 1966، ص84. (المؤلف)

(2) المصدر لسابق، ص79-80. (المؤلف، ويُلاحظ هنا أن الدكتور ياسين خليل قد وجد هنا في نص الغزالي الذي أورده ضد الميتافيزيقا حجة وقف عندها مرحبًا ومعجبًا بها، كما وجد له سند في انتمائه الفلسفي إلى المدرسة التحليلية المعاصرة التي ترى في الميتافيزيقا كلامًا لا قيمة له ولا طائل تحته لأن قضايا الميتافيزيقا مما لا يمكن التحقق أو التثبت من صدقها بالتجربة. (المحقق)

إنّ الإنسان من حيث الطبيعة البشرية واحد مهما اختلفت ألوانه وأوطانه يخضع للقوانين الكونية العامة، وهو من ناحية أخرى يمتلك طبيعة شخصية، لأن لكل فرد خصائص خلقية وفكرية تميزه عن الآخرين، وبين الوحدة في الطبيعة البشرية والتعدد في الطبيعة الشخصية تكمن حقيقة هامة هي أن الطبيعة البشرية واحدة تتحكم فيها خصائص عامة بين البشر جميعهم، بينما يكون لطبيعة كل فرد خصائص شخصية متميزة، والأشياء أو الظواهر في العالم الخارجي تبدو للحواس فردية ومتعددة من حيث الحدوث في الزمان والمكان، لكنها في الوقت نفسه تخضع لقوانين عامة، والتشابه بين الظواهر في السلوك وتكرارها الذي يعبر عن وحدة وانتظام يؤكد أن حقيقة وجود قوانين عامة تتحكم في الكون.

إنّ التسليم بالقانونية في حدوث الظواهر المختلفة هو الأساس في قيام المعرفة العلمية، إذ كيف يمكن أن يقوم العلم من دون قوانين عامة، وكيف يمكن البحث في الظواهر إذا كان الاعتقاد بأن لكل حادثة قانونها الخاص؟ وإذا سلمنا أن الأشياء والظواهر لا متناهية ولا يمكن حصرها وافتراضنا جدلًا أن لكل ظاهرة قانونها الخاص فمن العسير أن نتصور قيام علم يحتوي على عدد لا متناهٍ من القوانين الخاصة.

ونختار هنا قولًا **للفيلسوف أبي نصر الفارابي** في صدر كتابه إحصاء العلوم، للتعبير عن القانونية في العلوم، إذ يقول: "والقوانين في كل صناعة أقاويل كلية أي جامعة ينحصر في كل واحدٍ منها أشياء كثيرة مما تشتمل عليه تلك الصناعة وحدها حتى يأتي على جميع الأشياء التي هي موضوعة للصناعة أو على أكثرها وتكون مُعَدَّة إما ليحاط بها ما هو من تلك الصناعة لئلا يدخل فيها ما ليس منها أو يشذ عنها ما هو منها، وإما ليمتحن بها ما لا يؤمن أن يكون قد غلط فيه غالط، وإما ليسهل بها تعلم ما تحتوي عليه الصناعة وحفظها"[1].

وقد ميّز الفلاسفة **العرب** بين القوانين التي تخصّ العقل الإنساني وتلك التي تخص عالم المحسوسات، فنظروا إلى علم المنطق على أساس أنه يهتم بالقوانين التي تُقَوِمْ العقل وتُسَدد تفكير الإنسان نحو الصواب والحق، ليمتنع من الوقوع في الخطأ، والقوانين المنطقية كما يقول **الفارابي**: آلات يمتحن بها في المعقولات ما لا يؤمن أن يكون العقل قد غلط فيه

(1) يُراجع، الفارابي، إحصاء العلوم، تحقيق عثمان أمين، مصر 1949، ص45. (المؤلف)

أو قصر في إدراك حقيقته، تشبه الموازيين والمكاييل التي هي آلات يمتحن بها في كثير من الأجسام ما لا يؤمن أن يكون الحس قد غلط أو قصر في إدراك تقديره، وكالمساطر التي يمتحن بها في الخطوط ما لا يؤمن أن يكون الحس قد غلط أو قصر في إدراك استقامته وكالبركار الذي يمتحن به في الدوائر ما لا يؤمن أن يكون الحس قد غلط أو قصُر في إدراك استدارته[1]. وهذه القوانين ليست خاصة بشعبٍ أو أمة، بل لجميع البشر، يحتاجها الإنسان لتصويب استنتاجاته وإدراك اليقين الذي لا يقع الغلط فيه مطلقًا.

إنّ التمييز بين عالم المحسوسات وعالم المعقولات واختلاف القوانين التي تسود عالم المحسوس وعالم المعقول قد أدى إلى ظهور نزعة تجريبية منطقية نجدها واضحة كل الوضوح عند عدد كبير من العلماء والفلاسفة **العرب**، وهي نزعة تقوم على أساس أن قوانين المنطق والرياضيات يقينية لا يوجد دليل على التناقض فيها، بينما تكون قضايا أو قوانين العلوم الطبيعية احتمالية وأن التناقض فيها ممكن.

القانونية بناءً على ما تقدم، تفترض التمييز بين القوانين المنطقية والرياضية من جهة والقوانين الطبيعية من جهة أخرى، مع الاحتفاظ بإيمان الإنسان العربي بوجود قوانين كونية شاملة يعلمها **الله** ولا يعلم الإنسان منها إلا قليلًا.

ونقصد بالشمولية ضرورة البحث والنظر في الأشياء والظواهر على أساس التمسك بوحدة الطبيعة التي تشير إلى وحدة الخالق، ووحدة المعرفة التي تشير إلى وحدة الحقيقة، ومثابرة الإنسان بالاتجاه عند الدراسة والبحث من الجزئيات إلى الكليات، ومن الخصوصيات إلى العموميات، ومن الاختبارات والتجارب صوب النظريات العامة.

إنّ الأشياء والظواهر في الطبيعة محدودة بزمان ومكان، وتبد ومنعزلة الواحدة عن الأخرى في الظاهر، بحيث يستطيع المرء أن يُلاحظ كل واحد منها على انفراد من دون أن يشير إلى مجاوراتها في الواقع. فيكتفي بتسجيل ما يُلاحظه للواقعة لكن الضرورة العلمية تستلزم ملاحظة وقائع أخرى كثيرة تترابط مع الواقعة قيد البحث، ولقد أدرك الإنسان **العربي** ذلك من خلال تسليمه أن كل واقعة مهما بلغت من الصغر أو الكبر تشير إلى غاية

(1) المصدر السابق، ص54. (المؤلف)

هي وحدانية الخالق، وأن الترابط بين الوقائع في وحدة الطبيعة إشارة إلى البرهان على وحدانية الله.

إنّ البحث والدراسة بفحص الجزئيات لإدراك العلاقات بينها والوصول إلى صياغة الأقوال الكلية يشير كذلك إلى اهتمام المفكر **العربي** بحصر التنوع والكثرة في الطبيعة لتصبح وحدة عامة في المعرفة، ولكن الطريق إلى هذه الوحدة يستلزم الإقرار بوحدة الحقيقة، وإن اختلاف الناس فيما بينهم في إدراك الحقيقة لا يرجع إلى اختلاف وتنوع الحقيقة، بل إلى السبل المؤدية إليها قد تكون مختلفة ومتباينة.

إنّ الاستقراء[1] الذي يبدأ بفحص الجزئيات لكشف العلاقات الضرورية فيما بينها يشترط أن تكون الخطوات المؤدية إلى التعميم أو صياغة الأقوال الكلية متلازمة ومشفوعة بامتحان ونظر لكي يسلم القول العام أو القانون من الخطأ ويكون امتحانه مؤديًا إلى إثباته من جهة الصدق.

يظهر لنا من التحليل للشمولية أن صلتها وثيقة بالقانونية، فالأولى تحث الباحث بالدراسة والاستقراء نحو إدراك العلاقات بين الموجودات وصياغة ما يصل إليه بعد التثبت والامتحان على هيئة قانون، بينما القانونية غاية البحث والباحث، إذ يعبر عن الانتظام في الظواهر بصيغ موجزة وأن التسليم بالقانونية ضرورة علمية لتحقيق الشمولية.

لقد أدرك **العالِم العربي** ضرورة الابتداء بالمحسوس وصولًا إلى المعقول وبالجزئي من أجل الكلي، وبالظاهر لإدراك الخفي والباطن، فإن العلم المجمل بالشيء إنما يكمل العلم بتفاصيله، ويتم معرفة الكل بمعرفة أجزائه، والكلي بجزيئاته، والمركب ببسائطه، والبعيد بما يليه من القريب، لأن مبادئ العلوم هي مبادئ الوجود، فالعلم بالشيء والمعرفة به إنما

---

(1) يقصد الدكتور ياسين خليل هنا الاستقراء الناقص Induction الذي يبدأ بفحص الجزئيات انتهاءً ببناء القانون الكلي في النظرية، مثال الحديد معدن يتمدد بالحرارة والنحاس معدن يتمدد بالحرارة والألمنيوم معدن يتمدد بالحرارة، فنحكم أن المعادن كلها تتمدد بالحرارة، وهو خلاف الاستقراء التام Induction complete، الذي يعني حكمًا على الجنس لوجود ذلك الحكم في أنواعه جمعها، ومثاله الجسم إما حيوان أو نبات أو جماد، وكل واحد من الأقسام متحيز، فينتج من ذلك أن كل جسم متحيز. (المحقق)

تتم بمعرفة مسائله من أجزاء وجزيئات وأسباب ومبادئ[1]. وفي العلوم فإنا نستدل بالأسبق إلى علمنا فتارة يكون علة لمعلول وتارة يكون معلولًا لعلة، وفي الطبيعيات إنما يُبتدأ من المحسوس بل الأظهر من المحسوسات وينتهي إلى المعقول ثم إلى الأخفى فالأخفى من المعقولات[2].

كما نقصد بالعلمية ضرورة البحث والنظر في الأشياء والظواهر من دون أن يكون للهوى والتعصب أي مجال في إصدار الأحكام، فالالتزام باتباع الحق واجب، والتمسك بالعدل باعتباره ميزان الحقيقة ضرورة علمية، وأن النقد والشك في الآراء بقصد التثبت منها لإدراك الصدق مهمة لا بد للباحث من إنجازها، لأن الغاية من العلم هي في الوصول بالأقوال إلى مرتبة اليقين.

استهدف **المفكر العربي** كشف الحقيقة لذاتها، فكان موقنًا أن الحق واحد وأن غاية الحكمة في الوصول إليه، وقد ذهب **ابن الهيثم** في بحوثه العلمية إلى إزالة الشكوك والتناقضات في الآراء لاعتقاده أن الحق واحد، **فيقول**: إني لم أزل منذ عهد الصبا مرتابًا في اعتقادات هؤلاء الناس المختلفة، وتمسّك كل فرقة منهم بما تعتقده من الرأي، فكنت متشككًا في جميعه موقنًا بأن الحق واحد، وأن الاختلاف فيه إنما هو من جهة السلوك إليه[3].

لقد أدرك **العلماء العرب** ضرورة التخلي عن الهوى والتزام العدل، لأن الأهواء في الأحكام مؤدية إلى حجب الحقيقة واختلاف الناس فيها، وأن العدل هو السبيل الموصل لكشف ما لم تستطعه هوى النفس أن تحجبه، **ولابن الهيثم** قول يدل على عمق تحسسه بضرورة الابتعاد عن الهوى والالتزام بالعدل هو: ونجعل غرضنا في جميع ما نستقريه ونتصفحه استعمال العدل لا اتباع الهوى، ونتحرى في سائر ما نميزه وننتقده طلب الحق لا الميل مع الآراء[4].

واستطاع **العالم العربي** في مواقفه العلمية أن يُلبِسَ المفاهيم الأخلاقية والدينية لباسًا

(1) يُراجع، أبو البركات البغدادي، المعتبر في الحكمة، حيدر آباد 1358هـ، ج2، ص3. (المؤلف)

(2) المصدر السابق، ج2، ص6-7. (المؤلف)

(3) يُراجع، ابن أبي أُصيبعة، عيون الأنباء، مصدر سبق ذكره، ص552. (المؤلف)

(4) يُراجع، الحسن بن الهيثم، مخطوط المناظر، المقالة الأولى، مكتبة الفاتح، اسطنبول، برقم 3212. (المؤلف)

علميًا، فالعدل والحق والاستقامة مفاهيم ألزمت **الباحث العربي** بطلب الحقيقة لذاتها، وقد ذكر **عبد الرحمن الخازني** (ت550هـ)، في كتابه ميزان الحكمة مفهوم العدل في العلم وفصل القول في وجوه العدل والميزان، **فيقول**: والعدل هو تحقق المعلوم على وجهه بطريقة مصونًا على وصمه الشك والاشتباه[1].

ولما كانت النظريات والآراء كثيرة ومتناقضة من التي عرفها **العلماء العرب عن اليونان وعلماء الإسكندرية** وغيرهم، واعتقاد **العلماء العرب** بوحدة الحقيقة، أصبح النقد والتحري والشك أفعالًا ومهمات علمية ملازمة للبحث، لكشف الحقيقة والصادق من الآراء، ولقد تبلور منهج الشك العلمي بصورة جلية في مواقف **ابن الهيثم** بخاصة، وفيما يلي نص يشير بوضوح إلى العلمية في البحث، «الحق مطلوب لذاته، وكل مطلوب لذاته فليس يعني طالبه غير موجود، ووجود الحق صعب، والطريق إليه وعر، والحقائق منغمسة في الشبهات، وحسن الظن بالعلماء في طباع جميع الناس، فالناظر في كتب العلماء إذا استرسل مع طبعه وجعل غرضه فهم ما ذكروه وغاية ما أوردوه، حصلت الحقائق عنده هي المعاني التي قصدوا لها، والغايات التي أشاروا إليها، وما عصم الله العلماء من الزلل ولا حمى علمهم من التقصير والخلل، ولو كان ذلك كذلك لما اختلف العلماء في شيء من المعلوم، ولا تفرقت آراؤهم في شيء من حقائق الأمور، والوجود بخلاف ذلك، فطالب الحق ليس هو الناظر في كتب المتقدمين، المسترسل مع طبعه في حسن الظن بهم، بل طالب الحق هو المتهم لظنه فيهم، المتوقف فيما يفهمه عنهم، المتبع الحجة والبرهان، لا قول القائل الذي هو إنسان، المخصوص في جبلته بضروب الخلل والنقصان، والواجب على الناظر في كتب العلوم إذا كان غرضه معرفة الحقائق، أن يجعل نفسه خصمًا لكل ما ينظر فيه، ويجيل فكره في متنه، وفي جميع حواشيه، ويخصه من جميع جهاته ونواحيه، ويتهم أيضًا نفسه عند خصامه فلا يتحامل عليه ولا يتسمح فيه، فإنه إذا سلك هذه الطريقة انكشفت له الحقائق، وظهر ما عساه وقع في كلام من تقدمه من التقصير والشبه»[2].

---

(1) يُراجع، الخازني، ميزان الحكمة، حيدر آباد 1359هـ، ص3. (المؤلف)

(2) يُراجع، الحسن بن الهيثم، الشكوك على بطليموس، تحقيق عبد الحميد صبره وزميله، القاهرة 1971، ص3-4. (المؤلف)

إن العقلية **العربية** التي تميزت بالعلمية في التحري عن الحقائق، منطلقة من اعتبارات ذاتية وليست بتأثير الثقافة الأجنبية، بقيت عقلية انتخابية في حقب السيادة العربية، تتجاوب مع النتائج العلمية التي توصل إليها الأقدمون فتضيف إليها حتى تصبح جزءًا لا يتجزأ من الثقافة العلمية **العربية**، ولم يقتصر اهتمام **العلماء العرب** على منهج البحث وطريقة الوصول إلى الحقائق العلمية فقط، بل تميزت تحليلاتهم الفلسفية والمنطقية بالأصالة، فوضعوا بذلك مذاهب جديدة تُعدّ من وجهة النظر الحديثة بواكير الفلسفة العلمية، وسنتناول بالبحث فرعين مهمين في الفلسفة العلمية لإبراز الاتجاه العام في المعرفة والمنطق[1].

وقف العالِم **العربي** من العالَم المادي الخارجي وظواهره الطبيعية موقفًا إيجابيًا، فلم يتطرق إلى عقله الشك بوجود هذا العالَم وأنه وهم لا يصلح أن يكون أساسًا لإدراك الحقيقة، بل بدأ بحثه بالتسليم بوجوده مستقلًا عن الذات الإنسانية، لأن إنكاره للعالَم يشكل إنكارًا للخالق، وقد ساعده هذا الموقف على أن يجمع في علمه وفلسفته دراسة المحسوسات والمعقولات، وأن يجعل للمحسوس دوره في بناء المعرفة التجريبية، وللمعقول دوره في بناء المعرفة البرهانية، وأن يفيد العلم البرهاني في التعبير عن حقائق العلم الطبيعي كلما دعت الضرورة إلى ذلك.

واستطاع العالِم **العربي** بفضل تحليله العلمي والمنطقي للمعرفة الرياضية والمعرفة الطبيعية أن يكشف الاختلافات من جهة المصادر وطبيعة كل منها، إذ لا يمكن أن يكون مصدر المعرفة الرياضية الحس، لأنها معرفة عقلية، ولا يمكن أن يكون مصدر المعرفة الطبيعية العقل والحدس فقط، لأنها معرفة حسية وتجريبية، فالمعارف العلمية ليست واحدة، فمنها ما تكون المبادئ فيها فطرية غير مكتسبة ومنها ما تكون المبادئ فيها مكتسبة

---

(1) لاحظ اهتمام الدكتور ياسين خليل بالبحث عن مرجعيات للفلسفة العلمية التي يؤمن بها ويدافع عنها، من داخل تراث الفلسفة العربية الإسلامية وبشخوص الفلاسفة العلماء أو العلماء الفلاسفة العرب، لا الفلاسفة العرب الذين عهدناهم من أمثال: الكندي والفارابي وابن سينا وابن رشد وأضرابهم، والفلسفة العلمية تعني عنده أن الفيلسوف عليه أن يتبنى الآراء العلمية ويقترب منها ويجعل غاية الفلسفة هي هذه الغاية، وليس البحث في القضايا الميتافيزيقية التي لا يمكن التحقق من صدق أقوالها أو التثبت منها تجريبيًا. وهذا إشكال منهجي يثار حول رأي الدكتور ياسين خليل بصدد عنوان فصله هذا. وكما أشرنا إليه في حاشية عنوان الفصل. (المحقق)

بالتعليم، ومنها ما هو صادق بالضرورة لا يتطرق الشك إلى المبادئ الحاصلة فيه، ومنها ما هو احتمالي يكون الشك فيه عنصرًا ملازمًا.

لقد عبّر **جابر بن حيان** (القرن الثاني الهجري) عن الفصل بين الموجودات من جهة الحس والعقل **بقوله**: «إن الموجودات كلها إما أن تُدرك بالحس وإما أن تُوجد بالعقل، والذي يُدرك بالحس يُدرك على خمسة أنحاء وهي: ذوات الألوان المُدْرَكة بالبصر وذوات الأصوات بالسمع وذوات الطعوم باللسان وأجزاء لها مذاقات، وذوات الكيفيات الخشنة واللينة والحارة والباردة باللمس. وهذا أمر ليس يحتاج إلى إيضاح بدليل ولا غيره إذ كل جمهور الناس يعلمونه، وأما الموجود بالعقل فإنه ينقسم إلى قسمين، أما أول مُسلَّم لا يحتاج إلى دليل ويقال له ما في بداية العقول، وما في أول وهلة، وما يتساوى فيه ذوو العقول السليمة مثل أنه لا يمكن وجود ساكن متحرك في حالة واحدة وزمان واحد، ومثل أن المساوية لشيء واحد هي متساوية في نفسها، والقسم الثاني ما كان مخالفًا لهذا الوجه من الوجوه وهو ما كان الإدراك له والوجود بدليل ولا يكون واضحًا للعقل وظاهرًا من أول وهلة، وهذه هي العلوم المكتسبة بالتعليم والأدوات، لكنها ترجع بالتعليم والشاهد في النفس إلى مثال العلوم الأوائل في الوضوح الذي يحصلها بين العلم والبرهان عليها»[1].

ينطوي هذا النص على عدة مبادئ مهمة في نظرية المعرفة يمكن بعد تحليل النص تلخيصها على النحو الآتي:

أولًا: **المدركات الحسية**: التي يحصل عليها الإنسان عن طريق الحواس الخمس، وتتميز بكونها ظاهرة ومباشرة لا تحتاج إلى مبادئ للبرهان عليها، فهي من حيث كونها محسوسة تكون معرفتها معلومة مباشرة غير محتاجة في إيضاحها إلى دليل.

ثانيًا: **مدركات عقلية**: التي تدرك بالعقل وهي على قسمين: قسم ما يُسلِّم بها العقل لبداهتها ووضوحها ولا تحتاج إلى دليل عقلي أو محسوس، لأنها أولية غير

(1) يُراجع، جابر بن حيان، رسائل جابر، تحقيق بول كراوس، كتاب البحث، مصدر سبق ذكره، ص10-11. (المؤلف)

مستَمدَّة من التجربة والحس والتعليم، ويتساوى فيها جميع العقول، لأنها عامة، ومنها المبادئ المنطقية والبديهيات الرياضية، وقسم ما يُسلِّم به العقل بدليل، وتكون غير واضحة ولا تظهر للعقل من أول وهلة، بل تحتاج إلى أدوات وتعلم، ولكنها تحتاج إلى المبادئ الواضحة لتصبح هذه المعرفة مثال المبادئ في الوضوح، ومن هذه المعارف المُبرهَنات في الرياضيات التي نبرهن عليها بالأوائل أو البديهيات والمعارف الطبيعية التجريبية التي تفتقر إلى الأوائل والمبادئ العقلية.

ومن **العلماء العرب** الذين جمعوا بين التجربة والرياضيات والحس والعقل في الطريقة التي تؤدي إلى كشف الحقائق **ابن الهيثم**، الذي جعل التجربة بعامة والتجربة المختبرية بخاصة منطلقًا له لفحص واستقراء الظواهر الطبيعية، وعبَّر عن النتائج بأسلوب رياضي ليصل بذلك إلى أعلى درجة من إدراك الحقيقة، وقد عبَّر عن موقفه من الحس والعقل **بقوله**: «فخضت لذلك في ضروب الآراء والمعتقدات وأنواع علوم الديانات، فلم أحظ من شيء منها بطائل، ولا عرفت منه للحقِ منهجًا ولا إلى الرأي اليقيني مسلكًا محددًا، فرأيت أنني لا أصل إلى الحق إلا من آراء يكون عنصرها الأمور الحسية وصورتها الأمور العقلية»[1].

كما ميَّز **العلماء العرب** نتيجة مزاولتهم للبرهان الرياضي والتجارب المختبرية بين الأقوال الرياضية والمنطقية من جهة، والأقوال الخاصة بالعلوم الطبيعية من جهة أخرى، فبينما تختص الأولى بالبرهان الذي لا يفتقر مطلقًا إلى الحس والتجربة، تكون الأقوال في العلوم الطبيعية غير خاضعة للبرهان الرياضي، وهي بحاجة إلى التجربة والامتحان والنظر، وفوق ذلك كله فإن الأقوال الرياضية والمنطقية يقينية لا يتطرق الشك إليها ولا يمكن إيجاد نقيض لها، بينما لا تصل أقوال العلوم الطبيعية إلى درجة اليقين، فضلًا عن كونها عرضة للشك والتناقض، وقد عبَّر **الغزالي** عن هذا الاتجاه التحليلي في مؤلفات الفلسفية، فيرى في المقدمات الأولية يقينيات صادقة واجبة القبول، وخصّ الأوليات العقلية المحضة **بقوله**: «وهي قضايا تحدث في الإنسان من جهة قوته العقلية المجردة من غير معنى زائد عليها

(1) يُراجع، ابن أبي أُصيبعة، عيون الأنباء، ص552. (المؤلف)

يوجب التصديق بها. وجعلتها القوة المفكرة قضية بأن نسبت أحدها إلى الآخر، بسلب إلى إيجاب صدق بها الذهن اضطرارا، من غير أن يشعر بأنه من أين استفاد هذا التصديق، بل يقدر كأنه كان عالمًا به على الدوام، كقولنا: إن الاثنين أكثر من الواحد، والثلاثة مع الثلاثة ستة، وإن الشيء الواحد لا يكون قديمًا وحديثًا معًا، وإن السلب والإيجاب معًا لا يصدقان في شيء واحد فقط إلى نظائره، وهذا الجنس من العلوم لا يتوقف الذهن في التصديق به، إلا على تصور البسائط أعني الحدود، والذوات المفردة، فمهما تصور الذوات وتفطن للتركيب لم يتوقف في التصديق»[1].

يشير قول **الغزالي** إلى حقيقة المعارف العقلية الرياضية والمنطقية، فيجعل من الأقوال مادة للتحليل في إثباته أن القضايا من هذا النوع يقينية وصادقة وأن صدقها قائم من خلال الألفاظ الدالة فيها، فلا يحتاج المرء إلى التصديق بها إلى شيء آخر، وأنه مهما حاول الفرد في تصوير الحدود التي يتركَّب منها القول وإدراك البنية للقضية، يبقى التصديق بالقول قائمًا لا يتغير، فالتصديق مقترن بالقضية ذاتها لا تحتاج إلى إثبات صدقها أيّ شيء خارج عنها.

كما بيّن **صاحب كتاب ميزان الحكمة** الخازني أنواع المعارف فقسمها إلى ثلاثة فنون، إدراكًا منه إلى ما تحتاجه كل صناعة، واختلاف المبادئ في العلوم البرهانية والعلوم القائمة على التجربة، **فيقول**: «إن لكل صناعة مبادئ تبنى عليها ومصادرات تستند إليها، مَن جَهلَها خرج عن طبقة من يُخاطب فيها، وتفنن تلك المبادئ والمصادرات إلى ثلاثة فنون:

الأول: أن تكون حاصلة من أول الولادة والنشوء عن إحساس واحد أو إحساسات كثيرة لم يعتمد لها وهي التي تسمى الأوائل والعلوم العامية المتعارفة.

الثاني: أن تكون مُبرهَنة في علوم أُخر.

الثالث: أن تكون مُستفَادة عن التجربة والمزاولة، وهذه الصناعة التي أردنا الشروع فيها لَما كانت مركبة من صناعتي الهندسية والطبيعية جامعة بين مقولتي كم وكيف، وقد كانت لكل واحدة من الصناعتين المبادئ المذكورة، فبالواجب صارت الأقسام الثلاثة من المبادئ حاصلة لها، فلا تتم معرفتها بها دون استحكامها

---

(1) يُراجع، معيار العلم، تحقيق سليمان دنيا، ط2، القاهرة 1960، ص186-187. (المؤلف)

وبعض العلوم المتعارفة لهذه الصناعة لَما قد بلغت من وضوحها إلى حيث لا يحتاج مصادرتها في الكتب»[1].

ينطوي هذا التقسيم على إدراك واضح للفروق بين المبادئ الرياضية (الهندسية والحسابية)، وهي الأوائل التي لا تحتاج إلى برهان، وتلك التي تكون مُبرهَنة في علوم أخرى، **فيقصد** بها تلك القضايا التي تحصل للمرء في الهندسة والميكانيكا وبخاصة في المواضيع المتصلة بمراكز الأثقال والأوزان النوعية، وإلى جانب ذلك يضع المبادئ التي يحصل عليها المرء بمزاولة التجربة تمييزًا لها عن المبادئ الرياضية والهندسية ليقرر في الأخير أهمية هذه الفنون في البحوث الفيزيائية التي يزاولها ويهدف إلى إنجازها.

عرف **الفلاسفة والعلماء العرب** منطق **أرسطو** وأحسنوا استخدامه في الدراسات الفلسفية، فمنهم من التزم به لامتحان الأقوال والتثبت من الآراء، محاولًا تطويره ومنهم من اتخذ سبيلًا آخر في البحث لاعتقاده بعدم جدواه في العلم الطبيعي.

وبناءً على ذلك سنحصر مهمتنا في إبراز الأوجه الأصيلة في المنطق كما مارسها **العلماء العرب** في أبحاثهم العلمية، فنبدأ بمنهجهم الذي أصبح أساسًا للتثبت من آراء الأقدمين وهو ما يعرف بالشك العلمي، فنختار بعض الأقوال العلمية المؤيدة لهذا المنهج، ونضعها على هيئة قواعد عامة.

لم يكن الشك قائمًا على زعزعة الحق واليقين، بل على العكس أنه شكٌّ موصل إلى إدراك الحقيقة، ولم يكن الشك العلمي عند **العلماء العرب** قائمًا على أساس التعلق بمذهب فلسفي معين، بل كان لا يقصد غير التحري عن الحقيقة مبتعدًا عن الآراء والأهواء الذاتية.

القاعدة الأولى: إن اختلاف آراء ومذاهب العلماء في طلب الحقيقة يوجب على الباحث أو طالب الحق ألا يُسلِّم بأقوالهم من دون تمحيص ونظر، بل عليه أن يثير الشك في صحة أقوالهم فلا يُسلِّم بها، إلا إذا اقتنع بالحجة والبرهان وإزالة الشكوك والشبه من طريقه، فتنكشف له الحقائق ويدرك تقصير وزلل من تقدمه من العلماء.

---

(1) يُراجع، الخازني، ميزان الحكمة، مصدر سبق ذكره، ص6. (المؤلف)

القاعدة الثانية: إذا صادف الباحث عدة مذاهب متعارضة حول موضوع بحث معين وكانت الشكوك والشُّبَه حولها كثيرة، فإن المذهب الذي يُسلِّم من الشك هو الأَولى من غيره، وإذا أصاب كلَّ مذهبٍ شكوكٌ وشبهٌ كان أقلهما شكوكًا هو الأَولى من غيره، وفيما يلي نص **لابن الهيثم** يؤيد هذه القاعدة «وطريقي في البحث عن ذلك هو أن يخص كل واحد منهما وينظر فيما يلزمه من الشُّبَه الشنيعة والشكوك المعترضة، فإن سَلِم أحدهما من الشُّبَه والشكوك كان أَولى من قرينه، وإن لزم كلَّ واحد منهما شُبَهٌ وشكوكٌ كان أقلهما شبهًا وشكوكًا أَولى باسم المكان من الآخر»[1].

القاعدة الثالثة: «وكل مذهبين مختلفين إما أن يكون أحدهما صادقًا والآخر كاذبًا، وإما أن يكونا جميعًا كاذبين والحق غيرهما جميعًا، ويكون كل واحد من الفريقين القائلين بذينك المذهبين قد قصَّر في البحث، فلم يقدر على الوصول إلى الغاية فوقف دون الغاية، أو وصل أحدهما إلى الغاية وقصُر الآخر عنها فعرض الخلاف في ظاهر المذهبين، وتكون غايتهما عند استقصاء البحث واحدة، وقد يعرض الخلاف أيضًا في المعنى المبحوث عنه من جهة اختلاف طرق الباحث، وإذا حقق البحث وأنعم النظر ظهر الاتفاق وانسفر الخلاف»[2].

لقد واجه **العالِم العربي** بعد تعرفه على نظريات علمية مختلفة مشكلة التنقيب عن الحقيقة، لإيمانه أن الحقيقة العلمية واحدة، ولا يمكن أن تكون النظريات المختلفة والمتناقضة على درجة واحدة من الصدق، فكان الشك العلمي هو الطريقة المجدية في التنقيب عن الحقيقة، فاستخدمت طريقة الشك بكثرة في الأبحاث العلمية، وأنعم الباحثون النظر في الآراء بعد الشك فيها للتعرف على تلك التي تبقى ثابتة أمام الشكوك المثارة حولها، وكثيرًا ما يستخدم **العالِم العربي** لفظة **النظر** ويقصد بها فحص الآراء وتمحيصها ومقارنة بعضها بعضًا، أو قياس الرأي المشكوك فيه برأي صحيح، أو ذكر صحيح لدحض رأي مشكوك فيه، أو ذكر رأي مشكوك فيه له صلة برأي مقبول لإثبات خطله.

---

(1) يُراجع، الحسن بن الهيثم، رسالة في المكان، حيدر أباد 1357هـ، ص3. (المؤلف)

(2) يُراجع، الحسن بن الهيثم، مخطوطة المناظر، المقالة الأولى، نقلًا عن مصطفى نظيف، الحسن بن الهيثم، ج1، مصر 1942، ص32. (المؤلف)

فالشك العلمي فعالية نظرية تعتمد من حيث الأساس على مبادئ منطقية وأخرى فرضتها طبيعة البحث، وقد أشارت القاعدة الثالثة إلى عدة حقائق منهجية في البحث نجملها بالنقاط الآتية:

1. عدم إمكانية الجمع للمذاهب المختلفة، إذ لا يمكن الجمع بين المذاهب أو الآراء المتناقضة، فإذا كان أحدهما صادقًا، فإن الثاني يكون كاذبًا.
2. إذا لم يكن أحد الآراء أو المذاهب المتباينة قد أدرك الحقيقة، كانت جميعها احتمالية من حيث قربها أو بعدها من الحقيقة.
3. من الممكن أن يكون الاختلاف ظاهريًا، وأن الآراء والمذاهب المتباينة متفقة في عرض الحقيقة الواحدة.

كما تمت لبعض العلماء العرب إضافة طرق جديدة في المنطق غير ما هو متعارف عليه من طرق منطق **أرسطو**، فاستخدمت الطريقة الارتباطية في المنطق واللغة والرياضيات[1]. وأدرك **علماء الرياضيات** أهمية طريقة الرد في علم الجبر[2]، فضلًا عن تطوير الطريقة الاستدلالية المعروفة في كتاب إقليدس، واستحدث علماء الطبيعة الطريقة التجريبية وأهمية التثبت من الأقوال والفروض بالملاحظة والتجربة[3]، فلا يقبلون الفروض إلا بعد التأكد منها بالتجربة والاعتبار[4].

وتنبه **علماء الرياضيات العرب** إلى أهمية طريقة التحليل والتركيب وما تحتاجه من شروط لكي لا يقع المشتغل بالعلم البرهاني في أخطاء، ويكون الطريق سهلًا على المتعلمين لفهم الهندسة وغيرها، ويقتضي التحليل تقسيم المسألة إلى عناصرها من المفروضات والشروط

---

(1) يذكر بوخنسكي في كتابه المنطق الصوري، أن ألبرت الكبير استعار الطريقة الارتباطية من العرب، وهي الطريقة التي يعين بها المرء جميع الضروب القياسية الممكنة، ثم يهمل تلك الضروب غير الصحيحة، يُراجع، Bochenski, I, M, Formale Logik, Minchin 1956, P245. (المؤلف)

(2) استخدم الخوارزمي في كتابه الجبر والمقابلة، طريقة الرد، يُراجع، الفصل الخاص بالجبر والمقابلة في القسم الثالث من هذا الكتاب، (المؤلف)

(3) استخدمت الطريقة التجريبية على نطاق واسع في العلوم الطبيعية من قبل العلماء العرب، يُراجع كتابنا العلوم الطبيعية عند العرب، الفصل الأول. (المؤلف)

(4) أطلق الحسن بن الهيثم لفظة الاعتبار للدلالة على التجربة المختبرية في مؤلفاته العديدة. (المؤلف)

والمجهول، ليسهل على المرء استخدام هذه العناصر بصورة صحيحة من أجل إيجاد الحل، وقد ذكر **إبراهيم بن سنان** في مقدمة مقالته في طريقة التحليل والتركيب سبب وضعه للكتاب **فيقول**: «فرسمت في هذا الكتاب طريقًا للمتعلمين يشتمل على جميع ما يحتاج إليه في استخراج المسائل الهندسية على التمام بحسب طاقتي، وبينت فيه أقسام المسائل الهندسية بقول مجمل، ثم قسمت الأقسام وأوضحت كل قسم منها بمثال، ثم أرشدت المتعلم إلى طريق يعرف به أيّ قسم منها يدخل ما يلقي عليه من المسائل، ومع ذلك كيف الوجه في التحليل وما يحتاج إليه في التحليل من التقسيم والاشتراط والوجه في تركيبها وما يحتاج إليه من الاشتراط فيه، ثم كيف يعلم أهل المسألة مما تخرج مرة واحدة أو مرارًا»[1].

وتتم طريقة التحليل بالكشف عن جميع شروط المسألة والمفروضات فيها وما المطلوب فيها، وقد أشار **إبراهيم بن سنان إلى ذلك**، نذكرها على هيئة قاعدة:

قاعدة التحليل: «وهو أنك تبتدئ فتضع الشيء الذي تطلبه موجودًا ثم تنظر في جميع شروط المسألة والمفروضات فيها وما طلب منك وضعته على أنه موجود فتجمع منها بالتحليل من غير أن تحذف شيئًا منها أصلًا. إن الذي طلب منك معلوم أن كان مما تريد أن تجد وضعه فتبين أنه معلوم الوضع وإن كان مما تريد قدره فتبين أنه معلوم القدر وإن كان المطلوب الصورة منه فتبين أنه معلوم الصورة»[2].

تتحلل هذه القاعدة إلى عدة عناصر متلازمة على التوالي:

1. شروط المسألة والمفروضات.
2. ما يطلب في المسألة وهو المجهول (المطلوب).
3. ألا يحذف أيّ شيء بعد التحليل.

(1) يُراجع، إبراهيم بن سنان، مقالة في طريق التحليل والتركيب، حيدر آباد 1358هـ، ص3. كما سيتناول المؤلف الفيلسوف ياسين خليل ببحث معمق ومفصل التحليل والتركيب عند إبراهيم بن سنان الحراني، وسينشره في مجلة المجمع العلمي العراقي 1982، وسنذكر هذه المقالة في الكتاب الرابع الخاص بدراسات في التراث العلمي العربي. (المحقق)

(2) المصدر السابق، ص43. (المؤلف)

وهذه النقطة جوهرية، لأن على الباحث أن يحذر ولا يحذف أيّ شيء سواء كان من شروط المسألة أو مفروضاتها، وفي ذلك نذكر هذا التحذير بالنص على هيئة قاعدة:

قاعدة كلية المسألة: «وكلما أشرنا إليه بالتحرُز منه قد تبين في الإعمال أنه لم يتحرَّز منه وقع على الإنسان في خطً من حيث لا يعلم أن يترك شيئًا من شروط المسألة أو مفروضاتها، فإنك إن فعلت ذلك وكانت المسألة من المسائل الصحيحة لم ينته إلى أنه يعلم شيئًا إذا كان ذلك الشيء المجهول إنما يعلم الأشياء التي نأخذها في المسألة أجمع»[1].

والتحليل فعالية مهمة في حل المسائل البرهانية، والتحليل نافع من ناحية الكشف عن المطلوب وعناصر المسألة، وهو نافع من ناحية أخرى حيث يكون خطوة أساسية للتركيب، «فأما المنفعة في التحليل فهي واضحة بينة وذلك أن التحليل يستخرج جميع المطلوبات في هذه الصناعة، ثم بعد ذلك فالتحليل يوقعك على شيء مما قيل أعني صنف المسألة وما يحتاج إليه فيها»[2].

كما يرتبط التركيب بالتحليل، فإذا كانت نتيجة التحليل ظهور المطلوب بشكلٍ بيِّن كان التركيب هو الخطوة التالية، من حيث انتهى التحليل، أما إذا كانت نتيجة التحليل غير ذلك وذلك ببطلان المطلوب فعلى الباحث ألا يقوم بتركيب المسألة، ومن شروط التركيب أن ينظر الباحث في التحليل ليعلم أنه لم يحذف شيئًا. وهنا نأتي إلى قاعدة التركيب نختارها من **أقوال إبراهيم بن سنان:**

قاعدة التركيب: «وإذا قد علمت التحليل كيف هو فتركيب ذلك هو أن تنظر الشيء الذي به خرجت المسألة، فإن كان لك من أول وهلة معادلة فارجع في الأشياء التي كانت قبله في التحليل واحدًا واحدًا إلى أن ينتهي إلى أول التحليل، فيكون أول التحليل آخر التركيب هو التحليل مقلوبًا، وان لم يكن لك منذ أول وهلة فانظر بما صارت لك في التحليل معلومًا، فإن كان بشيء موضوع لك في المسألة، وإلا نظرت أيضًا بماذا عملت ذلك، ولا تزال حتى تنظر أيّ شيء كان لك معلومًا فاستخرجت به شيئًا شبيهًا، ولا تزال تستخرج

(1) المصدر السابق، ص47. (المؤلف)

(2) المصدر السابق، ص60. (المؤلف)

تلك الأشياء واحدًا واحدًا إلى أن تنتهي إلى آخرها، فإذا انتهيت إلى الشيء الذي به خرجت المسألة، واستخرج قوم إقامة البرهان عليها، بأن تبتدئ بآخر ما علمته، وهو ما كانت المسالة خرجت به في التحليل، ثم اصعد في شيء على الولاء، تأخذ ما قبل كل شيء إلى أن تنتهي إلى أول التحليل الذي هو آخر التركيب على توالٍ ونظام مخالف لتوالي التحليل ونظامه ولا تُخطئ شيئًا»[1].

إنّ القواعد التي ثبتناها في التحليل والتركيب تشير بوضوح إلى طريقة منطقية تختلف عن الطريقة المنطقية في قياس **أرسطو**، وتتميز هذه القواعد بأنها تؤدي بالباحث إلى اكتشاف المجهول، علمًا بأن المجهول في المسائل الهندسية يضيف إلى المعرفة العلمية شيئًا جديدًا عند اكتشاف الحل له، بينما لا تضيف النتيجة الحاصلة من مقدمات القياس أيّ شيء جديد، ويمكننا تلخيص هذه القواعد بالنقاط الآتية:

1. يقتضي تحليل المسألة المطروحة للحل التعرف على العناصر المعلومة من شروط وفروضات، وعناصر مجهولة تحتاج إلى حلول، ويشترط أن يكون التحليل تامًا، بحيث لا يحذف الباحث أيّ عنصر من عناصر المسألة سواء كان شرطًا أو فرضًا، لأن الحذف يؤدي إلى الوقوع في الخطأ، وقد لا يحصل الباحث على نتيجة مطلقًا.
2. يبدأ التركيب من حيث ينتهي التحليل، وبذلك يمكن القول إن التركيب هو تحليل مقلوب، وأن التحليل هو تركيب مقلوب، فعندما يعرف الباحث عناصر المسألة بالتحليل فإن عليه أن يحل المسألة، وذلك بأن ينظر في المعلوم من التحليل ليستنتج أشياء أخرى خطوة بعد أخرى على التوالي بانتظام إلى أن يصل إلى آخرها، ومن الممكن أن يبدأ الباحث بما خرجت المسألة به في التحليل، حتى يصل إلى أول التحليل الذي هو آخر التركيب.

---

(1) المصدر السابق، ص66. (المؤلف)، (واستخرج قوم إقامة البرهان عليها) هكذا وردت في النص.

القسم الثالث
العلم الرياضي

الفصل الأول

الطريقة في العلم الرياضي

برع اليونان وعلماء المدرسة الإسكندرية في بناء الهندسة على أسس برهانيه، فنقلوا بذلك هذا العلم من كونه مجموعة قضايا ذات علاقات واهتمامات تجريبية برز فيها **البابليون والمصريون**، إلى علم نظري يقوم على الارتباط المنطقي بين القضايا الهندسية وشروط منطقية لا بد من توفرها في النظام الهندسي ومقدماته، والبرهان الذي يثبت استنتاج القضايا من مقدمات مفروضة، واعتمدوا في كيفية بناء الهندسة على طريقة رياضية تعرف بالطريقة البديهية Axiomatic Method وقد عرف **العلماء العرب** هذه الطريقة واستخدموها في علم الهندسة، وابتكروا إلى جانب ذلك عدة أساليب في بناء الفروع الرياضية الأخرى في علمي الجبر والحساب، وغايتنا في هذا الفصل تتجلى في إبراز مجموعة الأساليب الرياضية التي اتبعها **العرب** في مؤلفاتهم الهندسية والحسابية والجبرية.

نقصد بالطريقة في العلم الرياضي مجموعة الأساليب التي استخدمها **علماء الرياضيات العرب** عند معالجتهم النظريات المختلفة في الفروع الرياضية من هندسة وحساب وجبر وغيرها، وتحليلها من حيث المفاهيم والقضايا والبرهان وأسلوب التثبت من القضايا الرياضية والشروط الواجب توفرها في القضية الرياضية الصادقة وطرق الحل، ومعالجة المشكلات الناشئة في الفروع الرياضية.

يمكن القول إن **الفلاسفة والعلماء العرب** قد ميزوا بين العلم الرياضي البحت أو النظري والعلم الرياضي التطبيقي أو العملي، وأدركوا بوضوح الفرق بينهما، إذ تعتبر الرياضيات البحتة مشتركة وعامة لكل العلوم التي تحتاجها، بينما تنحصر اهتمامات الرياضيات التطبيقية

في حدود موضوع بحث أو علم معين، فعلم الحساب أو علم العدد ينقسم إلى قسمين هما: علم العدد النظري وعلم العدد العملي، فينصبّ اهتمام الحساب النظري على فحص الأعداد باعتبارها مجردات في الذهن، ينظر إليها خالصة من تأثيرات المعدودات أو المحسوسات، فهي (أي الأعداد) مشتركة وعامة لجميع العلوم، أما الحساب العملي فإن اهتمامه ينصبّ على المعدودات من الأجسام والأشياء، وعلاقته بالمحسوسات وطيدة، ويستخدم عادة في المعاملات التجارية والمدنية.

كما تجري هذه القسمة كذلك على الهندسة، فهي هندسة نظرية وهندسة عملية، والعملية منها تختص بدراسة الخطوط والسطوح والحجوم وهي متحققة في الأشياء أو الأجسام، وتستعمل عادة من الصناع والمزارعين وعمال البناء وغيرهم، أما الهندسة النظرية فإنها تختص بدراسة الخطوط والسطوح والأجسام بشكل مطلق من دون الإشارة إلى المحسوسات التي يمكن أن تتحقق فيها، فليس المهم قطعة الخشب أو الحديد المصنوعة على هيئة هندسية، بل المهم الشكل الهندسي على الإطلاق سواء كان متحققًا في الخشب أو الحديد أو غيرهما، فالهندسة النظرية علم بحت ومطلق لا ترتبط موضوعاته بالمحسوسات.

وإذا دققنا النظر فيما خلّفه **العلماء العرب** من إنجازات كبيرة في علم الجبر، فإننا نستطيع بالطريقة ذاتها أن نقسّم علم الجبر إلى علم نظري وعلم عملي، إذ انصب اهتمام عالم الجبر على صياغة القوانين الأساسية والعمليات الضرورية لعلم الجبر بغض النظر عن التطبيق، ثم حاول بعد ذلك حل مشكلات من الحياة اليومية في الوصايا والمواريث وفي العلوم التي تحتاج إلى الجبر باستخدام القوانين والعمليات الجبرية وصولًا إلى نتائج صحيحة، وفي ذلك **يقول الخوارزمي**: «على أن ألَّفتُ من كتاب الجبر والمقابلة كتابًا مختصرًا حاصرًا للطيف الحساب وجليله لما يلزم الناس من الحاجة إليه في مواريثهم ووصاياهم وفي مقاسمتهم وأحكامهم وتجاراتهم، وفي جميع ما يتعاملون به بينهم من مساحة الأرضين وكري الأنهر والهندية وغير ذلك من وجوهه وفنونه»[1].

---

(1) يُراجع، الخوارزمي، محمد بن موسى، كتاب الجبر والمقابلة، تحقيق علي مصطفى مشرفة وزميله، مصر 1968، ص15-16. (المؤلف).

وينسحب هذا التقسيم الثنائي للعلم الرياضي على الموسيقى، فهي علمي الموسيقى العملية والموسيقى النظرية، إذ تختص الأولى بألوان الألحان المحسوسة في الآلات سواء كانت طبيعية مثل الحنجرة والأنف واللهات أو صناعية مثل المزامير والعيدان وغيرها[1].

ومما تقدم نخلص إلى نتيجة مهمة هي: أن **العالِم العربي** قد أدرك بعمق الفرق بين النظري والعملي من فروع العلم الرياضي، وصلة العلم النظري بالعلم العملي، فالأول هو الأشمل لما ينظر في الموضوعات على الإطلاق، فهو ضروري لكل العلوم، في حين أن العلم العملي ليس إلا العلم النظري متحققًا في علم معين أو صناعة معينة، فعندما تتحقق مبادئ ومسائل العلم النظري في عالم المحسوسات يتحول إلى علم عملي.

وبتأثير ما خلفه **أرسطو وإقليدس وبطليموس** من علوم تبنّى **العلماء العرب** طريقة بناء العلم الرياضي، إذ تبدأ النظرية الرياضية من مجموعة مفاهيم ومجموعة محدودة من البديهيات والمصادرات، ومجوعة غير محددة من المبرهنات، وقد ظهرت هذه الطريقة بوضوح في الهندسة، وفي ذلك **يقول الفيلسوف الفارابي**: «وينبغي أن يعلم أن للهندسة والأعداد أركانًا وأصولًا وأشياء أخر نشأت عن تلك الأصول، أما الأصول فمحدودة، وأما التي نشأت عن الأصول فغير محدودة»[2]. والمقصود في ذلك أن البديهيات والمصادرات هي الأركان والأصول، وأن المبرهنات هي تلك التي نشأت عن الأصول، والخلاف بينهما واضح، إذ الأولى محدودة والثانية غير محدودة، والأولى مقدمات مفروضة والثانية مشتقات عن المقدمات بالبرهان.

تقوم الهندسة على أساس البرهان، والبرهان كما بين **إقليدس في كتابه الأصول**، يبدأ بالقضية التي يريد البرهان عليها، فيحللها إلى جزئين هما المعطيات الهندسية المفروضة في منطوق القضية، والمجهول أو ما يطلب من المرء إثباته، ويستعين بعد ذلك بالبديهيات والمصادرات والتعريفات، ومبرهنات هي قضايا سبق البرهان عليها عند الضرورة، ليصل بعد تسلسل منطقي مترابط إلى النتيجة، وهي قضية مشتقة من المقدمات، ليتم البرهان عليها.

---

(1) يُراجع، الفارابي، إحصاء العلوم، مصدر سبق ذكره، ص86. (المؤلف)

(2) المصدر السابق، ص79. (المؤلف)

لقد بهر هذا الأسلوب البرهاني أذهان **العلماء العرب**، لما يمتاز به من منطقية ودقة وتعيين ونظر عقلي، حتى اعتبرت القضايا الرياضية يقينية لا يمكن للشك أن يتطرق إليها، بينما أدركوا ما للحقائق في العلوم الطبيعية مثلًا من خصائص تجريبية تحتاج إلى إثبات لا يصل إلى مرتبة الإثبات الرياضي. فالقضايا في العلوم الطبيعية ليست يقينية ولا تصل إلى مرتبة اليقين، وقد عبَّرَ عن التعلق بالبرهان الرياضي **العالِم عمر الخيام** (ت1131م) **بقوله**: «والجزء من الحكمة الموسوم بالرياضي أسهل أجزائها إدراكًا تصورًا وتصديقًا معًا، أما العددي منه فأمر ظاهر جدًا، وأما الهندسي فلا يكاد يخفى منه شيء أيضًا على سليم الفطرة الثاقب الرأي الجيد الحدس، وهذا الجزء من بين أجزاء الحكمة له منفعة الرياضة وتشحيذ الخاطر وتعويد النفس الاشمئزاز عما لا يكون عليه برهان، وذلك لقرب مأخذه وسهولة براهينه ومعاونة تخيل العقل فيه وقلة خلاف الوهم إياه»[1].

إن المقدمات والأصول هي أوليات لا تحتاج إلى برهان، يسلِّم بها العقل دون عناء، لأنها واضحة للنفس ولا تفتقر إلى ما يوضح معناها عن طريق قضايا أخرى، وهي كما سبق أن بينا، محدودة العدد، ولكنها بفضل البرهان نشتق منها عددًا غير محدود من القضايا الأخرى.

ويظهر في المقدمات مفاهيم مثل: النقطة والخط والسطح وغير ذلك، وهي في **هندسة إقليدس** تعرَّف لتوضيح معناها، وبذلك تكون الهندسة وكل علم برهاني مؤلفة من تعريفات لمفاهيم معينة، وبديهيات ومصادرات ومبرهنات نحصل عليها بالبرهان.

ولكن هل سلَّم العلماء العرب بهندسة إقليدس ولم يضيفوا إليها شيئًا جديدًا؟

وللإجابة عن هذا التساؤل، **نقول**: إن الإضافات كثيرة سواء في صلب الموضوع أو في الطريقة، وقد واصل **العالِم العربي** أبحاثه الرياضية في عدة اتجاهات:

1. نقد المفاهيم والأصول الهندسية.

---

(1) يُراجع، عمر الخيام، مصادرات إقليدس، تحقيق عبد الحميد صبرة، الإسكندرية 1961، ص4. (المؤلف)، كما تم نشر هذه الرسالة بتحقيق جديد مع شروح ممتازة، صدرت بكتاب عنوانه رياضيات عمر الخيام، تحقيق رشدي راشد وبيجان وهاب زادة، وترجمة نقولا فارس، ط1، مركز دراسات الوحدة العربية، بيروت 2005. ص291 وما بعدها. (المحقق)

2. تبسيط الهندسة لتكون أيسر على الفهم والتعلم.
3. إضافة قضايا هندسية جديدة، والبرهان على قضايا هندسية بطريقة جديدة.
4. إعادة بناء الهندسة لتضم إليها قضايا هندسية لم يذكرها إقليدس في الأصول.

وبدوري سأتناول في هذا الفصل الأوجه الرياضية المرتبطة بالطريقة، بينما أدرس بالبحث الأوجه الأخرى في الفصل الخاص بعلم الهندسة.

وُجّهت إلى كتاب **إقليدس** عدة انتقادات منها أنه جمع بين الحساب والهندسة، مع العلم أن لكل علم حدوده، وأن علم الحساب لا يمكن أن يكون جزءًا من علم الهندسة، وهذا معناه الفصل بين العلمين من الأمور الضرورية، وفي ذلك **يقول الخيام**: «وعلم العدد غير محتاج إلى الهندسة، وكيف يكون وهو قبل الهندسة قبلية بالذات وليس بينهما نسبة؟ إلا إن الهندسة مفتقرة إلى العدد، فالمثلث هو الذي يحيط به ثلاثة خطوط، فمن لم يكن عارفًا بمعنى الثلاثة كيف يمكن أن يعرف معنى المثلث؟ فالثلاثة جزء من المثلث فهو علته وقبله بالذات، والنظر في العدد غير النظر في الهندسة، وهما علمان ليس أحدهما تحت الآخر، وإقليدس إنما خلط بين صناعة العدد وصناعة الهندسة لأمرين، أحدهما: ليكون كتابه مشتملًا على أكثر قوانين الرياضيات، ونعم ما رأى هذا، والثاني: أنه محتاج إلى علم العدد في المقالة العاشرة، ولم يرد أن تكون براهين كتابه محتاجة إلى شيء خارج من كتابه في علم الرياضيات، إلا أنه كان من الواجب أن يقدم العدديات على الهندسيات كما هما عند الوجود والعقل»[1].

وينتقد الخيام كتاب إقليدس في مواضع كثيرة منها ما يتصل بالبراهين والمقدمات، ومن الأمثلة على ذلك قوله في إقليدس «وقد غفل أيضًا في مقالات المجسمات عن عدة أمور مفتقرة إلى البراهين، ولكنها ليست من المقدمات العظام، وإلا لبرهنّا عليها، وربما يقع لنا في باقي الحال التفات إليها وأصلحنا تلك المقالات بعون الله»[2].

ومن المعروف أن تحليلات **أرسطو** للعلم البرهاني ضرورية لمن يريد البحث في علم الهندسة، وذلك لما توفره من شروط في التعريف واختيار البديهيات والمصادرات،

(1) المصدر السابق، ص75. (المؤلف)
(2) المصدر السابق، ص16. (المؤلف)

والبرهان[1]. وقد أدرك **علماء الرياضيات العرب** أهمية منطق **أرسطو في فحص** البراهين الرياضية وشروطه لبناء العلم البرهاني، وبذلك استطاعوا تشذيب الطريقة البديهية كما وردت في هندسة **إقليدس**، وطرح شروط جديدة لها أهميتها في تطور الرياضيات والطريقة معًا، منها:

أولًا: أن تكون المقدمات من بديهيات ومصادرات كافية للبرهان على جميع القضايا الهندسية، فلا يحتاج المرء إلى مقدمة جديدة، كما لا يجوز ذكر مقدمة يمكن البرهان عليها، أو ذكر قضية مسلم بها بحاجة إلى برهان.

ثانيًا: أن تكون البراهين الرياضية البحتة هي الأساس في الحكم على صدق القضايا فلا يلجأ المرء إلى علم آخر أو صناعة أخرى يستعين بها، فالبرهان على قضية هندسية يشترط أن يكون بقضايا وإجراءات هندسية من صميم علم الهندسة.

ثالثًا: أن تكون البراهين الرياضية معتمدة على المقدمات، فلا يجوز ذكر غير المقدمات، اللهم إلا إذا احتاج البرهان إلى قضية أو أكثر سبق البرهان عليها، ولا يجوز ذكر قضايا كان لا بد أن يبرهن عليها أولًا لحاجتها إلى ذلك، ولكونها ليست مقدمات.

رابعًا: إزالة جميع الثغرات في البراهين الهندسية، وإصلاح ما وقع فيه إقليدس من سهو، ليكون النظام الهندسي واضح المعالم، فيه تعريفات وبديهيات ومصادرات، وقضايا تحتاج إلى براهين.

ونلمس إلى جانب ذلك محاولات رياضية عديدة في تبسيط علم الهندسة وإعادة لترتيب القضايا فيه لتكون أيسر على الفهم للطالب والمتعلم، وحاول **ابن الهيثم** أن يجمع الأصول الهندسية والعددية من كتابي **إقليدس وأبولونيوس**، وهي محاولة تثبت نزوعه إلى توحيد النظريات الهندسية في نظام واحد يبدأ من أصول واحدة، ليتم في ضوء الأصول البرهان على جميع القضايا المعروفة في هندستي **إقليدس وأبولونيوس** في المخروطات، وفي ذلك **يقول**

---

(1) وجه المرحوم الدكتور ياسين خليل أحد طلبته للدراسات العليا وهو الدكتور محمد جلوب فرحان، لدراسة العلم البرهاني عند أرسطو، وقد طبعت هذه الرسالة في كتاب، وصدر عن دار الشؤون الثقافية، بغداد 1983، بعنوان (تحليل أرسطو للعلم البرهاني). (المحقق)

«كتاب جمعت فيه الأصول الهندسية والعددية من كتاب إقليدس أبولونيوس، ونوعت فيه الأصول وقسمتها، وبرهنت عليها ببراهين نظمتها من الأمور التعليمية والحسية والمنطقية، حتى انتظم ذلك مع انتقاص توالي إقليدس أبولونيوس»[1].

ونظرًا لاهتمام الإنسان **العربي** بالعلوم الرياضية لجأ **العلماء العرب** إلى تبسيط الهندسة للمتعلم لتكون عليه سهلة وميسورة، وفي ذلك جهد علمي جيد، إذ إن محاولة تبسيط البراهين وذكر القضايا الهندسية مع براهينها ليستطيع المتعلم فهمها بسهولة، مهمة تربوية علمية، وتدل على إدراك واضح لأهمية البرهان في تنشيط الفكر وتنظيمه فضلًا عن كون العملية البرهانية عقلية محضة تفيد المتعلم التفكير السديد والدقيق.

وكانت أبرز النتاجات **العربية** في الرياضيات واضحة في علم الجبر، ففضلًا عن الإسهام الكبير **للعلماء العرب** في نظرية المعادلة، ومعالجة المعادلات الجبرية من الدرجة الثانية والثالثة والرابعة والخامسة، وطرح الطرق الصحيحة المؤدية للحل بصورة منظمة ومنطقية، وضع **العالِم الخوارزمي** طريقة رياضية في الجبر تختلف من حيث الأساس عن الطريقة الرياضية في الهندسة.

إنّ أفضل سبيل لعرض الطريقة الرياضية في الجبر هو في تحليل النقاط الأساسية الآتية:

1. البناء المنطقي للنظرية الجبرية.
2. التحويلات الجبرية.
3. طريقة الرد الجبري.

لا بد من الإشارة أولًا إلى حقيقة مهمة وهي أن اسم **الخوارزمي** دخل تاريخ الرياضيات بعد ترجمة مؤلفاته الرياضية إلى اللغة **اللاتينية**، فأصبح لكلمة **الغوريثم Algorithm** المشتقة من اسم **الخوارزمي** مدلولًا رياضيًا يقصد به الطريقة الحسابية للحلول الصحيحة، كما يقصد به نظرية المعادلة، ولذلك سأستخدم **الطريقة الخوارزمية**، لتعني الطريقة الرياضية في الجبر، ولتوضيح بعض الأوجه في **الطريقة الخوارزمية** نشير إلى الاختلافات بينها وبين الطريقة الهندسية، فللهندسة كعلم نظري مفاهيم خاصة بها مثل: النقطة والخط والمستوى والدائرة

---

(1) يُراجع، ابن أبي أُصيبعة، عيون الأنباء، مصدر سبق ذكره، ص554. (المؤلف)

والأسطوانة وغيرها، في حين تبرز في علم الجبر مفاهيم جديدة يستخدمها **الخوارزمي في كتابه الجبر والمقابلة**، هي المال والجذر والعدد المفرد فضلًا عن مفاهيم حسابية أخرى.

وفي الحقيقة **أننا** نجد أول مرة أسس نظرية رياضية تختلف كليًا عن الأسس الهندسية في ربطها مفاهيم جبرية وأخرى حسابية في صيغ واحدة، وفي اتخاذ الصيغ الجبرية العامة والقوانين الجبرية في الحل أساسًا تجري بمقتضاها التطبيقات المختلفة للمعادلات، وفي البناء الجبري الذي يبدأ بالمفاهيم لينتقل إلى تثبيت الأشكال الجبرية الأساسية والقوانين والقواعد الجبرية، ليصل إلى البرهان على رد معادلات أخرى من الدرجة الثانية إلى الأشكال الستة الرئيسية لتكون جاهزة للحل، ويكمن الاختلاف الآخر بين الطريقتين في أن **الطريقة الخوارزمية** لا تعتمد على طرح بديهيات ومصادرات مفروضة كما هو الأمر بالنسبة للهندسة، بل تطرح منذ البداية أشكالًا جبرية أساسية يجري العمل بمقتضاها على وفق قواعد وقوانين جبرية، ولكن ذلك لا يعني مطلقًا أن النظرية الجبرية خالية من البديهيات، بل المقصود هو أن **الخوارزمي** لم يفترض مقدماته الجبرية الست على أنها بديهيات. وتهدف **الطريقة الخوارزمية** من حيث الأساس إلى الكشف عن المجهول بدلالة المعلوم، وليس البرهان على صدق المعلوم بدلالة صدق المقدمات كما هو الأمر في الهندسة.

واتبعت هذه الطريقة في المؤلفات الجبرية **للعلماء العرب**، فيذكر **أبو بكر محمد بن الحسن الحاسب الكرجي** (ت، بين 1019-1029هـ) **ذلك بقوله:** «وكل مسألة ترد عليك وأنت تريد إخراجها فإنك تجعل مجهولها شيئًا، لأن الشيء اسم يتناول كل مجهول، أو تجعله مالًا، والمال يرتفع من ضروب كل مقدار في نفسه، وذلك على ما توجبه شروط المسألة، ثم تناولها بشروطها، على ما تقدم ذكره، حتى نسوقها إلى حد المقابلة، فبعد ذلك لا يخلو من أن يؤدي إلى واحدة من المسائل الست»[1].

إنّ الناظر في كتاب **الخوارزمي** سرعان ما يدرك أن اسم الجبر والمقابلة قد ظهر في عدة مواضع من الكتاب، وهي تشير إلى أنه قصد بالاسم مجموعة المفاهيم الجبرية والحسابية

---

(1) يُراجع، كتاب علم الحساب العربي، حساب اليد، تحقيق الدكتور أحمد سعيدان، وفيه تحقيق لكتاب المنازل السبع لأبي الوفاء البوزجاني مع مقدمة ودراسة بالمقارنة بكتاب الكافي في الحساب لأبي بكر الكرجي الحاسب، عمان 1971، ص368. (المؤلف)

والأشكال الستة الرئيسية للمعادلات الجبرية وجميع العمليات في الجبر والأعداد، ومن **أقواله** التي تؤيد ذلك «ووجدت الأعداد التي يُحتاج إليها في حساب الجبر والمقابلة على ثلاثة ضروب، وهي جذور وأموال وعدد مفرد لا ينسب إلى جـذور ولا إلى مال»[1].

هذا فيما يتعلق بالمفاهيم، أما ما يتعلق بالأشكال الجبرية للمعادلات، **فيقول**: «ووجدنا كل ما يعمل من حساب الجبر والمقابلة لا بد أن يخرجك إلى أحد الأبواب الستة التي وصفت بكتابي هذا، وقد أتيت على تفسيرها فأعرف ذلك»[2]. ثم يتناول بعد ذلك العمليات الحسابية، ويذكر في موضع آخر، فيقول: «وقد قدمنا قبل أبواب الحساب ووجوهها مسائل جعلتها أمثلة للستة الأبواب المتقدمة في صدر كتابي هذا، لا بد أن منها ثلاثة لا تنصف فيها الأجذار، وذكرت أن حساب الجبر والمقابلة لا بد أن يخرجك إلى باب منها ثم أتبعت ذلك من المسائل بما يقرب من الفهم وتخف فيه المؤنة وتسهل فيه الدلالة إن شاء الله تعالى»[3].

يظهر لنا الآن وبشكل قاطع أن الجبر والمقابلة في عُرف **الخوارزمي** حساب اجتمعت فيه مفاهيم جبرية وحسابية وأشكال جبرية رئيسية وعمليات حسابية أربع تجري في ضرب الأعداد والأموال والجذور، تجمع وتطرح وتقسم.

إنّ هذه النتيجة تجعلنا نعتقد أن **الخوارزمي** هو أول من أقام حسابًا منطقيًا في الجبر، وأن البناء المنطقي للنظرية الجبرية يمثل هذا الحساب، وقد تم له هذا البناء بخطوات متتابعة، نحاول استقصاءها من خلال الكتاب نفسه.

أولًا: اختيار مفاهيم أولية جبرية وحسابية على أساس أنها أوليات، يتم بناء أو صياغة الأشكال الجبرية المختلفة للمعادلات بواسطتها عن طريق ربط المفاهيم بعضها ببعض.

ثانيًا: اختيار أشكال رئيسية للمعادلات مع تثبيت القواعد التي يتم الحل بموجبها عندما تعترض الباحث مشكلة جبرية.

---

(1) يُراجع، الخوارزمي، كتاب الجبر والمقابلة، مصدر سبق ذكره، ص16-17. (المؤلف)

(2) المصدر السابق، ص27. (المؤلف)

(3) المصدر السابق، ص34. (المؤلف)

ثالثًا: رد جميع الأشكال الجبرية للمعادلات بواسطة قواعد أو قوانين جبرية معينة، بإرجاعها خطوة بعد أخرى إلى الأشكال الرئيسي التي سبق لعالِم الجبر أن قام بتثبيتها.

ومعنى ذلك: أن النظرية الجبرية كحساب منطقي تبدأ من مفاهيم أو حدود معينة ليتم بواسطتها صياغة الأشكال الجبرية الرئيسية للمعادلات، وبيان طريقة الحل بوضع قاعدة لكل شكل رئيسي، ثم كشف العمليات الجبرية والقواعد العامة التي تتحول بموجبها الصيغة إلى صيغة أخرى، وذلك لردها إلى أحد الأشكال الرئيسية للمعادلات.

تتألف نظرية المعادلة في الجبر من ثلاثة حدود هي المال والجذر والعدد المفرد، نعبر عن المال في الجبر الحديث **بالرمز س**^{2}، وعن الجذر بالرمز س، وعن العدد المفرد أي عدد موجب، ويحدد الخوارزمي هذه المفاهيم **بقوله**: «فالجذر منها كل شيء مضروب في نفسه من الواحد وما فوقه من الأعداد وما دونه من الكسور، والمال كل ما اجتمع من الجذر المضروب في نفسه، والعدد المفرد كل ملفوظ به من العدد بلا نسبة إلى جذر ولا إلى مال»[1].

وإلى جانب ذلك، يذكر **الخوارزمي** عند صياغته للمعادلات حدين آخرين هما: الزائد (الإضافة)، والمساواة (يعدل)، وبذلك تكون الحدود التي تظهر في الأشكال الرئيسية خمسة.

وتتجلى الخطوة التالية في بناء الحساب في صياغة الأشكال الرئيسية، وهذه مهمة ليست باليسيرة، لأن على العالِم أن يتتبع بصيرته الرياضية في اختيار المعادلات الرئيسية، ويبرهن على قدرة هذه المعادلات بتوفير الحلول الصحيحة، **ويظهر لي** من خلال كتاب الجبر والمقابلة أن **الخوارزمي** قد استخدم الطريقة الارتباطية في بحثه لتثبيت الأشكال الرئيسية، وهي الطريقة التي عرفت عند **الخليل بن أحمد الفراهيدي** في دراساته اللغوية واستخدمها في **كتابه العين**.

نقصد بالطريقة الارتباطية في مجال علم الجبر تقليب جميع الأوجه الممكنة لربط الحدود المفروضة في الحساب ببعضها، لبناء صيغ جبرية كثيرة، واختيار من هذه الصيغ الجبرية المعادلات الصحيحة البناء.

---

(1) المصدر السابق، ص17. (المؤلف)

ولتوضيح ما أذهب **إليه** ولأهمية الطريقة الارتباطية في الجبر باعتبارها جزءًا من **الطريقة الخوارزمية**، نحصر اهتمامنا بالحدود الخمسة وما تزودنا الطريقة من صيغ صحيحة البناء، واختيار الأشكال الرئيسية للمعادلات من بينها.

المجموعة الأولى: نفترض في المعادلة حدين من الحدود الجبرية فنحصل على المعادلات الآتية:

أموال= جذور، جذور= أموال

أموال= عدد، عدد= أموال

جذور= عدد، عدد= جذور

المجموعة الثانية: نفترض في المعادلة ثلاثة حدود جبرية فنحصل على المعادلات الآتية:

أموال + جذور= عدد، عدد = أموال + جذور

أموال+ عدد = جذور، جذور= أموال + عدد

جذور+ عدد = أموال، أموال = جذور+ عدد

جذور+ أموال= عدد، عدد = جذور + أموال

عدد + أموال = جذور، جذور= عدد+ أموال

عدد + جذور = أموال، أموال = عدد+ جذور

واستنادًا إلى مبدأ تعادل الطرفين في المعادلة في أن الطرف الأيمن يساوي الطرف الأيسر وبالعكس، تبقى من المجموعة الأولى ثلاثة أشكال، وتبقى ستة أشكال من المجموعة الثانية، واستنادًا إلى **المبدأ التبديلي** للإضافة في أن الحد الأول زائد الحد الثاني يساوي الحد الثاني زائد الحد الأول. تبقى لدينا من المجموعة الثانية ثلاثة أشكال رئيسية للمعادلات، ويكون مجموع ما تبقى ستة أشكال رئيسية للمعادلات من المجموعة الأولى والثانية، وهذه هي الأشكال التي نص عليها **الخوارزمي في كتابه**[1].

(1) المصدر السابق، ص17-21. (المؤلف)

أدرك **الخوارزمي** ضرورة تحليل العمليات الأربع وعمليات أخرى في الجبر ليكون بمقدوره تحويل صيغة إلى صيغة أخرى باستخدام هذه العمليات، وقد طرح عددًا من القواعد الجبرية في هذا الصدد، وبين كيفية استخدامها والنتائج المترتبة عليها، ونطلق على هذا الجانب التحويلات الجبرية التي نقصد منها استخدام قوانين وقواعد جبرية معينة للانتقال من صيغة مفروضة إلى أخرى، أو تحويل صيغة معلومة إلى صيغة يتطلبها الحل الجبري للمسألة.

وعلى الرغم من الإضافات التي تمت في مجال القواعد الجبرية نتيجة لتطور علم الجبر عند **العلماء العرب** واستخدامهم للمعادلات من الدرجة الثالثة والرابعة، فإن التحويلات الجبرية بقيت محور اهتمام **علماء الجبر**، وتشكل جزء رئيسيًا في الحساب الجبري عندهم.

أما **طريقة الرد** في الجبر فإنها تعتمد من حيث الأساس على الأشكال الرئيسية الستة والقواعد الخاصة بها للحل، وتجري حسب خطوات متتابعة، والقاعدة العامة في عملية الرد الجبري هي أن ترد جميع المعادلات على اختلاف أشكالها إلى الأشكال الستة الرئيسية، ويمكننا تتبع خطوات **طريقة الرد** على النحو الآتي:

أولًا: إن نتناول مسألة جبرية تحتوي على حدود، ونتعرف على شروطها والمجهول الذي نريد كشفه كحل للمسألة، وتسهيلًا للمهمة نفترض أننا توصلنا إلى صياغة المعادلة الجبرية بالشكل الآتي: **س**^{2}=4س (10 - س)

ثانيًا: أن تجري التحويلات الجبرية للمعادلة المذكورة باتجاه أحد الأشكال الستة الرئيسية، وذلك بضرب المقدار 4س في كل من 10 و س، فنحصل على 40س - 4س^2 للطرف الأيسر، وتكون المعادلة عندئذ س^2= 40س - 4س^2

ثالثًا: ولأجل تحويل المعادلة إلى أحد الأشكال الستة، نجري عملية الجبر، بأن نضيف إلى طرفي المعادلة 4س، فنحصل على الصيغة الآتية: س^2 + 4س^2= 40س - 4س^2 + 4س^2. التي تتحول ببساطة إلى المعادلة 5س^2= 40س، وهي أموال تعدل جذورًا.

رابعًا: والخطوة الأخيرة في الرد تتجلى في رد الأموال إلى مال واحد، عن طريق تقسيم طرفي المعادلة على العدد 5، فنحصل على ما يأتي: س^2= 8 س. وباستخدام عملية حسابية بسيطة يمكن للمرء أن يستخدم الرسم الهندسي لمربع طول ضلعه 8، فيكون س^2= 64، و س=8.

وفي مجال الطريقة في العلم الرياضي، نذكر فضلًا عما تقدم جهود **العلماء العرب** في الربط بين علمي الجبر والهندسة، ومحاولاتهم طرح حلول لمعادلات جبرية باستخدام الهندسة، ويتجلى ذلك في كتاب **الخوارزمي** الذي يعد أول من وضع أسس هذه الطريقة عند حله لمعادلات من الدرجة الثانية بواسطة إكمال المربع، كما نجد في كتاب **الخوارزمي** حل المسائل الهندسية باستخدام الجبر.

وقد مهدت هذه الطريقة إلى اهتمام **العلماء العرب** بحل المعادلات من الدرجة الثالثة باستخدام الهندسة، مثال ما اتبعه **الخيام** لحل المعادلات من الدرجة الثالثة بواسطة تقاطع القطوع المخروطية مثل القطع المكافئ Parabola، والقطع الزائد Hyperabola.

إنّ اتجاه **العالِم العربي** في البحث عن الطريقة الموصلة للحلول الصحيحة يدل على إدراك عميق لإمكانية الحل عند توفر الطريقة، وتعزيز لقدرته على الإبداع في مجال الطريقة العلمية.

إنّ المتتبع لإنجازات **العلماء العرب** في مجال الطريقة الرياضية لا بد له أن يثمّن تثمينًا عاليًا الجهود العلمية الدؤوبة التي حققوها في ميدان **التدوين الرمزي** وذلك باستخدام أساليب مختلفة ومتطورة للتعبير عن الأعداد في الحساب، وابتكار اسلوب رمزي جديد للتعبير عن المفاهيم الجبرية.

ونقصد **بالتدوين الرمزي** مجموعة الطرق في كتابة المسائل الحسابية والجبرية وغيرها، والتعبير عنها بدقة باستخدام الرموز بدلًا عن استخدام الكلمات والجمل في عرض المسائل وحلها.

ورث **العلماء والفلاسفة العرب** أسلوب استخدام الحروف الأبجدية عن **اليونان** في المنطق والهندسة، فاستعملوا الحروف العربية للتعبير عن الأقيسة المنطقية، كما استعملوا هذه الحروف في المسائل الهندسية وما يتعلق منها بعلم المناظر.

وقد أدركوا باستعمالهم هذا حقيقة منهجية مهمة هي سهولة التعبير بالرموز والدقة التي توفرها الأبجدية تلافيًا لما قد يعرض من غموض نتيجة استخدام الكلمات وما تثيره من معاني مختلفة، فالقياس المنطقي قول يتألف من مقدمتين تتبعهما نتيجة بالضرورة، مثال ذلك:

كل إنسان مؤلف، وكل مؤلف محدث، فيلزم منه أن كل جسم محدث[1].

هذا المثال الذي يسوقه **الغزالي** يعرضه على هيئة رمزية جريًا على عادة المناطقة، **فيقول**: «ولما كانت الأمثلة المفصلة ربما غلطت الناظر، عدل المنطقيون إلى وضع المعاني المختلفة المبهمة، وعبروا عنها بالحروف المعجمة، ووضعوا بدل الجسم والمؤلف والمحدث في المثال الذي أوردناه (الألف) و(الباء) و(الجيم)، وهي أوائل حروف (أبجد)، ووصفوا (الجيم) الذي هو الثالث حدًا أصغر محكومًا عليه، و(الباء) حدًا أوسط يحكم به على (الجيم)، و(الألف) حدًا أكبر يحكم به على (الباء) ليتعدى إلى (الجيم)، فقالوا: كل (ج) (ب)، وكل (ب) (أ)، فكل (ج) (أ). وهكذا سائر الضروب»[2].

أما في الهندسة فإن الأمثلة فيها كثيرة، إذ أصبحت الحروف جزءًا لا يتجزأ من الوصف الهندسي للأشكال ووسيلة ناجحة في معالجة المشكلات الهندسية وحلها، إذ لولا ذلك لتعذر معرفة المقصود ولأصبح الوصف الهندسي لجميع الأشكال الهندسية والعمليات التي يجريها المهندس للتوصل إلى الحل صعبًا للغاية، ونظرًا لصلة الهندسة بالعلوم فقد استخدمت الأبجدية على نطاق واسع في علم المناظر والأثقال والفلك وغير ذلك، واستعان **العالِم العربي** في البرهان على حقائق هندسية بحتة وحقائق من العلوم الطبيعية، ولا سيما ما يتعلق بالأثقال والموازين والظواهر الضوئية والفلكية المختلفة.

وفي سبيل توضيح ذلك نعرض مثالًا من رسالة **لابن الهيثم** في المرايا المحرقة بالدائرة، بقوله: «وكل شعاع ينعكس من جسم صقيل إلى نقطة عندها حرارة ما، وإذا اجتمعت شعاعات كثيرة عند نقطة واحدة تضاعفت الحرارة الحادثة إلى تلك النقطة، وكلما ازدادت الشعاعات زادت قوة الحرارة، بحسب زيادة الشعاع، وكل مرآة مقعرة تقعيرًا كريًا يكون أقل من نصف

(1) يُراجع، الغزالي، معيار العلم، تحقيق سليمان دنيا، القاهرة 1960، ص132. (المؤلف)

(2) المصدر السابق، ص177. (المؤلف)

كرة تقابل بها الشمس حتى يكون سهمها إذا خرج على استقامة انتهى إلى جرم الشمس، فإن الشعاعات التي تخرج من جرم الشمس على خطوط متوازية بسهم المرآة تنعكس من سطح الكرة إلى سهمها وسم المرآة وهو قطر الكرة الذي يكون قائمًا على قطر قاعدة المرآة على زوايا قائمة، فلتكن مرآة تقعيرًا كريًا وليكن سهمها (دب) ومركزها (د) ولتكن نقطة (ز) على سطح المرآة وليكن خط (هـ ز) ينعكس إلى السهم.

ونرسم المخطط الآتي

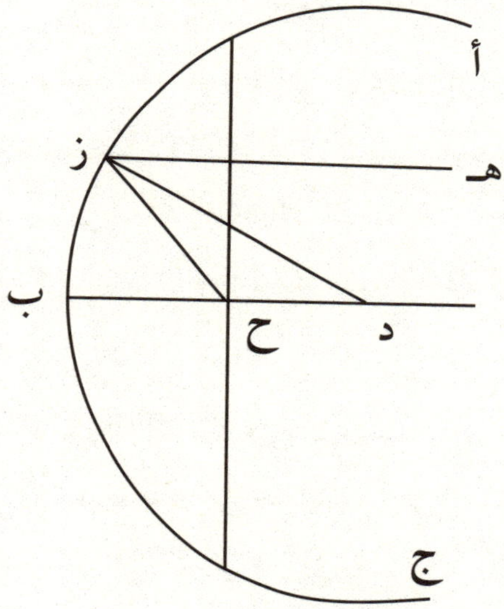

برهان ذلك: أن نتوهم خط د ز، واصلًا بين نقطتي د ز، فتكون خطوط هـ ز، ز د، د ب، في سطح مستو، ونتوهم ذلك السطح قاطعًا للكرة فهو يحدث في سطح المرآة قطعة دائرة يكون قطرها د ب، ومركزها د، فلتكن قطعة أ ب ج، ونخرج خط ز ح، على زاوية مثل زاوية هـ ز د، وهي زاوية د ز ح، فلأن قطعة أ ب ج، أقل من نصف دائرة يكون قوس ب ز، أقل من ربع دائرة، فزاوية ز د ح، أقل من قائمة، وخط هـ ز موازٍ لخط د ح، فزاوية هـ ز د، أقل من قائمة، وزاوية د ز ح، مساوية لزاوية هـ ز د، فهي أقل من قائمة، وكذلك زاوية ز د ح، فخط ز ح، يلقى خط د ب، فهو يلقاه على نقطة ح، وليكن شعاع هـ ز، ينعكس على سطح المرآة على زوايا متساوية، فهو ينعكس على خط ز ح، فهو يلقى سهم د ب، وكذلك كل

شعاع يخرج موازيًا للسهم ينتهي إلى نقطة على سطح المرآة فإنه ينعكس إلى سهم، وذلك ما أردنا أن نبين»[1].

وأما في علم الحساب فإن الأطوار التي بها التدوين الرمزي للأعداد ثلاثة هي على التوالي:

أولًا: مرحلة استخدام الأسماء مثل واحد، وعشرة، ومائة، وألف، وعشرة آلاف، ومائة ألف، وألف ألف، وهكذا، للدلالة على الأعداد عند استخدام العمليات الحسابية، وقد وردت في **القرآن الكريم** أسماء أعداد كثيرة.

ثانيًا: مرحلة استخدام الحروف للدلالة على الأعداد، إذ رتبت **الأبجدية العربية** على هيئة متوالية عددية تبدأ بالألف والباء والجيم وهكذا، حتى تنتهي إلى الحرف (غ)، الذي يشير إلى العدد ألف، وتتركب من الحروف البسيطة حروف مركبة لتشير إلى أعداد تتألف من آحاد وعشرات، أو آحاد وعشرات ومئات، أو آحاد وعشرات ومئات وألوف.

ثالثًا: مرحلة استخدام الأرقام للدلالة على الأعداد، إذ طوَّر **العرب الأرقام الهندية** من حيث الشكل، واستخدموها في حساباتهم وفي العمليات الحسابية المختلفة، وأفادوا من مميزاتها في التعبير عن أيّ عدد كان بالاستناد إلى اختلاف قيمة العدد بالنسبة إلى منزلته في مرتبة الآحاد والعشرات والمئات أو الألوف.

ومن الضروري هنا أن نشير إلى حقيقة رياضية مهمة، وهي أن الأعداد مفاهيم حسابية بينما الأرقام أو الحروف أو الأسماء مجرد رموز تشير إلى الأعداد، وأنه بالإمكان التعبير عن الأعداد بأنواع مختلفة من الرموز، وهذا هو عين ما وقع، إذ اختلفت الشعوب قديمًا في رسم الأعداد، **فللبابلي** طريقته، **ولليوناني** أو **الروماني** أسلوبه في تدوين الأرقام.

لقد استخدم **العالِم العربي** في بحوثه الحسابية والفلكية والطبيعية طريقة للتدوين باستخدام الأسماء وطريقة الحروف التي عُرفت بحساب الجُمل، ولم تستعمل طريقة

---

(1) يُراجع، الحسن بن الهيثم، رسالة المرايا المحرقة بالدائرة، حيدر آباد 1357هـ، ص32-33. (المؤلف)

التدوين بالأرقام على نطاق واسع أول الأمر بعد التعرف عليها، ولم يستخدم التدوين الرمزي الكامل للعمليات الحسابية، ولتوضيح ما نذهب إليه نأخذ مثالًا حسابيًا بسيطًا لطريقة التدوين بالأسماء: «مثال ذلك أننا أردنا أن نضرب أربعة أخماس في ثلاثة أسباع، ضربنا أربعة في ثلاثة فكان اثني عشر، ونسبناه من خمسة وثلاثين، الذي هو مخرج الخمس والسبع فكان خمسًا وسبعًا»[1].

وباستخدامنا لطريقة التدوين بالأرقام يتحول المثال إلى ما يأتي:

$$35/12 = 7/3 \times 5/4$$

$$7/1 + 5/1 = 35/12$$

وتعتمد طريقة حساب الجُمل على القيم العددية المعطاة **للأبجدية العربية**، وهي كما يلي:

آحاد

أ	ب	ج	د	هـ	و	ز	ح	ط
1	2	3	4	5	6	7	8	9

عشرات

ي	ك	ل	م	ن	س	ع	ف	ص
10	20	30	40	50	60	70	80	90

مئات

ق	ر	ش	ت	ث	خ	ذ	ض	ظ
100	200	300	400	500	600	700	800	900

ألف

غ
1000

(1) يُراجع، البوزجاني، علم الحساب العربي، مصدر سبق ذكره، ص176 (المؤلف)

وتقوم طريقة تركيب أكثر من حرف واحد على مبدأ أن يكون الحرف ذو العدد الأكثر هو المقدم ثم يليه العدد ذو العدد الأصغر فالأصغر، مثال ذلك:

لب	رب	تم	خس
32	202	440	660

وكثر استعمال هذه الطريقة في العلوم، فظهرت على نطاق واسع في الجداول الفلكية وجداول المثلثات وحساب الأوزان المختلفة للفلزات والموائـع، فعلى سبيل المثال نذكر **أبا الريحان البيروني** في كتابه المعروف **بالقانون المسعودي**، إذ استخدم طريقة حساب الجمـل على نطاق واسع فنجدها في جداول الجيوب[1]. وفي جداول مطالع البروج في خط الاستواء[2]، وجداول ميول الدرجات وعروضها[3] وغير ذلك، كما استخدمت هذه الطريقة في حساب الأوزان وغير ذلك من الوجوه[4].

ونجد في الحقيقة أن **العلماء العرب** لم يتركوا الطريقة الأولى نتيجة ذيوع استخدامهم للطريقة الثانية، بل استمر العمل بالطريقتين معًا، وعندما تعرف **العرب** مزايا التدوين الرمزي للأرقام استمر العمل كذلك بالطرق الثلاث في التدوين سواء في الرياضيات أو الفلك أو في العلوم الطبيعية.

عرب **العرب** نوعين من الأرقام، أحدهما المستعمل في **المشرق العربي** ويطلق عليه في المخطوطات الرياضية القديمة اسم **الأرقام الهندية**[5]، والآخر المستعمل في **المغرب العربي** وقد استعمله أهل **الأندلس** قديمًا، وهو المعروف **بالأرقام الغبارية**.

---

(1) يُراجع، البيروني، القانون المسعودي، حيدر آباد 1357هـ، ص308. (المؤلف)

(2) المصدر السابق، ص379. (المؤلف)

(3) المصدر السابق، ص373. (المؤلف)

(4) يُراجع، الخازني، كتاب ميزان الحكمة، مصدر سبق ذكره، ص30. (المؤلف)

(5) يذكر الكاتب الخوارزمي في كتابه مفاتيح العلوم هذه الأرقام في معرض كلامه عن حساب الهند وقوامه، ص122، وتظهر الأرقام الهندية في المخطوطات الرياضية المتأخرة كذلك، مثاله كتاب الكاشي، مفتاح الحساب، الذي يقول في مقدمة المقالة الأولى: اعلم أن حكماء الهند وضعوا تسعة أرقام العقود التسعة المشهورة على هذه الصورة، كما تظهر هذه التسمية في مخطوطة الكاشي خلاصة مفتاح الحساب كذلك. (المؤلف)

لا شك أن **العرب** اقتبسوا هذه الأرقام عن **الهنود**، ولكن من الثابت كذلك أنه أجروا عليها تحويرات كثيرة، ومرت بمراحل تطويرية قبل أن تتخذ شكلها النهائي المعروف الآن، وليس المهم أصل الأرقام، ولكن الأهم إدراك أهمية استخدام هذه الأرقام وإجراء التعديلات عليها لتصبح بعد ذلك ملكًا عامًا لجميع الحضارات، ولا يمكن أن ينكر المرء فضل **العلماء العرب** في استخدام الأرقام في الأعمال الفلكية والرياضية والطبيعية، وتطوير شكلها القديم إلى الشكل الجديد الذي عرفت به في **العالَم العربي وأوربا**، **فالصفر** بدأ على هيئة دائرة ثم تغير بالتدريج ليأخذ شكل النقطة في **المشرق العربي** بينما استمر كذلك مثل أصله **الهندي** على شكل دائري، ويظهر لنا أن كثيرًا من المخطوطات **الهندية** لا تحتوي على الشكل **العربي** لهذه الأرقام مما يدل على أن **العرب** لم يأخذوا هذه الرموز كما هي بل حسنوا فيها حتى جعلوها أكثر جمالًا وأكثر مطابقة للسرعة في الكتابة والسهولة في تعلمها[1].

استخدم **العلماء العرب** طريقة التدوين بالأرقام في أبحاثهم العلمية المختلفة، فاستعملها **محمد بن موسى الخوارزمي** في بحوثه الفلكية والرياضية، واستخدمها **البيروني** في أبحاثه العلمية، واستعان بها **عبد الرحمن الخازن** في جداول الأوزان، واتخذها **علماء الرياضيات المتأخرون** أساسًا في إجراء العمليات الحسابية المختلفة.

كما حدث تطور رياضي جديد في مجال التدوين الرمزي، إذ انتقل التدوين إلى علم الجبر من استخدام طريقة التدوين بالأسماء، وهي طريقة فيها كثير من التعقيد إلى طريقة رمزية جديدة، يمكن اعتبارها أول محاولة علمية في التدوين الرياضي الحديث، فالمؤلفات الجبرية ابتداءً من كتاب **الخوارزمي في الجبر والمقابلة** وانتهاءً بالمؤلفات المتأخرة في **المشرق** لم تستخدم طريقة رمزية لمفاهيم ومعادلات الجبر، ولكننا نجابه استثناءً في **المغرب العربي** يتجلى في رسالة حسابية جبرية هي كشف المحجوب في علم الغبار لمؤلفها **أبي الحسن علي بن محمد القلصادي** (ت1486م)، والتي احتوت على محاولة فريدة في تدوين الجبر، ونظم الرسالة على العموم موضوعات حسابية وجبرية، فتناول المؤلف في قسمها الأول موضوع الأعداد، بينما اهتم في قسمها الثاني بالكسور،

---

(1) يُراجع، رضا إيراني، أصل الأرقام العربية وتطورها، مجلة العلوم، العدد 6، آب1956، ص65. (المؤلف)

أما القسم الثالث فإنه اختص في استخراج الجذور، وتناول في القسم الرابع موضوع حل المعادلات.

لكن الذي يهمنا هنا هو طريقة التدوين الرمزي كما طرحها **القلصادي**، فنبدأ بالمفاهيم الجبرية، فمن المعروف أن **الجبر العربي** يتألف من مفاهيم مثل: الجذور والمال والشيء وغير ذلك، فضلًا عن الأعداد والكسور، وما تحتاجه المعادلات الجبرية المختلفة، فبالنسبة للجذر التربيعي نجد **القلصادي** يختار الحرف الأول (ج) من الكلمة جذر، ويضع هذا الحرف فوق العدد للدلالة على الجذر التربيعي للعدد مثال ذلك:

$\frac{\text{جـ}}{12}$ لتعني $\sqrt{12}$ ، $\frac{\text{جـ}}{60}$ لتعني $\sqrt{60}$

ويستخدم الحرف (**ش**) وهو الحرف الأول من الكلمة العربية شيء للدلالة على المجهول مثال ذلك:

$8^{\text{ش}}$ لتعني 8 ش، $12^{\text{ش}}$ لتعني 12ش

ويستخدم الحرف (م) وهو الحرف الأول من الكلمة مال للدلالة على **س**^{2}، مثال ذلك:

$1^{\text{م}}$ لتعني مال واحد س^2، $6^{\text{م}}$ لتعني ستة أموال $6^{\text{س}^2}$.

ونختار هنا معادلتين جبريتين لبيان طريقة التدوين الرمزي للقلصادي[1]. علمًا أن الحرف (**ل**) وهو **اللام** يشير إلى المساواة وهو مأخوذ من آخر الكلمة (يعدل).

$1^{\text{م}}$ لـ 8س 20 لتعني س^2= 8س+20

$1^{\text{م}}$ $10^{\text{س}}$لـ56 لتعني س^2+ 10س=56.

(1) هذه مجرد أمثلة سقناها على طريقة التدوين الجبري للقلصادي، والحق يقال إن هذه الطريقة التي ابتكرها شملت جميع المفاهيم الجبرية للمعادلات التي ساقها في كتابه، بحيث يمكن القول إن القلصادي هو مبتكر الطريقة الرياضية في التدوين الجبري. (المؤلف)

الفصل الثاني

علم الحساب

يرتبط الحساب دائمًا بالحياة الاجتماعية والاقتصادية للمجتمع، فهو ضرورة من ضرورات تقدمه وتنظيم شؤونه المختلفة، إذ لا يمكن بدونه إقامة السدود والبيوت والمعابد، كما لا يمكن توزيع الأراضي ومسحها أو إروائها، وهو فوق كل ذلك عصب الحياة التجارية في البيع والشراء والمعاملات المختلفة، وباستخدامه يعرف الحاكم والمحكوم المصروفات والاحتياجات وغير ذلك من الأوجه والأنشطة المختلفة في المجتمع، والمجتمع العربي قبل **الدعوة الإسلامية** سادته حياة تجارية فكان للمعاملات بين الناس دورها، وللرحلات التجارية أهميتها في تثبيت قواعد حسابية وعمليات ضرورية في الجمع والنقصان والضرب والقسمة، وازدادت المعرفة الحسابية عند **عرب الجزيرة** نتيجة لاتصال شمالها بجنوبها، إذ ازدهرت في **اليمن** حضارة راقية كانت للمعارف فيها، ولا سيما المعارف التجريبية أو المعارف ذات الاتصال بالحياة اليومية دورها في البناء الحضاري، فأرفدت **عرب الشمال** بالمعرفة الضرورية، والمعرفة الحسابية بالذات، وأصبحت الحاجة إلى الحساب والحسابين أكثر ضرورة بعد ظهور الدعوة وانتشارها، نظرًا للنهوض الحضاري الذي شهدته **الجزيرة العربية**، وحاجة الناس إلى الحساب في قسمة المواريث وتوزيع الأموال والرواتب وجباية الخراج وتوزيع الصدقات وغير ذلك من الأوجه التي فرضتها **العقيدة الإسلامية**، وقد وردت في **القرآن الكريم** كثير من الآيات التي تشير إلى الحساب والأعداد والكسور، إذ نجد فيها آحاد الأعداد وبعض العشرات والمئات والألوف فضلًا عن الكسور التي هي أجزاء الواحد.

إنّ هذا التطور الحضاري فرض على الفقهاء والمشتغلين في مؤسسات الدولة ضرورة

استخدام الحساب ومعرفة العمليات الضرورية فيه، ولا بد أن نفترض هنا أن المجتمع العربي قبل اتصاله بثقافات أجنبية قد أفاد من التراث الذي خلفته حضارات سابقة في **العراق والشام**، واعتمد على الطرق الحسابية التي زاولها الناس في الأسواق والبيع والشراء وجميع أنواع المعاملات، فالنظام الستيني في الحساب كان شائعًا ومستعملًا بين الحُسَّاب والكُتّاب، وهو نظام **بابلي** اكتملت فيه جميع الأنواع الحسابية والعمليات من ضرب ونسبة وقسمة وجمع وغير ذلك، وكتاب **أبي الوفاء البوزجاني** في ما يحتاج إليه الكتاب والعمال وغيرهم من علم الحساب يشير بوضوح إلى استخدام الكتاب وأصحاب الدواوين للحساب الستيني، فهو يشير في مواضيع كثيرة إلى الطريقة التي يستعملها هؤلاء في حساباتهم مثل **قوله**: «والكسور عند حساب المعاملات وأصحاب الدواوين تنقسم إلى أربعة أنواع»[1]. وقوله: «وكذلك لو أردنا أن ننسب عشرة على ستين: كان نسبتنا إياها بسدس أحسن من نصف ثلث، وهو حسن عند الكُتّاب في اللفظ...والكتاب وأصحاب الدواوين يستقبحون كسور الأصم جدًا»[2].

إن هذا النوع من الحساب مارسه الناس في الحياة اليومية، وتبلورت مفاهيمه بوضوح، وأصبحت قواعده العامة راسخة، وإنه من الخطأ الفاحش إهمال الحساب الستيني عند دراسة علم الحساب عند **العرب**، فنركز اهتمامنا على المصدر الأجنبي فقط، فمن المعروف أن العمليات والمفاهيم والقواعد الحسابية تبقى مهمة وأساسية سواء كان الحساب المستعمل عشريًا أو ستينيًا، وأن دراسة هذه المفاهيم والقواعد تكشف عن الأصالة والإبداع الرياضي **العربي** في الحساب.

وعلى الجانب الآخر نجد التأثير **الهندي واليوناني** في الحساب، ولكن هذا التأثير بقي محدودًا في كتب الفلاسفة وبعض مؤلفات **العلماء العرب**، فالأرقام التي اعتبرت ذات أصل **هندي** لم تستعمل من قبل علماء الحساب إلا في عصور متأخرة، ويبدو أن تأثيرها لم يكن كبيرًا في الحياة اليومية، وأن التزام علماء الرياضيات **العرب** باستخدام الطريقة اللفظية والجملية يدل بوضوح على مدى تعلقهم بهذه الطريقة وفائدتها بالنسبة للمعاملات ومن يزاولها من الكتاب وأصحاب الدواوين، أما النظام العشري فمن المرجح أنه قد استعمل مع الحساب

---

(1) يُراجع، أبو الوفاء البوزجاني، ما يحتاج إليه، مصدر سبق ذكره، ص71. (المؤلف)

(2) المصدر السابق، ص72. (المؤلف)

الستيني جنبًا إلى جنب، وإن لم يكن شائعًا مثله، ونرجح أنه دخل مع النظام الستيني الذي ورثه **العلماء العرب** عن **البابليين**، فمن المعروف أن **البابليين** قد استعملوا السلم العشري في العد بينما اقتصرت كتابة الأعداد على السلم الستيني وقد امتزجت به عناصر من السلم العشري، كما أن استعمال الصفر في الحساب إبداع **بابلي** ظهر في **العصر السلوقي**، وانتقل إلى **اليونان** وعاد إلى **العرب**، أو أن **الحسابين العرب** والفلكيين منهم الذين استخدموا النظام الستيني قد ورثوا الصفر ضمن ما ورثوه من علم الحساب **البابلي**.

إن الدراسة العلمية الدقيقة لما أنجزه **العلماء العرب** في الحساب يجب أن تشير إلى الاتجاهات الرئيسية، وما حققوه من نتائج وإضافات علمية، وسنتناول في هذا الفصل هذه الاتجاهات والنتائج العلمية في الحساب بشكلٍ عام.

يتمثل الاتجاه الأول بعلم العدد الذي ورثه الفلاسفة **والعلماء العرب** عن **اليونان**، ولا سيما فيما يتصل بالمفاهيم الحسابية العامة وأثرها في علم الحساب، ويتمثل الاتجاه الثاني بالنظام العشري **والحساب الهندي** وأبرز العمليات الحسابية فيه إضافة إلى أهمية الأرقام في تدوين الأعداد. ويتمثل الاتجاه الثالث بالنظام الستيني وأبرز العمليات والمفاهيم الحسابية فيه، والعلاقة بين النظامين العشري والستيني.

وفي هذا الصدد يذكر الفيلسوف **الفارابي** أن علم العدد علمان:«أحدهما علم العدد العملي، والآخر علم العدد النظري، فالعملي يفحص عن الأعداد من حيث هي أعداد معدودات تحتاج إلى أن يضبط عددها من الأجسام وغيرها، مثل: رجال وأفراس أو دنانير أو دراهم أو غير ذلك من الأشياء ذوات العدد، وهي التي يتعاطاها الجمهور في المعاملات السوقية والمعاملات المدنية، وأما النظري فإنه إنما يفحص عن الأعداد بإطلاق على أنها مجردة في الذهن عن الأجسام وعن كل معدود منها وإنما ينظر فيها مخلصة عن كل ما يمكن أن يعد بها من المحسوسات، ومن جهة ما يعم جميع الأعداد التي هي أعداد المحسوسات وغير المحسوسات، وهذا هو الذي يدخل في جملة العلوم، فعلم العدد النظري يفحص عن الأعداد على الإطلاق وعن كل ما يلحقها في ذواتها مفردة من غير أن يضاف بعضها إلى بعض، وهي مثل الزوج والفرد، وعن كل ما يلحقها عندما يضاف بعضها إلى بعض، وهو التساوي والتفاضل وأن يكون عدد جزءًا لعدد أو أجزاء له أو ضعفه أو مثله أو زيادة جزء أو

أجزاء، أو أن تكون متناسبة أو غير متناسبة ومتشابهة أو غير متشابهة ومتشاركة ومتباينة، ثم يفحص عما يلحقها عند زيادة بعضها على بعض وجمعها، وعند نقص بعضها عن بعض وتفريقها، ومن تضعيف عدد بعدة آحاد أعداد أُخر، من تضعيف عدد بعدة آحاد أعداد أُخر ومن تقسيم عدد إلى أجزاء بعدة آحاد عدد آخر، مثل أن يكون العدد مربعًا أو مسطحًا أو مجسمًا أو تامًا أو غير تام، فإنه يفحص عن هذه كلها وعما يلحقها عندما يضاف بعضها إلى بعض، ويعرف كيف الوجه في استخراج أعداد من أعداد معلـومة وبالجملة في استخراج كل ما سبيله أن يستخرج من الأعـداد»[1].

يظهر من هذا النص بوضوح الأثر الهندسي في الحساب، وهذه طريقة **اليونان في** نظرية الأعداد وفي تقسيم الحساب إلى نظري وعملي، والتأكيد على النظري باعتباره من جملة العلوم، ويظهر التأثير **اليوناني** بوضوح في المؤلفات التي حملت اسم الأرثماطيقي للدلالة على علم الحساب، أو علم العدد، مثال ذلك ما ذكره **ابن النديم في الفهرست** من الكتب، وتفسير الأرثماطيقي **للمجتني الأنطاكي**[2]، والمدخل إلى الأرثماطيقي خمس مقالات **للكندي**[3]، والأرثماطيقي في الأعـداد والجبـر والمقابلة **لأحمد بن الطيب السرخسي**[4]. وكتاب المدخل الحفظي إلى صناعة الأرثماطيقي وتفسير ما ينبغي أن يحفظ قبل الأرثماطيقي **لأبي الوفاء البوزجاني**[5]. ويتميز كتاب المدخل الحفظي بأنه معجم صغير للتعريفات، إذ وردت فيه جملة من المفاهيم الحسابية وتعريفاتها، وفيه ما يدل على دقة **البوزجاني** وإضافاته الحسابية واهتمامه الدقيق بالتعريفات وضرورة تعيين المفاهيم الحسابية بدقة[6].

اتبع البوزجاني في التعريف طريقة رياضية تبدأ بالمفاهيم البسيطة لتستخدم في التعريفات التالية، فعلى سبيل المثال يظهر تعريف العدد المركب أولًا ثم يتم تعريف العدد التام باستخدام

---

(1) يُراجع، الفارابي، إحصاء العلوم، ص73-74. (المؤلف)

(2) يُراجع، ابن النديم، الفهرست، مرجع سبق ذكره، ص 409-410. (المؤلف)

(3) المصدر السابق، ص372. (المؤلف)

(4) المصدر السابق، ص380. (المؤلف)

(5) المصدر السابق، ص408. (المؤلف)

(6) يُراجع، المدخل إلى صناعة الأرثماطيقي، تقديم وتحقيق صالح أحمد العلي، بحث منشور مجلة التراث العلمي العربي، مركز إحياء التراث العلمي العربي، جامعة بغداد، العدد 1، السنة 1977، ص22-29. (المؤلف)

مفهوم العدد المركب، وكذا الأمر بالنسبة للعدد الزائد والعدد الناقص في اعتماده على مفهوم العدد المركب، وتعريف الأعداد المتحابة باستخدام مفهوم العدد المركب كذلك.

لا شك أن تعريف المفاهيم الحسابية من حيث الأساس ينطوي على إدراك واضح لعمليات حسابية ورياضية مرتبطة بها، كما تشير في الوقت نفسه إلى بعض الخصائص العددية، فالعدد التام مثلًا هو: عدد مركب إذا جُمعت أجزاؤه كانت مساوية له مثل الستة، والثمانية والعشرين، فإنها من أجزاء النصف وهو ثلاثة، والثلث وهو الاثنان والسدس وهو واحد، فإذا جُمعت كانت ستة، والثمانية والعشرين فإن من أجزائها النصف وهو أربعة عشرة، والربع وهو سبعة، والسبع وهو أربعة، ونصف سبعة وهو اثنان، وربع سبعة وهو واحد، فإذا جمعت كانت ثمانية وعشرين[1]. وتجري العملية الحسابية على النحو الآتي:

العدد 6 يساوي مجموع أجزاءه

الأجزاء هي: 6/ 2= 3، 6/ 3=2، 6/ 6=1

6=1+2+3

العدد 28 يساوي مجموع أجزاءه

الأجزاء هي: 28/ 2=14، و28/ 4=7، و28/ 7=4، و28/ 14=2، 28/ 28=1

28=1+2+4+7+14

وفي تعريف الأعداد المتحابة يظهر مفهوم العدد الزائد ومفهوم العدد الناقص، لذلك فإن الضرورة المنطقية تحتم تعريفها أولًا قبل تعريف الأعداد المتحابة.

فالعدد الزائد هو عدد مركب إذا جُمعت أجزاؤه كانت أكثر منه، مثل اثني عشر، فإن من أجزائه النصف وهو ستة، والثلث وهو أربعة، والربع وهو ثلاثة، والسدس وهو اثنان، ونصف السدس وهو واحد، فإذا جمعت هذه الأجزاء زادت على اثني عشر وكانت ستة عشر وهي أكثر منها[2]. وتجري العملية الحسابية بالصورة الآتية:

12/ 2=6، 12/ 3=4، 12/ 4=3، 12/ 6=2، 12/ 12=1

(1) المصدر السابق، ص23. (المؤلف)

(2) المصدر السابق، ص23. (المؤلف)

مجموع الأجزاء 6+4+3+2+1=16 وهو أكثر من العدد 12

أما العدد الناقص فهو عدد مركب إذا جُمعت أجزاؤه كانت أقل منه، مثل عشرة، فإن من أجزائها النصف وهو خمسة، والخمس وهو اثنان، والعشر وهو الواحد، فإذا جمعت هذه الأجزاء كانت ثمانية وهي أقل منها[1]. وتجري العملية الحسابية بالصورة الآتية:

10/ 2 =5، 10/ 5 =2، 10/ 10 =1

مجموع الأجزاء 5+2+1=8 وهو عدد أقل من عشرة.

وبعد ذلك يكون تعريف الأعداد المتحابة واضحًا باستخدامه مفاهيم حسابية سبق تعريفها، فالعددان المتحابان هما عددان مركبان أحدهما زائد والآخر ناقص، فإذا جمعت أجزاء كل واحد منهما كانت مساوية للعدد الآخر، مثل مائتين وعشرين ومائتين وأربعة وثمانين، فإن المائتين والعشرين هو عدد زائد وأجزاؤه إذا جمعت كانت مائتين وأربعة وثمانين، والمائتان والأربعة والثمانون عدد ناقص فإذا جُمعت أجزاؤه كانت مائتين وعشرين[2]. وتجري العملية الحسابية بالصورة الآتية:

220/ 2=110، 220/ 4 =55، 220/ 5=44، 220/ 10=22، 220/ 11=20، 220/ 20=11، 220/ 22=10، 220/ 44=5، 220/ 55=4، 220/ 110=2، 220/ 220=1

مجموع أجزاء العدد 220: 110+55+44+22+20+11+10+5+4+2+1= 284.

أما أجزاء العدد 284

284/ 2=142، 284/ 4=71، 284/ 71=4، 284/ 142=2، 284/ 284=1

مجموع أجزاء العدد 284: 142+71+4+2+1= 220.

ومما لا شك فيه أن كتاب **الخوارزمي** في الحساب هو أول مؤلف في هذا العلم على طريقة الحساب **الهندي**، ولكن ذلك لا يعني أن **العلماء العرب** لم يؤلفوا في الحساب قبل ذلك، فقد اشتُهر الفقهاء وأصحاب الدواوين في هذا الضرب من العلم، وكان **الخليل بن أحمد الفراهيدي** عارفًا بالعلم الرياضي وتدل إنجازاته في اللغة والعروض على قدرته

(1) المصدر السابق، ص23-24. (المؤلف)

(2) المصدر السابق، ص24. (المؤلف)

الرياضية في الفن الارتباطي والتقليب، ولعل الكتب التي ألفت في الحساب قبل **الخوارزمي** قد ضاعت جميعها، وأن اهتمام **العرب** بما وصل إليهم من العلوم قد أدى إلى إهمال الكتب التي أُلِّفت في السابق.

يذكر **القفطي للخوارزمي** كتاب الحساب في ترجمته لحياة **كنكة الهندي، فيقول**: «ومما وصل إلينا من علومهم (يقصد الهنود) حساب العدد الذي بسطه أبو جعفر محمد بن موسى الخوارزمي وهو أوجز حساب وأخصره وأقربه تناولًا وأسهله مأخذًا يشهد للهند بذكاء الخاطر وحسن التوليد وبراعة الاختيار والاختراع»[1].

يمثل كتاب الحساب **للخوارزمي** أول انجاز **عربي** يستخدم نظام المنازل العشري بحيث تقوم عليه جميع العمليات الحسابية، ولا يزال النص **العربي** لهذا الكتاب مفقودًا، ولا توجد غير ترجمات لاتينية له[2]. والظاهر أن **الخوارزمي** اهتم بالعمليات الحسابية من ضرب وقسمة وتنصيف وتضعيف وجمع وتفريق وغير ذلك، مبينًا للمتعلمين الطريقة الرياضية الجديدة التي تؤدي إلى الحل بسهولة، وفي الكتاب تظهر الأرقام **1، 2، 3، 5، ودائرة الصفر، ويقول الخوارزمي** إن بعض الأرقام تكتب بشكل مختلف مثال ذلك الرقم **5، 6، وكذلك 7، 8**[3].

وفي وصفه للعمليات الحسابية المختلفة يتوصل إلى القواعد العامة، فبالنسبة لخصائص الصفر في الضرب بجده يبين أنه إذا ضرب العدد صفر في أيّ عدد كانت النتيجة صفرًا، وكذلك إذا ضرب أيّ عدد في صفر كانت النتيجة صفرًا.

0×ن=0، ن×0=0

ومن الجدير بالذكر هنا أن الأرقام التي وردت في كتاب **الخوارزمي واستمرت في بعض**

---

(1) يُراجع، القفطي، أخبار العلماء، مصدر سبق ذكره، ص175. (المؤلف)

(2) ترجمت رسالة الخوارزمي في الحساب إلى اللاتينية قبل منتصف القرن الثاني عشر الميلادي، وإن النسخة اللاتينية المعروفة الآن تعود إلى القرن الثالث عشر الميلادي، والمخطوطة الموجودة في مكتبة جامعة كمبردج تبدأ بالعبارة قال الخوارزمي: Dixit Algorizmc، ويذكر الدو ميلي في كتابه العلم عند العرب، ترجمة عبد الحليم النجار ومحمد يوسف موسى، ص158، ما نصه: لم Þيحفظ النص العربي لحساب الخوارزمي ويوجد فقط كتاب الخوارزمي في الأرقام الهندية. (المؤلف)

(3) Juschkewitsch, A, P, Geschichte der Mathemmatik im Mittelater Leipzig 1964, pp189. (المؤلف)

المؤلفات الحسابية المتأخرة من تختلف من حيث الشكل عن الأرقام التي نستخدمها اليوم، ويبدو أن تطورًا كبيرًا في الشكل قد طرأ على الأصل فيما يتصل بالأرقام المستخدمة في **المشرق** أو الأرقام التي استخدمت في **المغرب** ووجدت طريقها إلى **الأندلس** ثم إلى **أوربا**. ففي كتاب **غياث الدين جمشيد الكاشي** (ت1429م)، نجد صورة الأعداد التي استخدمها **حكماء الهند** كما يأتي: (٠ ١ ٢ ٣ ۴ ۵ ۶ ٧ ٨ ٩).

ويشرح مراتب الأعداد **بقوله**: «وأما المراتب فهي مواضع الأرقام المتوالية من اليمين إلى اليسار في الصف، وقد سموا الموضوع الأول مرتبة الآحاد، والموضوع الذي عن يساره مرتبة العشرات، فإذا عن يساره مرتبة المئات، ثم بعد ذلك سموا ثلاثة مواضع، تجيء بعد الثلاثة الأولى آحاد الألوف، وعشراتها، ومئاتها، ثم آحاد ألوف الألوف وعشرات ألوف الألوف، ومئات ألوف الألوف، وهكذا يتزايد الألوف بتزايد الأدوار، لاعني المواضع الثلاثة الآتية عقب الأخرى بالغًا ما بلغ»[1].

ولم يستخدم **الخوارزمي** الأرقام في **كتاب الجبر والمقابلة** عند حل المعادلات الجبرية، واكتفى بذكرها في الأشكال الهندسية المرسومة للتعبير عن الأطوال والمساحات، والذي نلاحظه في الجبر والمقابلة أن بعض العمليات الحسابية وثيقة الصلة بالحساب الستيني، ومما يبرهن على أن **الخوارزمي** كان على معرفة جيدة بهذا النوع من الحساب، فقد وردت أمثلة كثيرة أُورد واحدة منها في حل المعادلات « فقياس ذلك أن تجعل أحد القسمين شيئًا والآخر عشرة إلا شيئًا، فتضرب الشيء في نفسه يكون مالًا ثم في اثنين وسبعة اتساع فيكون مالين وسبعة اتساع فيكون مالًا فأرده إلى مال واحد وهو تسعة أجزاء من خمسة وعشرين جزءًا وهو خمس فأربعة أخماس الخمس...»[2].

إنّ الذي يهمنا هنا هو طريقة تعبير **الخوارزمي** عن الكسر **2 و7/ 9 أو 25/ 9** الذي يتحول في المسألة إلى رقم **9/ 25**، ويتحول إلى خمس وأربعة أخماس الخمس كما يأتي: 9/ 25= 1/ 5+4/ 5×1/ 5.

(1) يُراجع، الكاشي، مفتاح الحساب، تحقيق وشرح أحمد سعيد الدمرداش وزميله، القاهرة، ص46. (المؤلف)

(2) يُراجع، الخوارزمي، كتاب الجبر، مصدر سبق ذكره، ص35-36. (المؤلف)

واشتُهر **أبو الوفاء البوزجاني** بكتابه فيما يحتاج إليه الكتاب والعمال وغيرهم من علم الحساب، الذي تخصص في الحساب الستيني وما ينطوي عليه من مفاهيم وعمليات حسابية مختلفة، فيتناول في البداية النسبة وأنواع الكسور والضرب والقسمة، ويعرف النسبة بأنها قدر عددين، أحدهما عند الآخر، مثل ثلاثة أسباع فإنها قدر الثلاثة عند السبعة، ومثل أربعة أخماس فإنها قدر الأربعة عند الخمسة، فالتقدير الذي يقع بين عددين بإضافة أحدهما عند الآخر يسمى النسبة[1].

كما «يذكر للكسور أربعة أنواع: الرؤوس والمركب والمضاف والأصم، ويعرف الرؤوس: كل كسر يمكن أن يُلفظ به مفردًا من غير إضافتها إلى كسر آخر، مثل: النصف والخمس والعشر، والمركب هو: كل كسر مركب من الرؤوس، مثل ثلاثة أرباع، أربعة أخماس، خمسة أسباع، فالمضاف هو: كل كسر تكون حكايته من إضافة على آخر، مثل نصف سدس، ثلث سبع، والأصم هو الكسر الذي لا يمكن تحصيله بهذه الأنواع الثلاثة من الكسور، وهو مثل جزأين من أحد عشر، ومثل ثلاثة أجزاء من ثلاثة عشر، ومثل أربعة أجزاء من سبعة عشر»[2]. ولتوضيح هذه التعريفات نضرب بعض الأمثلة:

يفضل الحاسبون الرؤوس على ما سواها، مثال ذلك:

36/ 60= 3/ 5، وهذا مركب، ولكن الأفضل أن تكون النسبة 1/ 2+1/ 10

وإذا كان الكسر لا يمكن جعله رأسًا، فينبغي أن تكون نسبته بكسر مركب أو مضاف لأنه أفضل من الأصم، والكتاب وأصحاب الدواوين يستقبحون كسور الأصم جدًا، حتى أنهم إذا أرادوا أن ينسبوا شيئًا من الكسور الصم حطوها رؤوسًا أو مركبًا أو مضافًا، ونسبوها بالتقريب، وكان التقريب أحب إليهم من الصحيح وهو أصم[3]. مثال ذلك:

3/ 11=1/ 4+1/ 5×1/ 9

أو 3/ 11= 1/ 5+2/ 3×1/ 9.

---

(1) البوزجاني، ما يحتاج إليه، مصدر سبق ذكره، ص71. (المؤلف)

(2) المصدر السابق، ص72. (المؤلف)

(3) المصدر السابق، ص72. (المؤلف)

يظهر لنا بوضوح أن الرؤوس من الكسور ما كان البسط واحدًا ومقامها عدد صحيح، وأن العامل في الحساب يفضل الرؤوس، ما عدا الكسر 2/ 3، وهو من الكسور المركبة فيفضله كذلك، ومن العمليات الحسابية في هذا الباب نسبة الستين بكسورها وكسور كسورها، فإذا أردت أن تنسب عددًا من عدد فمن الضروري أن تضرب العدد المنسوب في الستين ثم تقسم ما اجتمع من الضرب على المنسوب منه، مثال ذلك: أن ننسب سبعة من خمسة عشر

7/ 15×60=420/ 15

420/ 15=28

ثم ننسب العدد 28 من الستين

28/ 60=1/ 5+1/ 6+1/ 10

وهذا معناه 7/ 5=1/ 5+1/ 6+1/ 10

وفي نسبة الأعداد الصماء يكون العمل بالتقريب، مثال ذلك: ثلاثة أجزاء من سبعة عشر جزءًا

3/ 17×60=180/ 17= 10و10/ 17

ولما كانت 10/ 17 أكثر من النصف جعلها الحاسب واحدًا، وبذلك يكون الحاصل 11.

11/ 60=1/ 6+1/ 60×1/ 10

وهذا معناه: 3/ 17=1/ 6+1/ 6×1/ 10 بالتقريب

وبناءً على ذلك يجب التمييز بين الأعداد التي هي أقل من الستين، فمنها الأعداد الصماء والأعداد المُنطقة، عامًا بأن العدد المُنطق عدد لا يكون أصمّ، أما العمليات الحسابية الأخرى، فإن الضرب تضعيف أحد العددين بقدر ما في الآخر من الآحاد، والقسمة تفريق أحد العددين بقدر ما في الآخر من الآحاد، فهي عكس الضرب، والضرب على ثلاثة أنواع بسيطة وأخرى مثلها مركبة، والنوع الأول البسيط هو ضرب عدد صحيح في عدد صحيح آخر مثل سبعة في ستة، ومثل أربعة وثلاثين في سبعة وعشرين، والنوع الثاني البسيط هو ضرب الكسور في الكسور مثل نصف وربع في خمس وسدس، والنوع الثالث البسيط هو

ضرب عدد صحيح في الكسور مثل سبعة عشر في نصف وثلث، والأنواع الثلاثة المركبة هي:

ضرب العدد الصحيح والكسور في العدد الصحيح

(14+ (10/ 3×1/ 7) ×17

ضرب العدد الصحيح والكسور في الكسور

(15+1/ 3) × (1/ 5+1/ 6)

ضرب الصحيح والكسور في الصحيح والكسور

(18+1/ 2+1/ 3) × (15+1/ 3+1/ 4)

وتنقسم القسمة إلى أربعة أنواع بسيطة يتركب عنها خمسة أنواع أخرى

قسمة الأعداد الصحيحة بعضها على بعض 17÷24

قسمة الكسور 4/ 7+ 5/ 9

قسمة العدد الصحيح على الكسور 25÷ (1/ 3+1/ 4)

قسمة الكسور على الصحاح 4/ 5÷28

والأنواع المركبة هي:

قسمة العدد الصحيح والكسور على العدد الصحيح (17+1/ 2+1/ 3) ÷16

قسمة الصحاح على الصحاح والكسور

24÷ (7+5/ 7)

قسمة الصحاح والكسور على الكسور

(13+1/ 4×1/ 6) ÷ (1/ 5+1/ 6)

قسمة الكسور على الصحاح والكسور

(1/ 2+1/ 3) ÷ (6+3/ 7)

قسمة الصحاح والكسور على الصحاح والكسور

(7 /4+2) ÷ (4 /3+17)

ويرى **البوزجاني** أن النوع الأول في الضرب والنوع الأول في القسمة يعتمد عليه في سائر أنواع الضرب والقسمة، **فيقول** في النوع الأول من الضرب: «وعلى هذا النوع نعتمد في سائر أنواع الضرب والقسمة، ومن كان دربًا فيه مرتاضًا في استعماله سهل عليه الباقي، لأن كلها إليه يرجع وعنه يتركب وعليه المعول كما سنبين في مواضعه إن شاء الله»[1].

وتجمع الكسور وتطرح بعمليات حسابية، «فإذا أردنا أن نجمع كسورًا أخذنا بقسطها من العدد الذي يجمعها، وزدنا بعضها على بعض، ونسبناه من ذلك العدد، فما حصل من القسمة فهو الذي يكون من جمع تلك الكسور»[2]. مثال ذلك: 2/ 5+3/ 7، نأخذ خمسين الخمسة والثلاثين، وهو العدد الذي له خمس وسبع فكان أربعة عشر، وزدنا على ثلاثة أسباعها وهو خمسة عشر فكان تسعة وعشرين، نسبناها من خمسة وثلاثين فكان نصفًا وخمسًا وعشرًا وخمس وسبع.

7 /1×5 /1+10 /1+5 /1+2 /1 =35 /29

وفي عملية طرح الكسور: «أخذنا بقسط كل واحد من المنقوص منه من العدد الذي تخرج منه تلك الكسور، فما كان أنقصنا ما أصاب المنقوص من الأجزاء ما أصاب المنقوص منه، فما بقي نسبناه من ذلك العدد، فما حصل فهو الذي يبقى من الكسور، مثال ذلك: أنا أردنا أن نضع ثلثًا وربعًا من نصف وسبع: أخذنا عددًا تخرج منه هذه الكسور، فكان أربعة وثمانين، ثم أسقطنا ثلثه وربعه، وهو تسعة وأربعون من نصفه وسبعه، وهو أربعة وخمسون، فبقي خمسة، نسبناها من أربعة وثمانين، وكان ربع سبع، وسدس سبع، وهو الباقي من النصف والسبع إذا أسقطنا منه ثلاثًا وربعًا»[3].

(1) المصدر السابق، ص128. (المؤلف)

(2) المصدر السابق، ص169. (المؤلف)

(3) المصدر السابق، ص171-172. (المؤلف)

(4 /1+3 /1) ـ (7 /1+2 /1)

(84×4 /1÷84×3 /1) ـ (84×7 /1÷84×2 /1)

5=49 54−= (21+28) − (12+42) =

(7 /1×6 /1) ÷ (7 /1×4 /1) =84 /5

وتُضرب الكسور بعضها ببعض: البسط في البسط والمقام في المقام مثال ذلك: 35 /12=7 /3×5 /4

ثم يحول الكسر المركب إلى رؤوس:

7 /1+5 /1=35 /12

وتقسم الكسور بعضها على بعض، فإذا أردنا أن نقسم خمسة أسباع على ثلاثة أسباع نقسم الخمسة على ثلاثة فيخرج من القسمة واحد وثلثان: 5/ 7÷3/ 7=1+2/ 3

وتطبق هذه القاعدة على الكسور المتجانسة، بينما يتطلب الأمر بالنسبة للكسور المختلفة أن تتحول إلى كسور متجانسة وتجري عليها العملية الحسابية السابقة، مثال ذلك: 3/ 4÷3/ 7

الطريقة: أن نأخذ عددًا له ربع وسبع، فيكون ثمانية وعشرين

3/ 7×28÷3/ 7×28= 21÷12=1+1/ 2+1/ 4

وإذا كانت القسمة لعدد صحيح على كسر، فإن علينا أن نضرب العدد الصحيح في مخرج الكسور، فما اجتمع قسمناه على عدد أجزاء الكسور، مثال ذلك:

77=7×11=7 /5÷11

5 /2+15=5÷77

وقد وردت في **كتاب الجبر والمقابلة للخوارزمي** عمليات حسابية كثيرة ذات أهمية في الضرب والقسمة والجمع والنقصان في معرض تحليله لهذه العمليات في الجبر، وبدأ أول الأمر بالأعداد الصحيحة، «ووجدت جميع ما يلفظ به من الأعداد ما جاوز الواحد إلى العشرة يخرج مخرج الواحد، ثم تثنى العشرة وتثلث كما فعل بالواحد فتكون منها العشرون والثلاثون إلى تمام المائة، ثم تثنى المائة وتثلث كما فعل بالواحد وبالعشرة إلى الألف ثم

كذلك تردد الألف عند كل عقد إلى غاية المدرك من العدد»[1]. وهكذا حُددت مراتب الأعداد الصحيحة من الآحاد والعشرات والمئات والألوف. واستخدم **الخوارزمي** القانون التوزيعي في ضرب الأعداد ببعضها مثال ذلك:

أن نضرب 13×14 فتكون (10+3) (10+4)

ويتم الضرب 10×10=100

10×4=40

ثم 10×3=30

ثم 3×4=12

وتجمع نتائج الضرب: 182

وقد توسع **البوزجاني في** الضرب[2]، باستخدام الطريقة نفسها في ضرب أعداد ذوات مراتب كثيرة مثال ذلك: **324×95**

تتوزع بالطريقة الآتية: (300+20+4) (90+5)

ويُضرب 300×90=27000

ثم 300×5=1500

ثم 20×90=1800

ثم 20×5=100 ثم 4×90=360

ثم4×5=20

وتجمع نتائج الضرب 30780

واختلفت طريقة **جمشيد غياث الدين الكاشي** في الضرب عن الطريقة السابقة، وحسبنا

(1) يُراجع، الخوارزمي، كتاب الجبر والمقابلة، مصدر سبق ذكره، ص16. (المؤلف)

(2) يُراجع، البوزجاني، مصدر سبق ذكره، ص142-143. (المؤلف)

أن نشير أولًا إلى بعض العمليات الحسابية التي استخدمها في كتابه مفتاح الحساب، فيشرح أولًا مراتب الأعداد **بقوله**: «وأما المراتب فهي مواضع الأرقام المتوالية من اليمين إلى اليسار في الصف، وقد سموا الموضع الأول مرتبة الآحاد، والموضع الذي عن يساره مرتبة العشرات، فالذي عن يساره مرتبة المئات، ثم بعد ذلك سموا ثلاثة مواضع تجيء بعد الثلاثة الأولى آحاد الألوف وعشراتها ومئاتها ثم آحاد ألوف الألوف، وعشرات ألوف الألوف، وهكذا بتزايد لفظ الألوف يزايد الأدوار، أعني المواضع الثلاثة الآتية عقب الأخرى بالغًا ما بلغ»[1].

والعمليات الحسابية التي يوليها الكاشي اهتمامه هي التضعيف والتصنيف والجمع والتفريق ثم الضرب والقسمة، ويعرف التضعيف بأنه زيادة عدد على عدد يساويه، مثال ذلك أن نضعّف العدد 652078، تجري العملية من اليمين بمضاعفة العدد ثمانية، فصارت ستة عشر، وضعنا الستة عشر تحت الثمانية، وحفظنا للعشرة واحدًا في الذهن للرفع، ثم ضعّفنا السبعة فصارت أربعة عشر، زدنا عليها الواحد المحفوظ في الذهن فصارت خمسة عشر، وضعنا الخمسة تحت السبعة، ووضعنا للعشرة واحدًا تحت الصفر الموضوع في يسارها ثم ضعفنا الاثنين فصار أربعة، وضعناها تحت الاثنين ثم ضعفنا الخمسة فصارت عشرة، وضعنا صفرًا تحت الخمسة، وحفظنا للعشرة واحدًا في الذهن للرفع، ثم ضعّفنا الستة فصارت اثني عشر، زدنا عليها الواحد المحفوظ فصارت ثلاثة عشر، وضعنا الثلاثة تحت الستة، وواحدًا على يساره للعشرة، فما حصل تحت صفر العدد فهو المطلوب[2].
فمضاعف العدد 652078 هو 1304156.

أما التنصيف فإن العمل يبدأ به من الجانب الأيسر، وننصّف ما في كل مرتبة بصورته، فإن كان زوجًا فنضع نصفه تحته، وإن كان فردًا فنضع الصحيح من نصفه تحته، ونحفظ لكسر النصف الذي مع الصحيح خمسة في الذهن حتى إذا نصّفنا ما في المرتبة التي تتقدمه من جانب اليمين نزيد على نصفه الخمسة المحفوظة للنصف إن كان هناك عدد، وإن كان هناك صفر فنضع الخمسة المحفوظة للنصف تحته، وإن لم يتقدمه شيء، فنضع النصف

(1) يُراجع، الكاشي، مفتاح الحساب، مصدر سبق ذكره، ص46. (المؤلف)
(2) المصدر السابق، ص46. (المؤلف)

تحت هذا الصحيح على هذه الصورة، مثاله[1] 4090527 نصفها 2045263.

وأما الجمع فهو زيادة عدد على عدد آخر، والتفريق نقصان عدد عن عدد ليس أقل منه، والعمل فيهما أن نضع الآحاد والعشرات حذاء الآحاد والعشرات حذاء العشرات وهكذا في سائر المراتب، ونبدأ من الجانب الأيمن.

مثال ذلك على الجمع:

67024

529485

5361877 حاصل الجمع

مثال على التفريق ما يأتي:

المنقوص 7036

المنقوص منه 985792

الباقي 978756

أما الضرب فهو تحصيل عدد تكون نسبته إلى أحد المضروبين كنسبة المضروب الآخر إلى الواحد، ويورد **الكاشي جدولًا** للضرب بالنسبة للأعداد ما دون العشرة، ويطلب من المحاسب أن يحفظه في الذهن، والضرب ما فوق العشرة يجري بالطريقة التي نستعملها اليوم، ولا سيما إذا كان أحد المضروبين مفردًا، مثال ذلك: 4× 547800/ 1632

حاصل الضرب 2028/ 2191200

وتُرسم شبكة عند ضرب الأعداد غير المفردة وهي شبكة المورية، يوضع أحد المضروبين فوق الشكل ويساره، وقد قسمت إلى مربعات، وكل مربع فيه مثلثان فوقاني وتحتاني ويجري الضرب بالطريقة الآتية.

مثال: 7876×175، كما في المخطط الآتي

(1) المصدر السابق، ص47. (المؤلف)

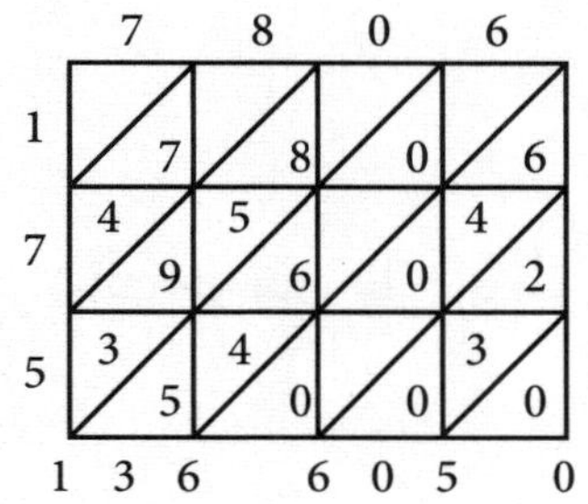

العمل: نضرب السبعة في الواحد، فالحاصل سبعة، نضعها في المثلث التحتاني من المربع الواقع في ملتقاهما، ثم نضرب السبعة في السبعة فيحصل تسعة وأربعون، وضعناهما في ملتقاها: الآحاد في المثلث التحتاني والعشرات في الفوقاني، ثم نضرب السبعة في الخمسة فيحصل خمسة وثلاثون وهكذا تستمر العملية بالنسبة للثمانية والستة وتركنا السطر المحاذي للصفر خاليًا، نجمع ما في كل سطر من السطور المورية إلى أن نحصل على النتيجة.

نبدأ من اليمين حيث نحصل على صفر، ثم نجمع 2+3=5، ثم نجمع 6+4=10، فنضع صفرًا ونحفظ الواحد الذي نضيفه على العدد الذي يليه، 1+6+4+5=16، فنضع ستة ونحفظ الواحد، ثم نجمع 1+8+5+9+3=26، فنحفظ ستة ونحفظ الاثنين، ثم نجمع 2+7+4=13، فتكون النتيجة 01366050

والشبكة الأخرى التي يستنبطها الكاشي من الشبكة الأولى تبدو أكثر وضوحًا، وتتم فيها عملية الضرب بالطريقة السابقة كذلك.

مثاله: أن نضرب 358×624:

32=4×8

16=2×8

48=6×8

20=4×5

10=2×5

30=6×5

12=4×3

6=2×3

18=6×3

ثم نجمع الأرقام بين المتوازيات فنحصل على حاصل الجمع.

كما في المخطط الآتي:

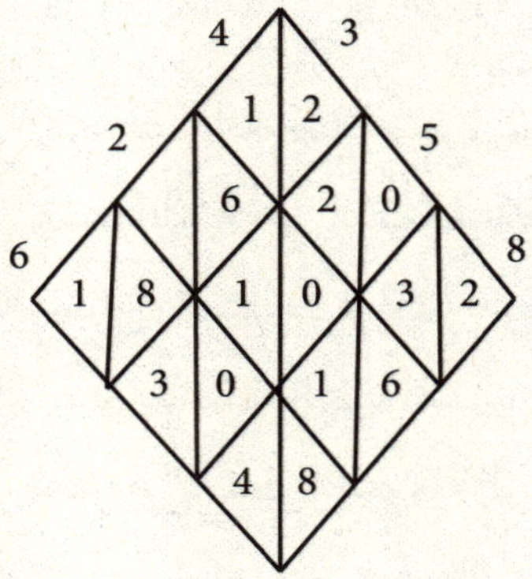

2233920

ويتناول **الكاشي** الطرق الحسابية الأخرى مثل: القسمة واستخراج الجذور وغيرها، ويوضح الأساليب الصحيحة التي يجب إتباعها من أجل الوصول إلى الحلول الصحيحة، كما يتناول في كتابه موضوعات جبرية وهندسية وقواعد حسابية وجبرية مهمة، وفيما يلي بعض القواعد التي تخص علم الحساب.

قاعدة: «إذا أردنا أن نجمع الأعداد المتوالية منم الواحد إلى أي عدد شئنا بالنظم الطبيعي، نزيد الواحد على العدد الأخير، ونضرب المجموع في نصف العدد الأخير، أو نضرب العدد الأخير في نصف ذلك المجموع»[1]. وفي سبيل عرض القاعدة بأسلوب التدوين الرياضي نلجأ إلى الطريقة الآتية في التحليل.

1. نعبر عن **قوله**: «أن نجمع الأعداد المتوالية إلى أي عدد شئنا بالنظم الطبيعي» بالأسلوب الآتي:

1+2+3+4+0000+ ن (نقصد بالحرف ن أي عدد بالنظم الطبيعي)

---

(1) المصدر السابق، ص206. (المؤلف)

2. ولأجل معرفة الحل الصحيح يذكر **الكاشي ذلك بقوله**: «نزيد الواحد على العدد الأخير ونضرب المجموع في نصف العدد الأخير» فالعدد الأخير هو ن، وإضافة واحد إليه معناه ن+1، ثم نضرب المجموع وهو ن+1 في 1/ 2ن، فيكون:

(ن+1) × 1/ 2ن أو ن(ن+1) / 2

3. وعند وضع الفرض مع النتيجة تكون القاعدة بالصيغة الآتية:

1+2+3+4+0000+ن= ن(ن+1) / 2

مثال ذلك: مجموع الأعداد بالنظم الطبيعي من العدد واحد إلى العدد عشرة

1+2+3+4+0000+10= 10(10+1) / 2=55

وإذا جمعنا الأعداد بالطريقة الاعتيادية من الواحد إلى العدد عشرة نحصل كذلك على العدد 55، الذي يمثل مجموع هذه الأعداد بالنظم الطبيعي.

قاعدة: «إذا أردنا جمع الأفراد المتوالية دون الأزواج، نزيد على الفرد الأخير واحدًا ونضرب نصف المجموع وهو عدد تلك الأفراد في نفسه يحصل المطلوب، أقول بوجه آخر: نضرب نصف عدد الأفراد في مجموع المفرد الأخير مع واحد يحصل المطلوب»[1].

وبطريقة التحليل والتدوين الرياضي السابقة نسوق الخطوات الآتية:

1. نعبر عن جميع الأفراد المتوالية دون الأزواج بالشكل الآتي:

1+3+5+7+0000+(2ن ـ1)

وذلك على أساس أن الحد الأخير (2ن ـ1)

2. والحل الصحيح للفرض المذكور هو: نزيد على الفرد الأخير واحدًا بمعنى: (2ن ـ1) +1، ونضرب نصف المجموع وهو عدد تلك الأفراد في نفسه يحصل المطلوب،

بمعنى: ^{2}(2ن ـ 1) +1/ 2)

3. وعند وضع الفرض مع النتيجة تكون القاعدة بالصيغة الآتية:

1+3+5+0000+(2ن ـ1) = (2ن ـ1+1/ 2)^2

---

(1) المصدر السابق، ص207. (المؤلف)

مثاله: أن نجمع أفراد المتوالية من الواحد إلى التسعة

$1+3+5+7+9= (9+1/2)^2=25$

قاعدة: «إذا أردنا جمع الأزواج المتوالية دون الأفراد نضرب نصف الزوج الأخير وهو عدد تلك الأزواج فيما يليه أي يزيد عليه بواحد يحصل المطلوب»[1].

وبالطريقة آنفة الذكر نتتبع الخطوات الآتية:

1. نعبر عن الأعداد الزوجية المتوالية بالأسلوب الآتي:

2+4+6+0000 2ن

وذلك على أساس أن 2ن هو العدد الزوجي الأخير أو بالتعبير الدقيق هو الحد الأخير في متوالية الأعداد الزوجية المطلوبة.

2. والحل الصحيح للفرض المذكور يبدأ بقوله: «نضرب نصف الزوج الأخير وهو عدد تلك الأزواج فيما يليه»، بمعنى 2ن/ 2× ن+1

3. وعند وضع الفرض مع النتيجة نحصل على القاعدة بالصيغة الآتية:

2+4+6+0000 2ن= 2ن(ن+1) / 2

مثاله: أن نجمع الأزواج المتوالية من الاثنين إلى العشرة، ضربنا الخمسة في ستة حصل ثلاثون وهو المراد. $2+4+6+8+10= 10(5+1) / 2= 5\times6=30$

قاعدة: «إذا أردنا جمع الأعداد المتزايدة من الواحد وغيرها بتفاضلات متساويات وهذه القاعدة مما استنبطناه: ننقص من عددها واحدًا أبدًا، فما بقي نضربه في مقدار ما يتزايد به، ونزيد على الحاصل العدد الأقل من تلك الأعداد، سواء كان واحدًا أو أكثر، فما بلغ فهو العدد الأكثر، نزيد عليه العدد الأقل ثانيًا، ونضرب ما بلغ من نصف عدد تلك الأعداد فما حصل فهو المطلوب»[2]

وبطريقة التحليل والتدوين السابقة نتابع الخطوات الآتية:

1. نعبر عن الحدّ الأول في هذه القاعدة بالحرف (أ)، كما نعبر عن التفاصيل

---

(1) المصدر السابق، ص207. (المؤلف)

(2) المصدر السابق، ص208. (المؤلف)

المتساوية بالحرف (د)، أما الحدّ الأخير وهو العدد الأكثر فنعبّر عنه بالصيغة أ+(ن ـ1)، وبذلك تكون المقدمة بالشكل الآتي:

أ+(أ+ د) +(أ+2د) +000 +أ+(ن –1) د

2. أما الحل الصحيح فهو أن نزيد على العدد الأكثر العدد الأقل ثانيًا، بمعنى:

أ+ أ+(ن –1) د= 2أ+(ن –1) د

ونضرب ما بلغ من نصف عدد تلك الأعداد فما حصل فهو المطلوب بمعنى:

ن/ 2[2أ+(ن –1) د]

3. وبربط الفرض والحل نحصل على القاعدة بصيغة التدوين الرياضي بالشكل الآتي:

أ+(أ+ د) +(أ+2د) +0000 + [أ+(ن –1) د]

ن/ 2[2أ+(ن –1) د]

مثاله: أن نجمع ستة أعداد متزايدة بثلاثة ثلاثة، وهي الواحد، أربعة، سبعة، عشرة، ثلاثة عشر، ستة عشر.

$1+4+7+10+13+16= 6/2\ [2+(6-1)\times 3] = 3\ [2+15] =51$

قاعدة: «إذا أردنا جمع حواصل ضرب كل عدد من الأعداد المتوالية من الواحد فيما يليه، أعني أن نضرب الواحد في الاثنين، والاثنين في الثلاثة والثلاثة في الأربعة، وهكذا إلى ما أردنا: وطريقة أن ننقص من العدد الأخير واحدًا، ونأخذ ثلثي الباقي ونضربه في مجموع تلك الأعداد بالنظام الطبيعي»[1].

وبطريقة التحليل والتدوين السابقة نحصل على النتائج الآتية:

1. نعبر عن الفرض في القاعدة بالأسلوب الآتي:

$1\times 2+2\times 3+3\times 4+0000+$ ن(ن+1).

على أساس أن الحد الأخير في الفرض المذكور هو ن(ن+1)

(1) المصدر السابق، ص212. (المؤلف)

2. أما الحل الصحيح كما ورد في القاعدة فإنه يبدأ من قوله: أن ننقص من العدد الأخير واحدًا، بمعنى (ن+1) =1

نأخذ ثلثي الباقي 2/ 3(ن+1ـ1) ونضربه في مجموع تلك الأعداد (نستخدم قاعدة جمع الأعداد)، فنحصل على: 2/ 3(ن+1−1) (ن+1+1/ 2) (ن+1) =2/ 3ن (ن+1) (ن+2/ 2)

مثاله: أن نجمع حواصل ضرب كل واحد من الأعداد المتوالية من الواحد إلى الستة.

نقصنا من الستة واحدًا 6ـ1=5، وأخذنا ثلثي الباقي 2/ 3×5=3 و1/ 3

ضربناه في مجموع تلك الأعداد وهو واحد وعشرون حصل سبعون

3 و1/ 3 ×21=70

الفصل الثالث

علم الجبر

نشأ علم الجبر في اعتقادي من ضرورات دينية وحضارية، وأن **العرب** بوحي من **العقيدة الإسلامية** وما تقتضيه من شروط في الإرث والمعاملات، قد طوروا أساليب حسابية قبل اتصالهم **بالتراث الأجنبي**، ولا بد أن نفترض أن هذا العلم قد مر بمراحل تطورية قبل أن يصل إلى ما وصل إليه عند **الخوارزمي**، وأن الحَسابين في المواريث والوصايا وغيرهم قد توصلوا إلى أساليب لمعالجة القضايا المعقدة في الإرث والمعاملات، وأن المجهولات في مثل هذه المسائل تستدعي من دون شك إلى الاستعانة بأساليب جبرية وابتكار أخرى للتوصل إلى الحلول الصحيحة، ويدل استخدام الألفاظ مثل (المال ويعدل) إلى صلتها بالمواريث والمعاملات، ولا بد أن تكون مثل هذه المفاهيم قد استخدمت بالفعل من قبل الحَسابين كما يشير كتاب **الخوارزمي** في الوصايا[1]، وباب المعاملات[2]، إلى علاقة الجبر بالحياة اليومية، إذ وردت أمثلة عديدة ومتفاوتة في المواريث والوصايا، وهي مسائل شغلت أذهان الناس منذ بداية **الدعوة الإسلامية**، وهذا يدل على أن المشتغلين بهذه الأمور كانت لديهم أسباب معينة، وأنهم اهتدوا إلى حلول لهذه المسائل. ولكن الأهمية التي اكتسبها كتاب **الخوارزمي** في الجبر والمقابلة هو أنه أول محاولة منظمة لصياغة ما تطور إليه علم الجبر وأساليب الحل بصورة علمية ومنطقية.

من الخطأ الاعتقاد أن جبر **الخوارزمي** متأثر بالجبر الذي وضعه **ديوفنطس** وذلك لعدم

---

(1) يُراجع، الخوارزمي، كتاب الجبر، مصدر سبق ذكره، ص58. (المؤلف)

(2) المصدر السابق، ص53. (المؤلف)

وجود الدليل، إذ لم يذكر **الخوارزمي في** كتابه اسم **ديوفنطس**، وكان من عادة **العلماء العرب** في هذه المدة أن يذكروا بأمانة ما أخذوا من **العلوم الأجنبية** مع ذكر فضل العلماء الآخرين عليهم، كما أن المقارنة البسيطة بين أسلوب أو طريقة **الخوارزمي** مع طريقة **ديوفنطس** تبين بوضوح البعد الشاسع بينهما، فضلًا عما تقدم فإن كتاب **ديوفنطس** في صناعة الجبر لم يكن مترجمًا إلى **العربية** في أيام **الخوارزمي**، وأن أول ترجمة له قد تمت على يد **قسطا بن لوقا** المتوفى سنة (912م)، وهذه سنة تشير إلى طول المدة الفاصلة بين وفاة **الخوارزمي** ووفاة **قسطا بن لوقا**.

ولكننا في الوقت عينه لا ننكر تأثير جبر **ديوفنطس** على علماء الجبر الآخرين أمثال **الكرجي والخيام** في حين أن الطريقة التي وضع **الخوارزمي** أصولها بقيت مستمرة في مؤلفات العرب الجبرية، واستمر العمل بالقواعد الجبرية بالشكل الذي طرحه **الخوارزمي** مع بعض الإضافات نتيجة لمعالجتهم معادلات من الدرجة الثالثة والرابعة.

تتجلى غايتنا الآن في عرض النظرية الجبرية بالطريقة التي ظهرت في كتاب الجبر والمقابلة مع الإضافات الجبرية المهمة التي ساهم بها **علماء الجبر العرب**، وباستخدام طريقة التدوين الرمزي في الجبر الحديث، ونبدأ بالمفاهيم أو الحدود التي تؤلف الحساب الجبري:

أولًا: **مفاهيم أو حدود حسابية**: يذكر **الخوارزمي وعلماء الجبر العرب** الأعداد الطبيعية ابتداءً من الواحد وما فوقه، والكسور البسيطة والمركبة في المعادلات وفي كل ذلك تظهر الأعداد الموجبة، والكسور الموجبة كما تظهر الأعداد السالبة والكسور السالبة في المعادلات وأثناء الحل.

ثانيًا: **مفاهيم وحدود أخرى**: وإلى جانب الأعداد يذكر **علماء الجبر** مفاهيم أو حدود أخرى في المسائل والمعادلات هي (المال والجذر أو الشيء) بالنسبة للمعادلات من الدرجة الثانية، و(الكعب ومال المال) بالنسبة للمعادلات من الدرجة الثالثة والرابعة، وبالتعبير الرمزي ندون هذه الحدود كما يأتي: **(س) للجذر، (س^{2}) للمال، (س^{3}) للكعب، و(س^{4}) لمال المال.**

ثالثًا: **حدود أخرى**: وتظهر في المعادلات حدود أخرى، فالكلمة **(تعدل)** في المعادلة أموال تعدل جذورًا تشير إلى المساواة بين طرفي المعادلة، ويشير الحرف (و)

في المعادلة أموال وجذور تعدل عددًا، إلى الإضافة، كما نجد تعابير أخرى مثل زدت عليه لتشير إلى الإضافة والجمع كذلك، وتستعمل لفظة ينقص للدلالة على النقصان أو الطرح، كما تستعمل ألفاظ أخرى للدلائل على الضرب والقسمة.

أما المعادلات والأشكال الستة الرئيسية، فإن الخوارزمي قد توصل إلى صياغتها بدقة وهي بتعبيره وبالتعبير الجبري الحديث كما يأتي:

أموال تعدل جذورًا[1] أ س^2 = ب س

أموال تعدل عددًا[2] أ س^2 = ج

جذور تعدل عددًا[3] ب س= ج

أموال وجذور تعدل عددًا[4] أ س^2+ ب س=ج

أموال وعدد تعدل جذورًا[5] أ س^2+ ج= ب س

جذور وعدد تعدل أموالًا[6] ب س+ ج= أ س2

وقد ساق **الخوارزمي** عدة أمثلة على الأشكال الستة، وبيَّن طريقة حل هذه الأصناف من المعادلات، ولكننا نؤجل بيان ذلك بعد أن نعيد القواعد أو القوانين الجبرية التي يتم الحل والتحويلات الجبرية المختلفة في ضوئها، وهي على التوالي كما يأتي:

إذا اتخذنا من الحروف س، ص، ع، م، رموزًا تشير إلى مقادير جبرية أو حسابية، فإن تفكير **الخوارزمي** المنطقي يفترض القانون التبديلي.

للجمع: س+ ص= ص+ س

---

(1) المصدر السابق، ص17. (المؤلف)

(2) المصدر السابق، ص18. (المؤلف)

(3) المصدر السابق، ص18. (المؤلف)

(4) المصدر السابق، ص18. (المؤلف)

(5) المصدر السابق، ص20. (المؤلف)

(6) المصدر السابق، ص21. (المؤلف)

ومن خلال العمليات الجبرية لحل المعادلات يبرز القانون الجبري في الضرب:

س× س= س^2

ويتوسع **الكرجي** في الضرب بقوله «الأشياء في الأشياء فإنها أموال، والأشياء في الأموال كعاب، والأموال في الأموال أموال الأموال»[1].

وبالتعبير الرمزي: س× س = س^2

س× س^2= س^3

س^2× س^2 = س^4

وهذا معناه أننا عند الضرب نجمع الأسس: س^{أ} × س^{ب} = س$^{أ+ب}$

ويلخص **الخوارزمي** في باب الضرب مجموعة من العمليات **بقوله**: «وأنا مُخبرك كيف تضرب الأشياء وهي الجذور بعضها في بعض إذا كانت منفردة أو كان معها عدد، أو كان مستثنى منها عدد، أو كانت مستثناة من عدد، وكيف تجمع بعضها إلى بعض، وكيف تنقص بعضها من بعض»[2].

ينطوي هذا القول على أبرز العمليات الجبرية التي سنأتي على تثبيتها، والتي يذكرها **الخوارزمي** بتركيب منطقي منظم:

قاعدة ضرب الأعداد: «لا بد لكل عدد يضرب في عدد من أن يضاعف أحد العددين بقدر ما في الآخر من الآحاد»[3]، مثال ذلك أن نضرب العدد 3 في العدد 4 لنحصل على العدد 12.

قاعدة التوزيع في الضرب: «إذا كانت عقود ومعها آحاد أو مستثنى منها آحاد، فلا بد من ضربها أربع مرات، العقود في العقود، والعقود في الآحاد، والآحاد في العقود، والآحاد في الآحاد»[4].

---

(1) يُراجع، علم الحساب العربي، مصدر سبق ذكره، ص370. (المؤلف)

(2) يُراجع، الخوارزمي، كتاب الجبر والمقابلة، ص27. (المؤلف)

(3) المصدر السابق، ص27. (المؤلف)

(4) المصدر السابق، ص27. (المؤلف)

مثال ذلك:

132=2+20+10+100= (1+10) (2+10)

72=2-20-10-100= (1-10) (2-10)

108=2-20+10-100= (1-10) (2+10)

يظهر من عملية الضرب أن للعلامات أهمية كبيرة وتتحدد بالقاعدة الآتية:

قاعدة ضرب العلامات: «إذا كانت الآحاد التي مع العقود زائدة جميعًا فالضرب الرابع زائد، وإذا كانت ناقصة جميعًا فالضرب الرابع زائد أيضًا، وإذا كان أحدهما زائدًا والآخر ناقصًا فالضرب الرابع ناقص»[1].

والقاعدة العامة كما ينص عليها الكرجي هي «أن يكون الزائد في الزائد زائدًا، والناقص في الناقص زائدًا، وضرب الناقص في الزائد ناقصًا»[2].

مثال ذلك في الجبر:

(10+س) (10+س) =100+10س+10س+س^2

(10-س) (10-س) =100-10س-10س+س^2

(10+س) (10-س) =100-10س+10س+س^2

وهكذا يمكن القول إن القاعدة التوزيعية في تفكير **الخوارزمي** تفترض قانونًا توزيعيًا **(Distributive Law)** للحساب والجبر، ومن خلال الأمثلة التي يسوقها لحل المعادلات، وفي ضوء ما تقدم نستطيع القول إن منطق **الخوارزمي** يفترض الصورة الآتية للقوانين التوزيعية.

س (ص+ ع) = س ص+ س ع

مثال ذلك:

س (10+5 س) = 10س+5س^2

---

(1) المصدر السابق، ص27. (المؤلف)

(2) يُراجع، علم الحساب العربي، ص371. (المؤلف)

س (ص ـ ع) = س ص ـ س ع

مثال ذلك:

س(10–1/ 2س) = 10س – 1/ 2س^2

(س+ ص) (ع+ م) = س ع+ س م+ ص ع+ ص م

مثال ذلك:

(10+س) (100+2س) =1000+20س+100س+2س^2

(س – ص) (ع – م) = س ع – س م – ص ع+ ص م

مثال ذلك:

(10– س) (1/ 2– 5 س) = 5–50س –1/ 2 س+5س^2

(س+ ص) (ع – م) = س م+ ص ع – ص م

مثال ذلك:

(10+1/ 2 س) (1/ 2 – 5 س) = 5– 50 س+ 1/ 4 س – 2و 1/ 2س^2

ويستخدم **الخوارزمي** بديهيات الضرب والقسمة والجمع والطرح في حل المعادلات، حيث تظهر في العمليات بشكل جبري، فبديهية الضرب التي تنص، إذا ما ضرب طرف المعادلة بمقدار واحد فإن النتائج تكون متساوية، تظهر في العمليات الجبرية بالشكل الآتي:

إذا افترضنا س= ص، فإن م س = م ص

مثال ذلك:

1/ 2 س^2 =8

2× 1/ 2س^2= 2×8

س^2= 16

كما يستخدم بديهية القسمة التي تنص جبريًا: إذا ما قسم طرفا المعادلة على مقدار واحد، فإن النتائج تكون متساوية.

إذا افترضنا س= ص، فإن س/ م = ص/ م

مثال ذلك:

4س^2= 16

4س^2/ 4= 16/ 4

س^2 =4

قاعدة الجبر والمقابلة: ومن الواضح أن الخوارزمي قد استخدم لفظتي الجبر والمقابلة كعمليتين جبريتين، فتعتمد عملية الجبر عندما يكون في المعادلة استثناء أو نقصان على بديهية الإضافة، بينما تعتمد المقابلة على بديهية الطرح.

س= ص – ع

س+ ع= ص

مثال ذلك:

3 س^2 =100– 2 س^2

3س^2+2س^2=100

وقد تمت هذه العملية بطرح 4س^2 من الطرفين.

قاعدة ضرب الجذور: ومن القواعد التي يستخدمها الخوارزمي ويذكرها الكرجي صراحةً، قاعدة ضرب الجذور التي تنص: «ضربت أحد العددين في الآخر وأخذت جذر المبلغ، فإن قيل اضرب جذر كذا في كذا ربعت المقدار الثاني ثم ضربت ما ارتفع منه في الأول، وأخذت جذر المبلغ»[1].

مثال ذلك:

لتعني $\sqrt{9} \times \sqrt{4} = \sqrt{9 \times 4} = \sqrt{36} = 6$

(1) المصدر السابق، ص372. (المؤلف)

والقاعدة العامة هي:

$$\sqrt{\text{س}} \times \sqrt{\text{ص}} = \sqrt{\text{س} \times \text{ص}}$$

ثم

$$\sqrt{5} \times 3 = \sqrt{5 \times 9} = \sqrt{45}$$

قاعدة القسمة: مارس الخوارزمي هذه القاعدة في الجبر والمقابلة، وصاغها الكرجي بدقة إذ تنص على: «أن قسمة الأشياء تخرج آحادًا، وقسمة الأموال على الأشياء تخرج أشياء، وعلى الأموال تخرج عددًا، والكعوب على الأشياء تكون أموالًا، وعلى الأموال تكون أشياء، وعلى الكعوب تكون عددًا»[1].

س/ س=1

1س / 5س=2

س^2/ س = س

س^2/ س^2=1

6س^2/ 2س^2=3

س^3/ س= س^2

س^3/ س^2= س

س^3/ س^3=1

4س^3/ 2س^3=2

والقاعدة الجبرية في القسمة هي: س^{أ}+ س^{ب} = س$^{\text{أ - ب}}$

على فرض أن (أ) أكبر من (ب).

قاعدة ضرب المقادير المفردة: وتنص هذه القاعدة على ما يأتي: «العدد في الأشياء فإنه أشياء، والعدد في أي شيء ضربته يكون المبلغ من جنس المضروب فيه»[2].

---

(1) المصدر السابق، ص373. (المؤلف)

(2) المصدر السابق، ص370. (المؤلف)

مثال ذلك:

$5 \times$ س $=5$س

$6 \times$ س$^2 = 6$س^2

$9 \times$ س$^3 = 9$س^3

والقاعدة العامة هي: أ× س^{ن} = أ س^{ن}

قاعدة قسمة الجذور: يستخدم الخوارزمي هذه القاعدة بقوله: «إن أردت أن تقسم جذر تسعة على جذر أربعة فإنك تقسم تسعة على أربعة فيكون اثنين وربعًا، فجذرها هو ما يصيب الواحد وهو واحد ونصف...»[1]. ويصوغ الكرجي القاعدة العامة بقوله: «اقسم جذر كذا على جذر كذا، قسمت أحد العددين على الآخر وأخذت جذره»[2].

$$\frac{\sqrt{12}}{\sqrt{4}} = \sqrt{\frac{9}{4}} = \sqrt{2\frac{1}{4}} = 1\frac{1}{2}$$

والقاعدة الجبرية هي:

$$\frac{\sqrt{\text{س}}}{\sqrt{\text{ص}}} = \sqrt{\frac{\text{س}}{\text{ص}}}$$

قاعدة الجمع والنقصان (التفريق): «إذا أردت أن تجمع مقدارًا إلى مقدار ضممت كل جنس إلى جنسه، فإن لم يكن أحدهما من جنس الآخر تركتهما منفردين وجمعت بينهما بواو العطف»[3].

مثال ذلك:

8 س^2+ 5 س+ 3 س^2+5+ 2س+4

(1) يُراجع، الخوارزمي، كتاب الجبر، مصدر سبق ذكره، ص31-32. (المؤلف)

(2) يُراجع، علم الحساب العربي، ص373. (المؤلف)

(3) المصدر السابق، ص373. (المؤلف)

(8 س^2+ 3س^2) + (5 س + 3 س) + (4+5)

11س^2 +7س +9

«إذا أردت أن تلقي مقدارًا من مقدار: ألقيت كل جنس من جنسه فإن لم تجد في أعظم المقدارين من جنس الأصغر شيئًا استثنيته منه، فإن كان في القليل استثناء جبرته وزدت مثله على المقدار الأعظم، ثم ألقيت القليل من الكثير بعد الجبر والزيادة»[1].

مثال ذلك:

(5 س^2+15) - (3س^2+10)

5س^2+15- 3س^2-10

5س^2- 3س^2+15- 10

2س^2+5

إنّ الأشكال الرئيسية للمعادلات ومجموع القواعد الحسابية والجبرية في الضرب والقسمة والجمع والنقصان تمدنا بأساس ثابت لحل المسائل الجبرية المختلفة، والوصول بعد ذلك إلى صياغة دساتير الحل بطريقة جبرية.

إنّ الذي نرمي إليه الآن هو تقديم عدة أمثلة من كتاب الجبر والمقابلة على الأشكال الستة للمعادلات، ثم صياغة الدساتير لحلها.

الشكل الأول: أ س^2= ب س

«أما الأموال التي تعدل الجذور فمثل قولك مال يعدل خمسة أجذاره، فجذر المال خمسة، والمال خمسة وعشرون، وهو خمسة أجذاره»[2].

وباللغة الجبرية الحديثة:

مال يعدل خمسة أجذاره س^2 = 5 س

(1) المصدر السابق، ص376. (المؤلف)

(2) يُراجع، الخوارزمي، الجبر، ص17. (المؤلف)

جذر المال خمسة س= 5

المال خمسة وعشرون $س^2$= 25

وهو خمسة أجذاره $س^2$= 5×5

وإذا احتوت المعادلة على كسور اعتيادية فإنه يحولها إلى أعداد صحيحة كما في قوله:

«وكقولك ثلث المال يعدل أربعة أجذاره، فالمال يعدل اثني عشر جذرًا، وهو مائة وأربعة وأربعون وجذره اثنا عشر»[1].

وباللغة الجبرية الحديثة:

ثلث المال يعدل أربعة أجذاره 1/ 3 $س^2$= 4 س

المال كله يعدل اثني عشر جذرًا $س^2$= 12 س

وهو مائة وأربعة وأربعون $س^2$= 144

ويضع **الخوارزمي** قاعدة عامة لحل المعادلات التي تحتوي على أعداد أو كسور منسوبة إلى مال أو الجذر بقوله: «وكذلك ما كثر من الأموال أو قل يرد إلى مال واحد. وكذلك يفعل بما عادلها من الأجذار يرد إلى مثل ما يرد إليه المال»[2].

الشكل الثاني: أ $س^2$= ج

«وهي أموال تعدل عددًا مثال ذلك مال يعدل تسعة، فهو المال وجذره ثلاثة».

$س^2$= 9

س=3

«وكقولك خمسة أموال تعدل ثمانية، فالمال الواحد خمس الثمانين، وهو ستة عشر»[3].

5 $س^2$=80

$س^2$=80/ 5

$س^2$=16

---

(1) المصدر السابق، ص17. (المؤلف)

(2) المصدر السابق، ص17. (المؤلف)

(3) المصدر السابق، ص18. (المؤلف)

ويضع **الخوارزمي** قاعدة عامة للأموال التي تعدل الأعداد لحل المعادلات كما يأتي: «وكذلك جميع الأموال زائدها وناقصها ترد إلى مال واحد، وإن كانت أقل من مال زيد عليها حتى تكمل مالًا تامًا، وكذلك يفعل بما عادلها من الأعداد»[1].

الشكل الثالث: ب س= ج

وهو جذور تعدل عددًا، مثال ذلك: «جذر يعدل ثلاثة من العدد، فالجذر ثلاثة والمال الذي يكون منه تسعة. س=3، $س^2$ =9، ونصف جذر يعدل عشرة، فالجذر 20، والمال الذي يكون منه أربعمائة»[2].

11/ 2س=10

س=20

$س^2$=400

الشكل الرابع: أ $س^2$+ ب س= ج

والمثال عليه: «مال وعشرة أجذاره يعدل تسعة وثلاثين درهمًا، ومعناه أيّ مال إذا زدت عليه مثل عشرة أجذاره بلغ ذلك كله تسعة وثلاثين»[3].

$س^2$+10 س=39

طريقة الحل: «أن تنصف الأجذار في هذه المسألة خمسة فتضربها في مثلها فتكون خمسة وعشرين، فتزيدها على التسعة والثلاثين فتكون أربعة وستين، فتأخذ جذرها وهي ثمانية فتنقص منه نصف الأجذار وهو خمسة فيبقى ثلاثة، وهو جذر المال الذي تريد والمال تسعة»[4].

---

(1) المصدر السابق، ص18. (المؤلف)

(2) المصدر السابق، ص18. (المؤلف)

(3) المصدر السابق، ص18. (المؤلف)

(4) المصدر السابق، ص18-19. (المؤلف)

وبلغة الجبر الحديث تكون خطوات الحل كما يأتي:

أن تنصف الأجذار $10 \div 2 = 5$

فتضربها في مثلها فتكون خمسة وعشرين $5 \times 5 = 25$

فتزيدها على التسعة والثلاثين فتكون أربعة وستين

$25 + 39 = 64$

فنأخذ جذرها وهو ثمانية

$\sqrt{64} = 8$

فتنقص منه نصف الأجذار وهو خمسة فيتبقى ثلاثة $8 - 5 = 3$

وهو جذر المال الذي تريد

$س = 3$

$س^2 = 9$

استعمل **الخوارزمي** لحل هذه المعادلة صيغة الدستور وبعبارة أخرى أن طريقة الحل للمعادلة من الشكل أس^2+ب س =ج، تقتضي تطبيق الدستور الجبري الآتي:

$$س = \sqrt{\left(\frac{ب}{2}\right)^2 + جـ} - \frac{ب}{2}$$

الشكل الخامس: أ س^2+ج = ب س

«مال واحد وعشرون من العدد يعدل عشرة أجذاره، ومعناه أي مال إذا زدت عليه واحدًا وعشرون درهمًا كان ما اجتمع مثل عشرة أجذار ذلك المال»[1].

طريقة الحل: «أن تنصف الأجذار فتكون خمسة فنضربها في مثلها تكون خمسة وعشرين، فانقص منها الواحد والعشرين التي ذكر أنها مع المال فيبقى أربعة، فخذ جذرها وهو اثنان

(1) المصدر السابق، ص20. (المؤلف)

فأنقصه في نصف الأجذار وهو خمسة فيبقى ثلاثة وهو جذر المال الذي تريده والمال تسعة، وإن شئت فزد الجذر على نصف الأجذار فتكون سبعة وهو جذر المال الذي تريده والمال تسعة وأربعون»[1].

س^2+21=10 س

وبلغة الجبر الحديث تكون خطوات الحل كما يأتي:

أن تنصِّف الأجذار فتكون خمسة 10÷2=5

فاضربها في مثلها تكون خمسة وعشرين 5×5=25

فانقص منها الواحد والعشرين التي ذكر أنها مع المال فيبقى أربعة

25-21=4

فخذ جذرها وهو اثنان فأنقصه من نصف الأجذار وهو خمسة

5-2=3

وهو جذر المال الذي تريده س=3

والمال تسعة

س^2=9

وإن شئت فزد الجذر على نصف الأجذار فتكون سبعة

5+2=7

والمال تسعة وأربعون

س^2=49

يظهر من الحل الذي عرضه الخوارزمي أنه أدرك بوضوح تام أن للجذر (س) قيمتين إحداهما ثلاثة والأخرى سبعة، وبذلك نستطيع وضع الدستور الجبري لحل المعادلات من الشكل

(1) المصدر السابق، ص20. (المؤلف)

أ $س^2$+ج = ب س على النحو الآتي:

$$س = \frac{ب}{2} \pm \sqrt{(\frac{ب}{2})^2 - جـ}$$

الشكل السادس: ب س+ ج= أ $س^2$

«ثلاثة أجذاره وأربعة من العدد تعدل مالًا»[1].

طريقة الحل: أن تنصِّف الأجذار فتكون واحدًا ونصفًا فاضربها في مثلها فتكون اثنين وربعًا فزدها على الأربعة فتكون ستة وربعًا فخذ جذرها وهو اثنان ونصف فزد على نصف الأجذار وهو واحد ونصف فتكون أربعة.

3÷2= 1و1/ 2

1و1/ 2 × 1و1/ 2= 2و1/ 4

2و1/ 4+4= 6و1/ 4

جذر 6و1/ 4=2و1/ 2

2و1/ 2+1و1/ 2=4

وهو جذر المال س=4

$س^2$=16

يظهر من طريقة الحل كما يعرضها **الخوارزمي** لمثل هذا الشكل من المعادلات أن الدستور الجبري لحلها يتخذ الصورة الآتية:

$$س = \sqrt{(\frac{ب}{2})^2 + جـ} + \frac{ب}{2}$$

وأخيرًا لا بد أن نختار مسألة يعرضها **الخوارزمي** لتوضيح طريقة ردها إلى أحد الأشكال الرئيسية الستة، وهي الطريقة الرياضية التي اعتمدها في الكتاب إلى أساس أن كل معادلة

(1) المصدر السابق، ص21. (المؤلف)

من الدرجة الثانية ترد إلى أحد الأشكال الستة وبالتالي تجد المسألة طريقها إلى الحل برد الأموال إلى مال واحد، وكذلك الجذور لتصبح المعادلة جاهزة وبالطرق الجبرية التي يعتمدها **الخوارزمي**.

المسألة: «مال ضربت ثلاثة ودرهمًا في ربعه ودرهم فكان عشرين قياسه أن تضرب ثلث شيء في ربع شيء، فيكون نصف سدس مال، وتضرب درهمًا في ثلث شيء فيكون ثلث شيء ودرهمًا في ربع شيء بربع شيء ودرهمًا في درهم بدرهم فذلك كله نصف سدس مال، وثلث شيء وربع شيء ودرهم تعدل عشرين، فألق من العشرين درهمًا بدرهم فتبقى تسعة عشر درهمًا تعدل نصف سدس مال، وثلث شيء وربع شيء فكمل مالك، وإكماله أن تضرب كل ما معك في اثني عشر فيصير معك مال وسبعة أجذار تعدل مائتين، وثمانية وعشرين درهمًا، فنصّف الأجذار واضربها في مثلها تكن اثنتي عشرة وربعًا فزدها على الأعداد وهي مائتان وثمانية وعشرون فيكون مائتين وأربعين وربعًا، فخذ جذرها خمسة عشر ونصفًا فأنقص منه نصف الأجذار وهو ثلاثة ونصف يبقى اثنا عشر وهو المال فقد أخرجتك هذه المسألة إلى أحد الأبواب الستة وهي أموال وجذور تعدل عددًا»[1]

وبطريقة التدوين الرمزي لعرض الحل من قوله: قياسه أن تضرب ...إلخ، نحصل على ما يأتي:

المعادلة (1/ 2س+1) (1/ 4س+1) =20

1/ 12س^2+1/ 3س+1/ 4س+1=20

1/ 12س^2+1/ 3س+1/ 4س+1-1=20-1

1/ 12س^2+1/ 3س+1/ 4س=19

س^2+4س+3س=228

س^2+7س=228 (أموال وجذور تعدل عددًا)

---

(1) المصدر السابق، ص21. (المؤلف)

وبتطبيق طريقة الدستور التي يضعها للحل من قوله: فنصف الأجذار واضربها.... إلخ، نحصل على ما يأتي:

$$\text{س} = \sqrt{\left(\frac{7}{2}\right)^2 + 228} - \frac{7}{2}$$

$$\text{س} = \sqrt{\frac{49}{4} + 228} - \frac{7}{2}$$

$$\text{س} = \sqrt{12\frac{1}{4} + 228} - \frac{7}{2}$$

$$\text{س} = \sqrt{240\frac{1}{4}} - \frac{7}{2}$$

$$\text{س} = 15\frac{1}{2} - 3\frac{1}{2}$$

$$\text{س} = 12$$

ليست طريقة الجبر والمقابلة هي الطريقة الوحيدة التي ابتكرها **علماء الرياضيات العرب** من أجل اكتشاف القيمة العددية للمجهول في المسائل الجبرية والحسابية، بل عرفوا عدة طرق نذكر منها طريقة استخراج المجهول بالخطأين وطريقة استخراج المجاهيل في المعادلات السيالة.

تشكل طريقة استخراج المجهول بالخطأين حسابًا جبريًا غايته اكتشاف المجهول في المسألة المطروحة ويشترط في المسألة أن تكون من نمط معين، فقد يكون فيها تنصيف أو تضعيف أو زيادة أو نقصان أو غير ذلك، وقد عبر **الكاشي** عن الأنواع المختلفة من المسائل التي يصح أن تطبق عليها الطريقة، **بقوله**: «في استخراج المجهول بالخطأين وهو يصح إذا سأل عن المجهول عمل عليه كذا وكذا صار عددًا معينا، مثل أن نُصِّف أو ضوعف أو زيد عليه أو نقص منه نصفه أو ضعفه، أو ضرب في عدد معلوم غير المجهول، وإن أُوتي في المسألة ضرب مجهول في مجهول آخر، أو قسمة مجهول على مجهول آخر، واحتيج إلى استخراج جذر أو كعب أو مثلها لا يصح به»[1].

(1) يُراجع، الكاشي، مفتاح الحساب، مصدر سبق ذكره، ص202. (المؤلف)

تقوم طريقة استخراج المجهول بالخطأين على ارتكاب خطأ أو ارتكاب خطأ ثاني عند تعيين القيمة العددية للمجهول، ويحصل ذلك بأن يفترض المرء عددًا معلومًا كقيمة للمجهول، ويجري العملية الحسابية بالأسلوب الذي اقتضته المسألة فيدرك بعد النتيجة أن المفروض خطأ، ثم يعمد إلى افتراض عدد معلوم كقيمة للمجهول، ويجرى العملية الحسابية كما فعل أول مرة، فيحصل على الخطأ الثاني.

وفي أثناء الوضع المفروض الأول (القيمة العددية للمجهول)، أو المفروض الثاني قد يصادف الحاسب واحدًا من عدة احتمالات:

1. أن يكون المفروض الأول موافقًا للقيمة الصحيحة للمجهول، فيحصل على الحل الصحيح.
2. أن يكون المفروض الثاني وليس الأول موافقًا للقيمة الصحيحة للمجهول، فيحصل على الحل الصحيح.
3. أن يكون المفروض الأول والمفروض الثاني معًا أقل من القيمة الصحيحة للمجهول.
4. أن يكون المفروض الأول والمفروض الثاني معًا أكبر من القيمة الصحيحة للمجهول.
5. أن تكون القيمة الصحيحة للمجهول محصورة بين المفروضين.

فبالنسبة للاحتمال الأول والثاني يكون الحل صحيحًا من دون أن تتبعه إجراءات حسابية أخرى، ويكتفي الحاسب بتعيين القيمة العددية للمجهول. أما بالنسبة للحالات الثلاث الباقية، فإن الأمر بحاجة إلى قواعد حسابية لتعيين القيمة الصحيحة للمجهول. ولتوضيح ما نذهب إليه نأخذ مثالًا على الاحتمال (ثالثًا)، والذي يكون في المفروض الأول والثاني معًا أقل من القيمة الصحيحة للمجهول:

المثال: ما العدد الذي إذا ضُرب في ثلاثة وزيد عليه الحاصل عشرة ثم ضُعف المجموع وزيد عليه عشرة صار تسعين؟

المعادلة للمثال:

[(س×3) +10]× 2+10=90

الحل:

نجعل المفروض الأول للمجهول العدد خمسة ونجري العملية الحسابية

15=3×5

25=10+15

50=2×25

50+10=60 وهو عدد ينقص عن العدد المعلوم في المسألة بثلاثين وهذا هو الخطأ الأول.

نجعل المفروض الثاني للمجهول العدد سبعة ونجري العملية الحسابية

21=3×7

31=10+21

62=2×31

62+10=72 وهو عدد ينقص عن العدد المعلوم في المسألة بثمانية عشر، وهذا هو الخطأ الثاني.

والقاعدة العامة للحل في مثل هذه الحالات تجري على وفق الأسس الآتية:

أن نضرب المفروض الأول في الخطأ الثاني 5×18=90

أن نضرب المفروض الثاني في الخطأ الأول 7×30=210

أن نحصل على التفاضل من الحاصلين 210-90=120

أن نقسم حاصل التفاضل على التفاضل بين الخطأين 120/ 12

وعندئذ تكون قيمة س هي 12

وبناءً على ما تقدم تكون القاعدة العامة لاكتشاف المجهول في الحالة التي يكون فيها الخطأ الأول والخطأ الثاني معًا أقل من القيمة للصحيحة للمجهول كما يأتي:

س= المفروض الأول × الخطأ الثاني - المفروض الثاني × الخطأ الأول/ الخطأ الثاني - الخطأ الأول

وبالتعبير الجبري: س= س1×د-2 س2×د1/ د-2 د1

أما إذا كان المفروض الأول والمفروض الثاني معًا أكبر من القيمة الصحيحة للمجهول (الحالة رابعًا)، انطبقت القاعدة السابقة كذلك بغية تعيين قيمة المجهول، ولكن اختلافًا يظهر في القاعدة في حالة الاختلاف في الزيادة والنقصان (الحالة الخامسة)، ولتوضيح ما نذهب إليه نأخذ مثالًا على ذلك:

المثال: أوجد العدد الذي إذا أضيف إليه نصفه وأنقص من الحاصل ثلاثة كان الناتج ستة.

المعادلة للمثال:

(س+1/ 2س) - 3=6

نجعل المفروض الأول العدد أربعة ونجري العملية الحسابية:

4+1/ 2×4

4+2=6

6-3=3 وهو عدد ينقص عن العدد المعلوم بمقدار ثلاثة وهذا هو الخطأ الأول.

نجعل المفروض الثاني للعدد ثمانية ونجري العملية الحسابية:

8+1/ 2×8

8+4=12

12-3=9 وهو عدد يزيد على العدد المعلوم بمقدار ثلاثة وهذا هو الخطأ الثاني.

والقاعدة العامة للحل في مثل هذه الحالات تجري على وفق الأسس الآتية:

أن نضرب المفروض الأول في الخطأ الثاني 4×3=12

أن نضرب المفروض الثاني في الخطأ الأول 8×3=24

أن نجمع حاصل الضرب الأول مع حاصل الضرب الثاني 12+24=36

ونقسم حاصل الجمع على الخطأين 63÷6=6

فما نتج هو العدد المطلوب. س=6

وبذلك تكون القاعدة بالصيغة اللغوية والجبرية كما يأتي:

س= المفروض الأول× الخطأ الثاني+ المفروض الثاني× الخطأ الأول/ مجموع الخطأين

س= س1×د2+س2×د1/ د2

أما الطريقة الأخرى في استخراج المجاهيل، فإنها تعتمد على استخدام معادلات خطية فيها عدة مجاهيل، وهي تنسب إلى **أبي كامل**، **شجاع بن أسلم بن محمد الحاسب المصري (عاش بين 850 إلى 930م)**. وجاء في **كتابه طرائف الحساب** مجموعة من الأمثلة تحتوي على ثلاثة وأربعة وخمسة مجاهيل وحدد **أبو كامل** أن تكون الأجوبة بأعداد صحيحة، علمًا أن هذه الأجوبة كثيرة فليس ضروريًا أن يكون للمجهول الواحد قيمة عددية واحدة، لأنه من الممكن أن نحصل على عدد كبير من الأجوبة وقد يستحيل الجواب.

تدور جميع الأسئلة الواردة في الكتاب حول أنواع من الطيور، مثال ذلك **قوله**: «وهذا الصنف أعزك الله هو قول القائل بطة بخمسة دراهم وعشرين عصفورًا بدرهم ودجاجة بدرهم وما أشبه ذلك، فدفع إليك مائة درهم أو أكثر أو أقل فقيل لك اشتر بها مائة طائر من هذه الأصناف أو أكثر أو أقل»[1].

ونختار بعض المسائل لنتعرف على الأجوبة وطريقة الحل.

المثال الأول: «فأول ذلك أن يقول فإن دفع إليك مائة درهم فقيل له ابتع بهذا مائة طائر

---

(1) يُراجع، أبو كامل، شجاع بن أسلم، طرائف الحساب، نشرة أحمد سليم سعيدان، فصل من مجلة معهد المخطوطات، المجلد التاسع 1963، ص2 من المخطوطة. (المؤلف)

من ثلاثة أصناف بط ودجاج وعصافير، البطة بخمسة دراهم، والعصافير كل عشرين بدرهم، والدجاج كل واحد بدرهم»[1].

الحل: نعبر عن صيغة السؤال بمعادلتين خطيتين هما:

س+ ص + ع=100..... (1)

5س+ص/ 20+ع=100..... (2)

ع=100- س - ص

ع= 100- 5 س - ص/ 20

وبحذف ع نحصل على المعادلة

100- س - ص=100- 5س - ص/ 20

وبعد الجبر والمقابلة نحصل على النتيجة الآتية:

ص= 4س+4/ 19 س

يستنتج أبو كامل أن الحل هو

س=19، ص=80، ع=1.

ونختار المثال الرابع من الأمثلة الواردة في كتاب طرائف الحساب: «فإن دفع إليك مائة درهم فقيل لك ابتع بها مائة طائر من أربعة أصناف بط وحمام وقنابر ودجاج، كل بطة بدرهمين والحمام اثنان بدرهم والقنابر ثلاثة بدرهم والدجاج كل واحد بدرهم»[2].

الحل:

س+ ص+ ع+ م=100..... (1)

2س+ص/ 2+ع/ 3+م=100..... (2)

---

(1) المصدر السابق، الصفحة الثالثة من المخطوطة. (المؤلف)

(2) المصدر السابق، الصفحة الحادية عشرة من المخطوطة. (المؤلف)

م= 100- س - ص - ع

م= 100-2س - ص/ 2 -- ع/ 3

وبحذف م نحصل على المعادلة الآتية:

100- س – ص- ع= 100- 2س- ص/ 2 - ع/ 3

وبعد الجبر والمقابلة نحصل على النتيجة الآتية:

س= ص/ 2+ع و2/ 3

يذكر **أبو كامل** أن الأجوبة لهذه المسألة تبلغ 304 جوابًا ونختار المسألة السادسة في الكتاب لاحتوائها على خمسة مجاهيل، وهي **تنص**: «وهو كقول القائل فإن دفع إليك مائة درهم فقيل لك ابتع لها مائة طائر من خمسة أصناف، بط وحمام وفواخت وقنابر ودجاج، كل بطة بدرهمين والحمام كل اثنين بدرهم والفواخت بثلاثة دراهم، والقنابر بأربعة دراهم، ودجاج كل واحدة بدرهم»[1].

الحل: س+ ص+ ع+ م+ ن=100..... (1)

2س+ص/ 2+ع/ 3+م/ 4+ن=100..... (2)

ن=100- س - ص - ع - م

ن=100- 2س - ص/ 2 - ع/ 3 -- م/ 4

وبحذف ن نحصل على المعادلة الآتية:

100- س - ص - ع - م= 100- 2س - ص/ 2 - ع/ 3 - م/ 4

(1) المصدر السابق، الصفحة الثالثة عشرة من المخطوطة. (المؤلف)

وبعد الجبر والمقابلة نحصل على النتيجة الآتية:

س= ص/ 2+ع و2/ 3+م و3/ 4

يذكر **أبو كامل** الأجوبة الصحيحة والممكنة بإعطاء قيم صحيحة للمجاهيل ويقدرها ب 2696 جوابًا منها:

ص=1،3، 5، ...إلخ فيكون س=4

ع=3،6، 9، ... إلخ فيكون س=10

م=2، 6، 10، ...إلخ فيكون س=16

الفصل الرابع

علم الهندسة

استأثر علم الهندسة بخاصة باهتمام **العلماء العرب** من العاملين في مجال الرياضيات والفلك وسائر العلوم التعليمية، فتناولوه بالشرح والتحليل والتوسع والإضافة، وكان **لكتاب إقليدس الأصول** موقعًا متميزًا في تفكيرهم الرياضي، فعدَّه **الخيام** أصل جميع الرياضيات كما في **قوله**: «وإني ولم أزل شديد الحرص على تصفح صدور هذه العلوم وتحقيقها وتمييز أجزائها بعضها من بعض وخصوصًا كتاب الأصول في الهندسة، فإنها أصل جميع الرياضيات ومبادئها مبادئ جميعها»[1].

ولكنهم في الوقت نفسه تعرفوا على مصادر هندسية أخرى منها على سبيل المثال كتاب المخروطات **لأبولونيوس** ومؤلفات **أرخميدس** الرياضية. وكتاب المجسطي **لبطليموس**، وغير ذلك.

وكان من نتائج هذا الاهتمام أن ابتدع **العلماء العرب** قضايا هندسية جديدة، وبرهنوا على قضايا هندسية بطرق أخرى غير الطرق المألوفة عند **اليونان**، وتوسعوا في الإفادة من الهندسة في العلوم المختلفة، كما استخدموها في الحياة اليومية والعمرانية.

لقد أدرك **العلماء العرب** أهمية علم الهندسة من الناحيتين النظرية والعملية، فكان

---

(1) يُراجع، الخيام، مصادرات إقليدس، مصدر سبق ذكره، ص4-5. (المؤلف)، وقد أصلحنا النص تبعًا لنشرة الكتاب الجديدة بعنوان رسالة في شرح ما أشكل من مصادرات كتاب إقليدس (ثلاث مقالات)، تحقيق د. رشدي راشد وجماعته، ضمن كتاب رياضيات عمر الخيام، ترجمة نقولا فارس، ط1، مركز دراسات الوحدة العربية، بيروت 2005، ص299. (المحقق)

ذلك دافعًا لهم في التوسع والبحث والإفادة، إذ نستطيع حصر هذا الاهتمام في ثلاثة أوجه مهمة هي:

أولًا: على المستوى النظري: شدهم ما وجدوه من تلازم منطقي وتتابع محكم بين القضايا الهندسية، فمن مقدمات مفروضة (بديهيات ومصادرات)، يستنتج المرء قضايا هندسية جديدة بالاستدلال، فيصل وثوقه بالقضايا الجديدة إلى درجة اليقين، استنادًا إلى افتراضه صدق المقدمات التي من شروطها الوضوح والصدق، فإذا بالقضايا المبرهنة تصبح هي الأخرى مقدمات لقضايا هندسية تأتي بعدها وتعتمد عليها، وقد أشار نصير الدين الطوسي إلى هذه الحقيقة **بقوله:** «اعلم أن هذه التعليميات بأسرها وخصوصًا الهندسيات مع وضوح مسالكها ووثاقة قواعدها لا يشبه سائر العلوم والصناعات في ارتباط الأجزاء واشتباك المقدمات وصيرورة أكثر مسائلها، التي هي الأمهات مبادئ لمسائل تأتي بعدها وتأبى أن تستبين بدونها إلى أن يتكامل عند الانتهاء من الغايات»[1].

ثانيًا: وعلى صعيد علاقة الهندسة بالعلوم الأخرى، وجد **العلماء العرب أن** معظم العلوم الطبيعية تفتقر إلى الهندسة، فعلم المناظر (البصريات)، يعتمد على الخواص الهندسية لتحليل الشعاعات وانعطافها وانكسارها وانعكاسها عن المرايا المستوية والمقعرة والمحدبة والأسطوانية وغيرها، كما تستخدم الهندسة على نطاق واسع في علم الفلك، وفي علم الحيل (الميكانيك التطبيقي)، إذ تكون الحاجة كبيرة لضبط أشكال الآلات وأبعادها ونسبة بعضها إلى بعض وغير ذلك، وفي الميكانيك النظري لتحليل الظواهر المختلفة سواء ما ارتبط

(1) يُراجع، الطوسي، نصير الدين، الرسالة الشافية عن الشك في الخطوط المتوازية، حيدر آباد 1359هـ، ص2. (المؤلف)، ومن الجدير بالذكر أن العلوم الرياضية من حساب وهندسة وجبر وفلك وموسيقى وغيرها، كانت تسمى اصطلاحًا عند الفلاسفة العرب في تقسيمهم للعلوم بالعلم التعاليمي، ويأتي بالرتبة صعودًا بعد العلم الطبيعي ويعلوه العلم الإلهي، وهو ما وجدناه في كتاب إحصاء العلوم للفارابي، وكتاب الشِفاء لابن سينا، ورسالته في أقسام العلوم العقلية، أو عند غيرهم من الفلاسفة في المغرب العربي من أمثال ابن رشد، وما قول نصير الدين الطوسي إلا وينطلق من هذا التحديد لمصطلح العلم التعاليمي مدلولًا على العلم الرياضي. يُراجع، للتفصيلات، كتابنا، العلوم الطبيعية في فلسفة ابن رشد، ط1، دار الطليعة، بيروت 1995. (المحقق)

منها بالأجسام المستقرة أو الأجسام المتحركة، وللهندسة فوق كل ذلك صلة وثيقة بعلم الجبر، إذ استخدم **علماء الجبر** الأشكال الهندسية في الحلول الجبرية واستخراج المجاهيل وعرض المسائل الجبرية هندسيًا وبالعكس.

ثالثًا: وعلى صعيد علاقة الهندسة بالحياة اليومية نجد اهتمام **العلماء العرب** منصبًا على بحث المساحات للسطوح والحجوم المختلفة وطرق استخراجها بغية استخدامها في مجالات الصناعة والعمران والفنون والبناء، ولقد خصص **علماء الرياضيات العرب** مقالات ودراسات واسعة وفصول من كتبهم الرياضية في المساحات وطرق استخراج مساحات أعمال مختلفة مثال الأسطوانات والمخروطات والأكر وما يتعلق بها، فضلًا عن مساحة الأبنية والعمارات مثل ذلك في مساحة الطاق والأزج والقبة المجوفة والمقرنسات وغيرها.

كما كان الاهتمام شديدًا بطريقة استخدام الهندسة في الصناعة وفيما يحتاجه الصانع من أعمال الهندسة[1]. وكيفية الحصول على أشكال الآلات المطلوبة بدقة.

وبناءً على ما أوردناه من الأوجه الثلاثة سنعمل على اختيار مسألة أو أكثر للتدليل على اهتمام **العرب** بكل وجه، وسبيلنا في ذلك اعتماد النصوص والشروح عليها، فنبدأ بالوجه النظري الأول، فنقول: من الصعب حصر جميع الإضافات الهندسية التي أوجدها **العرب** نظرًا لكثرتها وتبعثرها في مؤلفاتهم الرياضية الكثيرة، ولكننا نختار مشكلة هندسية بقيت مدة طويلة من الزمن محور تفكير الإنسان العربي، ومن بعده الإنسان الأوربي هي مشكلة التوازي، ومن المعروف أن **إقليدس** قد طرح مصادرة التوازي مع مصادرات أخرى ضمن مقدمات الهندسة المستوية، وقد أطلق عليها المصادرة الخامسة نظرًا لترتيبها.

تنص المصادرة الخامسة: إذا وقع خط مستقيم على خطين مستقيمين وكانت الزاويتان الداخلتان في جهة واحدة أقل من قائمتين، فإن الخطين إذا خرجا في تلك الجهة فلا بد من أن يلتقيا.

---

(1) يُراجع، البوزجاني، أبو الوفاء، فيما يحتاجه الصانع من أعمال الهندسة، تحت الطبع، تحقيق الدكتور صالح أحمد العلي. (المؤلف)

لقد أثار عدد من **علماء الرياضيات العرب** الشكوك حول هذه المصادرة، وبذلت محاولات كثيرة للبرهان عليها، لأنها لم تكن بالوضوح التي عليها البديهيات والمصادرات الأخرى، فلا يمكن التخلي عنها، لأن قضايا هندسية تبقى من دون برهان لاعتمادها عليها، مثال ذلك: الشكل التاسع والعشرون من المقالة الأولى **إقليدس لإقليدس**، ويبين **الخيام** سبب قبول **إقليدس** بهذه المصادرة من دون برهان **فيقول**: «إن السبب الذي لأجله غفل إقليدس عن برهان هذه المقدمة وصادر عليها هو اعتماده على المبادئ المأخوذة عن الحكيم[1] في معنى الخط المستقيم والزاوية المستقيمة الخطين، إذ خطر بباله أن سبب التقاء الخطين المستقيمين هو هذا المعنى الذي صادر عليه، مثاله: خط (أ ب) مستقيم، وخط (ز ج ح) قائم عليه على زوايا قائمة على نقطة ج، وكذلك (ط د ك) على نقطة د، و (ل هـ م) على نقطة هـ، والزاوية القائمة مساوية لنظيرتها، فخط (ز ج) لا يميل إلى (أ ب) من كلا الجانبين، وهو ممتد إلى ما لا نهاية له من كلتا الجهتين وكذلك حكم (د ط)، فخط (د ط) لا يلقى خط (ز ج)، لأنه إن لقيه كان أحدهما أو كلاهما مائلًا إلى جانب من جوانب خط (أ ب)، وكذلك (ح ج) و (ك د) و (م هـ)، وقد فرض (ج د)، و (د هـ) متساوين.

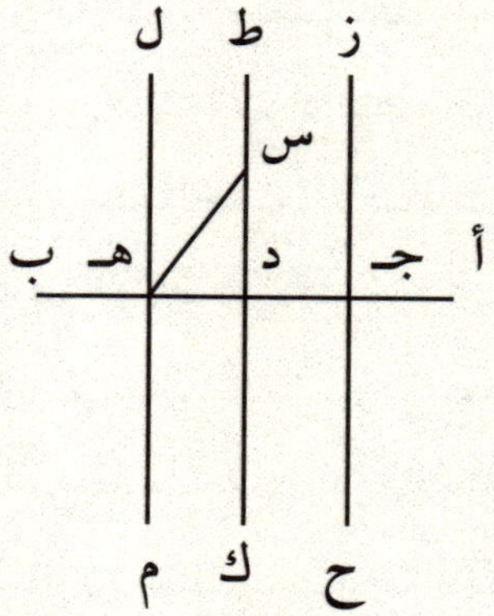

فسطح (ز ج د ط) أعنى هذا الحيز الذي فصله هذان الخطان، ينطبق على سطح (ط د هـ ل)، فإن كان خطا (ز ح)، (ط د) ملتقين فخطا (ط د) (ه ل) يلتقيان على تلك النقطة بعينها، وكذلك جميع الخطوط الخارجة على زوايا قائمة إذا كانت قواعدها متساوية.

---

(1) يقصد بالحكيم الفيلسوف اليوناني أرسطو (ت322 ق.م)، صاحب المؤلفات المنطقية والطبيعية والميتافيزيقية. (المحقق)

وهكذا تكون من الجهة الأخرى: أعني (ج ح) و(د ك) ونظراؤهما. ويلزم معه محال أولى، وكذلك بهذا الحكم لا يتضايق خط (ز ح) (ط د) ولا يتسعان فإن التضايق والاتساع يوجبان هذا المحال أيضًا، فتكون هذه الخطوط القائمة على (أ ب) متوازية والبعد بينها متساوٍ، أعني لا يتضايق ولا يتسع فإن أُخرج خط مائل إلى أحد الجانبين مثل (هـ س) إلى جانب (أ هـ)، فإنه يلقى (ط د) لا محالة، لأن (هـ س) (هـ ل) إلى الاتساع، والبعد بينهما يبلغ إلى حد يفرض، وزاوية (س هـ د) أقل من قائمة فزاويتا (س هـ د) (س د هـ) أقل من قائمتين.

فمن هذا ظن إقليدس أن سبب التقاء خطي (هـ س) (س د) نقصان الزاويتين عن قائمتين، وهذا الظن حق ولكن أن يبنى عليه إلا بعد بيانات أخر، فهذه هي التي حملت إقليدس على تسليم هذه المقدمة والبناء عليها من غير برهان، ولعمري أن هذه قضايا وهمية جدًا وفيها للعقل مساعدة، لأنها حقة وعليها برهان ما، وإن كان شبه الدليل كما ذكرنا ولكنه برهان غير شافٍ، ولا يصدق به من جميع الوجوه، لمصادرته على عدة أمور غير أولية ولا مبرهن عليها»[1].

ينطوي هذا النص على عدة حقائق منطقية وهندسية نذكر منها ما يفيدنا في الوقت الحاضر:

1. لا يمكن قبول مقدمة ما على أساس أنها بديهية أو مصادرة، إلا إذا كانت غير محتاجة إلى برهان ولا تفتقر إلى أمور أولية وكانت واضحة وصادقة.
2. لا يمكن قبول مقدمة ما على أساس أنها بديهية أو مصادرة لمجرد اعتماد قضية هندسية عليها في البرهان، بل على عالِم الرياضيات أن يختبر المقدمة فلا يسلم بها أو يصادر عليها إلا إذا تبين له أنها أولية.
3. إن المصادرة الخامسة في رأي **الخيام** غير مستوفية للشروط التي وردت في كتاب البرهان **لأرسطو**[2]، وهي الشروط التي يمتحن بها عالِم الرياضيات مقدماته، وينتقد **الخيام إقليدس** على مصادرته، لأنه برهن على عدة أشياء أسهل منها بكثير بينما تركها من غير برهان.

---

(1) يُراجع، الخيام، مصادرات إقليدس، ص 13-15. (المؤلف)، كذلك تحقيق رشدي راشد وجماعته، مركز دراسات الوحدة العربية، مصدر سبق ذكره، 304-305. (المحقق)

(2) يُراجع، أرسطو، كتاب البرهان، ضمن منطق أرسطو، تحقيق عبد الرحمن بدوي، ط1، ج2، الكويت 1980. (المحقق)

إن هذا التفكير الرياضي واحد عند جميع الذين تناولوا المصادرة الخامسة بالبرهان لاعتقادهم بأنها محتاجة إلى ذلك. وقد اختلفت بهم السبل، فنذكر منهم **العباس بن سعيد الجوهري** (القرن التاسع الميلادي، في كتابه إصلاح لكتاب الأصول[1]، **وأبو العباس الفضل بن حاتم النيريزي** (ت922م)[2]، **وثابت بن قرة** في مقالة في برهان مصادرة كتاب **إقليدس** في الأصول، وحل شكوك كتاب **إقليدس** في الأصول **وعمر الخيام** في رسالة ما أشكل من مصادرات كتاب **إقليدس**، **ونصير الدين الطوسي** في الرسالة الشافية عن الشك في الخطوط المتوازية.

وسوف أقتصر على بيان بعض المحاولات في البرهان على المصادرة الخامسة ولا سيما برهان **ابن الهيثم والخيام والطوسي**.

تقوم محاولة **ابن الهيثم** على أساس أن المستقيمات المتوازية التي تقع في مستوى لا يمكن لها أن تتقاطع عند امتدادها، كما استبدل المقدمة الخامسة بمقدمة أخرى لاعتقاده أنها أكثر وضوحًا، وسنتعرّض هنا لمحاولته التي أثارت انتقاد **الخيام**[3]، ومن بعده **الطوسي**[4]، وهي تقوم على ما يأتي:

إذا تحرك خط مستقيم قائم على مستقيم آخر، وكان قيامه على ذلك الخط في حركته، فإنه يفعل بطرفه الآخر خطًا مستقيمًا وإن الخط الحادث موازٍ للخط الساكن، ويستنتج

---

(1) يذكر ابن النديم في الفهرست، ص393، مصدر سبق ذكره، ص393، عن الجوهري: أنه كان في جملة أصحاب الأرصاد والغالب عليه على الهندسة، وله من الكتب كتاب تفسير كتاب إقليدس، كتاب الأشكال التي زادها في المقالة الأولى ولم يذكر ابن النديم وكذلك القفطي كتاب إصلاح لكتاب الأصول من ضمن مؤلفات الجوهري، وذكر بوشكيفتش في كتابه تاريخ الرياضيات في العصور الوسطى بأن الفصل الذي يعود إلى كتاب الجوهري إصلاح لكتاب الأصول، نعرفه من كتاب الطوسي في تحرير إقليدس، يُراجع، Juschkewitsh,A,P,OP,CIT,PP278. (المؤلف)

(2) يذكر ابن النديم في الفهرست، ص403، عن النيريزي أن له من الكتب الزيج الكبير، كتاب الزيج الصغير، كتاب سمة القبلة، كتاب الأربعة لبطليموس، كتاب أحداث الجو ألفه للمعتضد، كتاب البراهين وتهيئة الآلات يتبين فيها أبعاد الأشياء. (المؤلف)

(3) يُراجع، الخيام، ما أشكل، مصدر سبق ذكره، ص6–7. (المؤلف)، كذلك تحقيق رشدي راشد وجماعته، مصدر سبق ذكره، ص301. (المحقق)

(4) يُراجع، الطوسي، مصدر سبق ذكره، ص5–17. (المؤلف)

ذلك أن المستقيم الحادث متساوي الأبعاد عن المستقيم المعلوم، ولكن الواضح من عمل **ابن الهيثم** هو أنه ضمن المصادرة الخامسة في محاولته لتوضيح وبرهان الخطوط المتوازية.

يذكر **الطوسي** المقدمة التي استعملها **ابن الهيثم** في الشكل التاسع والعشرين **بقوله**: «أما المقدمة التي زعم أنها أبين عند الحس وأوقع في النفس من هذه المصادرة واستعملها في المواضع التي يحتاج فيها إلى تلك المصادرات بدلًا عنها، فهي أن الخطين المستقيمين المتقاطعين لا يمكن أن يوازيا خطًا واحدًا مستقيمًا، وأما وجه استعمالها مكان تلك المصادرة مثلًا في الشكل التاسع والعشرين وهو أول الأشكال التي يحتاج إليها فلأن يقال خطا (أب)، (ج د)، متوازيان، وقد وقع عليهما (ز هـ)، فزاويتا (أ هـ ز)، (هـ ز د) المتبادلتان متساويتان، وإلا فنعمل على نقطة (ز)، من خط (ز هـ) زاوية (هـ ز ح) مساوية لزاوية (أ هـ ز)، كما تبين في الشكل الثالث والعشرين، ونخرج (ز ح) في الجهتين، وحينئذ يكون (أ ب)، (ز ح) متوازيين على ما ظهر في السابع والعشرين، فيلزم أن يكون خطا (ز ح)، (ز د) المتقاطعين على (ز) متوازيين لخط (أ ب)، هذا خلف، فإذًا زاويتا (أ هـ ز)، (هـ ز د) المتبادلتان متساويتان»[1].

وإليك المخطط الآتي:

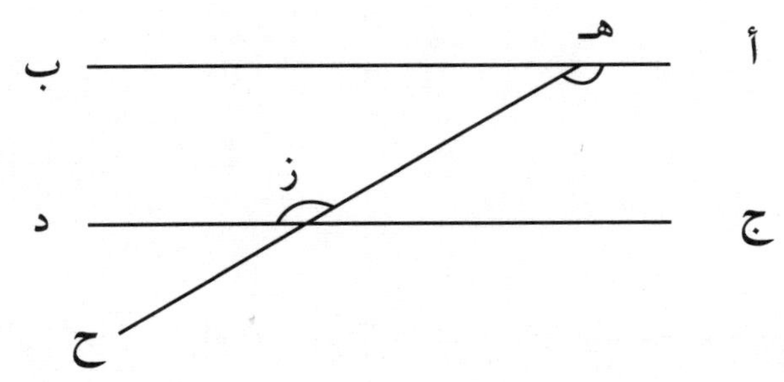

ينتقد **الخيام** المحاولات البرهانية على المصادرة الخامسة لاعتقاده أنه لم يتأت لواحد منهم برهان نقي، بل كل واحد منهم صادر على أمرٍ ليس تسليمه بأسهل من هذا[2]، ويدلو بدلوه بطرح ثمانية أشكال في المقالة الأولى من رسالته الموسومة في شرح ما أشكل من مصادرات **إقليدس**، على أساس أنه ينبغي أن تلحق بكتاب الأصول بعد الشكل الثامن

(1) المصدر السابق، ص5-6. (المؤلف)

(2) يُراجع، الخيام، ما أشكل، ص6. (المؤلف)

والعشرين، لأن الشكل التاسع والعشرين محتاج إلى المصادرة الخامسة، فمن شاء فليجعل الشكل الأول من هذه المقالة بمنزلة الشكل التاسع والعشرين من المقالة الأولى حتى يكون داخلًا في جملة الكتاب إن شاء الله[1].

وفي الشكل الأول من المقالة برهن الخيام على أن الزاويتين (أ ج د) و(ج د ب) في الشكل الرباعي متساويتان، ويجري البرهان أولًا باستنتاج أن (ج ب) = (ا د)، على وفق المخطط الآتي:

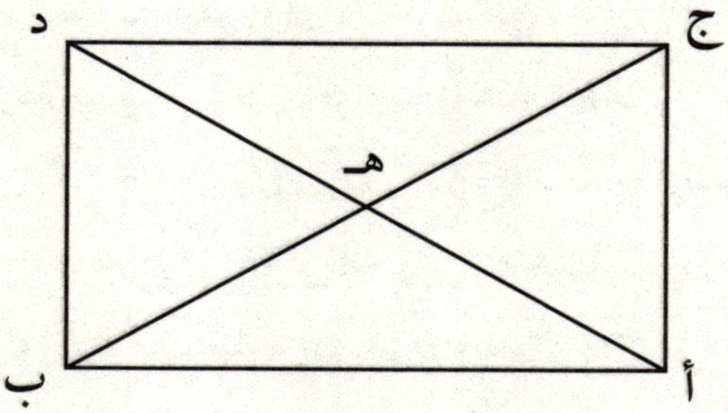

وسائر الزوايا في المثلثين (ج أ ب) و(ب د أ). ثم يستنتج (أ هـ) = (هـ ب)، و(ج هـ) = (هـ د)

< هـ ج د = < هـ د ج

∴ أ ج ب مثل أ د ب

ف- < أ ج د = < ج د ب

أما الشكل الثاني[2] فإن الخيام يعيد شكل (أ ب ج د)، ويقسم (أ ب) إلى نصفين في نقطة (هـ) ويخرج (هـ ز) عمودًا على (أ ب) ليبرهن على أن زاوية (ج ز هـ) = (د ز هـ) وهما قائمتان، وتحتل القضية الهندسية الثالثة مكانًا بارزًا في البرهان على المصادرة الخامسة، ولأهميتها سأوردها بألفاظ الخيام نفسه.

---

(1) المصدر السابق، ص18. (المؤلف)، كذلك تحقيق رشدي راشد وجماعته، مصدر سبق ذكره، ص307. (المحقق)

(2) هذا هو الشكل الثالث من الأشكال التي يعرض لها الخيام في رسالته في شرح ما أشكل، ويسميه (وهو لا من الأصول)، ص308. من نشرة رشدي راشد، مصدر سبق ذكره. (المحقق)

ونعيد شكل (أ ب ج د) **فأقول:**((إن زاويتي (أ ج د)، (ب د ج) قائمتان، نقسم (أ ب) بنصفين على (هـ)، ونخرج عمود (هـ ز) ونخرجه على استقامة، ونجعل (ز ك) مثل (ز هـ)، ونخرج (ح ك ط)، عمودًا على (هـ ك). ونخرج (أ ج) (هـ ك) متوازيين، و(ح ك)، (ز ج) أيضًا متوازيين، وكل متوازيين فإن البعد بينهما لا يتغير، فيمر (أ ج) إلى ما لا نهاية له موازيًا ل-(ه- ك)، ويمر (ح ك) إلى ما لا نهاية له موازيًا ل-(ز ج)، فهما يتلاقيان لا محالة، أولاء.

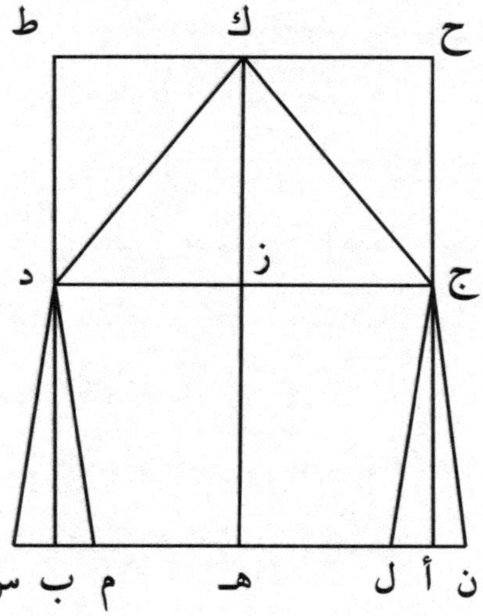

ونصل (ج ك)، (د ك). فخط (ج ز) مثل (ز د)، و(ز ك) مشترك وهو عمود، فقاعدتا (ج ك)، (ك د) متساويتان، وزاويتا (ز ج ك)، (ز د ك) متساويتان، فتبقى زاوية (ح ج ك)، (د ك ط) متساويتين، وخط (ج ك) مثل (ك د) فيكون (ج ح) مثل (د ط)، و(ح ك) مثل (ك ط)، وزاويتا (أ ج د)، (ب د ج) إن كانتا قائمتين فقد حق الخبر.

وإن لم تكونا قائمتين فتكون كل واحدة منهما أما أصغر من قائمة وأما أكبر فليكن أولاء أصغر من قائمة، وينطبق سطح (ح د) على سطح (ج ب)، وينطبق (ز ك) على (ز هـ)، و(ح ط) على (أ ب)، فيكون (ح ط) مثل خط (ن س) لأن زاوية (ح ج ز) أعظم من زاوية (أ ج ز)، فخط (ح ط) أعظم من (أ ب).

وكذلك إن خرج الخطان إلى ما لا نهاية له على هذا النسق، يكون كل واحد من الخطوط الواصلة أعظم من الآخر ويتسلسل، فخطا (أج) (ب د) إلى الاتساع.

وكذلك إن أخرج (أ ج) (ط د) على استقامة من الجهة الأخرى، كانا إلى الاتساع بمثل هذا البرهان.

ويتشابه حال الجانبين عند الانطباق لا محالة، فيكون خطان مستقيمان يقطعان مستقيمًا على قائمتين، ثم يتسع البعد بينهما من جهتي ذلك الخط، وهذا محال أولي عند تصور الاستقامة، وتحقق البعد بين الخطين، وذلك ما قد تولاه الفيلسوف.

وإن كان كل واحد منهما أكبر من قائمة، فيكون عند الانطباق خط (ح ط) مثل (ل م) وهو أصغر من (أ ب)، وكذلك جميع الخطوط الواصلة على هذا النسق، فالخطان إلى التضايق.

وإن أُخرجا إلى الجهة الأخرى، كانا إلى التضايق أيضًا لتشابه حال الجهتين عند الانطباق، وذلك مما يمكنك أن تعرف بأدنى نظر وبحث، وهذا محال أيضًا لما ذكرنا.

وإذا امتنع أن يكون الخطان متفاضلين فهما متساويان، وإذا كانا متساويين فالزاويتان متساويتان، فهما إذًا قائمتان، يعرف بأدنى تأمل»[1].

ولأجل كشف الطريقة التي اتبعها الخيام في البرهان لا بد من بيان الملاحظات الآتية:

أولًا: بحث **الخيام** في هذا الشكل ثلاثة احتمالات هي:

أن كلًا من الزاوية (أ ج د)، و (ب د ج) أصغر من قائمة.

أن كلًا من الزاوية (أ ج د)، و(ب د ج) أكبر من قائمة.

أن كلًا من الزاوية (أ ج د)، و(ب د ج) قائمة.

فإذا ثبت خطأ الاحتمال الأول والاحتمال الثاني، وكان الاحتمال الثالث هو الصحيح فذلك هو المطلوب.

ثانيًا: استخدم **الخيام** مصادرة جديدة للتوازي متضمنة في قوله: فيكون خطان مستقيمان يقطعان مستقيمًا من قائمتين، ثم يتسع البعد بينهما من جهتي ذلك الخط، وهذا محال أولي عند تصور الاستقامة وتحقق البعد بين الخطين، وبذلك يرفض الاحتمال الأول والاحتمال الثاني لتحقق التناقض على أساس أن الخطين المستقيمين في سطح مستوٍ إذا كانا إلى

(1) يُراجع، الخيام، ما أشكل، ص21-24. (المؤلف)، كذلك تحقيق رشدي راشد وجماعته، مصدر سبق ذكره، ص307. (المحقق)

التضايق في جهة، فلا يجوز أن يتسع في تلك الجهة أصلًا، وكذلك إذا كانا إلى الاتساع.

يتولى **نصير الدين الطوسي** بالنقد محاولات من سبقه من العلماء في البرهنة على مصادرة التوازي بأسلوب فيه دقة الملاحظة مبينًا نواقص وأخطاء البراهين الواردة في مؤلفاتهم، فانتقد محاولة **ابن الهيثم**، كما انتقد محاولة **الخيام والجوهري**، ليصل بعد ذلك إلى بناء محاولته **فيقول**: «وأما الطريقة التي اتضحت لي بعد مطالعة كلام هؤلاء الأفاضل فهي هذه التي ترتبت في سبعة أشكال، اثنان منها مطابقين لاثنين من أشكال الخيام وهما الثاني والرابع من هذه الأشكال، فإنهما الأول والرابع من أشكاله بعينهما»[1].

وأساس محاولة **الطوسي** في الرسالة الشافية وفي تحرير **إقليدس** مصادرة تضمنها البرهان هي: إذا وقع مستقيمان في مستوى واحد وكانا إلى الاتساع في جهة، فإنه لا يجوز أن يستمرا معًا في الجهة نفسها طالما لم يقطع أحدهما الآخر.

وفيما يلي منطوق الشكل السابع المشتمل على بيان المصادرة: «إذا وقع خط مستقيم على خطين مستقيمين وصيَّر الزاويتين الداخلتين في جهة واحدة أقل من قائمتين، فإن الخطين إذا أخرجا في تلك الجهة التقيا، مثاله خط (أب) وقع على خطي (ج د) (هـ ز)، فحدث زاويتا (ج ح ط)، (هـ ط ح) وهما أقل من قائمتين»[2].

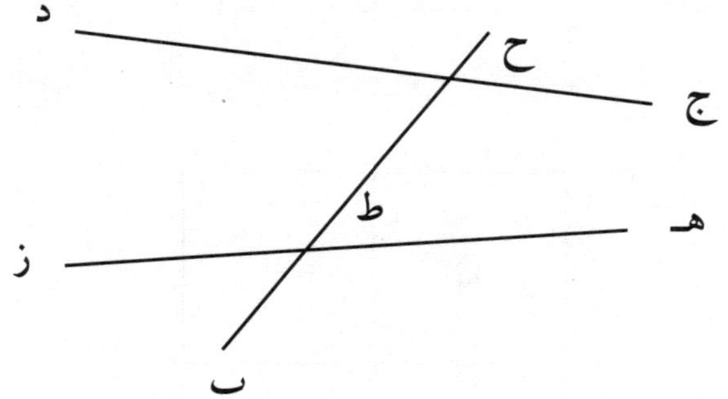

والملاحظة في البرهان أن **الطوسي** لم يذكر صراحة أية فرضية هندسية إضافية ولكنه في الحقيقة استخدم ضمنيًا المصادرة الجديدة السابقة.

(1) الطوسي، مصدر سبق ذكره، ص26. (المؤلف)

(2) المصدر السابق، ص33. (المؤلف)

وعلى صعيد علاقة الهندسة بالعلوم نتابع الصلة التي ربطت **العلماء العرب** في الجبر بالهندسة منذ أن وضع **الخوارزمي** قواعد هذه الطريقة، باعتبارها طريقة لحل المعادلات واستنباط الدساتير، ونظرًا لأهمية هذا الأسلوب الرياضي الذي امتاز به التفكير الرياضي **العربي**، وجدت أن لا مناص من تناوله من خلال كتاب **الخوارزمي** في الجبر والمقابلة، وعن طريق اختيار بعض الأمثلة التي يظهر فيها البرهان الهندسي مع المعادلة الجبرية.

المثال الأول: يقول الخوارزمي: «فأما علة مال وعشرة أجذار تعدل تسعة وثلاثين درهمًا فصورة ذلك سطح (أ ب) وهو المال، فأردنا أن نزيد عليه مثل عشرة أجذاره فنصّفنا العشرة فصارت خمسة فصيرناها سطحين على جنبتي سطح (أ ب) وهما سطحا (ج ن) فصار طول كل سطح منهما خمسة أذرع وهو نصف العشرة أجذار وعرضه مثل ضلع سطح (أ ب) فبقيت لنا مربعة من زوايا سطح (أ ب) وهي خمسة في خمسة، وهي نصف العشرة أجذار التي زدناها على جنبتي السطح الأول، فعلمنا أن السطح الأول هو المال وأن السطحين اللذين على جنبتيه هما عشرة أجذار، فذلك كله تسعة وثلاثون، وبقي إلى تمام السطح الأعظم مربعه خمسة في خمسة فذلك خمسة وعشرون، فزودناها على تسعة وثلاثين ليتم لنا السطح الأعظم الذي هو سطح (د هـ) فبلغ ذلك كله أربعة وستين، فأخذنا جذرها وهو ثمانية، وهو أحد أضلاع السطح الأعظم، فإذا نقصنا منه مثل ما زدنا عليه وهو خمسة بقي ثلاثة وهو ضلع سطح (أ ب) الذي هو المال وهو جذره والمال تسعة وهذه صورته»[1].

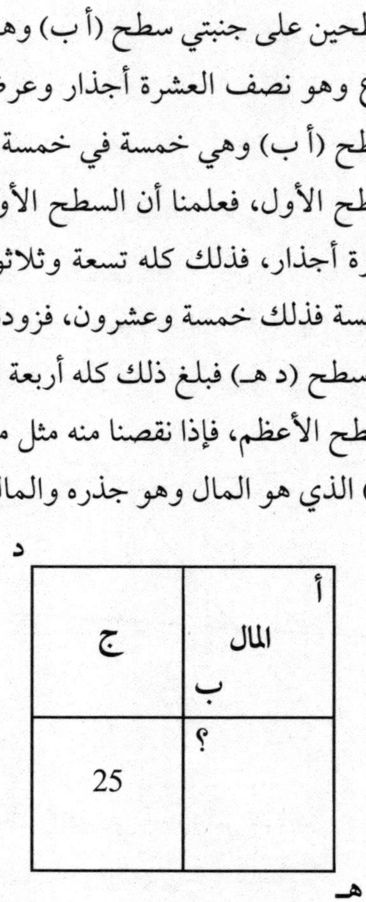

(1) يُراجع، الخوارزمي، مصدر سبق ذكره، ص23. (المؤلف)

ويجري تحليل هذا النص بالصورة الآتية:

المعادلة: س^2+ 10س=39

جعل الخوارزمي طول ضلع المربع 10/ 2، ومساحته 25

طول ضلع المربع أ ب= س، والمال س^2

بناء على ذلك تكون مساحة سطح هـ ب=5س

ومساحة السطح د ب=5س

مساحة السطح الأعظم= (س+10/ 2)^2

مساحة السطح الأعظم= مجموع مساحات السطوح الصغيرة بداخله

(س+10/ 2)^2= 25+39

س+5= الجذر التربيعي لـ 25+39

س= الجذر التربيعي لـ 39+25− 5

س= الجذر التربيعي لـ 64 − 5

س=8 − 5

س=3

وبذلك تكون القاعدة الجبرية للحل لمثل هذه المعادلات بالصورة الآتية:

$$\text{س} = \sqrt{\left(\frac{\text{ب}}{2}\right)^2 + \text{جـ}} - \frac{\text{ب}}{2}$$

المثال الثاني: يقول الخوارزمي: «وأما مال واحد وعشرون درهمًا تعدل عشرة أجذاره فإنا نجعل المال سطحًا مربعًا مجهول الأضلاع وهو سطح (أ د)، ثم نضم إليه سطحًا متوازي الأضلاع عرضه مثل أحد أضلاع سطح (أ د) وهو ضلع (هـ ن) والسطح (هـ ب) فصار طول السطحين جميعًا ضلع (ج هـ)، وقد علمنا أن طوله عشرة من العدد لأن كل سطح مربع متساوي الأضلاع والزوايا، فإن أحد أضلاعه مضروبًا في واحد جذر ذلك السطح، وفي اثنين جذراه، فلما قال مال واحد وعشرون تعدل عشرة أجذاره، علمنا أن طول ضلع

(هـ ج) عشرة أعداد لأن ضلع (ج د) جذر المال فقسمنا ضلع (ج هـ)، نصفين على نقطة (ح) فتبين لنا أن خط (هـ ج) مثل خط (ح ج)، وقد تبين لنا أن خط (ح ط) مثل خط (ج د) فزدنا على خط (ح ط) على استقامة مثل فضل (ح ج) على (ح ط) ليتربع السطح فصار خط (ط ك) مثل خط (ك م) وحدث سطح مربع متساوي الأضلاع والزوايا وهو سطح (م ط) وقد كان تبين لنا أن خط (ط ك) خمسة وأضلاعه مثله فسطحه إذًا خمسة وعشرون وهو ما اجتمع من ضرب نصف الأجذار في مثلها وهو خمسة في خمسة يكون خمسة وعشرين، وقد كان تبين لنا أن سطح (هـ ب) هو الواحد والعشرون التي زيدت على المال فقطعنا من سطح (هـ ب) بخط (ط ك) الذي هو أحد أضلاع سطح (م ط) بقي سطح (ط أ) وأخذنا من خط (ك م) خط (ك ل) وهو مثل خط (ل ك) وهو مثل خط (ك ح) فصار سطح (م ز) مثل سطح (ط أ) فتبين لنا أن سطح (هـ ط) مزيد عليه سطح (م ز) مثل سطح (هـ ب) وهو واحد وعشرون وقد كان سطح (م ط) خمسة وعشرين بقي لنا سطح صغير وهو سطح (ز ك) وهو فضل ما بين خمسة وعشرين وواحد وعشرين وهو أربعة وجذرها خط (ح أ) وهو اثنان، فإن نقصتهما من خط (ح ج) الذي هو نصف الأجذار بقي خط (أ ج).

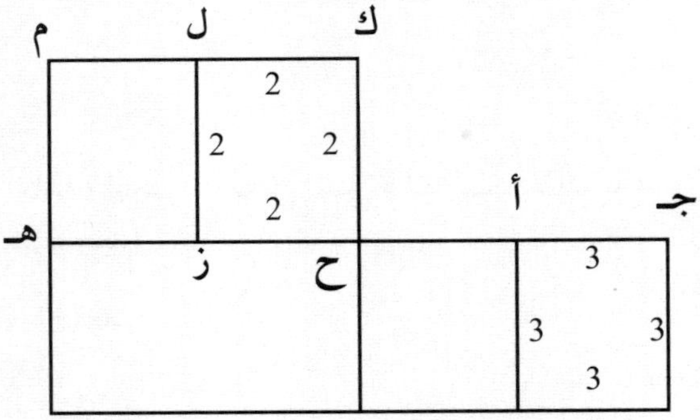

وهو ثلاثة وهو جذر المال الأول، فإن زدته على خط (ج ح)، الذي هو نصف الأجذار بلغ ذلك سبعة وهو خط (ز ج) ويكون جذر مال أكثر من هذا المال إذا زدت عليه واحدًا وعشرين مثل عشرة أجذاره»[1].

(1) المصدر السابق، ص25-32. (المؤلف)

المعادلة: س^2+20=10س

يعبر **الخوارزمي** عن المال بسطح المربع (أد) الذي طول ضلعه (س)، والمال (س^2)، ويجعل سطحًا متوازيًا هو (هـ ب)، وضلعه (هـ ن)، وأن طول (ج هـ) =10، ومساحته 10 س.

فمساحة السطح (م ط) =25، وضلعه (5)، وذلك على أساس

$(10/2)^2 = 25$.

وبما أن سطح م ز= ط أ

وأن سطح هـ ب= 21

نستنتج من ذلك أن السطح الصغير ز ك=25-21=4

س=2

ويخلص **الخوارزمي** إلى نتيجة أخرى مؤداها زيادة ز ح التي هي اثنان إلى نصف الأجذار وهو ج ح بلغ سبعة وهو خط ز ج.

$2+10/2=7$

وبناء على ما تقدم تكون القاعدة العامة لحل هذا النوع من المعادلات بالصيغة الآتية:

$$س = \frac{ب}{2} \pm \sqrt{\left(\frac{ب}{2}\right) - ج}$$

وتوسعت جهود **العلماء العرب** في المساحة نظرًا لصلتها بالحياة اليومية والعمرانية والعلمية. ولم تكن تلك الجهود عملية بحتة، بل رافقتها براهين رياضية دقيقة استطاع **العالِم العربي** التوثق من صحة القاعدة برهانيًا، والاطمئنان إلى استخدامها عمليًا، فمن **العلماء العرب** من تناول المساحة في كتبه المختصة بالحساب، ومنهم من تناولها في الهندسة وغير ذلك، بحيث يمكن القول إن المساحة أصبحت عند **علماء الرياضيات العرب** جزءًا أساسيًا من تفكيرهم الرياضي، ولأجل رسم صورة عن أهمية المساحة وأسلوب تناولها أرى أن أقتفي بعض ما استجد فيها، لأن الإلمام بكل الإنجازات في هذا الحقل أمر بالغ الصعوبة.

أفرد **الخوارزمي** في كتابه الجبر والمقابلة موضوعًا في باب المساحة وتناول فيه مساحة متساوي الأضلاع والزوايا والمربع والمثلث المتساوي الأضلاع والدائرة والمكعب وغير ذلك، واستخدم تعبير التكسير ومعناه المساحة سواء كانت سطحية أو حجمية.

واختار مثالًا على طريقته لعلاقة الجبر بالمساحة، وكيفية استخدام الجبر في معرفة المساحة: **فإن قيل**: «أرض مثلثة من جانبيها عشرة أذرع في عشرة أذرع والقاعدة اثنا عشر ذراعًا، في جوفها أرض مربعة، كم كل جانب من المربعة، فقياس ذلك أن تعرف عمود المثلثة وهو أن تضرب نصف القاعدة وهو ستة في مثله فيكون ستة وثلاثين فأنقصها من أحد الجانبين الأقصرين مضروبًا في مثله وهو مائة، يبقى أربعة وستون، فخذ جذرها ثمانية وهو العمود وتكسيرها ثمانية وأربعون ذراعًا وهو ضربك العمود في نصف القاعدة وهو ستة، فجعلنا أحد الجوانب المربعة شيئًا ضربناه في مثله فصار مالًا فحفظناه ثم علمنا أنه قد بقي لنا مثلثتان عن جنبيتي المربعة ومثلثة فوقها، فأما المثلثتان اللتان على جنبتي المربعة فهما متساويتان، وعموداهما واحد وهما على زاوية قائمة، فتكسيرها أن تضرب شيئًا في ستة إلا نصف شيء فيكون ستة أشياء إلا نصف مال وهو تكسير المثلثين جميعًا اللتين هما على جنبتي المربعة فأما تكسير المثلثة العليا فهو أن تضرب ثمانية غير شيء وهو العمود في نصف شيء فيكون أربعة إلا نصف مال، فهذا هو تكسير المربعة وتكسير الثلاث مثلثات وهو عشرة أشياء تعدل ثمانية وأربعين وهو تكسير المثلثة العظمى، فالشيء الواحد من ذلك أربعة أذرع وأربعة أخماس ذراع وهو كل جانب من المربعة، وهذه صورتها»[1].

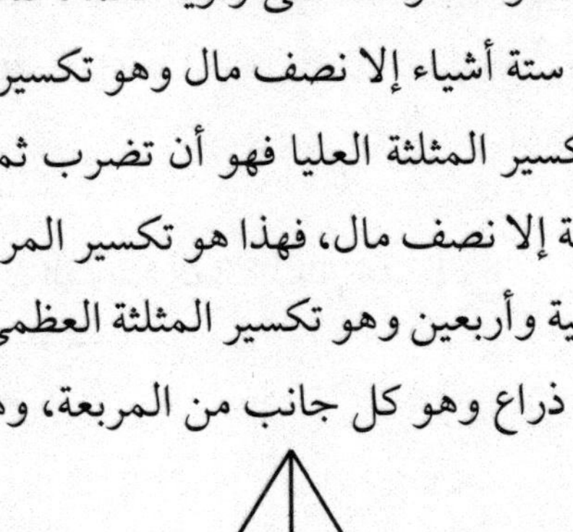

(1) المصدر نفسه، ص65-66. (المؤلف)

استخدم **الخوارزمي** في النص عدة قواعد هندسية تخص المساحات، منها مساحة المثلث ومساحة المربع، كما استخدم نظرية **فيثاغورس**، وغايتنا أن نتتبع طريقة الحل:

المشكلة: هي إيجاد كل جانب من المربعة

الحل: المجهول الأول الذي ينوي كشفه هو العمود بدلالة الضلع الجانبي والقاعدة

العمود = $\sqrt{\text{مربع الضلع الجانبي الأصغر - مربع نصف القاعدة}}$

$$= \sqrt{(10)^2 - \left(\frac{12}{2}\right)^2}$$

$$= \sqrt{100 - 36} = \sqrt{64}$$

العمود=8

والخطوة الثانية هي أنه افترض ضلع المربع الداخلي س، ومساحته س^2

والخطوة الثالثة تتلخص بمعرفة مساحة المثلثات الثلاثة

المثلثتان اللتان على جنبتي المربعة عمودها واحد وهو س

والقاعدة لهما معًا هي 12– س

مساحتهما معًا= نصف القاعدة × الارتفاع

= (12– س) / 2× س

=س(6–1/ 2س)

6س – 1/ 2س^2

أما مساحة المثلثة العليا

= (8– س) ×1/ 2س

4س – 1/ 2س^2

ومساحة المثلثة العظمى= 6×8=48

والخطوة الرابعة هي استخراج قيمة س وهو ضلع المربعة

مساحة المثلثات الثلاث+ مساحة المربعة= 48

(6س −1/ 2س^2) + (4س− 1/ 2س^2) + س^2= 48

10س − س^2+ س^2 = 48

10 س= 48

س=4 و4/ 5

وخصص **الحسن بن الهيثم** رسالة في المساحة، تناول فيها مساحة المخروط القائم على قاعدته أو كان قائلًا، كما تناول مساحة الكرة عن طريق تعيين أعظم دائرة تقع في الكرة، إذ تضرب مساحة الدائرة في ثلثي قطر الدائرة الذي هو قطر الكرة، أما تعيين أعظم دائرة في الكرة فقد شرح **ابن الهيثم** ذلك بالتفصيل وبرهن على ذلك، كما اهتم باستخراج ارتفاعات الأجسام إذا كان ارتفاعها مجهولًا، وقد أشار بوضوح إلى الفرق بين من يطلب البرهان ومن يطلب صناعة المسح **فقال:** «فقد أتينا على شرح كيفيات جميع مساحات المقادير المستعملة في صناعة المساح ببراهينها وعللها وذلك ما قصدنا بالتنبيه في هذا القول، لأن المستعمل من جميع ما ذكرناه في صناعة المساحة هو العمل فقط، ولأن المساح ليس يستعملون في شيء من المساحات شيء من البراهين فوجب أن يقتضي من جملة ما شرحناه في هذا القول الأعمال التي ذكرناها لتكون متيسرة متسهلة على من أراد أن يقيس صناعة المساحة وينتفع بأعمالها»(1).

ونختار من **ابن الهيثم** ما قاله في استخراج مساحة جميع المثلثات وصلة ذلك بالأشكال المسطحة. «جميع الأشكال المسطحة التي يستعمل المساح مساحتها هي الأشكال المستقيمة الخطوط والدوائر وقطعها وجميع الأشكال المجسمة، التي يستعمل المساح مساحتها هي الأجسام المستقيمة الخطوط والأساطين المستديرة والمخروطات المستديرة والأكر ومساحة جميع الأشكال المسطحة المستقيمة الخطوط ترجع إلى مساحة المثلثات،

(1) يُراجع، الحسن بن الهيثم، رسالة المساحة، حيدر آباد 1357هـ، ص11. (المؤلف)

واستخراج أوتار الزوايا التي بها تنقسم السطوح بمثلثات ومساحة جميع المثلثات تكون بأن تجمع أضلاع المثلث ويؤخذ نصف ما اجتمع، ثم يضرب النصف في زيادته على ضلع من أضلاع المثلث، ثم يضرب ما خرج في زيادة النصف على ضلع آخر من أضلاع المثلث، ثم يضرب في زيادة النصف على الضلع الباقي من أضلاع المثلث، فما اجتمع جذره وهو مساحة المثلث»[1].

ينطوي هذا النص على عدة حقائق هندسية مهمة، أولها أنه أرجع مساحات الأشكال جميعها التي ذكرها إلى مساحة المثلث واستخراج أوتار الزوايا، وثانيها أنه تقدم بوضع قاعدة عامة لقياس مساحة المثلث من دون استخدام العمود، وذلك بدلالة أضلاعه.

ذكر **أبو الريحان البيروني** هذه القاعدة في كتابه استخراج الأوتار في الدائرة بخواص الخط المنحني فيها، وبرهن عليها[2]، كما ذكرها **جمشيد غياث الدين الكاشي**، في كتابه مفتاح الحساب، المقالة الرابعة في المساحة، ولأجل توضيح القاعدة وتثبيتها نستعير **مثال الكاشي**: «فرضنا أحد أضلاع مثلث عشرة والآخر سبعة عشر، وضلع الباقي واحدًا وعشرين، فيكون نصف مجموع الأضلاع أربعة وعشرين فضله على العشرة 14، وعلى سبعة عشر 7، وعلى واحد وعشرين 3، فضربنا 14 في 7 حصل 98، ضربناه في 3 حصل 294، ضربناه في 24 نصف مجموع الأضلاع حصل 7056، أخذنا جذره فكان 84 وهو المطلوب»[3].

حصلت النتيجة استنادًا إلى القاعدة العامة الآتية:

إذا رمزنا إلى نصف مجموع زوايا المثلث بالحرف ح، فإن صيغة القاعدة ما يأتي:

مساحة المثلث أ ب ج = $\sqrt{\text{ح (ح – أ ب) (ح – ب ج) (ح – ج أ)}}$

(1) المصدر السابق، ص11. (المؤلف)

(2) يُراجع، البيروني، أبو الريحان، استخراج الأوتار في الدائرة، ص104، وقد ورد البرهان في كتاب قدري حافظ طوقان، تراث العرب العلمي، ص92-95، وورد في مجلة الجمعية المصرية لتاريخ العلوم، العدد الثالث 1962. (المؤلف)

(3) الكاشي، مصدر سبق ذكره، ص131. (المؤلف)

وبتطبيق القاعدة نحصل على ما يأتي:

مساحة المثلث أ ب ج = $\sqrt{24\ (24 - 10)\ (24 - 17)\ (24 - 21)}$

= $\sqrt{3 \times 7 \times 14 \times 24}$

= $\sqrt{7056}$

وخصص **الكاشي** مقالة في المساحة تناول فيها الموضوع بطريقة دقيقة، فيبدأ بالتعريفات الخاصة بالموضوع الذي يتناول بيان القواعد الرياضية لمساحة الأشكال الواردة فيه، ففي الباب الأول مثلًا اهتم بمساحة المثلث، وفي الباب الثاني تناول مساحة ذوي الأربعة الأضلاع، واختص الباب الثالث بدراسة مساحة ذوات الأضلاع الكثيرة، في حين تناول مساحة الدائرة وأبعاضها في الباب الرابع، ودرس في الباب الخامس مساحة سائر السطوح المستوية التي لم يذكرها. واختص الباب السادس بمساحة السطوح المستديرة بسطوح الأسطوانات والمخروطات والأكر وما يتعلق بها.. ولذا يمكن القول بشكل عام إن **العلماء العرب** قد توسعوا بالفعل في هندسة المساحات وأوجدوا لها تطبيقات كثيرة في الحياة اليومية والعمرانية فضلًا عن معرفة أهميتها في الصناعة والعلم النظري على حد سواء.

انتهى[1]

(1) إلى هنا ينتهي الكتاب ولم يكتب الدكتور ياسين خليل خاتمة له.

المصادر والمراجع[1]

القرآن الكريم

أولا- العربية

آدم متز، **المستشرق** - الحضارة الإسلامية في القرن الرابع الهجري، ترجمة محمد عبد الهادي أبو ريدة، القاهرة 1940.

إبراهيم **بن سنان** الحراني - مقالة في طريق التحليل والتركيب، حيد آباد 1358ه-.

ابن أبي أُصيبعة، موفق الدين- عيون الأنباء في طبقات الأطباء، تحقيق وشرح نزار رضا، بيروت 1965.

ابن جلجل، سليمان الأندلسي - طبقات الأطباء والحكماء، تحقيق فؤاد رشيد، القاهرة 1955.

ابن جني، أبو الفتح عثمان - الخصائص، ج1، تحقيق محمد علي النجار، بيروت.

ابن خلدون، عبد الرحمن بن محمد - المقدمة، تحقيق على عبد الواحد وافي، ط2، القاهرة 1965.

ابن النديم، محمد بن أسحق - الفهرست، القاهرة.

أبو ريان، د. محمد علي - تاريخ الفكر الفلسفي، أرسطو والمدارس المتأخرة، ج2، بيروت 1976. (المحقق)

أبو كامل، شجاع بن أسلم المصري - طرائق الحساب، نشرة أحمد سعيدان، مجلة معهد المخطوطات، الجامعة العربية، مج 9، 1963.

(1) لقد خلا كتاب الدكتور ياسين خليل من أية إشارة إلى قائمة المصادر والمراجع في آخر الكتاب، وبدورنا وإتمامًا للفائدة العلمية المرجوة من الكتاب ولضرورات التحقيق له فقد عملنا هذه القائمة، كما أضفنا عليها ما وجدناه ضروريًا من المصادر والمراجع من التي لم يشر إليها الدكتور ياسين خليل، وقد أشرنا لها ب- (المحقق).

أبي بكر الكرجي - الكافي في الحساب، تحقيق أحمد سعيدان، عمان 1971. (ضمن كتاب علم الحساب العربي)

أحمد شلبي، الدكتور - تاريخ التربية الإسلامية، ط2، القاهرة 1960.

أحمد عبد خضير، الدكتور- المنطق في الفكر الفلسفي العراقي المعاصر، أطروحة دكتوراه، قسم الفلسفة، الجامعة المستنصرية، بغداد 2008

أحمد ماضي، الدكتور - الوضعية المحدثة والتحليل المنطقي في الفكر الفلسفي العربي المعاصر، بحث، ضمن كتاب الفلسفة في الوطن العربي المعاصر، ط1، بيروت 1985. (المحقق)

أحمد محمود صبحي، الدكتور - في فلسفة الحضارة، الإسكندرية. (المحقق)

أخوان الصفا وخلان الوفا - الرسائل، مج1، القسم الرياضي، بيروت 1957.

أفلاطون، الفيلسوف - محاورة الثئيتتس، ترجمة فؤاد جرجي بربارة، دمشق 1971.

أفلاطون، الفيلسوف - محاورة الجمهورية، ترجمة حنا خباز، القاهرة 1927. (المحقق)

أفلاطون، الفيلسوف - محاورة طيماوس، تحقيق وتقديم ألبير ريفو، ترجمة فؤاد جرجي بربارة، دمشق 1968.

البدري، د. عبد اللطيف - الطب الآشوري، منشورات المجمع العلمي العراقي، بغداد

براون، إدوارد جي - الطب العربي، ترجمة داود سلمان علي، بغداد 1964.

البسوي، أبو يوسف يعقوب بن سفيان - كتاب المعرفة والتاريخ، تحقيق أكرم ضياء العمري، مج1، بغداد

البغدادي، أبو البركات - المعتبر في الحكمة، ط1، حيدر آباد 1358ه-.

البوزجاني، أبو الوفاء - فيما يحتاجه الصانع من أعمال الهندسة، مخطوط، محفوظ في خزانة الدكتور صالح أحمد العلي.

البوزجاني، أبو الوفاء - علم الحساب العربي، تحقيق أحمد سعيدان، عمان 1971.

البوزجاني، أبو الوفاء - المنازل السبع، تحقيق أحمد سعيدان، عمان 1971. (ضمن كتاب علم الحساب العربي)

البياتي، د. عادل جاسم - الشعر في حرب داحس والغبراء، النجف الأشرف 1969.

البيروني، أبو الريحان - استخراج الأوتار على الدائرة، (ضمن كتاب قدري حافظ طوقان، تراث العرب العلمي)

البيروني، أبو الريحان - القانون المسعودي، حيدر آباد 1357هـ.

توماس كون، الفيلسوف - تركيب الثورات العلمية، ترجمة ماهر عبد القادر، بيروت 1988. (المحقق)

جابر بن حيان - مختارات من رسائل جابر بن حيان، تحقيق بول كراوس، القاهرة 1354هـ.

الجابري، د. علي حسين - المشهد الفلسفي الأكاديمي في القرن العشرين، ضمن كتاب، الفلسفة في الوطن العربي في مائة عام، ط1، بيروت 2002. (المحقق)

جميل خليل المعلة، الدكتور- السياسة في فلسفة أرسطو، الدولة المثلى نموذجًا، أطروحة دكتوراه في الفلسفة، قسم الفلسفة، جامعة الكوفة 1999. (المحقق)

جميل خليل المعلة، الدكتور- نظرية الحركة في فلسفة أرسطو، رسالة ماجستير، قسم الفلسفة، جامعة الكوفة 1995. (المحقق)

الحديثي، د. خديجة - أبنية الصرف في كتاب سيبويه، بغداد 1965.

الحسن بن الهيثم - رسالة المرايا المحرقة بالدائرة، حيد آباد 1357هـ.

الحسن بن الهيثم - الشكوك على بطليموس، تحقيق عبد الحميد صبرة وزميله، القاهرة 1960.

حسين نصار - المعجم العربي نشأته وتطوره، ط1، ج1، مصر 1968.

الخازني، عبد الرحمن - ميزان الحكمة، ط1، حيدر آباد 1359هـ.

الخوارزمي، الكاتب محمد بن أحمد - مفاتيح العلوم، القاهرة 1946.

الخوارزمي، محمد بن موسى - كتاب الجبر والمقابلة، تقديم وتعليق مصطفى مشرفة ومحمد مرسي أحمد، مصر 1968.

الدوري، د. عبد العزيز- بحث في نشأة علم التاريخ عند العرب، بيروت.

ديلاسي أوليري، المستشرق - علوم اليونان وسبل انتقالها إلى العرب، ترجمة وهيب كامل، القاهرة 1962.

ديوجين اللائرتي - حياة ومشاهير الفلاسفة، ترجمة إمام عبد الفتاح إمام، القاهرة 2006. (المحقق)

ديوفنطس، اليوناني - صناعة الجبر، ترجمة قسا بن لوقا، تحقيق رشدي راشد، التراث العلمي العربي 1975.

الراوي، د. عبد الستار - خارطة الفكر الفلسفي العراقي المعاصر، بحث، ضمن كتاب الفكر الفلسفي العربي المعاصر، اتجاهات ومذاهب ومناهج وشخصيات، ط1، بغداد 1999. (المحقق)

زكي نجيب محمود، الدكتور- جابر بن حيان، ط1، القاهرة 1961. (المحقق)

سارتون، جورج - تاريخ العلم، ترجمة لفيف من الأساتذة، ط2، القاهرة 1970.

سماري، د. جواد كاظم - الوضعية المنطقية في الفكر العربي المعاصر، رسالة ماجستير، مخطوط، قسم الفلسفة، جامعة بغداد 1990. (المحقق)

شوقي ضيف، الدكتور - المدارس النحوية، ط3، القاهرة 1976.

صالح أحمد العلي، الدكتور - المدخل الحفظي إلى صناعة الأرثماطيقي، بحث في مجلة إحياء التراث العلمي العربي، جامعة بغداد، العدد الأول، السنة 1977.

الطوسي، نصير الدين - الرسالة الشافية عن الشك في الخطوط المتوازية، حيدر آباد 1359هـ.

عبد الحليم النجار، ومحمد يوسف موسى - العلم عند العرب، القاهرة.

عبد الرحمن بن عمر الصوفي - صور الكواكب الثمانية والأربعين، حيدر آباد 1954.

العبيدي، د. حسن مجيد - نظرية المكان في فلسفة ابن سينا، بغداد 1987.

العبيدي، د. حسن مجيد - العلوم الطبيعية في فلسفة ابن رشد، بيروت 1995.

العبيدي، د. حسن مجيد - مناهج المحدثين العرب في قراءة التراث العربي الإسلامي، بحث منشور في مجلة دراسات عربية البيروتية، العدد 11/ 12، 1999

العلاف، د. مشهد سعدي - الدكتور ياسين خليل، سيرته وفلسفته وأعماله، ط1، بغداد 1988. (المحقق)

عمر الخيام - رسالة في شرح ما أشكل من مصادرات كتاب إقليدس، تحقيق عبد الحميد صبرة، الإسكندرية 1961.

عمر الخيام - رسالة في شرح ما أشكل من مصادرات كتاب إقليدس، تحقيق رشدي راشد وزميله، ترجمة نقولا فارس، ضمن كتاب رياضيات عمر الخيام، ط1، بيروت 2005.

الغزالي، أبو حامد - تهافت الفلاسفة، تحقيق سليمان دنيا، ط2، القاهرة 1966.

الغزالي، أبو حامد - معيار العلم، تحقيق سليمان دنيا، ط2، القاهرة 1960.

الغزالي، أبو حامد - المنقذ من الضلال، تحقيق عبد الحليم محمود، القاهرة 1964.

الفارابي، الفيلسوف أبو نصر - إحصاء العلوم، تحقيق عثمان أمين، القاهرة 1949.

فرانز روزنثال، المستشرق - علم التاريخ عند المسلمين، ترجمة صالح أحمد العلي، بغداد 1963.

فرانز روزنثال، المستشرق - مناهج العلماء المسلمين في البحث العلمي، ترجمة أنيس فريحة، بيروت 1961.

فرانكفورت، هـ، وجماعته - ما قبل الفلسفة، ترجمة إبراهيم جبرا إبراهيم، بيروت 1960.

الفراهيدي، الخليل بن أحمد - العين، تحقيق عبد الله درويش، بغداد 1967.

القفطي، جمال الدين - أخبار العلماء بأخبار الحكماء، تحقيق محمد أمين الخانجي، القاهرة.

الكاشي، جمشيد بن غياث - مفتاح الحساب، تحقيق وشرح أحمد سعيد الدمرداش، القاهرة.

محمد بديع شريف - بحث في نقد الأدب العربي، القاهرة 1934.

مصطفى نظيف - الحسن بن الهيثم، ج1، مصر 1942.

ناصيف نصار، الدكتور - مفهوم الأمة بين الدين والتاريخ، بيروت 1978.

نجيب بلدي، الدكتور - تمهيد لمدرسة الإسكندرية وفلسفتها، القاهرة 1962.

نلينو، المستشرق كرلو - علم الفلك عند العرب في العصور الوسطى، القاهرة.

ياسين خليل، الدكتور- المفهوم الحضاري للتراث العلمي العربي، بحث، مجلة آفاق عربية البغدادية، العدد 8، السنة 1976.

ياسين خليل، الدكتور- نظرية أرسطو المنطقية، بغداد 1964. (المحقق)

ياسين خليل، الدكتور- مقدمة في علم المنطق، بغداد 1980. (المحقق)

ياسين خليل، الدكتور- منطق البحث العلمي، بيروت 1974.

يوسف كرم - تاريخ الفلسفة اليونانية، بيروت. (المحقق)

يوسف هوروفتس، المستشرق - المغازي الأولى ومؤلفوها، ترجمة حسين نصار، مصر 1949.

ثانيًا - الأجنبية

(1). Bell, E, T, Men of Mathematics, vol 1, penguin Books.

(2). Heath, T, L, A history of Greek Mathematics, vol 1, Oxford 1965.

(3). Heisenberg, W, Physik and Philosophie, Stuttgart 1959.

(4). Farrington, B, Greek Science, Penguin Books 1953.

(5). Neugebauer, O, The Exact Sciences in Antiquity, New York 1962.

(6). Schrödinger, W, what is in Naturgesetz, Darmstood 1967.

(7). Todhunter, T, Euclid's, Elements, Every mans Library 1955.